ŒUVRES
DE
LE SAGE.

TOME VIII.

DE L'IMPRIMERIE DE RIGNOUX.

OEUVRES
DE
LE SAGE.

ROLAND L'AMOUREUX.

PREMIÈRE PARTIE.

A PARIS,
CHEZ ANTOINE-AUGUSTIN RENOUARD.

M. DCCC XXI.

PRÉFACE
DU TRADUCTEUR.

Le Boyard et l'Arioste, fameux poëtes italiens, ont fait dans leur temps trop de bruit par leurs ouvrages, pour n'être pas connus de tous les gens de lettres. Ils ont écrit tous deux en vers l'histoire fabuleuse de Roland : le premier l'a commencée sous le titre de *Roland l'Amoureux*, et le dernier l'a continuée sous celui de *Roland le Furieux*.

Ces auteurs ont donné carrière à leur imagination. Ils l'avoient également noble et vive ; mais si l'un a le mérite de l'invention, l'autre en récompense l'emporte pour le style, et la copie sans doute a beaucoup d'avantage sur l'original. En effet, l'Arioste a plus de politesse. Sa diction est pure et châtiée. Il possède toutes les grâces de sa langue. Ses vers ont du son et de l'énergie. Ses descriptions sont admirables et souvent pompeuses. Le Boyard, au contraire, est toujours bas, rude et languissant. L'Arioste, soit qu'il garde son sérieux, soit qu'il plaisante, n'a ni longueur ni bassesse. Il divertit partout, et conserve de la majesté jusque dans son badinage. C'est le seul auteur qui a su marier le sérieux avec le comique, et l'héroïque avec le galant et le naïf. Par-là, il est original lui-même, mais on peut dire que c'est un original que personne jusqu'ici n'a pu imiter heureusement. Il n'y a point de lecteur, pour peu qu'il ait le goût délicat, qui ne sente dans la lecture de *Roland le Furieux*, ce que je viens de remarquer.

Il y a long-temps que j'ai dessein de traduire ce poëme admirable, quelque difficile qu'il me paroisse d'en conserver dans une traduction en prose toutes les grâces et la force; mais, comme ce seroit commencer par la fin, et qu'il est absolument nécessaire de savoir l'histoire de Roland pour bien entendre les aventures qui sont dans l'Arioste, j'ai cru devoir débuter par l'ouvrage du Boyard avant que d'entreprendre l'autre, qui n'en est que la continuation D'ailleurs, il m'a semblé qu'en cela je ferois d'autant plus de plaisir au public, que *Roland l'Amoureux* n'est presque connu que des gens de lettres. Nous en avons pourtant une traduction par le sieur de Rosset. Elle ne vaut pas celle qu'il a faite de *Roland le Furieux*. Aussi a-t-on négligé de la réimprimer, et les exemplaires en sont devenus si rares, qu'on les vend fort cher; encore n'en voit-on pas un qui ne soit défectueux.

Ces raisons m'ont déterminé à traduire le Boyard, mais j'avouerai que je ne l'ai pas toujours suivi. Comme ce n'est pas un auteur grec, je ne crois pas qu'on me chicane là-dessus. Je n'ai pû souffrir, par exemple, qu'il confondît des pays véritables et connus, tels que la Norwége, la Suède, la Russie et l'Arménie, avec d'autres pays qui ne furent jamais comme la Mongalie, la Normane et la Roaze. Il ne se contente pas même de cette confusion : sans avoir égard à la carte, il place les pays réels à la boulevue. Il rapproche les états les plus éloignés. Il rend les rois de Danemarck, de Suède et de Norwége, vassaux de la Tartarie orientale ; et, pour obéir à l'empereur Agrican, il les fait aller tous trois par terre avec de nombreuses armées pour l'aider à faire le siége du château d'Albraque, situé au milieu de la Chine. Je voudrois qu'il n'eût choisi que des royaumes fabuleux pour être en droit de les placer à sa fantaisie ; car il y a dans ce mélange du vrai et du faux, et dans ce renversement du globe de la terre quelque chose d'extravagant et de monstrueux. J'ai substitué à ces pays imaginaires des royaumes marqués sur la carte, et les rois qui se trouvent devant Albraque n'y sont point en dépit du bon sens ni de la géographie.

Je me suis encore quelquefois écarté de mon original, pour lier les aventures l'une à l'autre, et ôter la contrariété qu'il a y souvent entre elles. Pour les hauts faits d'armes et les enchantements qui ne se peuvent changer sans défigurer mon auteur, je les ai conservés religieusement, de même que les caractères. Ainsi l'on reconnoîtra le Boyard dans mon ouvrage, qui aura par ce moyen tout le mérite d'une traduction littérale.

ROLAND
L'AMOUREUX.

LIVRE PREMIER.

CHAPITRE PREMIER.

De l'entreprise du roi Gradasse, du tournoi de l'empereur Charles, et de l'aventure surprenante qui arriva dans sa cour.

Le roi Gradasse étoit le plus vaillant prince de son siècle. Il est dit de lui dans l'histoire qu'il portoit un cœur de dragon dans un corps de géant; il étoit maître de la grande Serique, qui contenoit toute la Chine et les royaumes voisins, et il voyoit sous sa puissance la meilleure partie de l'Asie. Cependant ce roi, trop avide de gloire, n'étoit pas content d'avoir acquis par sa valeur des armes enchantées qu'aucun acier ne pouvoit briser; son ambition n'étoit pas satisfaite : il vouloit avoir la fameuse épée du comte Roland, et l'admirable coursier du paladin Renaud de Montauban.

Durandal et Bayard occupoient tous ses désirs; mais il n'étoit pas aisé de faire de telles conquêtes. Il falloit pour cela vaincre deux paladins qui avoient vaincu mille guerriers de la plus haute réputation. Ce héros n'ignoroit pas qu'il ne pouvoit entreprendre rien de plus difficile. Il forma toutefois cette pénible entreprise; et, pour en commencer l'exécution, il fit faire des levées dans toute l'étendue de ses états.

Ce roi trop ambitieux forma le dessein de composer une armée qui fût capable de conquérir la France et tout l'empire romain. On y apporta tant de diligence, qu'en peu de temps elle se trouva prête à partir; elle étoit de cent cinquante mille combattants; armée d'autant plus formidable, qu'elle étoit commandée par un grand nombre de princes et de géants dont la valeur avoit déjà fait du bruit dans l'univers.

Il ne falloit pas moins qu'une puissance si redoutable pour causer quelques alarmes aux chrétiens. La fleur de tous les guerriers du monde étoit ordinairement à la cour de l'empereur Charles le Grand, qui, dans les deux cousins Roland et Renaud, avoit un boulevart capable de résister à tous les efforts du paganisme.

Cependant le courageux Gradasse comptoit moins sur sa nombreuse armée que sur la force de son bras. Il auroit lui seul affronté toutes les forces de l'empereur et les paladins de sa cour ensemble. Il fit monter ses troupes sur une flotte composée d'un nombre infini de vaisseaux plats et d'autres bâtiments convenables; et après une fort longue navigation entremêlée d'orages et de calmes, ils arrivèrent enfin sur les côtes d'Espagne.

Comme ils n'y étoient pas attendus, ils jetèrent la consternation dans toutes les provinces. Ils y firent des ravages effroyables. Ils prirent plusieurs villes, dont ils brûlèrent celles qu'ils ne vouloient pas garder. Tous les rois espagnols se liguèrent contre cette formidable puissance; mais leur ligue fut inutile. Ils n'eurent pas le temps d'opposer une digue à la rapidité du torrent qui inondoit leurs états. Le dessein du roi de Sericane, en s'emparant de ces royaumes, étoit de se jeter sur celui de l'empereur. La France étoit puissante; et pour la réduire il lui falloit un nombre de villes où il pût établir des magasins pour la subsistance de son armée.

Pendant que ce prince prenoit des mesures pour assurer son entreprise, Charles le Grand, fort éloigné de penser à l'orage qui se formoit contre lui, vivoit tranquille dans sa cour. Tout Paris retentissoit du son des trompettes; mais la guerre avoit peu de part à ce bruit éclatant. Le dessein de perfectionner la chevalerie en étoit l'unique motif. L'empereur tenoit cour plénière avec ses barons à l'occasion de certaines joûtes qu'il avoit assignées aux fêtes de la Pentecôte, temps ordinairement destiné aux réjouissances publiques. Les princes, les grands seigneurs, les simples chevaliers étrangers ou naturels, tout le monde étoit fort bien reçu de ce bon prince, pourvu qu'on ne fût ni traître ni renégat.

A mesure que le temps des joûtes approchoit, on voyoit augmenter la magnificence dans la ville de Paris. Riches caparaçons, superbes livrées, devises galantes, tout y étoit spectacle. Un grand nombre de princes et de seigneurs sarrasins, les rois Balugant et Grandonio, l'orgueilleux et indomptable Ferragus, Isolier, Serpentin et plusieurs autres y étoient accourus d'Espagne avant l'invasion du roi Gradasse.

La surveille du jour des joûtes, l'empereur donna un festin magnifique à toute sa chevalerie. Les rois y occupoient la place la plus honorable; ensuite les barons et les chevaliers y tinrent le rang que chacun méritoit par son courage ou par sa qualité : Othon d'Angleterre, Didier le Lombard et Salomon de Bretagne se placèrent parmi les rois, bien qu'ils tinssent leurs états en fief de l'empereur. Le comte Ganes de Poitier y brilloit avec tous ceux de sa maison ; et parce que le paladin Renaud, qu'ils regardoient comme leur ennemi, étoit assez simplement vêtu, la médiocrité de ses biens ne lui permettant pas de paroître avec autant de magnificence qu'eux, ils affectoient de le railler sur la simplicité de son équipage. Jaloux de la gloire qu'il s'étoit acquise par ses hauts faits, ils soulagoient, par leurs railleries, l'envie secrète qui dévoroit leurs cœurs. Le généreux fils d'Aimon, peu patient de son naturel, ne pouvoit entendre leurs discours sans être enflammé de colère. Il eut besoin de tout le respect qu'il avoit pour son roi, et d'un reste de raison pour ne pas troubler, par une querelle, la solennité de cette fête ; mais s'il eut assez de pouvoir sur lui pour retenir son ressentiment, il ne laissa pas de faire connoître, par un silence où tous les mouvements de son âme étoient peints, qu'il n'oublieroit pas l'insulte qu'on lui faisoit.

Sur la fin du repas, qui fut digne du grand empereur qui le donnoit, les yeux furent agréablement frappés d'un spectacle qui attira l'attention de toute l'assemblée. Au son de plusieurs instruments dont la figure et l'harmonie étoient inconnues aux François et aux Espagnols, mais qui charmèrent les oreilles par leur douceur, on vit entrer dans la salle quatre géants d'une mine fière et d'une stature prodigieuse. Ils s'ouvrirent pour laisser voir au milieu d'eux une dame et un chevalier tous deux parfaits dans leur sexe. La dame surtout étoit au-dessus de tout ce que l'imagination la plus vive peut se représenter de plus beau. Ses yeux brilloient plus que l'étoile du matin, et ses joues avoient tout le coloris du lis et de la rose. Alde, Arméline et Clarice, les plus fameuses beautés de l'empire, virent obscurcir tout leur éclat à l'apparition de cette étrangère. Un murmure général se fit entendre dans la salle. Chacun, frappé d'étonnement et d'admiration, n'avoit des yeux que pour cette merveilleuse dame. On en fut encore plus charmé, lorsque, s'approchant de l'empereur, elle ouvrit ses lèvres de corail. Il en sortit une voix argentine accompagnée d'un doux sourire capable de donner l'âme aux choses les plus insensibles.

Magnanime empereur, lui dit-elle, le bruit de vos vertus et du courage de vos paladins est venu jusqu'à nous. Il nous attire ici des extrémités de la terre. Daignez recevoir nos hommages; mais comme nous ne pouvons être satisfaits, mon frère et moi, de la gloire stérile de vous admirer, permettez-lui de faire voir qu'il n'est pas indigne de l'honneur de paroître devant vous. Consentez qu'il appelle à la joûte les chevaliers de votre cour, à condition que ceux qui seront abattus à la lance ne pourront demander le combat de l'épée, et demeureront nos prisonniers; que si, au contraire, mon frère succombe sous l'effort de quelque guerrier plus heureux ou plus puissant que lui, sa personne et la mienne seront le prix du vainqueur.

Pendant que l'étrangère tenoit ce discours, un profond silence régnoit dans l'assemblée; et sitôt qu'elle eut achevé de parler, les applaudissements, les témoignages d'admiration se renouvelèrent avec plus de vivacité.. L'espérance que chacun concevoit de remporter le prix charmant qu'on proposoit à sa valeur, les anima tous des désirs les plus ardents. L'empereur lui-même fut ému de tant d'attraits; il fit à la dame un gracieux accueil; et en lui accordant le sauf-conduit qu'elle demandoit, il lui en demanda un pour son cœur contre les insultes de ses charmes. Il cherchoit à faire durer l'entretien, pour prolonger le plaisir qu'il prenoit à la regarder, et il ne la vit qu'avec peine s'éloigner de lui. Le sage duc Naime de Bavière, quoique chargé d'années, ne la put voir impunément. Il ne lui servit de rien de s'être garanti jusque-là des foiblesses de l'amour: la beauté, les grâces de cette redoutable étrangère confondirent sa sagesse, et embrasèrent tous les cœurs.

Roland même, qui jusqu'à ce fatal moment n'avoit soupiré que pour la gloire, se troubla. Un regard, un souris enchanteur triomphe de sa fermeté. Quel trouble m'agite, dit-il en lui-même? dans quel désordre nouveau se trouvent mes sens? quelle est donc cette puissance qui m'entraîne? Moi, qui n'aurois pas craint des armées conjurées contre mes jours, je me laisse vaincre sans résistance par une simple fille qui n'a d'autres armes que ses yeux! Roland se reprochoit ses sentiments. La honte qu'il avoit de sa foiblesse lui faisoit baisser les yeux; mais l'amour l'obligeoit quelquefois à les lever. Il ne pouvoit se défendre de regarder l'inconnue, et il se sentoit dévoré de mille feux.

Pour Renaud et le hardi Ferragus, qui n'étoient naturellement que trop sensibles à la beauté des dames, à peine pouvoient-ils contenir l'ardeur qui les transportoit. Le dernier surtout n'étoit qu'une flamme. Il pensa plus d'une fois, dans l'impétuosité de ses désirs, arracher cette nouvelle Hélène à son frère, en dépit des quatre géants et de tous ceux qui voudroient s'y opposer. Il se contraignit toutefois pour ne pas blesser la majesté de l'empereur, et violer les droits de l'hospitalité. Cependant la dame et son frère prirent congé de Charles, marquèrent aux chevaliers de sa cour qu'on les attendroit pour combattre à la fontaine du perron de Merlin, et ils sortirent de la salle de la même manière qu'ils y étoient entrés.

CHAPITRE II.

Qui étoit cette dangereuse beauté qui produisoit des effets si surprenants. Du projet que forma Maugis d'Aigremont, et quel en fut le succès.

Après leur départ, tous les guerriers de l'assemblée témoignèrent à l'envi qu'ils brûloient d'impatience de combattre pour un si beau prix. L'amoureux Roland surtout aspiroit au premier combat, et souffroit avec peine que quelqu'un osât entrer en concurrence avec lui. Il craignoit que le défenseur de cette beauté ne fût vaincu par le premier assaillant. Il veut voler à la fontaine du perron de Merlin, mais aucun de ses rivaux ne lui cède cet avantage. Ils prétendent tous l'obtenir; ce qui fit naître un différent qui auroit rempli de sang et de carnage cette cour, si l'empereur, pour en prévenir les funestes suites, n'eût fait assembler son conseil. L'avis des plus sages fut que le sort en décideroit. Aussitôt les noms des concurrents chrétiens et sarrasins furent écrits sur des billets, et ces billets jetés dans une urne d'or. Un jeune enfant les tira au hasard l'un après l'autre.

Le premier de ces noms qui s'offrit aux yeux, fut celui d'Astolphe, prince d'Angleterre. Ferragus vint le second, Renaud le troisième, Dudon le suivit. Puis le roi Grandonio, ce fort géant sarrasin. Othon et Bérenger sortirent ensuite de l'urne, et l'empereur lui-même; car ce monarque, par un motif de gloire ou d'amour, avoit voulu se mettre aussi sur les rangs; mais ce qui fait bien voir la bizarrerie du sort, c'est que le nom du fameux Roland ne fut tiré que le dernier. Quelle épreuve pour sa patience!

Tandis que ces choses se passoient dans la salle du festin, Maugis[1] en sortit, et se retira chez lui pour s'éclaircir de ce qu'il vouloit savoir. Il avoit été frappé comme les autres de la beauté de l'inconnue; mais au lieu de s'en laisser charmer, il en conçut un présage funeste. Cette étrangère, dit-il, m'est suspecte. Son voyage renferme sans doute quelque mystère important. Il faut que je sache ce qui l'amène, et quelle est sa véritable condition. Pour s'en instruire, il eut recours au Grimoire; c'étoit le livre dont il se servoit pour conjurer les esprits infernaux. Il ne l'eut pas ouvert et proféré quelques paroles, que quatre démons accoururent à sa voix. Astaroth, dit-il à un d'entre eux,

---

[1] Maugis étoit fils du duc d'Aigremont, et cousin de Renaud de Montauban. Il s'attachoit aux sciences magiques.

je soupçonne la belle inconnue qui vient de se présenter devant l'empereur, de n'avoir pas de trop bonnes intentions pour les chrétiens. Apprenez-moi si je me trompe.

Vous ne vous trompez point, répondit le démon. La sœur et le frère ne respirent que la destruction de l'empire romain. Ils sont enfants de Galafron, roi du Cathay. Ce prince hait mortellement tous les chrétiens, et c'est un ennemi d'autant plus dangereux, qu'il a emprunté le secours de l'art magique, qui lui a fourni des moyens infaillibles de leur nuire. Comme l'éloignement de son royaume, situé sur les confins de la Tartarie orientale, ne lui permettoit pas de faire passer une armée jusque dans les états de Charles, et que d'ailleurs il n'étoit pas assez puissant pour assembler une armée capable de vous accabler, il a eu recours à la voie des charmes. Il a fait faire par un magicien de ses amis des armes enchantées pour son fils, qui se nomme Argail, et particulièrement une lance d'or, qui a la vertu d'abattre les plus fermes chevaliers. Dès qu'ils en sont touchés, ils perdent les arçons, et tombent à terre comme s'ils étoient frappés de la foudre.

Ce n'est pas tout, sage Maugis, poursuivit Astaroth: Argail, outre cette merveilleuse lance, a reçu de son père un cheval infatigable, et dont la vitesse surpasse celle des vents les plus impétueux. Cet admirable coursier s'appelle Rabican. Il semble que ses yeux soient deux charbons allumés, et son poil a toute la noirceur du jais le plus éclatant. Galafron, ne doutant point que son fils, qui avoit déjà la réputation d'être le plus redoutable guerrier de l'Orient, ne fût invincible avec de pareilles armes, lui dit un jour : Argail, il faut servir tes dieux et perdre celui des chrétiens. Cette gloire t'est réservée; pars pour la France. Ta sœur Angélique t'y accompagnera. Sa beauté sera funeste aux paladins de l'empereur Charles. L'espérance d'en faire la conquête ne manquera pas de les attirer au combat. Tu les vaincras tous, et me les ameneras prisonniers. Ainsi la religion chrétienne, privée de ses plus vaillants défenseurs, verra bientôt ses autels renversés et détruits par nos païens. Le roi du Cathay, ajouta le démon, après avoir tenu ce discours, instruisit Argail et Angélique de la manière dont ils devoient se conduire, ensuite il les fit partir.

D'abord que Maugis sut le motif du voyage de l'étrangère, il en frémit : O perfide princesse ! s'écria-t-il, n'as-tu reçu du ciel tant d'attraits que pour en faire un si mauvais usage ? tu médites la ruine du plus bel empire du monde ? C'est donc là ce qui t'amène à la cour de Charles ? Ah ! cruelle, n'espère pas que je t'en laisse saper les fondements. Je ne souffrirai point que ton frère triomphe par supercherie du courage de nos chevaliers. Le salut de mon pays, l'intérêt de nos saints autels, tout m'ordonne de prévenir ta pernicieuse entreprise. Ju veux te la rendre fatale à toi-même. Cette nuit je t'ôterai la vie. Ta beauté ne causera point les malheurs qu'en attend le barbare Galafron, et ma main d'un seul coup va remettre la tranquillité dans les cœurs.

Le fils du duc d'Aigremont ayant formé ce grand projet, brûloit d'impatience de l'exécuter. Dès que la nuit fut venue, il se fit transporter par ses démons auprès de la fontaine du perron de Merlin. Il aperçut deux pavillons tendus dans la prairie. L'un étoit celui d'Argail, et l'autre celui d'Angélique. Déjà le fils de Galafron, fatigué de l'agitation du jour, goûtoit les douceurs du repos; et sa sœur, à son exemple, dormoit sous la garde de quatre géants qui veilloient à sa sûreté. Maugis ne vit pas plus tôt ces colosses qui lui fermoient l'entrée du pavillon de la princesse, qu'il fit des conjurations pour les endormir. Le charme opère. Les géants tombent dans l'assoupissement le plus profond. Alors il entre sous la tente. Il tire son épée et s'avance vers Angélique pour lui couper la tête. O ciel! permettrez-vous que votre plus parfait ouvrage soit détruit. Arrête, Maugis, que vas-tu faire? toute la nature frémit de ton dessein. L'enchanteur, entraîné par son zèle pour la patrie, s'approche de la princesse. Le sommeil qui fermoit ses beaux yeux ne lui faisoit rien perdre de ses grâces. On l'eût prise pour une de ces substances parfaites dont elle portoit le nom. Il prend d'une main ses blonds cheveux, et de l'autre il alloit lui porter le coup mortel; mais il la trouva si belle en ce moment, à la clarté d'une lampe de cristal qui lui laissoit voir son visage, qu'il ne put se résoudre à priver le monde d'une si charmante créature. Non, dit-il en lui-même, je ne puis être assez barbare pour ôter le jour à une si aimable princesse. Je saurai bien m'assurer d'elle et de son frère. Mon art m'en fournira des moyens plus doux. Ne vaut-il pas mieux que je profite d'une si belle occasion?

Les moments étoient chers, ses désirs ardents; il rouvrit son livre, et fit de nouvelles conjurations pour augmenter l'assoupissement d'Angélique. Quand il crut n'y avoir rien oublié, et qu'il pouvoit s'abandonner à ses transports, il saisit la princesse, et se mit à la presser entre ses bras : mais quel fut leur étonnement mutuel, lorsque la fille de Galafron, se réveillant en sursaut à des caresses si vives, se vit à la merci d'un inconnu. Elle remplit l'air de cris en appelant son frère à son secours; et cependant elle repoussoit de toute sa force le téméraire dont l'emportement lui faisoit tout craindre.

Aux cris d'Angélique, Argail fut aussitôt sur pieds; il court, il vole auprès d'elle sans armes et encore endormi. Le ressentiment qu'il a du péril où il la trouve, achève de dissiper son sommeil. Il entre en fureur, il se jette sur Maugis; et le liant de ses bras nerveux: Traître, lui crie-t-il, ne crois pas que ton insolence demeure impunie. Ne le laissez point échapper, mon frère, disoit la princesse de son côté, c'est un magicien; sans la vertu de ma bague, je serois devenue la proie de cet audacieux. Le prince, à ces paroles, terrassa le fils du duc d'Aigremont pour s'en rendre maître plus aisément, et pendant qu'il le tenoit sous lui, Angélique se mit à le fouiller : elle lui trouva le Grimoire, elle s'en saisit brusquement. Cette princesse avoit quelques teintures des sciences magiques, et n'ignoroit pas l'usage qu'on pouvoit faire de ces sortes de livres. Elle l'ouvrit. Il étoit rempli de caractères bizarrement tracés, de cercles, de figures, et de mots barbares. A peine en eut-elle prononcé quelques-uns, qu'elle se vit entourée d'un grand nombre d'esprits et de voix qui lui crièrent tous ensemble : Que voulez-vous nous commander? Je vous ordonne, leur dit-elle, d'aller porter ce prisonnier dans la ville du Cathay. Présentez-le de ma part au sage Galafron, mon père; vous lui direz que je lui envoie le seul homme de la cour de l'empereur Charles qui pouvoit mettre obstacle à notre entreprise.

Cet ordre n'eut pas sitôt été donné, que Maugis se sentit emporter en l'air; et, malgré la distance excessive des lieux, qui sembloit devoir rendre le voyage des plus longs, les esprits transportèrent au Cathay dans un moment ce malheureux paladin, qui, pour prix de son emportement, fut aussitôt confiné sur la pointe d'un écueil situé entre les mers de la Chine et du Japon. Il eut là tout le temps de se plaindre de son malheur, ou plutôt de maudire ses démons de ne l'avoir pas averti que le roi du Cathay eût fait don à sa fille d'une bague qui avoit la vertu de rompre les plus forts enchantements, lorsqu'on la portoit au doigt, et de rendre invisibles les personnes qui la mettoient dans leur bouche. Galafron étoit persuadé que la princesse pourroit avec cette bague éviter tous les périls que sa beauté lui susciteroit dans le cours d'un aussi long voyage.

Angélique, s'étant ainsi débarrassée de ce dangereux magicien, alla retirer ses géants de la profonde léthargie où les retenoit la force du charme. Elle ne fit que les toucher de sa bague, ils reprirent l'usage de leurs sens, et furent effrayés du péril qu'ils avoient couru.

CHAPITRE III.

Du combat d'Astolphe et d'Argail.

Le lendemain le prince Astolphe, fier de la préférence que le sort lui avoit donnée sur ses concurrents, partit dès la pointe du jour, et prit le chemin de la fontaine du perron de Merlin. La bonne opinion qu'il avoit de lui-même le remplissoit de confiance, et lui persuadoit qu'il mettroit glorieusement à fin l'aventure. Il étoit un de ceux qui ne se méprisent point; et l'on peut juger par le portrait que nous en fait l'archevêque Turpin, si son amour-propre étoit mal fondé.

Astolphe, dit ce prélat, le plus grand chroniqueur de son temps, étoit parfaitement beau, magnifique, courtois et galant. Les dames aimoient sa compagnie, parce qu'il avoit des saillies vives et plaisantes qui le rendoient très agréable dans la conversation. Il s'entendoit bien à railler. Il ne manquoit pas de courage; et s'il paroissoit vain dans ses discours, il savoit du moins les soutenir par ses actions. Il étoit prompt à s'offrir au péril, et c'étoit dommage que sa force ne répondît pas à l'estime qu'il en faisoit. S'il lui arrivoit de tomber de cheval, ce n'étoit jamais sa faute; il s'en prenoit à son coursier; il s'en faisoit donner un autre sur lequel il se remettoit volontiers, au hasard d'être renversé de nouveau.

Tel qu'on vient de le représenter, le gentil Astolphe, revêtu de riches armes, et plein des plus belles espérances, s'avançoit vers la fontaine. Il montoit un vigoureux coursier, dont le harnois parsemé de léopards [1] en broderie d'or assortissoit merveilleusement la magnificence de ses armes. La confiance et la joie étinceloient dans ses yeux; et comme il avoit la meilleure intention du monde, il se peignoit déjà le défenseur de la belle inconnue, abattu à ses pieds par l'effort de sa lance. Dès qu'il aperçut les tentes, il sonna de son cor, et fit retentir tout le vallon. Le vaillant frère d'Angélique étoit alors couché sur le bord de la fontaine. Il se releva, voyant que c'étoit un chevalier qui le défioit au combat; il se revêtit aussitôt de ses armes, sauta légèrement sur Rabican, et alla au-devant du prince d'Angleterre, le bras muni d'un luisant bouclier. Il portoit en main cette lance d'or qui devoit être si funeste à tant de guerriers.

Ils se saluèrent fort civilement; et après être convenus des conditions du combat arrêtées devant l'empereur en présence d'Angélique, ils prirent tous deux du champ; et la lance en arrêt poussant leurs chevaux l'un contre l'autre, bien couverts de leurs écus, ils se rencontrèrent furieusement au milieu de la carrière. A peine le prince anglois fut-il touché de la lance enchantée, qu'il sentit évanouir sa force et sa confiance. Dans quelle surprise se trouva-t-il, lorsqu'après une chute assez désagréable, il se vit à terre étendu tout de son long dans la prairie. O fortune ennemie! s'écria-t-il, tu n'as pas voulu que je demeurasse ferme dans les arçons pour me faire perdre cette incomparable beauté que tu gardes sans doute pour quelque chevalier païen

---

[1] Les léopards sont les armes d'Angleterre.

à mon préjudice! Pourquoi m'as-tu fait cette injure? Ai-je moins de valeur qu'un autre? Il alloit continuer ses plaintes, quand les géants d'Argail vinrent impoliment le faire souvenir que, suivant les conventions, il étoit prisonnier de leur maître, et eux par conséquent chargés de sa garde. Votre maître, leur dit-il, entend trop bien les intérêts de sa gloire, pour vouloir profiter du malheur de son ennemi. Si je suis tombé de cheval, c'est que les sangles de ma selle étoient trop lâches; sans cela je n'aurois point été abattu. C'est pourquoi j'espère qu'on ne me fera pas l'injustice de me refuser un second combat.

On le lui refusa pourtant, quoique son ennemi pût impunément le lui accorder. Ainsi les géants, par ordre d'Argail, menèrent Astolphe sous un des pavillons, où ils eurent soin de le désarmer. La princesse ne put le voir sans être touchée de son sort. Elle eut pitié de sa jeunesse et de sa beauté ; et jugeant à son air qu'il ne pouvoit être que d'une naissance illustre, elle ordonna, vers la fin de la journée, aux géants de le conduire sur le bord de la fontaine, afin qu'il y pût prendre le frais, leur défendant, sous de rigoureuses peines, de lui faire la moindre violence. Le prince anglois, occupé de sa disgrâce, passa la nuit dans cet endroit.

CHAPITRE IV.

De ce qui se passa entre Argail et l'orgueilleux Ferragus, second assaillant.

Comme on ne vit point revenir Astolphe à la cour, on jugea bien qu'il avoit été vaincu. Ferragus en triomphe, et se flatte que la dame ne sauroit lui échapper. Il avoit tant d'impatience de combattre, qu'il n'attendit pas le jour pour sortir de la ville. Armé de toutes pièces, monté sur un des meilleurs chevaux que les prairies de Cordoue aient jamais nourris de leurs herbages, il prend la route de la fontaine. Il y arrive au lever de l'aurore. Tous les lieux d'alentour retentissent d'abord du bruit de son arrivée. Il sonna de son cor si horiblement, que toute la nature en trembla. Les animaux qui étoient déjà sortis de leurs tanières, y rentrèrent avec précipitation, et les oiseaux, qui commençoient à célébrer par les chants l'approche du soleil, se laissèrent tomber à terre, saisis d'effroi.

Angélique même en fut épouvantée : la vertu de la lance put à peine la rassurer. Le seul Argail, inaccessible à la peur, se lève à ce bruit terrible. Il écarte de ses yeux le sommeil, qui les tenoit encore fermés. Il s'arme à la hâte pour défendre sa charmante sœur contre un ennemi qu'il juge plus redoutable que le premier. L'impatience et l'orgueil de l'Espagnol ne leur permirent pas de tenir de longs discours. Ils poussèrent leurs chevaux l'un contre l'autre; si celui de Ferragus étoit tel que

Bayard seul pouvoit avoir la préférence sur lui, Rabican couroit avec tant de vitesse et de légèreté, que l'œil du lynx n'auroit pu démêler sur la terre la trace de ses pas. La lance du Sarrasin, quoique des plus grosses et faite d'un dur frêne, se rompit sur le bouclier d'Argail. Ce prince ne fut que médiocrement ébranlé d'un choc si furieux, et sa lance d'or produisit son effet. De quelque force que fût doué Ferragus, il se sentit enlever des arçons, comme un enfant qui n'eût pu faire la moindre résistance.

L'étonnement et le dépit qu'eut le fier Espagnol de se voir renversé par un seul chevalier, ce qui ne lui étoit jamais encore arrivé, lui causèrent moins de confusion que de fureur. Bien loin d'en perdre le courage, il en devint plus redoutable pour son ennemi. Il étoit naturellement si violent, qu'il y avoit du péril à l'oser même fréquenter. Ce nouvel Antée n'eut pas sitôt touché la terre, qu'il reprit ses forces étonnantes, que le charme de la lance lui avoit ôtées. La honte, la bouillante ardeur de la jeunesse, et l'amour, augmentant alors sa violence naturelle, le transportèrent de telle sorte, que, grinçant les dents de colère, et serrant en main son épée, il s'avança sur Argail, qui lui dit : Que veux-tu faire ? n'es-tu pas mon prisonnier ? C'est sans raison que tu t'apprêtes à me combattre, après avoir été abattu à la lance. Ferragus, qui n'avoit point d'oreilles pour ce qu'il ne vouloit pas entendre, continuoit toujours son action menaçante.

Les géants, jugeant par son obstination et par la fureur qui le dominoit que ce n'étoit pas un homme aussi docile que le gentil Astolphe, se mirent de la partie, et se préparèrent à l'attaquer. Celui qui se présenta le premier, et qu'on appeloit Urgan le Dardeur, lui lança son dard d'une telle roideur, que le chevalier en auroit perdu la vie, s'il n'eût pas été féé. Le dard perça la visière de son casque; mais il se brisa contre son œil, qui se trouva plus dur que le diamant. L'indomptable Ferragus ne tarda guère à se venger; il se lança sur le géant avec autant d'avidité qu'un vautour sur sa proie, et lui coupa d'un horrible fendant le bras qui avoit jeté le dard, comme il auroit coupé la branche d'un jeune arbrisseau. Ce ne fut pas tout : son épée rencontrant au retour l'autre bras du géant qui venoit de suppléer au défaut de celui qui ne pouvoit plus agir, il le coupa d'un revers avec la même facilité.

Argeste le Démesuré s'avança pour tirer vengeance de la mort de son compagnon; mais le prince sarrasin, plus léger qu'un oiseau, le prévint, et lui déchargea un si grand coup sur le côté, que, malgré les plaques d'acier qui le couvroient, il lui coupa la rate par le milieu avec une partie du foie. Ce corps monstrueux fit en tombant plus de bruit qu'un gros chêne qui cède à la violence des vents. Peu s'en fallut même que Ferragus n'en fût écrasé.

Le farouche Turlon, le plus fort des quatre géants, fondit aussitôt sur l'Espagnol. Il le joignit, et le frappa d'un si furieux coup sur son casque, qu'il lui en fendit tout un côté, bien qu'il fût de la plus fine trempe de Tolède. La tête du fils de Marsille en fut désarmée, et le cimeterre du géant l'auroit fendue, si elle n'eût pas été à l'épreuve de l'acier; mais si la force du charme préserva de ce danger le prince espagnol, il ne laissa pas d'être étourdi de la pesanteur du coup. Il chancela plus d'une fois; et peut-être seroit-il tombé, s'il ne se fût pas appuyé contre un pin qui par bonheur se trouva près de lui. Il se remit bientôt de son désordre, et le vendit bien cher à Turlon; car il revint sur lui, et d'un seul coup lui trancha les deux jambes. Cependant ces trois prodiges de valeur ne le tiroient pas entièrement du péril.

Lampourde le Velu restoit encore, et avoit déjà levé une pesante massue garnie de pointes de fer, capable d'écraser un rocher. Tout ce que put faire le Sarrasin fut de se couvrir de son bouclier et de son épée, qui rompirent en quelque sorte la force du coup, mais qui en furent brisés l'un et l'autre en mille pièces.

Le généreux frère d'Angélique avoit jusque-là regardé ce combat sans vouloir y prendre part. Il admiroit le courage et la vigueur du chevalier, qui se défendoit seul contre quatre géants des plus terribles; mais, le voyant sans défense, il craignit pour sa vie; et il s'approchoit de Lampourde dans l'intention de faire cesser le combat, lorsqu'il s'aperçut avec surprise que Ferragus, au lieu de fuir l'approche du géant, se lança sur lui avec impétuosité, et lui donna dans le bas-ventre, au défaut de ses armes, un si furieux coup de pied, qu'il lui creva les entrailles, et le jeta roide mort sur ses compagnons; ensuite le prince sarrasin ramassa le cimeterre d'un des géants; et s'adressant à Argail, il lui dit: Brave chevalier, c'est à présent que nous pouvons continuer notre combat.

Le prince du Cathay ne put s'empêcher de sourire à ces paroles. Vous me parlez de combattre, lui répondit-il ; comme si le combat n'étoit pas déjà fini entre nous. Si vous le croyez fini, reprit Ferragus, je vous avertis que vous vous trompez. Pour avoir été battu à la lance, je n'en suis pas moins en état de vous résister, et j'espère vous faire bientôt la loi au lieu de la recevoir de vous. Ne demeurez-vous pas d'accord, répliqua Argail, que j'ai la parole de l'empereur que tous les chevaliers de sa cour qui seront vaincus à la lance, ne pourront demander le combat de l'épée ? Je conviens de cela, repartit l'Espagnol ; mais que m'importe que l'empereur s'y soit engagé par serment ? Je ne dépends pas de lui ; je ne suis ni de ses sujets, ni de sa cour. Je viens vous combattre pour conquérir votre sœur ; je veux la posséder ou mourir. Vous oubliez, dit le prince oriental, que votre tête est désarmée ; sans casque et sans écu, pourrez-vous long-temps vous défendre de mes coups ? Une raison si frivole, répondit Ferragus, ne me fera pas changer de résolution. La beauté de votre sœur m'enflamme ; je ne respire que sa possession. Pour l'obtenir, je vous combattrois même sans cuirasse et sans épée.

A ce discours plein d'audace, Argail ne put garder sa modération : Chevalier, lui dit-il avec aigreur, vous cherchez votre perte ; je vais vous traiter comme vous le méritez. Vous avez, je l'avoue, beaucoup de valeur ; mais, puisque vous faites paroître si peu d'estime pour moi, n'espérez pas que j'épargne votre tête nue. Songez à vous défendre. Voyons si vous soutiendrez avec succès par vos actions l'orgueil que vous faites voir dans vos discours. Le superbe Espagnol méprisa ces menaces. Argail en fut plus irrité. Ils sont tous deux animés d'un ardent courroux. L'un tire son épée, l'autre lève son cimeterre. Nous verrons dans le chapitre suivant le succès de leur combat.

CHAPITRE V.

Combat de Ferragus et d'Argail.

Ces deux princes, qui ne le cédoient en force et en valeur, ni au seigneur de Montauban, ni au comte d'Angers même, se joignirent à pied comme ils étoient. La fureur éclatoit dans leurs mouvements. Jamais deux fiers lions dans les forêts d'Hircanie ne fondirent l'un sur l'autre avec plus d'impétuosité. Ils se frappent sans mesure et sans relâche. L'air autour d'eux paroît tout en feu par les étincelles que leurs coups pesants et redoublés excitent et font sortir de leurs armes. Les échos des environs en résonnent. On entendoit le même bruit que font deux nuées grosses de foudres et de tempêtes en se choquant avec fracas.

Le prince du Cathay, qui voit encore sur pied son orgueilleux ennemi qui le brave, en frémit de courroux. Il décharge de toute sa force un coup d'épée sur sa tête nue, et croit avoir terminé sa querelle; mais il fut bien surpris de s'apercevoir que son épée, au lieu d'être teinte du sang dont il se sentoit si altéré, étoit encore claire et luisante, et qu'elle trouvoit même une résistance qui la faisoit bondir en l'air. De son côté, Ferragus s'étoit abandonné sur Argail; et ne doutant pas qu'il n'allât le fendre en deux : Chevalier, lui dit-il, je te recommande à notre saint prophète devant qui je vais t'envoyer. En parlant de cette sorte, il le frappa si rudement sur la crête de son casque, qu'il l'auroit brisé comme du verre s'il n'eût pas été enchanté ; mais les armes du fils de Galafron avoient la vertu d'émousser le fil du plus tranchant acier.

Si Argail avoit été mécontent du peu d'effet de ses coups sur un ennemi presque désarmé, l'audacieux fils de Marsille ne fut pas plus satisfait de la foiblesse de son bras. La surprise où ils étoient l'un et l'autre de n'avoir encore aucun avantage après de si grands efforts, suspendit leurs coups. Ils demeurèrent quelque temps à se regarder sans parler, et à se parcourir des yeux du haut jusqu'en bas ; enfin Argail rompit le silence en ces termes :

Cessez, brave chevalier, cessez de vous étonner de ce que vous venez d'éprouver. Je veux bien vous apprendre que toutes mes armes sont enchantées : ainsi vous finirez, si vous m'en voulez croire, un combat qui ne peut tourner qu'à votre désavantage. C'est plutôt vous, interrompit le Sarrasin, qui n'en pouvez recueillir que de la confusion : car, afin que ma franchise égale la vôtre, je vous dirai que je ne porte une cuirasse et des armes que pour l'ornement, puisque j'ai obtenu dès ma naissance le don d'être invulnérable dans toutes les parties de mon corps, à la réserve d'une seule, où je porte pour plastron sept plaques du plus dur acier. Suivez donc vous-même le conseil que vous me donnez. Laissez-moi la libre possession de votre sœur. C'est l'unique moyen qui vous reste d'échapper de mes mains. Le parti que je vous propose, ajouta-t-il, ne vous fait point de déshonneur. Je ne vous demande cette beauté que pour lui offrir une couronne qui me doit appartenir après la mort du roi Marsille, mon père. Ainsi, je vous conseille de me l'accorder de bonne grâce.

Prince, lui dit le fils de Galafron, puisque vous n'êtes pas chrétien, ni des amis de l'empereur Charles, j'accepte le parti que vous m'offrez, à condition que ma sœur y souscrira. Je le souhaite; j'en aurai de la joie, parce que j'estime votre valeur; mais je vous déclare que, si elle me fait voir quelque répugnance pour votre personne, il n'en faudra plus parler. L'amitié me lie encore plus que le sang à ma sœur; je ne veux pas contraindre ses inclinations. Hé bien, dit l'Espagnol, parlez-lui donc tout à l'heure, je suis trop impatient pour demeurer long-temps dans l'incertitude. Le prince oriental, pour le servir avec toute la diligence qu'il désiroit, le proposa sur-le-champ à la princesse.

Quoique le Sarrasin fût jeune, il n'en étoit pas plus aimable. Son visage rouge et basané ressembloit à celui d'un cyclope. Toujours dans les combats, couvert de sang et de poussière, il étoit peu soigneux de se laver. Ses cheveux courts, et plus noirs que l'encre, paroissoient grésillés comme ceux des nègres; des yeux étincelants lui rouloient dans la tête, et sembloient vouloir sortir de leur place naturelle, pour aller percer le cœur de ceux qui le regardoient. Il avoit la parole rude et brusque, la voix élevée, l'esprit impérieux. Tel qu'on vient de le peindre, il n'étoit guère propre à faire une tendre impression sur Angélique. Aussi dit-elle à Argail avec douleur: Ah! mon frère, quel parti me proposez-vous? Voyez, de grâce, à quel mortel vous voulez me sacrifier. Je ne me serois donc conservée jusqu'à ce jour que pour être la proie d'un furieux. Jetez, précipitez-moi plutôt dans cette fontaine; j'aime mieux y perdre la vie que d'approuver une union si cruelle pour moi.

Argail reprit la parole, et se mit à vanter sur nouveaux frais le mérite du prince sarrasin. Il s'étendit particulièrement sur sa naissance, et ne manqua pas de faire briller aux yeux d'Angélique la couronne qu'il devoit un jour posséder; mais elle l'interrompit: Non, mon frère, lui dit-elle, vous perdez le temps à me vouloir persuader. Toutes les couronnes du monde ne sauroient à ce prix me tenter. Faisons mieux, poursuivit-elle; quittons ce séjour, qui ne peut nous être que funeste, malgré toute la prudence du roi notre père. Il semble que le ciel veille sur les chrétiens, et qu'il les ait pris sous sa protection. Jugez-en par le péril que m'a fait courir l'enchanteur françois. Quoique j'en sois heureusement sortie, je n'en puis tirer un bon augure. Encore une fois, mon frère, éloignons-nous d'ici promptement. Ah! ma sœur, s'écria le prince, mon courage peut-il consentir à ce que vous me proposez? Puis-je quitter avec honneur un combat commencé, et me pardonneroit-on d'avoir cédé à un seul ennemi? Demeurez donc, dit Angélique, mais dispensez-moi de vous tenir compagnie. La présence de ce chevalier me fait frémir; et, pour m'épargner l'horreur de le voir, souffrez que je vous laisse. Je vais aux Ardennes. Je vous attendrai cinq jours dans cette forêt. Si vous ne pouvez vous y rendre dans ce temps-là, je me servirai du livre de ce magicien qui me vouloit outrager. Je me ferai porter par ses démons auprès du roi, mon père. Adieu, je ne veux pas être la victime d'un combat où la douleur de vous voir vaincu ne feroit peut-être pas ma plus grande peine. En achevant ces mots, elle courut se jeter sur son cheval; et, le poussant à toute bride, elle s'éloigna bientôt des combattants.

Ferragus, qui la vit partir, comprit, par cette fuite si précipitée, la réponse qu'Argail avoit à lui rapporter. Une nouvelle fureur trouble ses sens. Il se prépare à recommencer le combat; et de peur que son ennemi ne lui échappe pour courir après sa sœur, il va détacher Rabican qu'il voyoit attaché à l'un des pavillons. Il le chasse dans la prairie. Ce bon cheval, se sentant libre, part aussitôt comme un trait; il disparoît dans le moment, et délivre le Sarrasin de sa crainte. Quand Argail, qui revenoit d'un air triste annoncer à ce prince les refus d'Angélique, se vit ainsi démonté, il fut piqué de cette action. Chevalier, lui dit-il, quel procédé est le vôtre? Lorsque je m'emploie pour vous avec ardeur, et que je viens vous éclaircir... Oh! je vous tiens quitte de cet éclaircissement, interrompit l'Espagnol. Je n'en ai que trop vu, et je ne songe qu'à me venger. Si j'ai détaché votre cheval, je ne veux ni ne dois vous en faire des excuses: comme il faut qu'un de nous deux laisse ici sa vie, un seul cheval nous suffit.

Avec un homme aussi extraordinaire que toi, reprit fièrement le frère d'Angélique, la raison et l'honnêteté sont inutiles; et puisque tu sais mieux combattre que parler, il est juste de t'employer à ce qui te convient davantage. Alors ils commencèrent à se charger plus furieusement qu'auparavant.

Après qu'ils se furent long-temps tâtés avec autant

d'adresse que de force, et qu'ils eurent mis en usage tout ce que leur expérience leur avoit enseigné, le prince du Cathay leva son épée pour en frapper sur la tête de son ennemi, pour l'étourdir du moins s'il ne pouvoit le blesser; et il s'y prit d'une telle vigueur, qu'il en seroit venu à bout, si l'adroit Sarrasin ne se fût glissé sous le coup pour le rendre inutile. Argail ne réussit donc pas dans son dessein : au contraire, il donna moyen à l'Espagnol de le joindre, et ils commencèrent à combattre corps à corps.

Dans ce combat périlleux, ils firent cent efforts pour se terrasser : ils y réussirent enfin; mais il eût été difficile de décider qui des deux tomba dessous; car, pendant quelque temps, ils ne firent que rouler l'un sur l'autre. Si Ferragus eut le dessus, Argail, doué d'une vigueur extrême, l'eut à son tour. Il sut même le conserver; et se servant de son avantage, il ne laissoit pas, quoique son ennemi fût invulnérable, de lui meurtrir la tête et le visage avec son gantelet de fer. Cependant l'Espagnol, désespérant de revenir dessus, ne songea plus qu'à profiter de sa désagréable situation. D'un bras qu'il avoit libre, il tira son poignard; et cherchant de la pointe les endroits par où il pourroit percer son homme, il le lui plongea dans le côté, sous les armes, jusqu'à la garde.

Argail se sentant mortellement blessé, attacha ses regards mourants sur le Sarrasin, et lui dit d'une voix foible : Brave chevalier, puisque tu me donnes la mort, je te conjure, par ce que tu dois à l'ordre de chevalerie, que tu professes avec tant de courage, de jeter dans cette fontaine mon corps tout armé, aussitôt que j'aurai rendu le dernier soupir. Le soin de mon honneur m'engage à te faire cette prière. Je crains qu'après ma mort on ne m'accuse d'avoir eu peu de valeur, puisque je me suis laissé vaincre avec de si fortes armes. Je voudrois sauver ma mémoire de ce honteux reproche.

A ces paroles touchantes du frère d'Angélique, Ferragus, quoiqu'il fût le moins compatissant de tous les hommes, perdit son ressentiment. Vaillant chevalier, lui répondit-il tout attendri, je suis touché de votre infortune. La crainte que vous faites paroître ne peut partir que d'un grand cœur : vous avez tort toutefois de l'écouter; votre mémoire est en sûreté. Hé! que peut vous reprocher l'envie? Ne méritez-vous pas plutôt une gloire immortelle pour avoir mis mes jours en péril? Mais puisque vous exigez de moi que je vous satisfasse, je promets d'accomplir ce que vous demandez, à la réserve d'une chose. Comme je suis dans un pays de chrétiens, où j'ai quelque intérêt de n'être pas connu, vous me permettrez de garder votre casque jusqu'à ce que j'en aie un autre. Argail ne put répliquer : déjà les pâles ombres de la mort l'avoient environnné. Il parut seulement approuver, par un signe de tête, ce qu'on proposoit, et il expira dans le moment.

Telle fut la fin du vaillant Argail, l'un des meilleurs chevaliers de son temps. Il avoit une valeur extrême, des sentiments nobles et généreux; il ne lui manquoit que de faire profession du christianisme pour être un prince accompli.

Lorsque Ferragus fut assuré que l'infortuné fils de Galafron n'avoit plus de part à la vie, il lui délaça son casque pour s'en couvrir : ensuite il prit son corps, suivant sa promesse, et l'alla jeter, avec le reste de ses armes, dans l'endroit de la fontaine qu'il jugea le plus profond, dans une espèce de gouffre qui n'étoit que trop capable de le contenir, et d'ôter la connoissance de son sort à ceux qui voudroient s'en éclaircir.

CHAPITRE VI.

Des différents partis que prirent Astolphe et Ferragus après la mort d'Argail. Renaud et Roland quittent la cour.

Le Sarrasin, après avoir rendu au prince de Cathay un si triste devoir, se mit à rêver au bord de la fontaine. Il fit quelques réflexions tristes sur l'instabilité des choses de la vie; mais il s'ennuya bientôt de déplorer la condition des humains. Sa passion pour Angélique se réveilla; il commence à se reprocher comme un crime le séjour inutile qu'il fait dans ce lieu. Il se lève, va se jeter brusquement en selle; et, embrasé de la plus vive ardeur, il court à bride abattue sur le chemin qu'il a vu prendre à la fière beauté qui le fuit.

Le prince Astolphe seul avoit vu ce qui s'étoit passé entre les deux guerriers. L'intérêt que leur valeur lui faisoit prendre à leur sort le retenoit encore dans cet endroit; il avoit négligé jusqu'alors le soin de sa liberté, qu'il ne tenoit qu'à lui de se procurer depuis la mort des quatre géants. Quand il vit Argail mort, et Ferragus sur les traces de la princesse, il pensa qu'il n'avoit point d'autre parti à prendre que de s'en retouner à la cour. Il reprit ses armes; et ayant aperçu de loin son cheval qui paissoit tranquillement sur une petite hauteur qui s'élevoit dans le vallon, il se hâta de le joindre. L'animal, soit qu'il reconnût son maître, soit que la faim l'arrêtât, se laissa docilement approcher.

Il ne manquoit plus au prince anglois qu'une lance, la sienne s'étant rompue contre Argail. Pendant qu'il cherchoit de l'œil, dans la campagne, quelque arbre dont il pût s'en fabriquer une, il vit briller aux rayons du soleil, contre le pin de la fontaine, la lance d'or devenue vacante par la mort du frère d'Angélique; bien qu'il n'en connût pas tout le prix, ce surcroît de bonheur le satisfit extrêmement. Il s'appropria cette précieuse lance; et, le cœur détaché de l'étrangère, par le peu d'espérance qu'il avoit de la posséder, il retourna vers Paris plus tranquille qu'il n'en étoit sorti.

Il n'avoit pas encore fait beaucoup de chemin, qu'il rencontra le paladin Renaud qui venoit au perron pour succéder à Ferragus. Comme Astolphe étoit parent et ami du fils d'Aymon, et que d'ailleurs il disoit volontiers ce qu'il savoit, il ne cacha aucune circonstance du dernier combat, ni du tragique événement dont il avoit été témoin. Le sire de Montauban, qui n'étoit pas un des moins épris de la beauté d'Angélique, ne sut pas plus tôt la mort d'Argail et la fuite de la princesse, qu'il cessa d'écouter l'Anglois, qui n'étoit pas encore à la fin de son récit. Il craignoit qu'un plus long retardement ne le mît hors d'état de pouvoir joindre la dame; il poussa son cheval du côté qu'Astolphe lui dit qu'elle fuyoit. Bayard prend sa course, l'œil ne le peut suivre. Une flèche décochée avec violence n'auroit pu l'atteindre, et toutefois Renaud l'accusoit encore de lenteur.

Tandis que ce paladin s'abandonnoit tout entier aux mouvements impétueux de sa passion, le comte d'Angers n'étoit pas moins agité. Il apprit d'Astolphe l'aventure du perron de Merlin, et avec quelle vivacité le seigneur de Montauban marchoit sur les pas de la belle étrangère. O malheureux Roland! s'écria-t-il, quels maux égalent les tiens? Je connois Renaud, il est aimable, amoureux, pressant, hardi. S'il rencontre l'inconnue.... Ah! je n'y puis penser sans mourir! Hélas, peut-être est-il près de la joindre, pendant que je me laisse ici déchirer par des soupçons jaloux? Pourquoi faut-il que je languisse dans les larmes, sans faire un pas pour découvrir aussi ma passion à l'objet que j'aime? Attendrai-je que l'amour vienne combler mes désirs? Songe, Roland, songe à te satisfaire comme tes rivaux, et quand ce ne seroit que pour leur arracher la proie qu'ils poursuivent, sors d'une honteuse léthargie, et vole après cette aimable étrangère : ton repos, ta vie, ta gloire même y est intéressée.

Après avoir fait ces réflexions, il se revêtit d'armes simples pour n'être pas connu; on lui amena son cheval Bridedor, sur lequel il monta plein de trouble et d'agitation. Il sortit de Paris le jour même des joûtes, et il marcha sur les pas de Renaud.

CHAPITRE VII.

Commencement des joûtes.

Pendant que les trois plus grands guerriers de la terre s'empressoient de suivre la princesse du Cathay, les chevaliers du tournoi se préparoient à commencer les joûtes. L'empereur en avoit réglé les conditions; il avoit été décidé que celui qui se présenteroit le premier sur les rangs seroit regardé comme le tenant; que le chevalier qui l'abattroit le deviendroit à son tour, jusqu'à ce qu'un autre lui fît aussi perdre les arçons, et qu'enfin le tenant, qui demeureroit le dernier, remporteroit le prix et la gloire du tournoi.

Le courageux Serpentin, fils du roi Balugant, parut le premier sur la lice. Il s'y présenta de la meilleure grâce du monde. Son air étoit noble et fier, et ses armes si riches, qu'elles attirèrent les regards de tout le peuple. Il portoit au milieu de son écu une étoile d'or en champ d'azur. Il montoit le plus beau cheval que l'on pût voir. C'étoit un andalouz bai-brun à crins noirs, qui montroit tant d'ardeur et d'action dans ses allures, qu'on eût dit que toute la carrière n'étoit que pour lui. Ses yeux paroissoient tout de feu, et ses nazeaux, grands et ouverts, jetoient une épaisse fumée. Il frappoit la terre d'un pied superbe, et son mords étoit tout blanc d'écume.

Un chevalier de la cour assez fameux, Angelin de Bordeaux, qui portoit pour devise une lune en champ de gueules, fut le premier assaillant. Serpentin et lui fondirent l'un sur l'autre avec beaucoup de vigueur.

Le François brisa sa lance contre le Sarrasin, sans l'ébranler; mais Serpentin lui donna un si rude coup, qu'il lui fit perdre les étriers. Richard, duc de Normandie, se mit aussitôt sur les rangs pour venger Angelin : ce qui ne lui réussit pas. Le fils du roi Balugant l'envoya tenir compagnie au Bordelois. Salomon, roi de Bretagne, un des principaux pairs du royaume, entra ensuite dans la carrière, et augmenta le nombre des malheureux.

Le jeune Serpentin s'acquit de la gloire par ces exploits. Les Sarrasins, qui se trouvoient alors en grand nombre à la cour de Charles, en firent trophée. Balugant surtout ne pouvoit contenir la joie qu'il en ressentoit. Le prince Astolphe, piqué de l'ostentation avec laquelle ces ennemis du nom chrétien faisoient éclater leur avantage, ne put souffrir plus long-temps leur fierté. Il se hâta d'entrer dans la lice. Il tenoit en arrêt la riche lance d'Argail, et il se promettoit bien de rétablir l'honneur de l'empire. Il alloit en effet moissonner tous les lauriers du brave Serpentin, si la fortune, qui se joue de nos projets, n'eût déconcerté le sien par un accident auquel il ne se seroit jamais attendu. Son cheval avoit déjà fourni la moitié de sa carrière avec beaucoup de vitesse, lorsque le mauvais destin de son maître lui fit rencontrer un tronçon de lance qui roula sous son pied. L'animal bronche, tombe, et entraîne dans sa chute le prince anglois, qui s'évanouit de la force du coup. Il ne reprit l'usage de ses sens que chez lui, où on fut obligé de le porter. Certes! ses bonnes intentions méritoient une autre récompense. Aussi fut-il plaint de tout le monde. Serpentin même se montra sensible à son malheur, quoiqu'il eût très grand sujet de s'en réjouir. Il comptoit d'ajouter cette palme à celles qu'il avoit déjà cueillies.

Ce vaillant prince, après qu'on eut emporté Astolphe, mit encore par terre cinq ou six chevaliers chrétiens. On commençoit à croire qu'il remporteroit l'honneur de la fête, lorsqu'on vit paroître Ogier le Danois. A la vue de ce nouveau paladin, le peuple de Paris sentit ranimer son espérance. Les deux chevaliers poussèrent leurs chevaux avec furie. Ogier fut ébranlé. Il chancela dans les arçons, et peu s'en fallut qu'il ne tombât; mais le tenant ne put soutenir la violence du coup qui lui fut porté; il alla trouver ceux qu'il venoit de renverser. A cet heureux changement, les chrétiens poussèrent des cris de joie, et les Sarrasins en marquèrent du dépit sur leurs visages.

Le brave Danois, demeuré vainqueur, devint à son tour le tenant, et fit espérer à toute la cour qu'il ne cesseroit pas sitôt de l'être. Le roi Balugant, transporté de colère, se présenta pour venger l'affront de son fils; mais Ogier l'abattit lui-même, et après lui les courageux Isolier et Mataliste, jeunes frères de Ferragus. Gaultier de Montléon leur succéda, et ne fut pas plus heureux. Comme il étoit chrétien, le tenant parut touché de son malheur, et dit à ceux de sa religion : Seigneurs chevaliers, ne nous empressons point de nous combattre les uns les autres. Laissez le champ libre aux Sarrasins. Quand nous les aurons tous vaincus, nous nous disputerons bien alors le prix du tournoi.

Spinelle d'Altamon, Sarrasin, ayant entendu le discours du Danois, crut qu'il y alloit de sa gloire d'en tirer raison; néanmoins il n'eut que l'honneur d'en avoir formé le projet. Ogier lui porta un si furieux coup de lance, qu'il l'étendit tout de son long sur la poussière. Tel fut jusque-là le succès des joûtes. O ciel! n'abandonnez point le bon Danois : il a plus que jamais besoin de votre secours, un géant terrible va l'assaillir.

Le roi Grandonio, irrité de voir les Sarrasins si maltraités, ne put demeurer plus long-temps dans l'inaction. Il s'étoit proposé, je ne sais pourquoi, de ne combattre que des derniers; mais un mouvement de fureur, dont il ne fut pas maître, l'entraîna dans la carrière : c'étoit le plus fort des Sarrasins, après Ferragus. Il avoit une stature gigantesque, avec un air à inspirer de l'effroi. Il montoit un cheval d'une grandeur démesurée, et portoit pour devise un Mahomet d'or sur un champ noir. Tous les chrétiens, en le voyant s'apprêter au combat, furent saisis de crainte. Ganes de Poitiers, autrement le comte Ganelon, en eut entre autres tant de peur, qu'il abandonna furtivement le camp, pour n'avoir pas à soutenir le choc d'un si rude champion; et un moment après lui Macaire de Lozane, son neveu, Anselme de Hautefeuille, Pinabel, et tous les autres Mayençois, excepté Hugues de Melun, se retirèrent secrètement, comme si la lâcheté eût été héréditaire dans cette perfide maison.

Le roi Sarrasin avoit une lance aussi grosse qu'une antenne; son cheval ne causoit pas moins de frayeur que lui. L'épouvantable animal faisoit d'horribles hennissements en courant dans la carrière. Il brisoit les cailloux qui se trouvoient sous ses pieds, et la terre en trembloit. Le Danois, malgré les lauriers qui ombrageoient son front victorieux, ne put s'empêcher de frémir en considérant l'énorme grandeur de son ennemi. Il rappela toutefois son courage ; et, le mesurant au péril qui le menaçoit, il fondit comme un lion sur Grandonio, qu'il ébranla si bien de son coup, qu'on vit le corps de ce géant pencher presque jusqu'à l'étrier. On crut que la lice alloit retentir du bruit de sa chute; cependant il ne tomba point ; et le vaillant Ogier eut beau se couvrir tout entier de son écu, il ne put tenir contre l'énorme lance de son ennemi, qui le renversa sous son cheval.

Alors un cri de joie s'éleva parmi les Sarrasins, qui ne doutèrent plus que le prix des joûtes ne fût pour eux. Ils commencèrent même à insulter les chrétiens, dont la contenance changée rendoit témoignage des peines du cœur. Le duc Naime de Bavière et le fameux Turpin de Reims, choqués de l'insolence des Espagnols, voulurent abattre leur orgueil. Ils se présentèrent l'un après l'autre contre le tenant, qui par malheur leur fit vider les arçons. Le Bavarois fut dangereusement blessé au côté, et le bon archevêque eut le bras gauche démis de sa chute. Guy de Bourgogne, qui portoit pour devise un lion noir en champ d'or, eut aussi la même destinée : ce qui donna tant de fierté au vainqueur, qui de son naturel n'étoit déjà que trop insolent, qu'il outragea tous les chevaliers de la cour en les apostrophant sans ménager les termes.

Yvon Angelier, Avaric et Berenger ne purent souffrir ses bravades et son orgueil : ils se mirent sur les rangs ; mais, hélas ! leurs forces ne répondirent pas à leur bonne volonté : le géant les abattit, et après eux Hugues de Melun, dont la chute fut le moindre déshonneur que reçut ce jour-là sa maison. Il en coûta la vie au malheureux Ugolin de Marseille, qui, sans considérer sa foiblesse, osa tenter ensuite la fortune des armes. Le terrible Grandonio le perça d'outre en outre de sa cruelle lance. Le fort Alard et le jeune Richardet, dignes frères du seigneur de Montauban, donnèrent plus d'occupation au Sarrasin. Il les terrassa toutefois l'un et l'autre, et leur défaite acheva de refroidir la valeur des chevaliers de la cour.

Il ne paroissoit plus d'assaillants sur la lice, et l'orgueilleux Espagnol recommençoit à insulter les chrétiens avec mépris, lorsqu'on vit ouvrir les barrières du camp à l'arrivée du célèbre Olivier de Bourgogne. Il revenoit de s'acquitter d'une commission importante dont l'empereur l'avoit chargé, et il avoit cru ne pouvoir mieux signaler son retour qu'en paroissant au tournoi.

Quand les François aperçurent ce généreux paladin, ils poussèrent à leur tour des cris de joie. La confiance se rétablit dans leurs cœurs. Après Roland et Renaud, dont il étoit parent, il passoit pour le plus fort guerrier de tout l'empire. Il savoit si bien manier un cheval, et il avoit l'air si noble, qu'il effaçoit tous les chevaliers qui s'étoient mis jusqu'alors sur les rangs : il montoit un vigoureux coursier, dont la fierté répondoit à la sienne. Dès qu'il parut prêt à partir, les peuples s'écrièrent : Vive le bon marquis de Vienne, l'honneur du nom françois ! A ce cri, il se sent encore plus animé à soutenir l'attente qu'on a de lui ; mais le superbe roi sarrasin en rioit d'un ris moqueur, et se promettoit bien de faire aussitôt évanouir ces flatteuses espérances.

CHAPITRE VIII.

Continuation des joûtes, et de quelle manière elles finirent.

Les deux guerriers, après avoir fait la demi-volte, partirent tout d'un temps. La terre tremble sous les pieds de leurs chevaux; tout le monde attentif au choc terrible de ces combattants, garde un profond silence. Le marquis de Vienne adresse sa lance au milieu du bouclier de son ennemi, et perce l'écu de part en part, malgré trois fortes plaques d'acier qui le couvroient : le fer de la lance passa même à la cuirasse, la traversa, et blessa le géant au côté; mais le marquis, par malheur, fut atteint si rudement de son antenne, que les sangles de son cheval venant à crever de la force du coup, on vit l'infortuné paladin voler à terre avec la selle entre les jambes. Ce malheureux événement acheva d'écarter de la lice tous les assaillants chrétiens. La honte et la consternation étoient peintes sur leurs visages, tandis que les Sarrasins triomphoient et poussoient au ciel mille cris de joie.

Si le roi Grandonio avoit auparavant tenu des discours pleins d'insolence, ce fut bien autre chose après la chute du brave Olivier. C'est peu de dire qu'il continua d'accabler de paroles outrageuses les paladins; il en dit à l'empereur même, et il perdit toute retenue.

O chrétiens, s'écria-t-il, êtes-vous donc si lâches, qu'il n'y ait plus personne parmi vous qui ose se présenter devant moi! Fuyez, fuyez, poltrons, retirez-vous dans les ruelles, vous n'êtes propres qu'à divertir les femmes: quittez vos armes, vous ne méritez pas d'en être revêtus: contentez-vous de vous signaler dans les bals et dans les festins.

L'empereur, sensible autant qu'il le devoit être à de pareils discours, les écoutoit impatiemment. Où est Roland? disoit-il, qu'est devenu Renaud? ne devrois-je pas être déjà vengé? Il demanda aussi le comte Ganelon; et comme on ne lui pouvoit apprendre des nouvelles certaines de ces guerriers: Quoi donc, s'écriat-il d'un ton mêlé de colère et de douleur, tout m'abandonne? Ceux qui devroient être le soutien de l'empire le trahissent, et me laissent couvert de honte.

Le gentil Astolphe ne put entendre ainsi parler son roi, sans entrer dans ses peines. Après avoir fait panser ses meurtrissures, il étoit venu en habit de courtisan se placer parmi les dames qui voyoient les joûtes avec l'empereur. Il se retira secrètement de l'assemblée; et quoique encore tout froissé de sa chute, il se fit revêtir de ses armes. Il fut bientôt en état d'entrer dans la carrière; mais il se rendit auparavant au bas de l'échafaud de l'empereur. Il leva la visière de son casque, et dit de fort bonne grâce: Puissant prince, permettez-moi d'aller confondre l'orgueil de cet insolent qui manque de respect pour vous.

Charles soupira de se voir réduit à se servir d'un tel défenseur. Occupé d'une pensée si mortifiante, il accorda au prince anglois la permission qu'il demandoit;

il loua ses bonnes intentions, il l'exhorta même à s'y porter vaillamment; et cependant il prioit le ciel dans le fond de son âme de lui envoyer quelque secours plus salutaire.

Astolphe, après avoir quitté l'empereur, alloit se poster au bout de la lice pour se préparer au combat, lorsqu'il rencontra sur son passage le géant, qui continuoit ses bravades en se promenant le long du camp. Ce Sarrasin entreprit de railler l'Anglois. Gentil Astolphe, lui dit-il, je vous conseille d'éviter mon antenne. Vous trouverez mieux votre compte avec des dames délicates qu'avec des ennemis de ma taille. Croyez-moi, consacrez-vous tout entier au service du beau sexe ; c'est le seul emploi qui vous convienne. Je vous en destine un autre, répondit le prince d'Angleterre, pour lequel vous paroissez fait exprès. Notre empereur a besoin d'hommes nerveux pour l'armement de ses galères de Marseille; je me fais fort d'obtenir de lui pour vous l'honneur d'être le premier officier de sa capitane. La grande opinion que j'ai de vous me fait présumer que vous ferez tout l'ornement d'une chiourme.

Grandonio, plus accoutumé à prononcer des paroles piquantes qu'à s'en entendre dire, ne repartit au paladin que par un regard furieux qu'il lui lança en le quittant brusquement. Son cœur devint plus agité que la mer, lorsqu'elle épouvante les matelots. Il écume de rage, grince les dents, et il sort de sa bouche et de ses narines une épaisse fumée avec un sifflement semblable à celui que fait un serpent qui veut s'élancer sur un voyageur.

Tel et plus terrible encore, le géant sarrasin courut prendre du champ pour fondre sur l'officieux Anglois, qui lui destinoit des emplois si honorables. Il pousse son énorme cheval contre lui, et se promet non-seulement de l'étendre mort sur la poussière, mais même de le porter par tout le camp au bout de sa lance. Enfin la fureur qui le transportoit étoit telle, que tous les chrétiens en frémirent pour Astolphe ; et particulièrement ceux qui connoissoient ce paladin. Ah! prince téméraire, disoient-ils, quel mauvais génie te pousse à mesurer tes forces avec celles de ce furieux ? tu vas nous faire recevoir un nouvel affront; c'est tout ce que nous attendons de ton audace et de ta témérité. Cependant le prince anglois ne perdit point courage; le cas qu'il faisoit de sa valeur lui cachoit la moitié du péril. Il s'apprête avec autant de confiance que d'ardeur à fondre sur son redoutable ennemi : veuille le ciel préserver ce paladin, ou pour mieux dire son cheval, d'un accident pareil au premier!

Les deux champions partirent, et se rencontrèrent au milieu de la carrière. Le prince d'Angleterre n'eut pas si tôt touché de sa lance d'or le fort Grandonio, que le géant se vit à terre sans savoir pourquoi, ni comment. On peut juger du bruit que fit ce colosse en tombant. La ruine d'une tour fait moins de fracas. Il tomba même si lourdement, que la plaie qu'Olivier de Bourgogne lui avoit faite au côté s'irrita; il en sortit tant de sang, qu'il lui prit une foiblesse; ses amis accoururent à son secours, et n'eurent pas peu de peine à l'emporter pour lui faire reprendre ses esprits.

A la chute de ce monstre, les spectateurs chrétiens remplirent l'air de cris de joie, et les Sarrasins parurent consternés à leur tour. Tous ceux qui étoient assis sur les échafauds se levèrent sur leurs pieds pour mieux voir un événement si peu attendu. L'empereur, quoiqu'il en fût témoin, se défioit du rapport de ses yeux. Est-il bien possible, s'écrioit-il, qu'Astolphe ait fait un si beau coup de lance? Chacun émerveillé de cette aventure en faisoit honneur au héros. Tout le monde élevoit jusqu'aux nues ses forces et sa valeur. Personne n'étoit au fait. Le vainqueur même, au milieu des transports que lui causoit sa victoire, pouvoit à peine la croire véritable, malgré toute la bonne opinion qu'il avoit de lui-même.

Le triomphe de ce prince ouvrit un nouveau champ aux assaillants. Les Sarrasins qui n'avoient pas combattu se crurent obligés de venger leur nation; et les chrétiens que la crainte avoit écartés du camp à la vue de Grandonio, y revinrent d'un air empressé, comme si quelque affaire importante les eût retenus jusque alors. Pisias le Blond, et Giafard le Brun, tous deux Sarrasins et chevaliers de haut renom, se présentèrent les premiers. Quoique celui-ci fût fils d'un guerrier qui s'étoit rendu maître de toute l'Arabie, et que le père de l'autre eût conquis toute la Russie blanche, depuis l'embouchure du Borysthène jusqu'à celle du Tanaïs, Giafar et Pisias le Brun et le Blond cédèrent au charme de la lance d'or.

Le comte Ganelon, à qui l'on avoit fait un rapport fidèle de tout ce qui s'étoit passé au camp, depuis qu'il l'avoit si lâchement quitté, ne pouvoit revenir de sa surprise. Connoissant les forces d'Astolphe pour les avoir souvent éprouvées, il jugea en homme d'esprit qu'elles n'avoient pu suffire à terrasser le puissant Grandonio, que sa peur, qui duroit encore, lui peignoit plus fort que Samson. Il imputa donc ce merveilleux événement à quelque autre cause qu'il ne pouvoit imaginer, et il se flatta qu'en renversant lui-même le vainqueur du géant, il remporteroit l'honneur des joûtes.

Cette douce espérance le ramena au tournoi. Pour y paroître avec plus grande pompe, il se fit accompagner par onze comtes, la fleur et l'élite des Mayençois. L'on n'a pu savoir de quelles raisons il se servit pour s'excuser auprès de l'empereur de ce qu'il n'avoit pas plus tôt paru sur les rangs. Tout ce que le bon chroniqueur Turpin rapporte, c'est que Ganes envoya proposer par un héraut, au prince anglois, de finir entre eux les joûtes, puisqu'aucun Sarrasin ne se présentoit plus pour combattre. Astolphe répondit au héraut : Mon ami, retourne vers Ganelon, dis-lui que je l'estime encore moins qu'un Sarrasin ; qu'il vienne seulement, je le traiterai comme un hérétique, comme un traître, comme un lâche qu'il est.

Le comte Ganes fut piqué de cette réponse incivile; il poussa son cheval avec furie contre l'Anglois, en disant entre ses dents : Mauvais bouffon, je vais te faire rentrer dans le corps les paroles qui te sont échappées à mon déshonneur. Effectivement il espéroit abattre Astolphe, qu'il avoit plus d'une fois vaincu à la joûte; mais la lance d'Argail l'enleva des arçons, et après lui son neveu Macaire de Lozane, Pinabel, second fils du comte d'Hautefeuille, Radulphe et Griffin : les autres Mayençois qui avoient paru si empressés à retourner au camp se surent alors fort mauvais gré d'y être revenus. Comme ils n'avoient pas plus de force que ceux qu'ils venoient de voir abattre, ils ne se sentoient pas puissamment excités à mériter le prix du tournoi. Tandis qu'ils paroissoient comme incertains s'ils entreroient dans la carrière, ou s'ils prendroient la fuite une seconde fois, le tenant, plein de joie de rabaisser si bien l'orgueil de ces cœurs envieux, les défioit au combat. Venez, race maudite, leur disoit-il, venez, je vous étendrai tous à la file sur la poussière, qui est votre lieu naturel.

Le comte Émeri, choqué de ces paroles superbes et outrageuses, se fit donner une forte lance, ensuite il fondit sur Astolphe; mais il n'eut pas meilleure destinée que les autres. O fortune cruelle! s'écria le perfide Faucon de Hauterive, en le voyant étendu sur la lice, favoriserez-vous toujours l'ennemi qui nous brave? faut-il que ce charlatan déshonore ainsi la noble maison de Mayence? Je veux réparer notre honneur.

En achevant ces mots, il part; il va secrètement se faire lier à sa selle avec de fortes courroies, et revient bientôt garotté, attaquer le prince d'Angleterre. La précaution étoit d'un homme d'esprit; néanmoins elle ne servit de rien; car, par malheur, ayant été atteint à la visière de son armet par la lance enchantée, ce nouveau restaurateur de la gloire des Mayençois en perdit le sentiment. Sa tête, malgré les courroies, alla frapper la croupe de son cheval, puis glissa sur les flancs jusqu'à l'étrier, où elle demeura suspendue, au grand étonnement des spectateurs, qui ne pouvoient comprendre ce qui empêchoit le chevalier malencontreux de tomber par terre; mais ils en furent bientôt éclaircis. Un de ceux qui l'allèrent secourir, s'étant aperçu de l'artifice, ne crut pas devoir s'en taire. Ainsi la chose se répandit dans un moment, et toute la place retentit de huées aux dépens de Faucon, que ses parents, consternés de cette découverte, tirèrent au plus tôt de la lice, pendant qu'Astolphe crioit en les insultant : Qu'ils viennent, qu'ils viennent, on en châtie mieux les fous quand ils sont liés.

Le mauvais succès du stratagème de Hauterive, irrita l'ardeur que les Mayençois avoient de se venger. Le comte Anselme, le plus traître de tous, dit à Rainier, son frère : Je sais un moyen sûr de renverser ce fanfaron. Entrons tous deux ensemble dans la carrière, et présente-toi devant lui. Pendant que tu l'attendras de droit fil, je le prendrai en flanc, et le renverserai avant qu'il puisse se mettre en défense. Rainier fit donc face au prince Astolphe, qui l'envoya mesurer la terre tout de son long; et, dans le même instant, le perfide Anselme exécuta son dessein. Il fondit sur l'Anglois, qui ne prenoit pas garde à sa trahison; et, l'attaquant de côté dans le temps qu'il n'étoit pas encore bien raffermi du coup qu'il avoit donné, il le jeta sans peine hors des arçons.

Ce lâche projet s'exécuta si finement, que les spectateurs ne purent juger si c'étoit perfidie de la part d'Anselme, ou négligence du côté d'Astolphe; mais ce prince, qui savoit mieux que personne ce qu'il en falloit penser, ne put retenir son ressentiment. A peine fut-il à terre, qu'indigné de la supercherie qu'on lui avoit faite, il se releva plein de fureur, tira son épée, et se jeta sur les Mayençois. Le premier qu'il frappa fut Griffin qui, sans la bonté de son casque, en auroit perdu la vie. Heureusement le coup, trouvant de la résistance, glissa sur l'épaule, et ne lui fit qu'une légère blessure. On vit alors entre eux un grand combat. Tous les parents du blessé commencèrent à charger l'Anglois, au secours duquel accoururent aussitôt les ducs de Bavière et de Normandie, l'archevêque Turpin, malgré son bras démis, et les frères de Renaud.

On s'attendoit à un horrible carnage, et des flots de sang alloient en effet inonder la lice, si l'empereur, offensé de voir troubler la fête au mépris de son autorité, ne se fût levé de son siége, pour aller séparer les combattants. Est-ce ainsi, leur dit-il avec colère, que vous me gardez le respect qui m'est dû. A la voix du monarque, ils s'arrêtèrent tous ; et Griffin, se jetant à ses pieds, lui dit : Seigneur, j'implore votre justice : Astolphe m'a blessé par surprise. A ces mots le prince anglois, sans avoir égard à la présence de l'empereur, regarda Griffin d'un air furieux, et lui dit avec emportement : Tu fais bien voir, traître, que tu es Mayençois ; tu ne démens pas ton indigne race.

Sur ces entrefaites l'artificieux Anselme se présenta devant Charles pour soutenir son parent, et donner de belles couleurs à sa propre trahison. A cette odieuse vue le prince anglois, qui ne retenoit déjà qu'avec peine les transports qui l'agitoient, n'en fut plus le maître ; il se précipita sur le comte, l'épée haute, et le frappa. L'empereur, irrité d'une action si violente, fit arrêter sur-le-champ l'Anglois. Il jura même qu'il l'auroit fait mourir pour lui avoir manqué de respect, sans le service qu'il venoit de lui rendre en abaissant l'orgueil de Grandonio.

CHAPITRE IX.

De la rencontre qu'Angélique fait de Renaud dans la forêt des Ardennes, et de ce qui en arriva.

Des trois guerriers qui couroient après Angélique, le fils d'Aymon arriva le premier aux Ardennes. Le chemin qu'il suivoit le conduisit à un endroit de la forêt, que l'épais feuillage de plusieurs gros chênes rendoit très frais et très sombre. Un ruisseau d'une eau plus froide que la glace, lavoit en serpentant le pied de ces arbres. Il sortoit d'une fontaine qu'on voyoit à quelques pas de là, et dont rien n'égaloit la magnificence; aussi n'étoit-elle point un ouvrage de la nature ni de l'industrie des hommes.

Le fameux Merlin, ce prophète anglois, avoit employé tout son art magique à construire ce superbe édifice pour guérir le célèbre Tristan de Léonois, son ami, de l'amour qui fut cause de sa perte. Si ce malheureux chevalier eût bu seulement une goutte d'eau de cette fontaine, il auroit cessé d'aimer la belle reine qu'il adoroit; mais son étoile ne l'amena jamais à cette source si salutaire, quoiqu'il eût parcouru plus d'une fois la forêt des Ardennes. Enfin l'eau étoit telle, que les amants qui venoient s'y désaltérer sentoient aussitôt changer en haine l'ardeur qui les enflammoit pour leurs maîtresses.

La chaleur du jour étoit à son plus haut degré, lorsque Renaud découvrit cette fontaine. Échauffé d'une course aussi rapide que longue, et pressé d'une ardente soif, il descendit de cheval; il approcha de la source; et à peine eut-il bu quelques gouttes de cette froide liqueur, qu'il se sentit tout changé. Il commence à se repentir d'être sorti de Paris. Il se représente le tort qu'il a fait à sa gloire en courant après l'inconnue, qui ne lui paroît plus mériter son attachement. Que viens-tu faire ici, Renaud, s'écria-t-il? te sied-il d'être le jouet de l'amour? n'as-tu pas honte d'en avoir été l'esclave? Ah! je rougis de ma foiblesse, et ma vertu va reprendre sur moi tout son pouvoir. Que dis-je, va reprendre? c'en est fait, l'étrangère ne règne plus dans mon cœur. Je sens même naître pour elle des sentiments de haine. Oui, malgré tous ses charmes, je ne me rappelle son image qu'avec horreur. Que j'étois insensé, ajouta-t-il, de préférer la vaine satisfaction de suivre une femme au solide honneur que je pouvois acquérir dans les joûtes? O ciel! si les Sarrasins en ont remporté le prix, quels reproches l'empereur et l'empire ne sont-ils pas en droit de me faire.

Plein de ces réflexions, il remonta sur Bayard, et reprit le chemin de Paris. Il avoit un air fier et dédaigneux, qui marquoit assez qu'il n'étoit plus dans les fers de la princesse du Cathay. Il ne songeoit qu'à s'en retourner à la cour, lorsque arrivant à un endroit où plusieurs routes formoient une espèce d'étoile, il ne put démêler le chemin qu'il devoit prendre. Il en suivit un qui l'engagea plus avant dans la forêt. Insensiblement il se trouva sur les bords d'un ruisseau, qui rouloit en replis tortueux son onde pure et transparente, le long d'un gazon émaillé des plus belles fleurs du printemps. Il ne put voir un lieu si délicieux sans avoir envie de s'y reposer. Il s'assit au pied d'un orme, après qu'il eut ôté la bride de son cheval, pour le laisser paître sur cette herbe fleurie. Le chevalier se sentit bientôt assoupir. Sa lassitude y contribua peut-être moins que la propriété du lieu.

Pendant qu'il goûtoit la douceur du sommeil, la fortune, par un de ses caprices ordinaires, conduisit à cet endroit la fille du roi Galafron. Une pressante soif obligea cette princesse à descendre de son palefroi. Elle but de l'eau qui couloit le long du gazon; puis apercevant au pied de l'orme le paladin qui dormoit au frais, elle conçut pour lui, dans le moment, le plus violent amour qu'un cœur puisse ressentir. O changement merveilleux! ô prodige étonnant! cette orgueilleuse beauté, qui jusque-là n'avoit payé que de mépris les hommages des plus grands princes, se rend sans résistance à la vue d'un chevalier qu'elle ne connoît point. Dans un instant l'amour l'embrasa de tous ses feux, comme si ce dieu puissant eût voulu donner un exemple aux mortels qui prétendent se soustraire à ses lois. Pour réduire la rebelle Angélique, il l'attira sans doute sur les bords dangereux de cette source, appelée, par ceux qui la connoissoient, *la fontaine de l'amour.*

Elle n'étoit point enchantée comme celle de Merlin. Son onde avoit naturellement la vertu d'inspirer de la tendresse aux personnes qui en buvoient, ou plutôt d'allumer dans leurs âmes une amoureuse fureur que l'eau de l'autre fontaine pouvoit seule éteindre. Plusieurs chevaliers en burent sans en connoître la propriété, et conservèrent toute leur vie une passion qui fit tout leur bonheur ou toute leur infortune.

La princesse du Cathay, dans le trouble qui agite ses esprits, s'approche du fils d'Aymon pour le considérer à son aise, et plus elle le regarde, plus elle enfonce dans son cœur le trait qui la blesse. Cette tendre amante ne sait à quoi se résoudre; elle rougit, elle pâlit; tout marque le désordre de ses sens; elle craint de le perdre, si elle le réveille, et toutefois elle voudroit trouver dans ses regards le même plaisir qu'elle prend à le voir. Dans cette confusion de sentiments, elle cueillit de sa main délicate les plus belles fleurs de la prairie, et les jetant l'une après l'autre sur le visage de Renaud : Dors, dit-elle, dors, charmant chevalier, goûte le repos que tu me ravis pour jamais.

Le paladin, à l'attouchement des fleurs, se réveilla; il jeta les yeux sur la princesse, qui le salua d'un air à lui faire assez connoître ce qu'elle sentoit pour lui; mais le cruel fils d'Aymon ne l'envisagea qu'avec peine; il sentit même pour elle, dès qu'il la reconnut, autant d'aversion qu'il s'étoit senti d'amour en la voyant pour la première fois. Elle lui tient en vain des discours capables d'attendrir les cœurs les plus barbares; il porte la cruauté jusqu'à la quitter brusquement sans daigner lui répondre une seule parole. Pour s'éloigner même au plus tôt d'un endroit que sa vue lui rend odieux, il va reprendre Bayard, qui s'étoit un peu écarté. Angélique le suit : Arrête, lui dit-elle, trop aimable chevalier, pourquoi me fuis-tu? Hélas! je t'aime plus que moi-même; et pour prix de tant d'amour faut-il que tu me fasses mourir? Regarde-moi, mon visage doit-il te faire horreur? Combien de fois ai-je vu les plus grands princes de la terre s'efforcer vainement par leurs soins de s'attirer un des regards que je prodigue pour toi? Ils gémissoient, ils se désespéroient de voir mes yeux armés de rigueur, et tu ne peux les souffrir quand ils te sont favorables. Ingrat! ne sont-ils plus les mêmes? En changeant de climat ont-ils perdu le privilége qu'ils avoient de tout charmer? ne peuvent-ils inspirer ici que du mépris? ou la passion que tu y remarques pour toi en auroit-elle détruit tout le charme?

Tandis que l'amoureuse fille de Galafron prononçoit ces paroles de la manière du monde la plus propre à toucher le paladin, il se pressoit de brider son cheval pour s'en aller, et ne point entendre des plaintes qui le fatiguoient. La princesse, qui connut son intention, en fut pénétrée de douleur, et, réduite à prier un homme qu'elle auroit vu avec indifférence à ses pieds un moment auparavant, elle n'épargna rien pour le retenir. Ce n'est pas qu'au milieu de ces mouvements impétueux qui l'emportoient au delà des bornes de la bienséance et de la raison, elle ne sentît gémir sa fierté naturelle; mais il ne lui étoit pas possible de résister à la force du charme qui l'entraînoit.

Cependant Renaud se jette légèrement en selle, et fuit la charmante Angélique, qui, courant après lui de toute la force de son palefroi, lui crioit autant que sa voix pouvoit s'étendre: Ah! beau chevalier, cesse de t'éloigner de moi; modère du moins la rapidité de ta course; j'aurai le plaisir de te voir un peu plus lontemps. J'aime mieux te suivre plus lentement, si ma poursuite te fait tant de peine. Hélas! si par malheur il arrivoit que ton coursier fît un faux pas, si tu tombois, si tu te blessois, sois assuré que ma mort suivroit de près ce triste accident. Tels étoient les discours de cette amante trop passionnée; mais bientôt le seigneur de Montauban fut en état de ne plus les entendre. Bayard, aussi cruel que son maître, partit comme un éclair. La fille de Galafron les perdit tous deux de vue dans un moment.

Qui pourroit peindre la vive douleur que ressentit cette princesse, lorsqu'elle ne vit plus son insensible chevalier? Elle arracha ses beaux cheveux, meurtrit de ses propres mains son sein d'albâtre, rabaissa ses attraits en leur reprochant de n'avoir pu réduire sous sa puissance le seul cœur qu'elle vouloit captiver. Ensuite elle s'en prit au ciel, à la fortune, et enfin au paladin qui avoit si mal répondu à ses bontés. O dieux! s'écria-t-elle, qui pourroit croire qu'un si beau chevalier eût une âme ingrate et inhumaine? de quel sang est donc formé ce barbare, et chez quels peuples sauvages a-t-il reçu le jour? C'est ce que je veux savoir, et je puis en ce moment satisfaire ma curiosité.

En achevant ces mots, elle eut recours au livre de Maugis; d'abord qu'elle apprit des démons que le chevalier dont elle se plaignoit se nommoit Renaud de Montauban : Ah! malheureuse, dit-elle avec autant de douleur que de surprise, quel nom vient de frapper ton oreille : il redouble ma confusion. J'ai mille fois entendu parler de ce paladin à la cour de mon père. Charmée du récit de ses faits immortels, n'ai-je pas souvent envié à la France un si fameux guerrier, et souhaité qu'il fût païen? Meurs, Angélique, meurs de dépit et de honte d'avoir vainement essayé sur lui tes regards et même tes bontés. Bien loin de se montrer sensible à toute l'ardeur que je lui témoignois, paroissoit-il seulement en avoir quelque pitié? On dit pourtant, et c'est pour achever de me désespérer, on dit que ce héros n'a pas dédaigné de soupirer pour des beautés assez communes. Quoi! tout susceptible de tendresse, tout volage qu'il est, je n'ai pu faire que d'inutiles efforts pour m'attirer son attention. Ah! quel affront! quelle ignominie! ô mon père! que je remplis mal votre attente! ne comptez plus sur le pouvoir de mes yeux. Si vous voulez vaincre les paladins, il vous faut de plus fortes armes.... Mais cessons de déplorer la foiblesse de mes traits; c'est accorder un nouveau triomphe à la fierté de Renaud : rendons-lui plutôt mépris pour mépris : la raison et l'honneur de mon sexe me l'ordonnent... Vaine résolution! ajouta-t-elle en pleurant, que me sert-il de trouver ce paladin digne de ma haine! je sens que je ne puis le haïr.

Ainsi la fille du roi Galafron, cédant malgré elle à son amour, s'approcha de l'endroit où elle avoit vu le fils d'Aymon endormi : elle tient long-temps ses regards attachés sur les fleurs qu'il a foulées. Belles fleurs, dit-elle, qui avez eu assez de charmes pour arrêter ici le barbare qui me fuit, que votre sort est heureux! A ces mots, elle descend de cheval, se couche sur ces mêmes fleurs, et les baise mille fois en les arrosant de ses larmes; elle espéroit par-là pouvoir soulager ses peines, mais elle ne fit que les irriter. Un mélange d'amour, de douleur et de plaisir la jeta dans un accablement qui fut peu à peu suivi d'un profond sommeil.

CHAPITRE X.

De l'arrivée de Roland aux Ardennes, et de la joie qu'il eut de trouver Angélique endormie.

D'UN autre côté, le comte d'Angers avoit si bien pressé les flancs du vigoureux Bridedor, qu'il arriva dans ce temps-là aux Ardennes. Impatient de rencontrer Angélique, il commence à parcourir cette forêt si fertile en aventures, et son destin le mène à l'endroit où le sommeil, par ses douces vapeurs, suspendoit les ennuis de la princesse. Ciel! quelle fut la joie de ce paladin, lorsqu'il aperçut l'objet qui régnoit si souverainement dans son cœur? Quand il auroit bu toutes les eaux de la fontaine de l'amour, il n'auroit pas pris plus de plaisir à regarder la fille de Galafron; il sembloit n'avoir l'usage de ses sens que pour l'admirer.

Il est vrai qu'on ne pouvoit la considérer tranquillement : on ne voyoit sur son visage aucune impression des cruelles peines de son cœur; son teint conservoit toute sa vivacité, et paroissoit même en recevoir une nouvelle de l'assoupissement de ses sens : on eût dit qu'il naissoit des fleurs autour d'elle, et le ruisseau qui couloit dans la prairie sembloit dire par son murmure qu'il reposoit sur ses bords une beauté encore plus redoutable que son eau.

L'amoureux paladin, dans l'excès de son ravissement, n'osoit en croire ses yeux : il appréhendoit que ce ne fût une illusion; il ne savoit quel parti prendre. Que ferai-je, dit-il en lui-même? Si je réveille ma belle inconnue, je vais l'effrayer; un trouble mortel va saisir ses timides esprits, ou bien je verrai ses yeux pleins de colère me lancer des regards que je crains plus que la foudre. Mais, poursuivit-il, dois-je négliger une occasion si favorable? Pourquoi perdre des moments si chers à me consulter mal à propos? Il faut que je déclare mon amour : si l'étrangère est irritée de ma hardiesse, je l'apaiserai par des paroles pleines de soumission et de respect. J'espère même que, touchée de la tendresse et de la vivacité de mes sentiments, elle me permettra de la conduire, et de lui consacrer mes services. Que rien ne m'arrête donc plus; je ne puis trop tôt dissiper un sommeil qui retarde peut-être mon bonheur.

Il alloit effectivement réveiller Angélique pour l'entretenir de sa passion, lorsqu'un nouvel obstacle vint s'opposer à son dessein. Ferragus arriva; il ne reconnut point Roland; mais il ne put méconnoître la dame. S'il eut de la joie de la revoir, il ne vit pas sans fureur auprès d'elle le paladin, dont il jugea que les intentions n'étoient pas différentes des siennes. Chevalier, lui dit-il d'un air impérieux, choisis tout à l'heure de me céder la conduite de cette beauté, ou de combattre pour l'avoir.

Quoique le comte d'Angers fût déjà fort mécontent de la fâcheuse arrivée du Sarrasin, il ne laissa pas de répondre avec beaucoup de modération. Passez, chevalier, lui dit-il, continuez votre chemin, ne cherchez point votre malheur; éloignez-vous, de grâce : votre présence m'est ici très nuisible. Et la tienne m'est insupportable, répliqua l'Espagnol avec un extrême emportement. Crois-moi, malheureux, n'éprouve point mes coups; fuis plutôt, et tu éviteras le plus grand péril où tu te sois jamais trouvé. Le paladin perdit alors patience. Téméraire, lui dit-il, sais-tu bien que tu parles à Roland? Tout Roland que tu es, repartit le Sarrasin, il faudra que tu m'abandonnes cette dame; Ferragus saura t'y contraindre. En achevant ces paroles, il descendit de cheval, et ces deux guerriers commencèrent un des plus horribles combats qu'on vit jamais : leurs épées tranchantes faisoient voler autour d'eux les mailles et les plastrons d'acier.

Pendant qu'ils faisoient des efforts plus qu'humains pour se vaincre et s'abattre l'un l'autre, Angélique se réveilla; elle crut entendre le tonnerre : le bruit épouvantable des coups que ces deux fiers rivaux se portoient la remplit de frayeur, et elle vit avec étonnement autour d'eux la terre toute couverte des pièces de leurs armes; elle cherche des yeux son palefroi, court le joindre, monte dessus à la hâte, et s'enfonce dans le plus épais de la forêt. Elle étoit si troublée qu'elle ne songea ni à sa bague, ni au livre de Maugis, qui auroient pu lui épargner tant de peine et d'agitation, si elle se fût avisée de s'en servir.

Le comte s'aperçut le premier de la fuite de cette princesse; il cessa de frapper sur le Sarrasin. Remettons notre combat, lui dit-il; c'est une folie de combattre sans fruit : nous terminerons une autre fois notre querelle. La dame qui en fait le juste sujet vient de prendre la fuite; souffrez que je la suive, je vous en aurai une éternelle obligation. Non, non, répondit l'Espagnol en branlant la tête, c'est à toi de m'en céder la poursuite, autrement tu n'échapperas jamais de mes mains. Un de nous deux doit faire la conquête de cette dame; je la poursuivrai jusqu'au bout de la terre habitable, si je te tue; ou bien tu tâcheras de la rejoindre, si tu m'ôtes la vie.

Cette réponse irrita Roland. Comme il ne faut pas, dit-il au Sarrasin, attendre un procédé généreux d'un homme aussi grossier que toi, je ne dois plus perdre de temps à te demander ce qu'un autre chevalier m'accorderoit sans peine; ainsi donc n'espère point que je te cède ni cette dame, ni la victoire; songe à te défendre, et sois assuré que le succès de ce combat sera moins avantageux que tu ne penses pour ta gloire et pour ton amour; alors le paladin et Ferragus, tous deux animés d'une égale fureur, continuèrent le combat. Nous allons voir quel en fut l'événement.

CHAPITRE XI.

Combat de Ferragus et de Roland; et pourquoi ils furent obligés de suspendre leurs coups.

Ils recommencèrent à se frapper d'une manière à causer de l'épouvante à ceux qui en auroient été témoins. Le comte d'Angers ne croyoit pas qu'il y eût au monde un chevalier capable de lui résister, et le fils de Marsille se regardoit comme le premier de tous les guerriers de la terre; mais quand ils se furent éprouvés quelque temps, ils reconnurent bien que l'un n'avoit guère d'avantage sur l'autre.

Ils ne se contentèrent pas de se porter les plus horribles coups; ils se lançoient des regards épouvantables, comme pour s'ôter l'un à l'autre toute assurance; néanmoins, voyant qu'ils étoient encore sur pied, malgré tout ce qu'ils avoient déjà fait pour s'abattre et s'arracher la vie, chacun s'étonne de la valeur de son ennemi : leurs écus, leurs cuirasses et leurs épaulières sont en pièces; et si leurs bras nus ne pouvoient être coupés, parce que les chevaliers étoient féés, ils paroissoient du moins meurtris et plus noirs que du charbon.

Dans le temps qu'ils employoient tous leurs efforts à se détruire, il arriva dans la prairie une dame montée sur une blanche haquenée, et suivie d'un vieil écuyer. Infortunée que je suis! disoit-elle à haute voix, ne pourrois-je trouver ce que je cherche depuis si long-temps? ne rencontrerai-je personne qui puisse m'apprendre des nouvelles de Ferragus? En disant ces paroles, elle jeta les yeux sur les combattants, et reconnut le Sarrasin. La surprise et la joie qu'elle eut de le voir, firent que, sans faire attention au péril où elle alloit se mettre, elle poussa sa haquenée au milieu des deux guerriers. Quelque acharnés qu'ils fussent l'un contre l'autre, ils s'arrêtèrent dans le moment, de peur de blesser la dame. Elle les salua, puis s'adressant à Roland, elle lui tint ce discours : Noble chevalier, je vous conjure, par la dame que vous aimez, de m'accorder un don; c'est de cesser votre combat avec Ferragus. Notre famille, que le malheur poursuit, a besoin de votre secours; si la fortune nous regarde jamais d'un œil plus riant, je vous assure que je reconnaîtrai par d'éclatants services cette insigne faveur.

Belle dame, répondit le généreux comte d'Angers, je ne puis vous refuser ce que vous me demandez, quelque sujet que j'aie de me plaindre de Ferragus, et malgré l'envie que j'ai de me venger du tort qu'il m'a fait ; je veux bien même vous offrir mon bras pour vous tirer de la peine où vous êtes, quoique celui de ce chevalier suffise pour remplir pleinement votre attente.

La dame remercia le paladin ; et se tournant vers le prince espagnol : Fils de Marsille et de Lanfuse, lui dit-elle, reconnois Fleur-d'Épine, ta sœur. Que fais-tu dans cette forêt? tu t'arrêtes à de vains combats, tandis que ta patrie est en proie aux fureurs d'une armée que l'Océan a vomie pour notre perte. Déjà Valence est en cendre ; Saragosse a été saccagée, et Barcelonne, assiégée, se trouve en ce moment réduite à la dernière extrémité. Un puissant roi nommé Gradasse, qui conduit sous ses drapeaux cent peuples divers, ravage nos campagnes, enlève nos moissons, et brûle nos villes. Il a pris terre avec ses troupes entre Cadix et le détroit. Après avoir forcé les hauts remparts de Séville et de Cordoue, il s'est étendu dans toutes les provinces de l'Espagne pour les désoler. On dit qu'il a dessein de faire la guerre à l'empereur Charles, et de soumettre à son empire tous les princes de l'Europe. Il en veut également aux Chrétiens et aux Sarrasins. Il semble qu'il ait juré à ses dieux d'en éteindre la race. O mon frère ! poursuivit-elle, si les choses que je viens de vous représenter ne sont pas capables de vous attendrir ; s'il faut vous faire un rapport encore plus touchant, apprenez que Marsille et Falciron sont prisonniers.

Oui, votre père et votre oncle gémissent dans les fers de Gradasse. J'ai vu le malheureux Marsille, dans sa douleur, se déchirer le visage, et arracher de ses propres mains ses cheveux blancs. Il prononce sans cesse votre nom en déplorant ses peines et son infortune. Viens, Ferragus, s'écrie-t-il les yeux baignés de larmes, viens tirer ton père de prison, et dompter le superbe ennemi qui le tient en sa puissance. Tu ne remporteras jamais de victoire qui te fasse plus d'honneur. Viens donc, mon fils, mon cher fils, accours, vole; mes chaînes ne te doivent pas moins peser qu'à moi-même.

Fleur-d'Épine cessa de parler en cet endroit : un torrent de pleurs qu'elle ne put retenir l'empêcha d'en dire davantage; ce qui ne produisit pas un mauvais effet. Ferragus, malgré sa férocité naturelle, écouta fort attentivement sa sœur, et ne vit pas avec tranquillité l'affliction dont elle parut saisie; il fut un peu étourdi des nouvelles qu'on lui annonçoit. Il rêva quelques moments; puis s'adressant au comte d'Angers : Roland, lui dit-il, le rapport que ma sœur vient de me faire excite dans mon cœur, comme tu peux penser, un vif ressentiment contre le roi Gradasse. Il faut que j'aille en Espagne, où m'appelle la voix de mon père et les cris de ses malheureux sujets. L'impatience que j'ai de délivrer ma patrie des maux qui la pressent, suspend les mouvements de mon amour. Je te cède la poursuite de la dame pour qui nous combattons, à condition que nous recommencerons notre combat lorsque nous en retrouverons l'occasion : donne-m'en ta parole, et je publierai partout ta valeur et ta courtoisie. Roland, le modèle des chevaliers généreux, promit d'autant plus volontiers ce qu'on lui demandoit, qu'il se voyoit par-là en liberté de suivre Angélique. Ces deux princes se séparèrent. Le fils de Marsille prit le chemin des Pyrénées avec sa sœur, et le comte d'Angers se mit sur les traces de la princesse du Cathay ; mais le paladin a beau tourner ses pas vers l'Orient, et courir de toute la vitesse de Bridedor, il a bien des traverses à essuyer avant qu'il puisse joindre la fille de Galafron. C'est ce que nous verrons dans la suite. Nous avons d'autres choses à raconter auparavant.

CHAPITRE XII.

De ce que fit l'empereur Charles, lorsqu'il apprit le dessein du roi Gradasse, et de l'état où l'Espagne se trouvoit alors.

L'EMPEREUR Charles apprit bientôt ce qui se passoit en Espagne, et l'importance de la conjoncture l'obligea d'assembler son conseil. Renaud de Montauban, qui venoit d'arriver, y assista comme les autres paladins. Mes amis, leur dit l'empereur, j'ai toujours ouï dire qu'on doit craindre pour sa maison, quand on voit en feu celle de son voisin. Quoique le roi Marsille soit Sarrasin, ses états confinent aux miens. Je veux donc le secourir contre le roi Gradasse, qui menace, dit-on, la France de la même invasion. Comme j'ai souvent éprouvé le courage et la fidélité du comte Renaud, j'ai résolu de lui confier la conduite de l'armée que j'ai dessein d'envoyer en Espagne.

Le choix de l'empereur fut généralement applaudi de tout le conseil; et à la réserve du comte Ganelon, qui n'osa même rien témoigner des sentiments d'envie qui l'animoient contre l'illustre maison de Clermont, tous ces princes dirent à l'empereur qu'il ne pouvoit confier son armée à un guerrier plus capable de lui en répondre.

Charles, satisfait de leur témoignage, fit approcher Renaud; et après lui avoir fait prêter serment dans la forme ordinaire : Mon fils, lui dit-il en l'embrassant, je remets entre tes mains l'intérêt de mes peuples. J'ignore où peut être le comte d'Angers, mon neveu. C'est à toi de remplir sa place. Songe que l'empire et la religion sont dans un extrême péril. Le roi de Séricane ravage l'Espagne avec un monde d'infidèles; va contre eux; purge l'Europe de ces barbares, et leur fais connoître que les chevaliers savent confondre l'orgueil et l'injustice. Renaud fléchit le genou devant l'empereur pour le remercier, et lui dit qu'il s'efforceroit de se rendre digne de l'honneur qu'on lui faisoit. C'est tout ce qu'il put répondre, car les larmes qu'il répandoit de joie l'empêchoient de s'exprimer avec sa liberté ordinaire.

L'armée qu'on destinoit à cette expédition fut bientôt assemblée. Elle étoit de quarante mille hommes, et les plus vaillants chevaliers de la cour voulurent en augmenter le nombre, aussitôt qu'ils surent que le seigneur de Montauban en avoit la conduite ; le géant Grandonio, qui étoit alors guéri de sa blessure, partit aussi avec le roi Balugant et tous les autres Sarrasins pour retourner en Espagne.

Les troupes firent tant de diligence, qu'elles eurent en peu de temps gagné les monts Pyrénées, d'où elles commencèrent à s'apercevoir de la désolation qui régnoit en Aragon et dans la Catalogne : elles passèrent le col de Pertuis avec assez de peine, et arrivèrent enfin à Gironne, où elles trouvèrent le roi Marsille. Ce prince venoit de s'y rendre ; il avoit eu l'adresse de se sauver de Cordoue, où les Séricans le tenoient prisonnier. Outre la joie qu'il avoit de se voir libre, et d'avoir avec lui le roi Morgant, l'argalife et l'amiral d'Espagne, il goûtoit celle d'être avec son cher fils Ferragus, que Fleur-d'Épine lui avoit ramené. Il paroissoit déjà consolé de son malheur, et le secours de France acheva de le rassurer.

Le roi Gradasse cependant faisoit le siége de Barcelonne, et cette grande ville, réduite à l'extrémité, étoit sur le point de se rendre, lorsqu'un exploit vigoureux en retarda la réduction. Quelque resserrée que fût la place, Grandonio trouva le moyen de s'y jeter une nuit en forçant un quartier des Séricans. Gradasse n'en étoit donc point encore maître, quand le bon roi Marsille, fortifié du secours des François, et ayant rassemblé tout ce qui lui restoit de troupes, tint un conseil de guerre. Il y fut résolu qu'on marcheroit vers Barcelonne, enseignes déployées, pour en faire lever le siége.

Aussitôt qu'on eut pris cette résolution, l'armée se mit en marche ; elle étoit partagée en trois corps. Renaud et ses frères conduisoient le premier. Ferragus, accompagné d'Isolier, de Mataliste et de Serpentin, commandoit le second ; et le roi Marsille étoit à la tête du troisième, avec les deux rois Balugant et Morgant, Spinelle, l'argalife et l'amiral. Ces corps marchoient un peu séparés et en bonne contenance : on voyoit les enseignes briller aux rayons du soleil, et flotter dans les airs au gré des vents.

Lorsque cette armée fut arrivée dans la plaine, ceux des ennemis qui étoient dans les postes les plus avancés l'aperçurent, vinrent la reconnoître, et allèrent faire leur rapport à Gradasse, qui fit appeler quatre des principaux chefs, Cardon, Francard, Urnasse et Stracciabère ; ils étoient rois tous quatre, et n'avoient pas moins d'expérience que de valeur. Il leur commanda de demeurer au siége avec un certain nombre de troupes, et de disposer toutes choses pour donner ce jour-là un assaut général. Faites en sorte, ajouta-t-il, que cette ville tombe sous ma puissance sans retardement. Que de tous ceux qui voudront vous résister, aucun n'échappe au tranchant du cimeterre, excepté cet audacieux Grandonio, qui a eu l'insolence de m'envoyer dire qu'il prétendoit lui seul défendre la place contre toute mon armée. Gardez-vous bien de lui ôter la vie ; qu'on se saisisse du téméraire, qu'on le charge de fers ; pour le punir, je veux le faire combattre contre mes dogues, après que j'aurai mis en déroute les troupes chrétiennes et sarrasines qui viennent à nous.

CHAPITRE XIII.

Bataille entre les rois Gradasse et Marsille.

Le superbe monarque de Séricane, après avoir donné ses ordres, renvoya ses quatre rois, et partagea son armée en autant de corps différents que ses ennemis en avoient; mais avant que de marcher contre Marsille, il fit venir l'Alfrete et Orion, les deux plus forts et plus hauts géants qu'il eût amenés de ses états. L'Alfrete portoit pour arme offensive une longue barre de fer d'un demi-pied d'épaisseur; et Orion, dont la peau étoit plus dure que la pierre, se servoit d'un gros arbre qu'il avoit déraciné, avec lequel il assommoit les hommes qu'il frappoit.

Ces deux monstres se chargèrent avec plaisir d'une commission que Gradasse leur donna, quoiqu'elle fût plus aisée à donner qu'à exécuter. Il leur commanda de lui amener Ferragus et Renaud, et surtout de ne point laisser échapper le bon cheval Bayard, qu'il vouloit mettre dans ses écuries avec l'Alfane, sa forte jument; ne doutant point que de ces excellents animaux il ne sortît des coursiers aussi vigoureux que ceux d'Achille.

Lorsque les deux armées se choquèrent, on eût dit que le monde alloit s'abîmer: La bataille fut des plus sanglantes; il se fit de part et d'autre des exploits incroyables; Gradasse, Renaud et Ferragus se firent particulièrement remarquer. Ce dernier fondoit sur les

Orientaux, tel qu'un loup affamé qui se lance sur un timide troupeau sans craindre le pasteur ni son chien. Les casques et les têtes tomboient devant lui sur le sable; il tua quatorze rois ou géants, vassaux du roi de Séricane, sans compter l'épouvantable Alfrete, qu'il coupa par le milieu, lui et sa barre de fer. Néanmoins ce généreux Sarrasin, malgré tout son courage, fut pris par quatre géants des plus membrus, qui, l'ayant vu mettre en fuite lui seul un assez gros corps de leur armée, se jetèrent tous ensemble sur lui. Ces colosses l'accablèrent de leur poids, le renversèrent, et, après l'avoir fortement lié, le conduisirent à leur camp.

Le vaillant Renaud fit aussi ce jour-là des actions dignes d'une éternelle mémoire. Il faisoit un grand carnage des Séricans. Ils fuyoient en vain devant lui. Bayard les atteignoit bientôt, et Flamberge les fendoit cruellement : on ne voyoit autour de ce paladin que des têtes et des bras voler en l'air. Gradasse et lui se joignirent plus d'une fois dans la mêlée; mais, comme ces deux guerriers étoient égaux en force et en courage, et que cette égalité faisoit durer le combat, ils furent toujours séparés. S'étant toutefois rejoints de nouveau, ils se chargèrent l'un l'autre avec plus de fureur qu'auparavant. Si le roi de Séricane étoit plus avantageusement armé, Renaud, en récompense, avoit plus de légèreté; il rendoit trois coups pour un qu'il recevoit; et il est à croire qu'il eût remporté l'honneur du combat, si toutes les armes de son ennemi n'eussent pas été enchantées, au lieu qu'il n'avoit que son casque qui le fût.

Après s'être long-temps battu sans avantage, enfin le

fils d'Aymon prit Flamberge à deux mains, et en déchargea un coup avec tant de force sur le casque de Gradasse, qu'il étourdit ce vaillant roi, qui, pour ne pas tomber, fut obligé d'embrasser le cou de son Alfane. Le paladin alloit redoubler, et peut-être achever de le renverser, si dans ce moment il n'eût pas vu passer auprès de lui le puissant Orion, qui emportoit sous son bras, comme un enfant, le jeune Richardet. A ce spectacle, malgré l'avantage qu'il avoit sur Gradasse, il quitta ce roi pour voler au secours de son frère; il se jette sur le géant, et lui coupe une cuisse d'un fendant terrible. Le monstre tombe, et sa douleur le contraignant d'abandonner sa proie, Richardet se sauve de ses mains, en bénissant le ciel d'avoir envoyé Renaud à son secours.

Le roi de Séricane avoit remarqué cette action; charmé de la valeur du paladin, il lui fit signe qu'il vouloit lui parler. Le seigneur de Montauban s'approcha, et Gradasse lui tint ce discours : Brave chevalier, ce seroit dommage que toute la valeur et la force que tu viens de faire paroître à ma vue fût accablée par le nombre. Tu vois bien que mes soldats t'enveloppent de toutes parts, et qu'il faut te résoudre à te rendre ou à mourir. Je ne permettrai pas toutefois que tu périsses, et je ne prétends point abuser de ta mauvaise fortune. Je ne veux devoir qu'à moi seul l'honneur de te vaincre. Je vais faire retirer mon armée, quoique la vôtre soit prête à me céder le champ de bataille; et demain nous nous rejoindrons tous deux dans un endroit où nous pourrons achever notre combat sans obstacle et sans témoin. Nous verrons qui de nous deux sera le plus digne de la gloire que nous recherchons dans le métier des armes. Je ne suis point altéré de ton sang, et je n'en veux pas à ta liberté; si je suis assez vaillant pour te surmonter, je ne demande, pour prix de ma victoire, que ton fameux coursier; et si, au contraire, j'ai le malheur d'être vaincu, je promets de rendre tous les prisonniers que j'ai faits. Je jure même qu'en ta considération, quel que soit l'événement de notre combat, je m'en retournerai en Orient, et cesserai de troubler le repos des chrétiens et des Sarrasins.

Roi magnanime, répondit le seigneur de Montauban, je suis touché de l'estime que vous me témoignez. Le combat que vous me proposez ne peut que me faire honneur : vous avez tant de courage et de force, que, pour peu qu'on vous résiste, il est glorieux même de succomber sous vos coups. Mais je dois vous dire, grand prince, que je ne puis vous remercier du dessein que vous avez de faire retirer votre armée pour me dégager des combattants qui m'environnent. Ma gloire ne sauroit consentir que je reçoive de pareilles grâces : quand toutes vos troupes seroient unies pour m'accabler, je n'ai pas encore perdu l'espérance, ou du moins la volonté de me faire un passage avec mon épée, et de regagner notre camp.

Courageux fils d'Aymon, repartit Gradasse en souriant, j'estime les nobles mouvements que vous faites éclater; mais réservez-les pour le combat que nous devons avoir demain ensemble; vous en aurez peut-être besoin. Après avoir ainsi parlé, ils convinrent du lieu où ils se battroient. C'étoit sur le rivage de la mer, à deux lieues des armées. Ils se séparèrent ensuite, l'un pour aller donner le signal de la retraite, comme il l'avoit promis, et l'autre pour faire rentrer les chrétiens dans leur camp.

CHAPITRE XIV.

De ce que fit Angélique après s'être éloignée de Roland et de Ferragus.

La fille du roi Galafron étoit déjà loin des deux guerriers qui combattoient pour elle, quand tout à coup elle se ressouvint de la vertu de sa bague. Aussitôt elle se rassure, s'arrête, et commence à rêver au parti qu'elle doit prendre. Elle perd l'espérance de toucher Renaud, et forme enfin la généreuse résolution de l'oublier, et de retourner au Cathay. Comme elle avoit promis à Argail de l'attendre cinq jours dans la forêt, elle voulut lui tenir parole ; mais, ne le voyant pas paroître après ce temps-là, elle en conçut un mauvais présage. Ah ! mon frère, s'écria-t-elle, malgré tes armes enchantées, ton ennemi t'a sans doute vaincu ; il t'a même peut-être ôté la vie : il faut que je m'éclaircisse de ton sort. En achevant ces paroles, elle ouvrit le Grimoire, et découvrit quel avoit été le succès du combat d'Argail contre Ferragus.

Elle eut une extrême douleur d'un si triste événement ; elle déplora la funeste destinée de son frère. Ses beaux yeux, qui n'avoient déjà que trop répandu de larmes, en versèrent de nouvelles, et la forêt retentit de ses regrets : O Argail ! disoit cette princesse, infortuné Argail ! est-ce là cet honneur que vous deviez acquérir dans ces terres étrangères ? Au lieu d'une gloire immortelle que vous y êtes venu chercher, vous n'y avez trouvé que la mort. Hélas ! le roi notre père ne vous verra point arriver dans sa cour, suivi d'une foule de chevaliers vaincus; il se repentira plutôt d'avoir eu trop de confiance en nous.

Angélique, après avoir pleuré la perte de son frère, ordonna aux démons de la porter au Cathay, dans le palais du roi son père. Galafron fut fort étonné de la revoir seule. Où est Argail ? lui dit-il. Qu'est devenu votre frère ? Pourquoi revenez-vous sans lui ?..... Mais, ajouta-t-il, en s'apercevant que la princesse avoit les yeux baignés de larmes, vous pleurez. Ah ! mon fils n'est plus ; je lis sa mort dans vos regards. Il est vrai, seigneur, dit Angélique, en s'abandonnant au transport qui la pressoit, mon frère a perdu le jour. A cette nouvelle, Galafron se couvrit le visage de sa robe, et demeura plongé dans un mortel accablement. Puis, confondant ses soupirs avec les pleurs de sa fille, ils continuèrent tous deux à s'affliger sans modération. Cependant la violence de leur douleur diminua peu à peu ; et, faisant réflexion qu'on ne pouvoit rappeler Argail à la vie, ils ne songèrent plus qu'à rendre à la mémoire de ce jeune prince les honneurs funèbres qu'ils lui devoient.

La princesse du Cathay fut pendant quelque temps si occupée de la mort de son frère, qu'elle sembloit avoir perdu le souvenir du seigneur de Montauban. Mais si le sang força l'amour à lui céder, l'amour s'en dédommagea bientôt avec usure. Angélique redevient la proie du feu qui la dévore ; elle n'est pas plus tranquille au Cathay que dans les Ardennes. Comme une biche qui porte dans le flanc le trait qui l'a blessée, ne fait qu'augmenter son mal en redoublant la vitesse de sa course, de même la fille de Galafron ne peut s'affranchir de son amoureuse peine : l'image du paladin cruel et méprisant la suit partout, et la tourmente sans relâche.

Elle avoit sans cesse le visage tourné vers l'occident ; elle n'en pouvoit détourner ses regards ni sa pensée. Quelquefois elle prenoit plaisir à se représenter Renaud qui recevoit avec dédain, à la cour de Charles, les avances des plus belles dames : elle trouvoit dans cette idée de quoi se consoler. Si mes yeux, disoit-elle, n'ont pu faire une si précieuse conquête, du moins je n'ai pas la honte d'avoir une rivale heureuse. Le cœur que je n'ai pu toucher est insensible. Mais bientôt elle sentoit succéder à cette pensée de jaloux mouvements. Ah ! malheureuse, s'écrioit-elle, cesse de te flatter : une autre que toi a su plaire au fils d'Aimon ; il soupire pour quelque beauté dont je n'égale pas les charmes..... Hélas ! tandis que je languis, que je me consume en plaintes vaines, peut-être qu'en ce moment l'orgueilleuse le voit à ses pieds, enflammé pour elle de toute l'ardeur que j'ai pour lui. Juste ciel ! m'avez-vous condamnée à aimer malgré moi un ingrat qui me méprise ? Ne puis-je vaincre ma cruelle passion ? Si, pour me délivrer de sa tyrannie, ma gloire et ma raison ne me prêtent qu'un foible secours, la nature a des secrets qui pourront agir sur moi plus puissamment. Employons jusqu'aux enchantements... Où mon esprit va-t-il s'égarer? Quelle erreur de prétendre éteindre ma flamme? Quand j'irois cueillir des herbes puissantes au premier rayon d'une nouvelle lune; quand j'arracherois les plus fortes racines pendant les plus obscures nuits de la canicule, le suc des plantes, la vertu des pierres constellées, tout le pouvoir de la magie ne sauroit ôter Renaud de mon cœur.

En déplorant ainsi son infortune, cette princesse se souvint de l'enchanteur françois; elle pensa qu'il pouvoit lui être utile; et dans cette pensée elle consulta le Grimoire pour savoir qui il étoit. Les démons lui apprirent qu'il s'appeloit Maugis; qu'il étoit fils du duc d'Aigremont, et parent fort proche du seigneur de Montauban. Cette découverte lui donna quelque espérance : elle se flatta que, par l'entremise de son prisonnier, elle pourroit inspirer à Renaud des sentiments plus favorables. Prévenue d'une si agréable opinion, elle se fit à l'heure même transporter sur le rocher où Maugis étoit retenu.

Ce malheureux enchanteur, occupé de son mauvais sort, et enchaîné sur la pointe d'un écueil, regardoit alors la mer en rêvant. Dès qu'il aperçut Angélique dans les airs, et qu'il en put distinguer les traits, il la reconnut : il eut quelque joie de son arrivée, bien qu'il n'eût pas lieu d'en concevoir un heureux présage. Elle ne le laissa pas long-temps dans l'incertitude : Fils d'Aigremont, lui dit-elle, console-toi, je viens finir tes peines. En même temps elle fit des conjurations, et les fers de Maugis tombèrent.

Aussitôt qu'il se vit libre, il voulut se jeter aux pieds

de la princesse pour la remercier ; mais elle l'en empêcha, et lui dit : Je te donne la vie et la liberté, à condition que tu me rendras un service d'où dépend mon repos. Je vais te découvrir mes plus secrets sentiments ; j'aime ton cousin Renaud. Puisque j'ose te faire cet aveu, juge de l'excès de mon amour ; il faut que tu t'engages par serment à me servir auprès de ce paladin, à l'aller trouver, et à l'amener au Cathay. Outre que je t'en aurai une éternelle obligation, je promets de te rendre ton livre, dont tu dois avoir senti vivement la perte.

Le fils du duc d'Aigremont, touché des bontés d'Angélique, lui répondit : N'exigez-vous que cela de ma reconnoissance ? Ah ! belle princesse, commandez-moi quelque chose de plus difficile. Quand l'heureux fils d'Aymon apprendra que vous avez du penchant pour lui, quand je lui ferai connoître tout son bonheur, quels transports ne fera-t-il point éclater ? Avec quel empressement.... Allez, Maugis, interrompit-elle en poussant un profond soupir, allez trouver Renaud : peut-être ne vous paroîtra-t-il pas si sensible à ce bonheur que vous vous l'imaginez. L'enchanteur, trop persuadé du contraire, jura qu'il amèneroit au Cathay le seigneur de Montauban, et qu'il serviroit la princesse avec autant de zèle que de fidélité. Sur la foi de ce serment, elle lui rendit le Grimoire. Le premier usage qu'il en fit, fut d'appeler ses démons : il ordonna aux uns de le porter où étoit Renaud, et aux autres de remener Angélique à la cour du roi son père.

CHAPITRE XV.

De la négociation de Maugis, et quel en fut le succès.

Maugis, plein de zèle pour sa libératrice, voloit vers l'Espagne pour aller exécuter sa promesse. Il étoit bien éloigné de penser que son cousin, qu'il connoissoit très sensible à la beauté des dames, dût faire le cruel envers une princesse tout adorable. Ses démons l'instruisirent en chemin de l'entreprise du roi Gradasse et des principales particularités de cette guerre. Ils arrivèrent auprès de Barcelonne au lever de l'aurore; ils passèrent par-dessus le champ où la bataille sanglante avoit été livrée la veille entre les Séricans et les Sarrasins. Les flots de sang qui couloient encore le long des sillons et le nombre effroyable de morts dont la terre étoit jonchée, faisoient un spectacle dont Maugis frémit, et qui ne pouvoit en effet être agréable qu'à ses démons, qui témoignèrent assez par leur joie qu'ils faisoient leurs délices de ces objets horribles.

D'abord que le fils du duc d'Aigremont fut dans le camp des François, il se fit enseigner le pavillon de Renaud. Il entra, et réveilla ce chevalier, qui dormoit encore. Quelle fut la surprise du fils d'Aymon, lorsqu'il aperçut son cousin! Il sentit la joie la plus vive; il se lève avec empressement, se jette à son cou, l'embrasse mille fois, et lui dit : Qui t'amène ici, cher ami? Ton intérêt, lui répondit Maugis : je viens t'annoncer la nouvelle du monde la plus agréable; prépare ton cœur à tout ce que la possession d'un bien inespéré et plein de charmes peut avoir de plus doux. Il ne faudra pas même pour l'acquérir que tu t'exposes au moindre péril; il ne t'en coûtera que la volonté d'en jouir; c'est tout ce qu'on exige de toi.

Pendant que Maugis parloit ainsi, le paladin Renaud l'écoutoit avec une extrême attention. L'on voyoit peints sur son visage tous les mouvements que l'espérance d'un bonheur prochain peut exciter dans un cœur naturellement sensible; mais l'impatience de savoir de quelle espèce étoit ce bonheur qu'on lui promettoit, l'obligea d'interrompre son cousin. Mon cher Maugis, lui dit-il, ne me fais pas languir plus long-temps, apprends-moi quelle est cette félicité que tu me vantes, et que ton amitié semble partager. Hé bien, reprit le fils du duc d'Aigremont, connoissez donc tout le prix de la fortune qui vous attend. Sachez qu'une princesse charmante, la première beauté de l'univers, en un mot l'incomparable Angélique brûle d'amour pour vous. Et qui est cette Angélique, répliqua Renaud? dans quels pays a-t-elle pris naissance? est-elle païenne ou Sarrasine? Elle est fille de Galafron, roi du Cathay, dit Maugis; c'est cette belle étrangère qui deux jours devant les joûtes parut à la cour de l'empereur Charles. Vous savez quels applaudissements reçut sa beauté, ou plutôt quel trouble elle excita dans tous les cœurs. C'est cette princesse qui vous aime, et qui, méprisant pour vous les plus grands princes du monde, borne ses charmes à vous plaire.

Si les premières paroles de Maugis avoient répandu la joie sur le visage de Renaud, les dernières la firent disparoître, et plongèrent tout à coup ce chevalier dans une profonde tristesse; on eût dit qu'on lui apprenoit une nouvelle fort affligeante; il soupira, leva les yeux au ciel, puis les tournant languissamment vers le fils d'Aigremont : Est-ce là, lui dit-il, cette félicité dont vous m'avez fait concevoir l'espérance : Ah ; Maugis, cessez de me parler de cette princesse; je suis peu disposé à profiter de ses bontés.

Quoi donc ! s'écria l'enchanteur fort surpris, Angélique, l'objet de l'admiration des hommes, le plus parfait ouvrage de la nature, n'a rien qui puisse vous tenter ! A peine ajouté-je foi à ce que j'entends : est-ce Renaud qui me parle ? Ce même Renaud que j'ai vu épris de cent beautés communes, paroît mépriser la plus aimable personne du monde. Cependant, ajouta-t-il, quelques sentiments que vous ayez pour Angélique, apprenez que je suis son prisonnier, et que si vous ne répondez à la passion trop aveugle qu'elle a pour vous, il faudra que je retourne dans une prison affreuse, d'où je ne suis sorti que sur ma parole. Mon cher Maugis, répliqua le seigneur de Montauban, il n'y a rien que je ne fisse pour toi. Faut-il, pour te délivrer, renverser des empires, combattre mille monstres, et passer au travers des flammes; tu n'as qu'à me dire les périls que je dois braver ; j'affronterai pour toi sans pâlir la mort la plus terrible; mais, de grâce, ne me parle point d'Angélique : je conviens qu'elle est charmante aux yeux des autres hommes; mais, soit entêtement, soit caprice, je sens quelque chose en mon cœur qui me révolte contre elle, et qui me la fait haïr, sans que je puisse m'en défendre. D'ailleurs, poursuivit-il, il ne m'est pas permis de disposer de moi avant le combat dont je suis convenu avec le roi Gradasse; mon honneur et ma parole m'y engagent.

Le paladin cessa de parler. Maugis employa prières, caresses, raisons pour persuader Renaud; mais, voyant qu'il n'y pouvoit réussir, la patience lui échappa : fils d'Aymon, lui dit-il en colère, puisque de tous les services que je t'ai rendus, je ne tire point d'autre fruit que celui de te voir insensible à ma disgrâce; puisque, malgré le sang qui nous lie, et l'amitié qui m'a jusqu'ici attaché à toi, tu consens de me laisser mourir dans une affreuse prison, peut-être même dans les supplices, je me déclare ton ennemi. Crains mon ressentiment, crains que je ne nuise à tes desseins plus que tu ne penses. Alors il disparut à ses yeux, et se fit porter sous des arbres, où il pouvoit faire ses conjurations sans témoins.

Aussitôt Draguinasse et Falsette, esprits dont il se servoit ordinairement, accoururent à sa voix. Falsette se revêtit par son ordre de la figure et de l'habit d'un héros du roi Marsille; il se rendit à la tente du roi de Séricane, et le pria de la part de Renaud de se trouver vers le milieu du jour au lieu marqué pour le combat. Gradasse eut tant de joie de ce message, qu'il donna sur-le-champ à Falsette une riche coupe d'or admirablement travaillée; présent dont le démon ne fit pas grand cas, mais qu'il accepta pourtant avec de grands remercîments, pour mieux s'acquitter de sa commission.

CHAPITRE XVI.

Quelle fut la suite du déguisement de Falsette.

A peine le démon fut éloigné de Gradasse, qu'il prit la forme d'un affidé de ce roi, ayant toujours la cotte-d'armes et le bâton. Une longue robe à la persienne bordée de franges d'or aux extrémités couvroit son corps; un turban à cent plis enveloppoit sa tête, et l'on voyoit des anneaux brillants à ses oreilles. Il se présenta dans cet état devant le fils d'Aymon, et lui dit que le roi de Séricane, suivant leur convention, l'attendoit alors sur le bord de la mer. Renaud, fâché d'apprendre que son ennemi l'avoit prévenu, se fit armer sur-le-champ; et prenant en particulier le jeune Richardet : Mon frère, lui dit-il, je te confie le soin de l'armée, puisque nos autres frères sont dans les prisons de Gradasse; je vais combattre ce roi sur le rivage de la mer, où il m'a donné rendez-vous : comme j'ignore quelle sera ma destinée, s'il arrive que je périsse, remène les troupes à l'empereur, à qui je te recommande d'être toujours fidèle; obéis à ses ordres aveuglément. Quelquefois la colère et de mauvais conseils m'ont fait manquer à ce que je lui devois; mais je m'en suis repenti, et tu ne dois pas suivre mon exemple.

Le généreux fils d'Aymon, après avoir fait cette courte exhortation à son jeune frère, et reçu son serment au nom de l'empereur, l'embrassa tendrement,

et prit le chemin de la mer, tout ému des pleurs que
Richardet laissoit couler dans leurs adieux. Il arriva
bientôt sur le rivage, où ne voyant qu'une petite
barque arrêtée, et où il n'y avoit personne, il crut que
son ennemi, lassé et piqué de l'avoir attendu vainement, s'en étoit retourné dans son camp. Comme il
s'abandonnoit à cette pensée, qui l'affligeoit d'autant
plus, qu'il s'imaginoit que son honneur y étoit intéressé, il vit venir à lui Draguinasse sous la figure du
roi de Séricane. Les armes de ce monarque sont riches
et luisantes; il porte un large cimeterre à son côté, et
son casque, sur lequel flotte au gré du vent un grand
nombre de plumes blanches, est entouré d'une couronne d'or.

Le seigneur de Montauban, séduit par le prestige,
s'avance vers le faux Gradasse, et lui adresse ces paroles : Grand prince, je viens dégager ma promesse :
voici Bayard que j'amène pour être le prix du vainqueur : je ne veux point avoir l'avantage de m'en servir
contre vous avant que le sort des armes ait décidé de sa
possession; et nous allons voir en combattant à pied
qui de nous deux est le plus digne de le monter. Alors
le paladin descendit de cheval. Le démon ne répondit
rien, et paroissant seulement descendre aussi d'Alfane,
comme s'il eût approuvé ce que disoit Renaud, il alla
l'épée haute au-devant de lui. Ils se joignent l'un et
l'autre, et commencent le combat. Draguinasse porte
le premier coup, qui ne fit pas grand effet, parce que
le fils d'Aymon y opposa son bouclier, et pour riposte
frappa son ennemi sur l'épaule. Enfin ils redoublent
leurs coups, et chacun paroît fort animé. L'impatient

Renaud, irrité d'une résistance qui lui semble trop longue, jette son écu à terre, prend Flamberge à deux mains, et la décharge avec fureur sur la crête du casque du démon. La bonne épée fend en deux les plumes flottantes, la couronne et l'armet; et descend sur le bouclier, dont elle coupe une partie. L'esprit, feignant d'être troublé d'un si furieux coup, prend son temps, tourne les épaules, et s'enfuit vers la mer. Le paladin, plein de joie, le suit: Attendez-moi, lui cria-t-il, un guerrier qui fuit ne sauroit posséder Bayard. Ces paroles n'arrêtèrent point Draguinasse, qui gagna promptement la barque qu'on voyoit au rivage. Renaud, qui le poursuit toujours, se jette avec lui dedans. Le rusé démon pour l'amuser, court de la poupe à la proue, puis repasse de la proue à la poupe, et se laisse enfin joindre; mais lorsque le seigneur de Montauban, après avoir ramassé toutes ses forces, croit par un dernier coup aller fendre son ennemi jusqu'à la ceinture, il voit ce feint ennemi disparoître à ses yeux. Surpris de ce prodige, il regarda par toute la barque pour découvrir ce qui l'avoit pu causer; mais au lieu de s'en éclaircir, il s'aperçut avec un nouvel étonnement que le petit vaisseau étoit déjà en pleine mer.

Quand le chevalier se vit éloigné de la terre, et sans espérance de pouvoir la regagner, il leva les yeux vers le ciel, et se plaignit ainsi de son mauvais sort: Seigneur, quel crime ai-je commis pour éprouver un châtiment si rigoureux? Hélas! je me vois perdu d'honneur, sans que je puisse rien comprendre à mon infortune. Après ce qui vient de m'arriver, je ne saurois croire que ce soit le roi Gradasse contre qui j'ai combattu. C'est sans doute un fantôme qui a pris la figure de ce prince pour me tromper. Que pensera de moi ce vaillant roi, qui m'attend peut-être à l'heure qu'il est dans quelque autre endroit de la plage? Je vais devenir la fable de tout le camp des païens. Quel compte rendrai-je à l'empereur de l'armée qu'il m'a confiée? Que lui dirai-je pour ma justification? Quand je lui raconterai mon aventure, voudra-t-il me croire? Ah! que n'ai-je perdu la vie dans la bataille! du moins j'aurois conservé ma gloire, que le comte Ganelon et tous mes autres ennemis ne manqueront pas d'attaquer.

C'est dans des termes si touchants que ce fidèle paladin se plaignoit de son aventure. Le désespoir de passer dans l'esprit de Gradasse pour un homme sans parole l'agitoit de telle sorte, qu'il fut plus d'une fois prêt à se jeter tout armé dans la mer. Si la crainte de perdre son âme en se donnant lui-même la mort ne l'en eût détourné, il auroit cédé à sa funeste envie; cependant le vent qui enfloit la voile augmentoit à chaque instant, et poussoit la barque de manière, qu'elle fut bientôt à plus de trois cents milles des côtes de l'Espagne, tirant vers l'orient.

Quoiqu'il n'y eût personne dans le bâtiment, il ne laissoit pas d'être pourvu de vivres; ce qui ne fut pas inutile au chevalier, quand il vit qu'il étoit dans la nécessité de prendre patience. Au bout de quinze jours, il vit paroître un grand jardin que la mer entouroit presque de tous côtés, et un palais d'une structure magnifique qui s'élevoit au-dessus.

CHAPITRE XVII.

Aventure merveilleuse du comte d'Angers.

Le comte d'Angers, pressé de son amoureuse inquiétude, continuoit toujours de marcher vers l'orient. Il ne se reposoit ni le jour ni la nuit dans la recherche qu'il avoit entrepris de faire de sa belle Angélique; et s'il se relâchoit quelquefois de l'ardeur de sa course, c'étoit seulement pour soulager son fidèle Bridedor, qui, sans cette indulgence, n'auroit pu soutenir la fatigue d'un si long voyage. Il ne rencontroit personne dans son chemin qu'il ne questionnât sur sa princesse; mais il n'en put apprendre aucune nouvelle.

Il étoit déjà parvenu jusqu'aux rives du Tanaïs, lorsqu'il aperçut un vieillard chargé d'années, mais encore plus accablé d'affliction. Il poussoit des plaintes d'une manière fort touchante. Roland en fut attendri, et lui en demanda le sujet. Le bon homme lui dit : Puisque mon malheur vous touche assez pour vous faire souhaiter que je vous en instruise, sachez, généreux chevalier, qu'à deux lieues d'ici est un rocher fort élevé que vous pouvez découvrir aisément de cette côte. Du haut de cette roche une voix épouvantable se fait entendre; mais l'éloignement ne permet pas d'ouïr distinctement ce qu'elle dit. Ce rocher est de la couleur des flammes; une eau rapide le ceint en forme de couronne, et elle a sur son courant un pont de marbre noir dont l'entrée est fermée par une porte aussi claire et transparente que le diamant. Comme je passois avec mon fils près de ce lieu, un géant d'une hauteur excessive, qui garde ce pont, s'est jeté sur nous, et m'a ravi ce jeune garçon, que j'aime tendrement pour ses bonnes qualités. Le monstre en ce moment le dévore. Voilà, seigneur chevalier, le sujet de ma douleur; et si vous voulez suivre mon conseil, vous retournerez sur vos pas, de peur d'éprouver la même destinée que mon fils.

Roland, après avoir fait ses réflexions sur ce qu'il venoit d'entendre, dit au vieillard qu'il alloit tenter cette aventure. Je vous recommande donc à Dieu, répondit le bon homme. Je vois bien que vous êtes las de vivre. Croyez-moi, malgré tout votre courage, vous n'aurez pas plus tôt vu ce monstre géant, que la frayeur saisira vos esprits. Le guerrier sourit de cet avertissement, et répliqua : Mon père, je vous rends grâces de la bonne intention que vous me marquez; mais ce que je dois à ma profession ne me permet pas d'être si susceptible de crainte, et m'engage à soulager les malheureux. Je vous rendrai votre fils, si je puis. Je ne vous presse pas de m'accompagner; attendez-moi seulement ici quelque temps; et si je ne suis pas de retour dans une heure, vous pourrez continuer votre chemin. Le vieillard le remercia de sa générosité; mais, quelque bonne opinion qu'il eût de sa valeur, il étoit aisé de juger qu'il n'espéroit pas de revoir le jeune homme qu'il avoit perdu.

Cependant le paladin marche vers le rocher qui sembloit jeter des flammes par l'éclat éblouissant qu'il répandoit aux environs. Lorsqu'il fut arrivé auprès du pont, il vit venir devant lui le géant, qui lui dit : Chevalier, ne cherche point ta perte ; le roi de Circassie m'a commis la garde de ce pont pour en défendre le passage à tous ceux que le sort conduit en ce lieu. Un monstre dangereux, qui rassemble en un même corps plusieurs natures différentes, fait sa demeure sur cette roche; il satisfait tous les passants sur les demandes qu'on lui fait, mais il leur propose ensuite des énigmes, et il précipite du haut du roc en bas ceux qui ne savent pas lui en donner l'explication. Roland, ayant entendu ce discours, s'informa de ce qu'étoit devenu le fils du vieillard. Le géant lui apprit qu'il l'avoit en son pouvoir, mais qu'il ne le rendroit pas. Il n'en falloit pas davantage pour engager le chevalier à combattre. Le géant succomba bientôt sous l'effort de sa valeur, tomba chargé de coups et de blessures, et fut obligé de rendre le jeune homme qu'il avoit enlevé.

Quand le bon vieillard vit revenir son fils avec le paladin, il parut touché de la grandeur de ce service; et tirant de son sein un petit livre assez proprement relié, il le présenta au comte. Vaillant chevalier, lui dit-il, à qui je serai redevable toute ma vie, daignez recevoir ce petit livre pour marque de ma reconnoissance : vous y trouverez l'explication de tout ce qu'on pourroit vous demander de difficile à deviner; peut-être ne vous sera-t-il pas inutile, et vous pourrez vous en servir dans l'occasion.

Le chevalier remercia le bon homme, et prit le chemin du rocher pour aller voir ce monstre, qui savoit rendre raison de tout ce qu'on lui demandoit. Il brûloit du désir d'apprendre de lui dans quel lieu il trouveroit sa belle inconnue. Il passe le pont; le géant qui en avoit la garde ne pouvoit plus s'y opposer. Il arrive au pied du rocher, qu'il regarde avec attention. Il remarque qu'il est comme double, que les deux parties en sont également escarpées, que les deux bases se joignent par le pied, et que les deux pointes s'écartent vers la cime. De quelque hauteur qu'elles lui parussent, il entreprit de monter jusqu'au lieu où le monstre rendoit ses oracles. Comme il cherchoit de l'œil l'endroit qui pouvoit plus aisément l'y conduire, il aperçut assez près de lui une voûte obscure et profonde qui étoit taillée dans le roc en forme de vis. Il s'y engagea, ne doutant point qu'elle ne le conduisît où il vouloit aller. En effet, après avoir tourné long-temps dans l'obscurité avec beaucoup de peine et de lassitude, il parvint au lieu où les deux pointes du double mont commençoient à se séparer; et c'étoit dans cet entre-deux que le monstre faisoit son séjour.

Ce prodige de la nature avoit une tête de femme; les traits n'en étoient pas difformes, mais elle passoit en grosseur celle du plus énorme géant; ses cheveux étoient dorés; sa bouche, extraordinairement fendue, cachoit des dents semblables à celles d'un tigre. Ce sphinx avoit le poitrail d'un lion, les bras d'un ours, les pattes d'un griffon, et tout le reste du corps avec sa queue et ses ailes, dont il ne cessoit point de battre le roc, étoit celui d'un dragon furieux. Le monstre, tel que je viens de le représenter, remplissoit tout l'entre-deux du rocher. Aussitôt qu'il aperçut le chevalier, il étendit ses ailes pour cacher son corps et sa queue; il ne montroit que son visage, qu'il affectoit d'avoir doux et riant. Dis-moi, lui dit le comte, dans quel endroit du monde je trouverai l'adorable beauté qui m'embrase de son amour, et comme elle se nomme? Le sphinx lui répondit : Elle est au royaume du Cathay, dans la forte ville d'Albraque, et s'appelle la princesse Angélique ; mais puisque jai satisfait à ta question, il faut que tu répondes à la mienne. Dis-moi donc quel est l'animal qui *marche à quatre pieds le matin, avec deux sur le milieu du jour, et à trois vers le soir*. Roland chercha quelque temps dans son esprit le sens de cette énigme, mais, ne le pouvant trouver, il tira Durandal, et s'avança sur le monstre, qui, s'élevant en l'air, prit son vol au-dessus de sa tête. Le chevalier se tient sur ses gardes, et prend si bien son temps, lorsque le sphinx vient fondre sur lui, qu'il lui coupe d'un fendant une de ses ailes. Ce monstre tomba sur le paladin, pensa l'écraser du poids énorme de son corps, et, tout blessé qu'il étoit, il l'enlaça si fortement de sa queue et de ses pattes, qu'il lui ôtoit presque la respiration. Le guerrier, dans cet extrême péril, fit un effort pour dégager Durandal; et, y ayant enfin réussi, il la plongea jusqu'à la garde dans le poitrail du sphinx. La cruelle bête perdit toute sa force de ce coup, ses membres énormes demeurèrent sans mouvement, et bientôt elle fut sans vie.

Ce combat fini, le comte jeta le monstre du roc en bas, et descendit par le même chemin qu'il étoit monté; il rejoint Bridedor, saute légèrement en selle, et reprend sa première route, fort content de savoir précisément où étoit Angélique, bien qu'elle fût fort éloignée de lui. En marchant, il se ressouvint du livre du vieillard;

il l'ouvrit par curiosité : il y trouva cent choses rares et instructives, et entre autres l'explication de l'énigme du sphinx, il y vit comme l'homme se traîne à quatre pieds dans sa première enfance, comme il se soutient sur deux dans l'âge viril; et comme enfin dans sa vieillesse il a besoin d'un bâton qui lui sert de troisième pied. J'aurais bien fait, dit-il alors, de consulter ce livre avant que de monter sur le rocher; mais puisque le ciel en a disposé autrement, il n'y faut plus penser.

Après quelques jours de marche, il arriva au bord d'une rivière, dont l'eau noire, rapide et profonde inspiroit par son affreux bouillonnement une secrète horreur. On ne la pouvoit passer à gué; la rive étoit escarpée des deux côtés, et nul bateau n'y paroissoit. Roland marcha le long de ses bords, et découvrit enfin un pont qui la traversoit; mais un horrible géant en défendoit le passage. Cela ne l'empêcha point de s'en approcher. Chevalier, lui dit le monstre d'une voix rauque, c'est ta malheureuse destinée qui t'a conduit ici; tu vois le Pont de la Mort. De tous ceux qui viennent dans ce lieu, nul ne s'en retourne, ni ne peut s'en retourner, puisque les chemins des environs sont des labyrintes qui ramènent toujours à ce fleuve. Si les astres ennemis, répondit le guerrier, me font éprouver des traverses, ce n'est point dans cette occasion. Il m'importe peu que tous les chemins ramènent à cette rivière; je la veux passer, et il me suffit pour cela qu'elle ait un pont. Toutes les menaces que tu me fais de la part du destin et de la tienne, tous les obstacles du monde s'opposeroient inutilement à mon passage. C'est ce que nous allons voir, lui dit avec fureur l'effroyable géant. Alors ils se joignirent, et commencèrent le combat qu'on va décrire dans le chapitre suivant.

CHAPITRE XVIII.

Combat de Roland contre le géant du Pont de la Mort, et du grand péril où ce chevalier se trouva.

Le géant qui gardoit le pont se nommoit Zambard le Fort. Il étoit si grand, que le comte d'Angers à peine arrivoit à sa ceinture. Ses armes étoient composées d'écailles de serpent; un large cimeterre pendoit à son côté, et il tenoit en sa main une pesante massue, au bout de laquelle il y avoit cinq grosses boules d'acier du poids de vingt livres chacune. Malgré tout cela, Roland marche à lui, Durandal à la main. Ils combattirent quelque temps sans avantage. Le géant déchargea plusieurs fois sa lourde massue : il croyoit écraser son ennemi; mais le paladin évitoit ses coups, soit par sa légèreté, soit en y opposant sa bonne épée, qui les rendoit inutiles. Pour son bouclier, il avoit été brisé dès les premiers coups; ce que le géant n'avoit pu faire de Durandal, qui étoit d'une trempe plus forte.

Le courageux guerrier de son côté frappoit avec plus de fruit et plus fréquemment, et quoique les écailles de serpent dont Zambard étoit couvert, fussent plus dures que le plus dur acier, le bras qui conduisoit Durandal étoit si vigoureux, que la lame tranchoit et brisoit ces écailles, comme si elles eussent été des armes ordinaires. Quoique la partie supérieure du géant fût à couvert des coups du chevalier, ce monstre ne s'en trouvoit guère mieux; ses flancs étoient tailladés de telle sorte, qu'il en sortoit beaucoup de sang.

Le défenseur du pont, plein de rage de se voir ainsi malmené, ramassa toutes ses forces, et leva sa massue, dans l'espérance qu'il alloit se venger d'un seul coup; mais le comte frappa lui-même de son épée la massue qui descendoit sur lui, et la coupa par le milieu. Zambard, se voyant ainsi désarmé, lança avec fureur contre Roland, le morceau qui lui restoit dans la main, et l'atteignit à la poitrine d'une telle force, qu'il lui fit presque perdre la respiration; ce qui donna le temps au géant de tirer son cimeterre, et de le décharger sur le comte, qui chancela plus d'une fois, et fut prêt à tomber; mais cet indomptable guerrier, reprenant une nouvelle vigueur, le frappa sur le bras d'un si furieux coup de Durandal, qu'il le lui coupa, malgré les écailles dont il étoit armé. Alors le monstre, qui n'étoit plus en état de se défendre, chercha son salut dans la fuite. Roland le suivit pour l'achever; mais quel fut l'étonnement de ce chevalier, lorsqu'il sentit tout à coup la terre fondre sous ses pas; il tomba, et dans le moment il se vit envelopper de toutes parts de chaînes de fer qui sortirent de dessous le sable, et le lièrent très étroitement. O ciel! s'écria-t-il, ne me laissez point sans secours.

Ces paroles furent suivies de toutes les réflexions que le triste état où il étoit lui pouvoit inspirer. Effectivement il ne s'étoit jamais trouvé dans un si grand péril; il se voyoit sans espérance d'être secouru dans un lieu si solitaire; il n'avoit pas lieu d'attendre que quelqu'un passeroit. D'ailleurs il étoit à croire que le géant, ou quelque autre de son parti, viendroit dans peu le livrer à la mort, puisqu'il ne pouvoit douter qu'un piége si dangereux ne fût l'ouvrage d'un ennemi qui vouloit le perdre. Ah! perfide, disoit le comte en se plaignant du géant, que tu avois bien raison de nommer ce funeste passage le Pont de la Mort. Eh! qui pourroit se garder de semblables artifices! que me servent contre eux toutes mes forces, et le don que j'ai reçu du ciel, s'il faut nécessairement que je périsse ici de faim, ou de désespoir d'y être retenu!

C'est de cette manière que ce fameux guerrier déploroit son infortune; il passa trois jours et trois nuits sans manger ni dormir; et pendant tout ce temps-là, personne ne parut pour le délivrer ou pour hâter sa mort. A l'égard du géant, il n'étoit plus à craindre, puisqu'il venoit de mourir de ses blessures.

Le chevalier n'attendoit plus de secours, et il avoit déjà tourné toutes ses pensées vers le ciel, lorsqu'un hermite à barbe blanche passa fortuitement par cet endroit. Le paladin l'aperçut, l'appela d'une voix foible, et lui dit: O mon père! vous qui par votre sainte profession vous consacrez aux actions charitables, de grâce, accourez à mon aide; autrement je touche au dernier moment de ma vie. L'hermite s'approcha, et ne fut pas peu surpris de voir un guerrier de haute apparence chargé de fers dans cette solitude; il regardoit et manioit ces chaînes, mais il ne savoit comment les défaire. Roland lui disoit: prenez mon épée, et coupez-les. A Dieu ne plaise? répondoit le vieillard, je pourrois en les coupant vous donner la mort, et je serois irrégulier. Le comte avoit beau lui représenter qu'il n'y avoit rien à craindre, ni pour l'un ni pour l'autre, le bon père eut bien de la peine à se résoudre à ce qu'on exigeoit de lui : il s'y détermina pourtant. Il prit Durandal, qu'il put à peine lever de terre, il la leva autant qu'il lui fut possible, et la laissa tomber sur la chaîne, mais si foiblement, que bien loin de la couper, il ne la marqua pas seulement. Quand il s'aperçut qu'il s'y employoit vainement, il jeta l'épée, et dit au chevalier : Mon fils, je vois bien que je ne puis te délivrer; il faut te résoudre à mourir comme un bon chétien, et tu ne dois point pour cela te désespérer : nous ne sommes en ce monde que pour souffrir. Mets ta confiance dans le seigneur ; si tu meurs courageusement, il te fera chevalier de sa cour.

A ce discours, que le paladin n'écouta qu'impatiemment, l'hermite en ajouta d'autres encore ; mais le comte l'interrompit. Je voudrois, lui dit-il, quelqu'un qui me secourût; et qui ne me prêchât point : je reconnois à ces paroles les suggestions du démon, répliqua le bon père; ne vous révoltez point ainsi, mon enfant, contre la parole de Dieu. Roland perdit alors patience : maudit soit le moine! s'écria-t-il; je n'en ai jamais vu un plus ignorant. Hélas, noble chevalier, reprit le vieillard, vous me faites compassion : je m'aperçois que vous êtes désespéré; au lieu d'abandonner le soin de votre âme, recommandez-vous plutôt au ciel, dont le pouvoir n'a point de bornes. Pour vous prouver cette vérité, je vais vous conter l'aventure qui m'est arrivée depuis quelques jours.

Nous étions, continua-t-il, quatre religieux ; nous venions de l'Arménie, sous l'avis qu'on nous avoit donné que le roi d'Astracan songeoit à se faire instruire de la religion chrétienne. Nous nous égarâmes en chemin. Un de nous, qui se piquoit de savoir mieux le pays que les autres, s'avança pour le reconnoître; mais peu de temps après, nous le vîmes revenir vers nous avec précipitation; il étoit pâle comme un homme saisi de frayeur, et il nous appeloit à son secours : nous avions beau jeter les yeux de tous côtés, nous ne voyions encore rien; mais nous aperçûmes bientôt un géant d'une grandeur démesurée, qui descendoit de la montagne, et couroit après le frère. La frayeur de notre compagnon passa jusqu'à nous. Nous voulûmes fuir; mais nos jambes se roidirent, et se refusèrent à notre dessein : de sorte qu'en un instant le monstre nous joignit, et nous lia de ses bras nerveux. Il n'avoit qu'un œil au milieu du front; il portoit dans ses mains trois dards avec un grand bâton ferré : il n'avoit ni armes ni habits; son corps étoit nu et tout couvert d'un poil fauve comme celui d'un ours. Il nous attacha tous quatre à son bâton, qu'il mit ensuite sur son épaule, et nous porta ainsi accolés ensemble jusqu'au lieu qu'il avoit choisi pour son affreuse habitation. C'étoit sur le sommet d'un roc escarpé. Il nous fit entrer dans une obscure caverne où y il avoit déjà d'autres prisonniers. Il ne nous y eut pas laissés quelque temps, qu'il revint nous donner un spectacle bien cruel et bien sanglant; il dévora celui de nos religieux qui avoit le plus d'embonpoint. Après l'avoir mangé, il me prit, et me retournant de tous côtés : Il faudroit, dit-il, avoir grand faim pour s'accommoder de ce fantôme qui n'a que la peau et les os. En achevant ces paroles, il me précipita d'un coup de pied du haut en bas du rocher. Cette roche avoit pour le moins trois cents toises de hauteur. Le ciel me secourut en cette extrémité. Un assez grand nombre de pruniers sauvages sortoient des veines de terre qui se trouvoient dans le roc; ces arbres étoient situés de distance en distance jusqu'en bas. Les premiers que je rencontrai en tombant rompirent le coup. L'un me rejeta sur l'autre. Enfin, je m'y attachai des pieds et des mains, et je fis si bien, que je me glissai heureusement jusqu'au bas du roc.

Le bon hermite alloit achever son récit, quand il vit venir du côté qu'il étoit tourné, le monstrueux cyclope dont il parloit. A cette vue, saisi d'effroi, il dit au comte : Adieu, chevalier, je vois paroître le monstre; le ciel veuille vous secourir. En disant ces paroles, il courut gagner un petit bois qui n'étoit pas éloigné, tandis que le géant, la barbe et les mâchoires sanglantes, s'approchoit en regardant de tous côtés avec son grand œil. Lorsqu'il eut découvert le guerrier, il s'avança pour le considérer de plus près. Il se mit à le tâter, et il fourroit ses doigts sous ses armes pour mieux juger du nouveau mets que le hasard lui présentoit. Il le prit ensuite par le cou, et le secoua de toute sa force pour le dégager de ses chaînes. Il lui faisoit craquer les os d'une étrange manière; quelques efforts pourtant qu'il employât, jamais il ne put détacher le paladin des liens de fer qui le retenoient. Il alloit l'en tirer par morceaux, et le déchirer avec ses dents et ses ongles crochus, s'il n'eût pas aperçu Durandal à terre. Il ramassa cette épée, et en déchargea un si furieux coup sur le dos de Roland, qu'il coupa les chaînes en deux ou trois endroits.

Quoique le comte d'Angers ne pût être blessé, il ne laissa pas de ressentir une extrême douleur de la pesanteur du coup; mais la joie de se voir délivré l'en consola. Il se releva légèrement, acheva de se dégager de ses chaînes, et se saisit du grand bâton ferré que le sauvage avoit appuyé contre un cyprès pour prendre Durandal. Le géant fut assez surpris quand il vit que le chevalier s'avançoit sur lui pour le combattre; il avoit compté qu'il se laisseroit emporter et manger aussi docilement que les hermites. Les voilà donc aux mains, chacun ayant les armes de son ennemi; le paladin se pressa de porter le premier coup; mais le cyclope, qui avoit le même dessein, rencontra le grand bâton ferré du tranchant de Durandal, et le coupa par le milieu. La bonne épée ne s'arrêta pas là; elle descendit à plomb sur le casque de son maître, et en rompit la visière et les courroies. Le casque n'ayant plus de soutien, tomba; le comte, qui voyoit sa tête et son bras désarmés, s'élança sur le géant, le joignit; et s'attachant à son bras, s'efforça de lui arracher Durandal. L'anthropophage, au lieu de se refuser aux approches du comte, s'y prêta; il jeta même loin de lui l'épée, pour mieux satisfaire sa faim dévorante, et porta avec avidité ses dents et ses ongles sur la tête nue de Roland. Toutes les parties du visage de cet invincible guerrier en furent meurtries; mais ces dents et ces griffes, qui auroient écrasé la hure d'un sanglier, ne purent entrer dans une tête féée.

Quelque surpris que fût le cyclope de trouver tant de résistance dans une chair qu'il avoit jugée plus délicate, il ne perdoit cependant pas l'espérance de pouvoir enfin l'entamer par la force et par le tranchant de ses dents. Le chevalier, qui souffroit beaucoup de se voir ainsi mordre le nez, les joues et les oreilles par un monstre dont l'haleine l'infectoit, mettoit tout en usage pour se délivrer d'un pareil supplice. Enfin, son bonheur voulut qu'il se débarrassât des griffes qui le pressoient; et rencontrant sous son pied un des dards du géant, il le ramassa pour s'en servir contre lui. Il s'en servit en effet utilement: car, avant que le cyclope pût le rejoindre, il le lui lança dans son grand œil avec tant de force et de justesse, qu'il lui perça le cerveau de part en part, et le renversa mort sur le sable.

Mais cette victoire ne le tiroit pas entièrement de péril. La faim alloit lui ôter bientôt les forces qui lui restoient, et que son courage seul avoit soutenues jusque-là. Il lui falloit un prompt secours, et ce lieu étoit si désert, qu'il ne pouvoit espérer d'y rencontrer de long-temps une habitation. Dans ce besoin pressant, il se ressouvint de l'hermite, et d'une espèce de bissac qu'il lui avoit vu porter sur son épaule. La difficulté étoit de joindre le bon père, qui, très soigneux de sa peau, quoique fort décharnée, s'étoit enfui dans le bois. Le comte alla donc reprendre Bridedor, qui paissoit assez près de là, et le poussa vers le bois. Comme ce bois n'est pas d'une grande étendue ni fort épais, il l'eut en peu de temps parcouru; mais, bien qu'il passât et repassât aux mêmes endroits en appelant l'hermite à haute voix, jamais le vieillard, soit par malice, soit par frayeur, ne voulut lui répondre. Roland commençoit à se rebuter d'une infructueuse recherche, lorsqu'il vit remuer à quelques pas de lui un monceau de branches fraîchement rompues, que le dessein plus que le hasard sembloit avoir ramassées en cet endroit. Il s'en approcha, et, faisant passer Bridedor par-dessus ces branches, il entendit partir des cris perçants. Il descendit pour s'éclaircir de ce que ce pouvoit être, et il trouva que c'étoit l'hermite qui se cachoit dans une espèce de trou dont il s'étoit fait un asile dans la peur qui l'agitoit encore. Ce pauvre vieillard avoit l'esprit si troublé, qu'il ne vouloit pas sortir de là, quoiqu'il fût découvert; et quand son libérateur lui présenta la main pour se relever, peu s'en fallut que le moine ne le prît pour le cyclope.

Ce bon père se rassura pourtant; et il ne connut pas si tôt le besoin que le chevalier avoit de manger, qu'il lui offrit de bonne grâce la moitié de ce qu'il avoit dans son bissac, c'est-à-dire un morceau de pain et quelques noix. Ce frugal repas, dont il fut rendu grâce au religieux, joint à quelques pommes sauvages que le comte trouva dans le bois, lui suffit pour sortir de cet affreux désert, et le mit en état de gagner un autre pays plus habité.

CHAPITRE XIX.

Roland apprend des nouvelles d'Angélique, et perd la mémoire.

Le comte d'Angers, ayant atteint des routes fréquentées, fit tant de diligence, qu'en sept ou huit jours de

marche, il traversa toute la Circassie. Il n'avoit point
encore trouvé d'aventure qui mérite d'être racontée,
lorsqu'il arriva dans un endroit où le chemin se par-
tageoit en trois autres. Comme il délibéroit en lui-même
sur celui qu'il prendroit, il aperçut un courrier qui
passoit. Il l'arrêta pour lui demander lequel de ces chemins conduisoit au Cathay. Le courrier le lui montra,
et lui dit : Je viens de ce royaume; je vais exécuter les
ordres de la charmante princesse qui ne s'y fait que
trop admirer. Apprenez-moi, reprit le chevalier tout
ému, quel est le nom de cette princesse ? C'est Angélique qu'on l'appelle, repartit le courrier. Il n'y a point
d'étoile au firmament qui brille d'un éclat si vif; il n'est
rien dans toute la nature qu'on puisse mettre en comparaison avec elle. Hé ! peut-on savoir, répliqua Roland, ce qu'elle vous a ordonné ? Seigneur, répondit
le courrier, elle m'envoie au roi Gradasse, pour implorer son secours à l'occasion d'une guerre injuste
qu'on lui fait. Vous saurez, noble chevalier, continua-
t-il, que le grand empereur de Tartarie, Agrican, est
devenu passionnément amoureux de ma maîtresse, qui
a pour lui une aversion mortelle, et qui s'est réfugiée
dans Albraque, ville forte et bien munie, où elle croit
être plus en sûreté que dans la grande ville du Cathay.
L'empereur en est transporté de courroux; il a juré
sur ses dieux qu'il rasera la ville jusqu'aux fondements,
et forcera la princesse à se livrer à ses désirs; et, pour
exécuter cette menace, il rassemble la plus formidable
armée qui ait jamais paru dans l'Orient. Le roi Galafron, père d'Angélique, bien qu'alarmé de tous ces
apprêts terribles, ne peut se résoudre à contraindre sa

fille, qui m'envoie dans toutes les cours voisines engager les princes à la tirer d'oppression. J'en ai déjà vu quelques-uns des plus puissants qui m'ont promis un prompt secours. Vous me permettrez, seigneur chevalier, d'aller achever ma commission.

Le courrier, après avoir ainsi parlé, poursuivit sa route, et laissa le paladin dans une grande agitation. Ce que cet amoureux guerrier venoit d'apprendre le mettoit en fureur contre Agrican. La jalousie lui représentoit, avec toutes ses horreurs, la puissance de cet empereur, et il craignoit de ne pouvoir arriver assez à temps pour mettre un frein aux désirs impétueux d'un si dangereux rival. D'un autre côté, il ne pouvoit comprendre comment Angélique avoit pu être si tôt de retour au Cathay. Une si prodigieuse diligence lui paroissoit impossible, et lui donnoit lieu de penser que peut-être l'Angélique dont le courrier venoit de lui parler étoit une autre que celle qui régnoit, si souverainement dans son âme. Mais faisant réflexion à la guerre qui s'allumoit dans l'Orient, et à la réponse du sphinx, il ne pouvoit douter que ce ne fût son inconnue.

Agité de toutes ces pensées, il ne donnoit aucun relâche à Bridedor. Un jour que le soleil étoit encore au plus haut point de sa carrière, il se trouva dans un chemin creux, situé entre deux montagnes, et ce chemin aboutissoit à une rivière, au delà de laquelle on voyoit un château magnifique. On y arrivoit par un grand pont qui traversoit la rivière; et à l'entrée du pont étoit une dame qui tenoit en sa main une coupe de cristal. Lorsque Roland se présenta pour passer, la dame lui dit d'un air gracieux : Chevalier, vous me paroissez trop galant pour refuser de vous soumettre à la coutume qui s'observe dans ce lieu. Tous les chevaliers qui passent ce pont boivent dans cette coupe de l'eau de cette rivière. J'espère que vous voudrez bien la recevoir de ma main.

Le paladin, qui estimoit trop le beau sexe pour croire une belle dame capable de tromperie, prit la coupe civilement, et la vida tout entière; mais à peine la liqueur qu'elle contenoit fut entrée dans son sein, qu'il se sentit tout changé. Il ne se souvient plus comment et pourquoi il est venu dans cet endroit; il ignore même s'il est Roland; la passion violente qu'il ressentoit pour Angélique fuit de sa pensée. Il oublie jusqu'à l'empereur Charles, et jusqu'à sa patrie. Il n'a l'esprit rempli que de cette dame qui lui a fait boire de l'eau dans la coupe de cristal; et il est tellement soumis à ses volontés, qu'il ne peut en avoir d'autres que les siennes. Enfin, privé de jugement par la force du charme, il marcha vers le château.

Quand il fut arrivé à la grande porte, il en admira la structure; il entra dans la cour : elle étoit vaste, et bornée des quatre côtés par une allée des plus beaux arbres; et dans le milieu il y avoit une grande place vide d'une figure ovale, d'où l'on pouvoit voir toute l'étendue du bâtiment. Cet édifice ravissoit la vue par sa magnificence et par la beauté de son architecture; l'on y entroit par un riche portique, soutenu de quatre colonnes d'ambre, dont les bases étoient d'or massif. Il conduisoit dans un superbe salon qui perçoit à l'opposite sur un jardin délicieux, où régnoit un éternel printemps, et dont le seul zéphire étoit le jardinier.

Le comte, charmé d'un si beau lieu, voulut le voir plus en détail. Il descendit de son cheval, qu'il attacha à un des arbres de la cour, et par douze degrés d'un marbre blanc et vert, il monta dans le salon, qui étoit enrichi des plus belles et des plus doctes peintures que la savante Grèce ait jamais employées dans ses ouvrages les plus fameux. Mais celle qui attacha le plus ses regards, fut l'histoire d'une jeune nymphe d'une beauté touchante. Elle étoit peinte au bord de la mer : elle invitoit, d'un air gracieux, tous ceux qui arrivoient sur cette plage à descendre dans son île ; ils se laissoient séduire à ses charmes ; et lorsqu'ils étoient descendus à terre, elle leur présentoit un breuvage dont ils avoient à peine bu, qu'en les frappant d'une baguette, elle les transformoit en diverses sortes d'animaux. On y voyoit des loups, des sangliers, des cerfs, des lions et des oiseaux. Dans un autre endroit du tableau, un navire abordoit en ce lieu, et il en sortoit un chevalier qui, par sa bonne mine et par la force de son éloquence, enflammoit le cœur de la nymphe : elle paroissoit de telle sorte aveuglée de son amour, qu'elle rendoit ce chevalier maître de tout ce qui étoit en sa disposition. Son entêtement alloit jusqu'à lui mettre entre les mains la liqueur funeste qui faisoit tant de métamorphoses. Ici l'on remarquoit à table le chevalier et la dame, et devant eux tous les mets d'un splendide festin. La joie éclatoit dans leurs yeux, et l'amour y brilloit encore mieux que le vin. Là, ces deux amants, assis à l'ombre des alisiers, soupiroient les peines et les plaisirs de leurs cœurs. Le tout y étoit si vivement représenté, qu'on pouvoit assurer que l'art passoit en quelque sorte la nature, par la force des expressions et par la vivacité du pinceau.

Quoique cette histoire dût assez faire voir au paladin le danger qu'il couroit dans ce château, le breuvage qu'il avoit eu le malheur de prendre ne lui permettoit pas de faire des réflexions salutaires. Tandis qu'il étoit fort attentif à ces peintures, il entendit un grand bruit qui venoit du côté du jardin. Mais mon sujet m'appelle ailleurs, et l'ordre que je me suis proposé de garder veut que je parle du vaillant roi de Séricane.

CHAPITRE XX.

De l'accord des rois Gradasse et Marsille.

Le roi Gradasse, armé de toutes pièces, se rendit au lieu que le feint héraut lui avoit marqué; il y attendit Renaud tout le reste de la journée; ensuite il reprit le chemin de son camp, persuadé que le paladin s'étoit joué de lui.

Cependant Richardet, qui ne vit point revenir son frère, crut fermement qu'il étoit mort ou prisonnier. Rien n'est égal à la douleur qu'il en ressentit; mais ce qui le confirma plus que tout le reste dans la pensée que Renaud avoit perdu la vie, fut le retour de Bayard: ce fidèle animal, qui, par un privilége particulier, étoit doué d'entendement humain, ne voyant pas revenir son maître, jugea bien qu'il l'attendroit inutilement dans ce lieu : il rompit sa bride pour se détacher de l'arbre auquel il étoit attaché, et reprit le chemin du camp des François. Un parti de Séricans, qui battoient l'estrade, le rencontra, et voulut l'arrêter; mais Bayard, chagrin de la perte de son maître, n'agréa pas leur dessein; il heurta si rudement de son poitrail le premier qui osa mettre la main sur lui, qu'il renversa homme et cheval. Ensuite, se jetant impétueusement au milieu des autres, il en massacra la plus grande partie à coups de pied. Ceux qui restoient voulurent venger leurs camarades, et tuer Bayard; mais ils eurent la confusion de voir que leurs lances et leurs épées ne pouvoient le percer, parce qu'il étoit féé. Le noble animal s'en émeut d'un nouveau courroux : son ardeur et sa force en redoublèrent, et il s'acharna sur eux avec tant de furie, qu'en peu de moments une prompte fuite fut leur seul recours.

Le généreux coursier arriva donc au camp, tout couvert de sang du carnage qu'il avoit fait : comme il étoit connu de toute l'armée, la nouvelle de son retour y fut aussitôt répandue; mais la consternation fut générale quand on sut qu'il étoit revenu seul. Richardet, le voyant tout ensanglanté, ne douta point de la mort de Renaud, et Bayard contribua même à lui faire concevoir cette pensée, par l'air triste avec lequel il se présenta devant lui. Le tendre Richardet en répandit un torrent de larmes; et, dans son affliction, il interrogeoit l'animal sur ce qui étoit arrivé. Bayard, pour le lui faire comprendre, secouoit la tête, dressoit les oreilles, battoit du pied la terre, y traçoit des figures; mais tout cela inutilement, puisque la nature lui avoit refusé l'usage de la parole.

Richardet, désespérant de revoir son frère, songea aux ordres importants dont il l'avoit chargé. Il rassembla tous les chrétiens qui étoient restés de la bataille, et leur déclara les intentions de Renaud. Ils décampèrent dès la nuit même, ce qu'ils purent faire facilement sans que les Séricans ni même les Sarrasins s'en aperçussent, puisque le camp des François étoit éloigné d'une lieue du camp de ces derniers. Les troupes de France firent tant de diligence les jours suivants, qu'elles furent bientôt sur leurs frontières.

Le roi Marsille étoit de son côté dans une étrange consternation; il voyoit Ferragus et Serpentin prisonniers, et Grandonio enfermé dans Barcelonne. Il ne restoit plus dans son armée aucun guerrier de considération qui osât faire tête aux Séricans. Pour comble de malheur, il apprit que les chrétiens avoient pris la fuite avec leur chef; ce qui le mettoit absolument hors d'état de tenter de nouveau le sort d'une bataille; il résolut d'aller trouver Gradasse, et il exécuta sa résolution. Le monarque sérican s'occupoit à ranger ses troupes, dans le dessein de poursuivre ses avantages, et de se venger du paladin qui ne s'étoit pas trouvé au rendez-vous. L'Espagnol se jette à ses genoux, lui raconte l'affront que les chrétiens lui ont fait, et promet de lui faire hommage de son royaume, s'il veut cesser d'être son ennemi. Le magnanime roi de Séricane, qui de toutes ses conquêtes ne vouloit que la gloire de les avoir faites, accepta son offre. Marsille fit serment entre ses mains avec toutes les formalités requises, se reconnut son vassal, et promit, en cette qualité, de tenir son royaume de lui en tout fief et tout hommage, même de le suivre avec son armée, et de se joindre à lui contre Charlemagne.

Cet accord conclu, les Séricans et les Sarrasins se réunirent, le siége de Barcelonne fut levé, Grandonio sortit de cette ville, Ferragus et Serpentin furent relâchés avec les autres prisonniers. Le redoutable Gradasse jure hautement que si l'on ne lui remet entre les mains Bayard et Durandal, aussi-bien que le paladin Renaud, il rasera Paris jusqu'aux fondements, et brûlera toutes les villes de France.

Tous les préparatifs étant faits pour le départ, les deux armées se mirent en marche. Pendant qu'elles passoient les monts, Richardet arriva à la cour de Charles, et rendit compte des troupes à l'empereur. L'absence de Renaud y devient l'entretien des courtisans; on en parle diversement. Les Mayençois ne font pas difficulté de publier que c'est un traître; mais ses amis les démentent, et de là naissent mille dissensions parmi les grands. Il y avoit à Paris une espèce de guerre civile, quand le bruit y vint que les rois Gradasse et Marsille marchoient avec toutes leurs forces vers cette ville, comme un torrent auquel il étoit impossible de résister. L'empereur, à cette nouvelle, dépêche des courriers, fait assembler des troupes, munit sa capitale et ses forteresses de tout ce qui est nécessaire pour soutenir un long siége; il fait toute la diligence possible pour se mettre en état de recevoir les ennemis puissants qui viennent l'attaquer; et, malgré tous ses soins, il craint d'en être surpris et accablé.

En effet, ce nombre innombrable d'infidèles parut bientôt dans les campagnes voisines de Paris. Ils remplissoient une prodigieuse étendue de pays. Charlemagne, qui avoit intérêt de ne pas les y laisser longtemps, alla courageusement leur présenter la bataille à la tête de ses paladins et de ses troupes. La victoire fut bien disputée de part et d'autre; mais enfin, quelle que fût la valeur des chrétiens, quelques actions d'éclat que purent faire les pairs du royaume, il leur fallut céder au grand nombre des Séricans. L'armée de l'empereur fut mise en déroute, et l'on fit prisonniers ses principaux chefs. Le marquis Olivier fut abattu de la propre main de Gradasse, et les vaillants Dudon, Salomon de Bretagne et Richard de Normandie furent pris par Ferragus.

Le roi de Séricane venoit de livrer à ses gens le malheureux Olivier, lorsqu'il rencontra l'empereur Charles, qui montoit ce jour-là le cheval de Renaud. Il reconnut aussitôt ce bon coursier, et il se promit de ne pas laisser échapper cette fois-là l'occasion de l'avoir; il mit en arrêt sa forte lance, et piqua l'Alfane contre Charlemagne, qui de son côté ne refusa pas le choc; mais le bon empereur n'avoit pas des forces suffisantes pour soutenir une si puissante atteinte; aussi fut-il abattu assez rudement : il se vit dans le moment environné d'ennemis qui s'assurèrent de sa personne; mais, comme si Bayard eût entrepris de le venger, il heurta de son poitrail l'Alfane avec tant d'impétuosité, qu'il la culbuta, elle et son maître, l'un sur l'autre. Gradasse eut assez de peine à se tirer de dessous sa jument; et si tôt qu'il fut sur pied, il s'avança vers Bayard pour le prendre par la bride; mais le hardi coursier lui fit lâcher prise d'un coup de tête; et, lui tournant la croupe, lui lança au milieu de sa cuirasse une ruade qui le jeta sur un monceau de morts, dans un état peu différent d'eux; après quoi, traversant les deux armées, il reprit le chemin de Paris, où il rentra sans qu'aucun des païens ni des chrétiens osât mettre obstacle à son passage.

Cependant l'armée françoise, poussée par tant de chefs et de peuples, sujets de Gradasse, se mit à fuir à vau-de-route. Guy de Bourgogne, le duc Naimes, l'archevêque Turpin et Ganelon arrêtèrent pour quelque temps leur fuite; mais ils furent entraînés eux-mêmes par le grand nombre de ceux qui fuyoient, et eurent le malheur d'être pris dans leur retraite par les Séricans. Ces infidèles poursuivirent si vivement leur victoire jusqu'aux portes de Paris, qu'il en entra plusieurs dans la ville avec les chrétiens. Il n'y avoit alors aucun chevalier de marque parmi les François qui n'eût été fait prisonnier. Le seul Ogier le Danois, qui se trouva par hasard à la porte où les vainqueurs, confondus avec les vaincus, entroient pêle-mêle, soutint l'effort des païens avec une hache d'armes qu'il tenoit en sa main; il écarta les plus empressés, pendant qu'il faisoit couper le pont par derrière lui, et il arrêta lui seul toute l'armée païenne jusqu'à l'arrivée de Gradasse, auquel il fut obligé de céder. Ce monarque s'étoit fait remettre sur son Alfane, fort chagrin d'avoir manqué Bayard. Le paladin ne fit pas difficulté de se rendre à lui, parce que la porte de la ville étoit fermée, et le pont coupé quand ce roi arriva.

CHAPITRE XXI.

Comment Charlemagne et ses paladins furent délivrés.

Comme il n'y avoit plus dans la ville aucune personne de distinction qui pût en prendre le gouvernement, tous les habitants y étoient dans la consternation; ils ouvrirent les églises, firent des processions, et chacun demandoit au ciel son assistance. Tout le monde y attendoit le jour suivant avec frayeur, ne doutant pas qu'ils ne fussent à la veille de voir leur entière destruction.

Pendant qu'ils délibéroient sur le parti qu'ils prendroient, quelqu'un d'entre eux alla se souvenir de l'injuste prison où le prince Astolphe étoit retenu depuis si long-temps, et dans laquelle tous les François sembloient l'avoir oublié; il proposa aux autres de l'en tirer, et de se mettre sous sa conduite. L'avis fut approuvé de tous les habitants: il leur revint alors en mémoire de quelle façon il avoit confondu l'orgueil de Grandonio, et rétabli par sa valeur l'honneur de la cour de France. Ils se persuadèrent que ce prince seul pouvoit, en l'absence de Roland et de Renaud, détourner l'orage qui alloit fondre sur eux. Dans cette confiance, qui leur parut un mouvement inspiré du ciel, ils allèrent le délivrer; ils le supplièrent de vouloir bien se charger de les conduire, et ils commencèrent à lui rendre les mêmes honneurs qu'ils auroient rendus à l'empereur lui-même.

Le courtois Astolphe les reçut de la manière du monde la plus affable; comme il étoit plein de zèle pour le bien de la religion et de l'empire, et pénétré des devoirs de la chevalerie errante, dont le principal soin est de protéger les malheureux, il leur promit d'embrasser leur défense; il leur parla même de telle sorte, qu'il les confirma merveilleusement par ses discours dans l'espérance qu'ils avoient conçue de lui. Oh! que le roi Gradasse, leur disoit-il, a été heureux de ce que je n'ai pu le combattre! Si j'eusse été libre, jamais Charlemagne n'auroit été pris; mais j'y mettrai bon ordre. Le jour ne sera pas si tôt venu demain, que j'irai enlever le roi de Séricane lui-même à la tête de son armée. Vous en aurez le plaisir des creneaux, et malheur à tous les païens qui seront assez hardis pour m'attendre.

Pendant ce temps-là les Séricans célébroient leur victoire dans leur camp par des feux et des réjouissances publiques. Leur grand monarque, ne s'imaginant pas alors avoir à redouter aucun événement sinistre de la part des chrétiens, que la crainte de ses armes tenoit renfermés dans Paris, étoit assis sur un trône magnifique; il avoit autour de lui les princes ses vassaux et ses autres principaux chefs; il s'entretenoit avec eux des expédients les plus prompts pour réduire cette capitale de l'empire chrétien, et le résultat de la délibération fut qu'il se fît amener Charlemagne et ses paladins. Sage empereur, dit-il à ce prince, le désir d'acquérir de la gloire enflamme les cœurs généreux : pour être digne de commander aux autres, il faut avoir fait éclater sa valeur par de grands exploits. Je pouvois passer ma vie en Orient dans les délices; mais j'ai préféré au repos l'honneur d'étendre ma renommée. Je ne suis point venu dans ces climats pour conquérir ni la France, ni l'Espagne, ni aucun autre royaume de votre Europe. Je suis content des vastes états que je possède dans l'Asie; je veux seulement faire voir à toute la terre qu'il n'est point de monarque au monde que je ne puisse soumettre à ma puissance, quand j'en aurai la volonté. Ton exemple le prouve assez, puisque, malgré ta sage conduite, malgré l'étendue de ton empire, malgré le courage de tes paladins, tu n'as pu résister à mes armes. Écoute donc ce que j'ordonne de ton sort : Je te rends ton empire, et t'accorde mon amitié, mais à certaines conditions : tu ne demeureras dans mon camp que le reste du jour, si tu me livres Bayard, et si tu promets de m'envoyer en Séricane la fameuse épée du comte Roland, lorsqu'il sera de retour. Je veux encore que tu me mettes entre les mains le paladin Renaud, qui m'a si lâchement manqué de parole, malgré toute l'estime que j'avois pour lui : voilà tout ce que j'exige de toi.

Charlemagne remercia Gradasse de sa générosité. Il lui promit d'exécuter de point en point ce qu'il lui prescrivoit; et, pour commencer, il chargea le comte Anselme d'Hautefeuille d'aller à Paris chercher Bayard, et de le lui amener. Le Mayençois partit; dès qu'il fut arrivé aux portes de la ville, on le conduisit devant Astolphe. Ces paladins qui avoient tant de sujet de se haïr l'un l'autre, ne se virent qu'en fronçant le sourcil. Anselme exposa son ordre avec les conditions de l'accord de Gradasse et de l'empereur, et demanda en conséquence qu'on lui remît entre les mains Bayard pour le conduire au camp des Séricans.

Le prince anglois n'étoit déjà que trop aigri contre Charlemagne, de l'injustice de sa prison, et de la protection que ce monarque avoit accordée à la maison de Mayence, en autorisant une perfidie aussi avérée que la leur. Cela joint à l'injure qu'il lui paroissoit que ce nouvel ordre faisoit aux paladins Roland et Renaud, ses amis, le transporta de colère. Il qualifia de traître le comte d'Hautefeuille; et, sans avoir égard à tout ce qu'il alléguoit, ni même à l'ordre par écrit de l'empereur, qu'il montroit à tous ceux qui étoient présents, il le fit arrêter et mettre en prison comme porteur d'un ordre supposé. Astolphe n'en demeura pas là. Dans les mouvements furieux qui l'agitoient, il envoya défier par un héraut le roi de Séricane, comme un imposteur qui se vantoit faussement d'avoir fait fuir Renaud, lui déclarant qu'il l'en feroit dédire publiquement; qu'au reste, Charlemagne n'avoit point droit de disposer de Bayard ni de Durandal; et que si Gradasse vouloit avoir ce cheval en sa possession, il falloit qu'il se préparât à le gagner par la voie des armes; que lui, Astolphe d'Angleterre, le lui meneroit le lendemain matin dans son camp pour cet effet.

Lorsque le héraut, conduit devant le roi des Séricans, lui eut exposé le sujet de sa mission, ce monarque demanda à l'empereur ce que c'étoit que cet Astolphe qui lui parloit si fièrement. Charlemagne, choqué de l'audace de son paladin, lui en fit le portrait en deux mots; à quoi le comte Ganelon ajouta : Sire, c'est un fanfaron qui réjouit quelquefois par ses saillies l'empereur et toute sa cour. Mais ne vous arrêtez pas à ses paroles; on tiendra la promesse qui vous a été faite. Le généreux Serpentin, qui se trouva présent à ce discours, ne put, quoique Sarrasin, souffrir l'injure que faisoit au paladin françois son propre compatriote, et dit au roi de Séricane : Seigneur, le témoignage que je dois à la vérité m'oblige de vous avertir que le prince Astolphe est fils du roi d'Angleterre, qu'il n'est point tel qu'on vous le représente; il est courageux, et je lui ai vu faire des actions dignes d'une immortelle gloire. C'est lui qui aux dernières joûtes de Paris abattit le fort Grandonio, et lui ravit l'honneur que ce roi sarrasin étoit prêt de remporter. Isolier et Mataliste dirent la même chose au monarque indien; de sorte que Ganelon se vit obligé de répondre aux discours de Serpentin, pour éviter le reproche d'imposteur : Il est vrai, Seigneur, dit-il à Gradasse, que cet Astolphe s'est maintenu heureusement dans les dernières joûtes de Paris; mais je l'ai vaincu moi-même en d'autres occasions.

Après que Ganelon eut ainsi parlé, le judicieux roi de Séricane, qui avoit fort bien démêlé que ce Mayençois étoit naturellement envieux, qu'il n'avoit en vue que sa liberté, lui répliqua dans ces termes : Je veux croire ce que vous avancez; mais enfin ce prince, que vous me dépeignez comme un homme vain, paroît avoir du courage. J'accepte le défi qu'il me fait, à condition qu'il m'amenera Bayard, mais s'il y satisfait, et que je vienne à le vaincre, ne pensez pas, votre maître et vous, que je sois tenu de vous remettre en liberté, puisque je ne devrai qu'à ma valeur le fameux coursier que je veux avoir. En achevant ces paroles, il fit ramener l'empereur et ses paladins sous les tentes destinées pour les prisonniers de considération.

Oh! que le bon Charlemagne étoit irrité contre Astolphe, de ce qu'il lui faisoit perdre, par une bravoure mal entendue, l'occasion de recouvrer son empire et sa liberté! Mais l'Anglois, qui n'étoit pas moins en colère contre lui que contre le Mayençois, ne s'inquiétoit guère du chagrin qu'il en pouvoit avoir.

D'abord que le jour parut, Astolphe, revêtu de ses armes magnifiques, et monté sur Bayard, sortit de la ville de Paris; il portoit sur sa cuisse la merveilleuse lance d'Argail. Le soleil montroit ses premiers rayons, lorsqu'il arriva aux barrières du camp des infidèles; au bruit de son cor, que le paladin fit retentir à son arrivée, on en porta la nouvelle au roi de Séricane, qui se pressa de se faire armer. Ce monarque, impatient de combattre, s'étant rendu au lieu où son ennemi l'attendoit, vit avec joie qu'il étoit monté sur Bayard; il le salua fort civilement, et lui dit d'un air riant : Brave chevalier, quelque estime que la franchise de ton procédé me donne pour toi, je ne puis m'empêcher de te dire, que tu es plus homme de parole que celui dont tu soutiens si hautement les intérêts. Roi magnanime, lui répondit du même ton le prince anglois, quelque déférence que je veuille avoir pour vous, je ne puis convenir que le noble fils d'Aymon soit homme à manquer de parole. Il m'avoit pourtant défié, reprit Gradasse, et promis de se trouver au bord de la mer, où nous devions combattre pour

Bayard; je l'y attendis inutilement tout un jour. S'il ne s'y trouva pas, repartit Astolphe, il eut sans doute de fortes raisons qui l'empêchèrent de s'y rendre; mais enfin, Seigneur, puisque vous ne deviez tous deux combattre que pour Bayard, je vous amène ce bon coursier, que je suis prêt à défendre contre vous. Le comte Ganelon, lui dit le roi, t'a voulu faire passer dans mon esprit pour un bouffon; mais le courage que tu me fais remarquer dans tes discours, m'oblige à mieux penser de toi. J'accepte ton défi: si le sort et ma valeur me donnent la victoire sur toi, je n'en veux point d'autre prix que Bayard; fais de ton côté tes conditions, et je jurerai de les observer.

Si j'ai l'honneur de vous vaincre, Seigneur, répondit le prince d'Angleterre, j'exige premièrement que vous reconnoîtrez Renaud de Montauban pour un chevalier sans peur et sans reproche; que vous mettrez en liberté l'empereur et ses paladins, et que vous retournerez aussitôt dans vos états. J'accepte ces conditions, répliqua le roi, et je jure par mes dieux que je m'y soumettrai, si tu es mon vainqueur.

Alors ces deux princes s'éloignèrent pour prendre du champ. Gradasse empoigne sa forte lance, et se sent capable de renverser une tour. Le paladin de son côté s'affermit sur ses étriers; et s'il n'a pas tant de force que son ennemi, il en a du moins tout le courage; l'un monté sur l'Alfane, et l'autre sur Bayard, ils viennent à se rencontrer furieusement; mais à peine la lance d'or a-t-elle touché Gradasse, qu'il se sent enlever hors des arçons, et si malheureusement pour lui, qu'il se démit le bras en tombant.

Le monarque indien, quand il se vit à terre, fut plus surpris qu'il ne l'avoit été de sa vie. La honte de se voir hors de combat d'un seul coup de lance, et de perdre ses prétentions sur Bayard, l'afflige plus que la douleur qu'il ressent de son bras; il se leva, et marchant vers Astolphe, qui venoit à lui : Brave chevalier, lui dit-il, tu m'as vaincu. Viens donc, je vais te rendre les prisonniers, et j'observerai très exactement les autres conditions de notre accord. Ces deux guerriers prirent ensuite le chemin du camp; ils marchent à côté l'un de l'autre, et le roi rend au prince anglois tout l'honneur que méritoit le grand exploit qu'il venoit de faire. Astolphe le pria de ne pas apprendre d'abord à Charlemagne quel avoit été l'événement du combat, parce qu'il vouloit se venger par quelque innocente raillerie du mauvais traitement qu'il en avoit reçu, et le roi le lui promit.

Gradasse étant de retour dans son camp se fit remettre le bras par le plus expert de ses chirurgiens; après quoi, sur les instances du prince d'Angleterre, il donna ordre qu'on lui amenât l'empereur et ses paladins. Quand ils furent arrivés, Astolphe regarda Charlemagne d'un air mécontent, et lui dit : Vois, prince injuste, où ton orgueil et ton imprudence t'ont conduit. Qu'est devenu ce puissant empire qui te faisoit tant craindre et respecter? Tes peuples sont opprimés, ta religion n'a plus de défenseurs, tu es toi-même dans les fers avec tous les paladins. Hé! quel autre sort pouvois-tu attendre de ta mauvaise conduite, puisque tu éloignes de toi tous ceux qui pourroient être l'appui de tes états? Cent fois je t'ai vu outrager les invincibles Renaud et

Roland ; et tu veux encore aujourd'hui disposer, sans leur aveu, de ce qu'ils ont de plus cher? Que ne m'as-tu point fait à moi-même, qui, malgré le peu d'estime que tu as pour moi, t'aurois épargné, par mon courage, la douleur de te voir dans l'indigne état où tu te trouves réduit? Si, pour complaire à la perfide maison de Mayence, tu ne m'avois tenu si long-temps dans une dure prison, tu ne serois pas la proie du chagrin qui te dévore en ce moment. Que ton comte Ganelon te procure, s'il le peut, la liberté; qu'il te conserve ton royaume de France : pour moi, j'ai pris mon parti, je renonce à ton service, puisqu'on n'en doit attendre que de l'ingratitude et de l'injustice : j'ai fait présent de Bayard au grand roi de Séricane, et me suis donné à lui à titre de bouffon : car ton favori Ganelon m'a voulu faire passer dans l'esprit de ce prince pour un homme fort propre à remplir cet emploi. Comme nous serons au même maître, je vous promets à tous mes bons offices auprès de lui.

Astolphe ne rioit nullement en leur tenant ce discours : il paroissoit vouloir insulter à leur douleur; et l'on eût cru qu'il étoit très irrité contre l'empereur même : ce qui mettoit le comble à leur affliction. Quoi! méchant, dit alors le bon archevêque de Rheims au prince anglois, tu as donc quitté la vraie foi? Oui, messire Turpin, répondit Astolphe; comme je ne vous ai plus eu pour m'y maintenir, je me suis fait idolâtre pour plaire à mon nouveau maître; et, en cela, je me crois encore moins mauvais que vos Mayençois, qui sont pires que des hérétiques.

Tous ces illustres prisonniers étoient étrangement mortifiés de se voir, à ce qu'il leur sembloit, tomber dans le malheur d'une longue captivité. L'un se plaignoit, l'autre soupiroit; et quand le prince d'Angleterre se fut donné quelque temps le plaisir de jouir de leur peine, il alla se jeter aux genoux de Charlemagne : Seigneur, lui dit-il, je vous prie d'oublier les chagrins que j'ai pu vous causer. Vous êtes mon empereur, et je suis toujours à vous : quelque sujet que j'aie de me plaindre du traitement que vous m'avez fait, mon cœur ne peut tenir contre vous; apprenez que vous êtes libre, et que vous tenez de moi vos états et votre liberté; mais sachez aussi que je ne veux plus demeurer dans votre cour, tant que vous serez obsédé de lâches flatteurs. Vous avez auprès de vous Ganes de Poitiers et toute sa race; vous leur accordez l'honneur de votre confiance; je vous les laisse tous pour ce qu'ils valent; je vous abandonne même tout ce que je possède, et demain, sous votre bon plaisir, je partirai d'ici. Je ne m'arrêterai dans aucun lieu du monde, que je n'aie trouvé le comte d'Angers et le seigneur de Montauban, en qui seuls je vois toute fleur de chevalerie et de probité.

Le généreux Anglois finit ainsi son discours. Tous les paladins qui l'avoient écouté fort attentivement ne savoient encore ce qu'ils en devoient penser; ils se regardoient les uns les autres, comme pour demander si Astolphe continuoit de les insulter, ou s'ils pouvoient se flatter qu'il leur eût dit vrai. Mais le roi Gradasse les tira d'incertitude, en les assurant qu'ils n'étoient plus prisonniers.

Sur cette assurance, Ganelon fut le premier qui voulut sortir, pour profiter de la liberté qu'on lui accordoit;

mais Astolphe le retenant : Tout beau, sire chevalier, lui dit-il, les autres sont libres, vous seul ne l'êtes pas, vous demeurez prisonnier. De qui, s'écria le Mayençois? D'Astolphe, repartit l'Anglois. Ganes ne savoit que répliquer, et le roi de Séricane augmenta sa confusion par le récit fidèle qu'il fit de son combat avec le prince d'Angleterre. Lorsque Gradasse eut cessé de parler, Astolphe prit Ganelon par la main; puis, fléchissant le genou devant Charlemagne, il adressa ces paroles à cet empereur :

Seigneur, je veux bien, pour l'amour de vous, accorder au comte sa liberté, à condition qu'il jurera tout à l'heure entre vos mains qu'il sera désormais fidèle et loyal; et, comme il ne lui est pas nouveau de se parjurer, ordonnez que s'il lui arrive de commettre quelque nouvelle perfidie, il me sera permis de le faire lier et enfermer dans tel lieu que je voudrai choisir. L'empereur lui accorda sa demande, et obligea Ganes de faire le serment requis.

Les prisonniers reprirent le chemin de Paris, où l'on ne sut pas plutôt ce qui s'étoit passé, que toute la ville retentit du nom d'Astolphe. Dès qu'on le vit paroître, tout le peuple courut après lui; les dames le caressent, les grands l'embrassent, chacun publie ses louanges, et l'empereur, pour l'obliger à demeurer dans sa cour, lui offrit toute l'Irlande; mais le prince d'Angleterre ne se laissa point fléchir; il persista toujours dans la résolution d'aller chercher son cousin Renaud et le comte d'Angers. Pour Gradasse, il partit dès la nuit même avec les Sarrasins; il repassa par l'Espagne où il avoit laissé ses vaisseaux, et où Marsille avec ses

Espagnols s'arrêta. Mais laissons l'un remonter sur sa grande flotte pour reprendre la route de ses royaumes, et l'autre rétablir ses états des ravages affreux que l'invasion des Orientaux y avoient causés. Retournons au seigneur de Montauban.

FIN DU LIVRE PREMIER.

LIVRE II.

CHAPITRE PREMIER.

Des agitations de Renaud, et du grand péril qu'il courut.

On a dit de quelle manière le fils d'Aymon vint surgir avec sa barque aux bords d'une île délicieuse ; cette île n'étoit qu'un grand jardin qui avoit cinq ou six lieues de tour ; on le nommoit *Plaisance* : aucuns murs ne le fermoient ; les seuls bords de la mer en faisoient la clôture. Du côté que le paladin y étoit arrivé, on voyoit s'élever au-dessus des arbres un palais superbe, et composé d'un marbre si poli, que tous les objets du jardin se peignoient dedans.

Renaud eut bientôt mis pied à terre. A peine avoit-il fait vingt pas, qu'une dame sortit d'entre les arbres, et vint à lui. Noble chevalier, lui dit-elle d'un air gracieux, ne pensez pas que vous ayez été conduit sur ces bords sans mystère. Vous aurez trouvé l'aventure un peu triste et fâcheuse au commencement ; mais la fin n'aura pour vous que des charmes, à moins que votre cœur ne soit plus insensible que celui des tigres et des lions. En achevant ces mots elle le prit par la main, et le conduisit au palais. La magnificence du dedans répondoit à celle du dehors ; ce n'étoit que riches ameublements, peintures exquises, statues excellentes, vases de cristal, d'or et d'agate, où les perles et les diamants étoient à profusion. Tous les appartements par où la dame faisoit passer Renaud retentissoient de sons harmonieux. Des troupes de chanteuses et de joueuses d'instruments, toutes belles par excellence, et revêtues d'habits galants, chantoient les louanges de l'amour, et formoient ensemble des concerts qui charmoient le cœur et les oreilles.

D'autres filles, qui ne cédoient en rien à celles dont on vient de parler, dansoient en rond au son des instruments; elles avoient mis le guerrier au milieu d'elles; et ces charmantes personnes l'enchaînoient en dansant avec des guirlandes de fleurs, comme pour lui faire comprendre par leurs mouvements et par leurs gestes qu'il devoit s'estimer heureux de se voir l'esclave de l'amour. Elles dansoient encore, lorsqu'une autre dame vint avertir le chevalier qu'il étoit temps de prendre quelque nourriture, et elle le pria de vouloir l'accompagner jusqu'au lieu préparé pour le repas.

Le paladin, qui ne connoissoit point encore le but d'une si galante réception, ne refusa pas la partie. Il donna la main à la dame, et se laissa conduire sous des cabinets de verdure entremêlés de roses et de chèvrefeuilles, où, sur des tables placées autour d'une claire fontaine, il trouva tous les mets d'un festin splendide. Quatre des plus belles dames s'assirent à une table, de manière qu'elles mirent entre elles le paladin, dont la chaise étoit tout en broderie de perles et de diamants. De jeunes garçons, vêtus comme on peint les Amours, les Jeux et les Ris, servoient dans des plats d'or tout ce qui pouvoit contenter le goût le plus raffiné dans la bonne chère ; et trois demoiselles, représentant les Grâces, versoient des vins délicieux dans des coupes d'un prix inestimable.

Le soupé achevé, les concerts d'instruments recommencèrent, et pendant qu'ils sembloient disposer le cœur à l'amour par les chants les plus tendres et les plus touchants, une de ces dames s'approchant du chevalier, lui dit tout bas ces paroles : Cette île délicieuse, ces richesses, et tout ce que vous y voyez de rare est à vous ; c'est pour vous seul que notre reine a fait bâtir ce beau palais. Que vous devez vous estimer heureux d'être aimé d'une si grande princesse ! Elle est plus blanche que le lis, et plus vermeille que la rose. Cette jeune et merveilleuse beauté se nomme Angléique, et c'est une fille de roi.

Sitôt que le cruel fils d'Aymon entendit prononcer le nom de la personne qu'il haïssoit plus que la mort, son visage changea de couleur. Tous ces plaisirs qu'on lui procuroit lui devinrent odieux, et le séjour de cette île n'eut plus d'appas pour lui. La dame qui lui parloit ne s'aperçut que trop de l'aversion qu'il avoit pour Angélique. Seigneur chevalier, lui dit-elle avec étonnement, est-il possible que vous receviez avec répugnance une nouvelle si agréable ? Fut-il jamais pour un mortel une plus haute fortune que celle qui vous est présentée ? Faites-y bien réflexion, et craignez de vous en repentir : songez que vous êtes notre prisonnier. La mer environne ce jardin de tous côtés ; toute votre valeur, Flamberge, Bayard même, quand vous l'auriez, ne pourroient vous tirer d'ici. Faites donc de bonne grâce ce que l'on vous demande. Notre reine exige de vous seulement que vous la regardiez. Êtes-vous si farouche, que vous ne vouliez pas jeter la vue sur une princesse si charmante?

La dame tint encore d'autres discours qui ne furent pas moins inutiles que ceux-là. Le chevalier quitta brusquement la compagnie, et prit le chemin de la mer. Toutes les belles choses qui se présentoient à sa vue en s'en retournant n'étoient plus agréables pour lui; et quand il fut arrivé à l'endroit où il avoit laissé sa barque, il entra dedans avec précipitation, de peur de voir paroître la princesse qu'il ne pouvoit aimer.

Il auroit souhaité que le petit bâtiment eût promptement quitté les bords de l'île; mais la barque demeura immobile, soit qu'aucun vent n'agitât alors la mer, soit par la force d'un enchantement. Le paladin ne pouvoit s'éloigner de cet odieux rivage; il en est au désespoir, et plutôt que d'y rester, il prend la funeste résolution de se précipiter dans les flots; il alloit exécuter ce dessein, quand la barque partit d'elle-même, et se mit à voguer avec plus de rapidité qu'elle n'avoit jamais fait. Renaud en eut une joie inconcevable; et, malgré le péril qu'il couroit sur les eaux, il regarda comme un bien son éloignement d'un lieu où l'on ne parloit que d'Angélique.

Le jour suivant il découvrit une grande forêt, et ce fut de ce côté-là que le petit bâtiment prit sa route. A peine le guerrier eut-il pris terre, qu'un homme tout blanc de vieillesse se présenta devant lui, et les larmes aux yeux lui adressa ces paroles : Brave chevalier, ne me refusez pas votre secours. Un brigand vient de me ravir une fille belle et jeune que j'avois avec moi ; je ne crois pas qu'il soit encore à plus de deux cents pas d'ici.

Le fils d'Aymon fut touché de la douleur du vieillard, et se mit à suivre le voleur : mais le brigand ne l'eut pas sitôt découvert, que ne se jugeant pas capable de soutenir l'effort d'un chevalier de si haute apparence, il prit un cor qu'il portoit, et en sonna de toute sa force pour se faire entendre d'un château qu'on voyoit à cent pas de là sur une petite élévation qui s'avançoit en forme de cap dans la mer. Au son de ce cor, il sortit du château un géant dont l'excessive hauteur et la démarche fière ne promettoient rien que de funeste ; il portoit un dard à sa main droite, et dans l'autre une chaîne au bout de laquelle étoit un crampon de fer ; quand le géant fut près du chevalier, il lui lança son dard d'une grande roideur ; le coup perça l'écu et le haubert, mais le paladin n'en fut point blessé. Attends, dit-il au monstre, tu vas voir si mes armes valent les tiennes. En disant ces paroles, il leva sa redoutable Flamberge sur le géant, qui tourna le dos et courut vers une rivière que traversoit un pont de pierre. Il y avoit à l'entrée de ce pont un gros anneau de fer, auquel le monstre, en fuyant, accrocha le crampon de sa chaîne. Renaud cependant le poursuivoit ; il étoit même déjà sur le pont, et bien proche de son ennemi, quand ce dernier tira sa chaîne : alors une grande pierre du pont, sur laquelle étoit le seigneur de Montauban, fondit sous les pieds du chevalier, qui, se sentant tomber dans la rivière, s'écria douloureusement : O ciel ! est-ce donc ainsi que je dois périr ?

Il avoit véritablement sujet de faire cette exclamation, puisqu'il se trouva tout à coup enveloppé de filets de pêcheurs qui étoient attachés à une arche du pont; il se seroit indubitablement noyé, si le géant ne se fût hâté de l'aller retirer de l'eau. Ce colosse entra donc dans la rivière; bien qu'elle fût très profonde, il n'en avoit que jusqu'à la ceinture : il détacha les filets du pont, et les jeta sur son épaule avec Renaud, qui étoit renfermé dedans, sans pouvoir presque se remuer. O fortune cruelle! disoit l'infortuné paladin, ne seras-tu jamais lasse de me poursuivre? Je ne suis pas sorti d'un malheur, que je tombe dans un plus grand, et je me vois sans espérance d'échapper des mains du monstre qui s'est rendu maître de moi par surprise.

Pendant qu'il formoit ces tristes plaintes, le géant qui le portoit arriva près d'un château dont les environs n'offroient aux yeux que de funestes marques de cruauté. On voyoit couler le sang dès l'entrée; la cour étoit couverte de cadavres; et, ce qu'il y avoit de plus horrible à voir, c'étoit des corps démembrés, dont quelques-uns rendoient encore les derniers soupirs. Ce spectacle affreux n'étoit que trop propre à confirmer Renaud dans sa crainte.

Une vieille vêtue de noir, hideuse et décharnée, parut; le géant jeta son fardeau à ses pieds; ensuite la vieille appela plusieurs domestiques, qui tirèrent, à l'aide du géant, le guerrier des filets, après lui avoir lié les pieds et les mains très étroitement. Cela étant fait, la vieille dit au fils d'Aymon : Malheureux chevalier, la renommée t'aura sans doute appris la coutume qui se pratique en ce lieu; mais, si tu l'ignores, je vais t'en instruire, afin que tu la saches du moins avant que de mourir : car il faudra demain que tu perdes la vie.

CHAPITRE II.

Histoire de Marquin.

Apprends donc, poursuivit la vieille, qu'un chevalier doué d'une valeur extrême fut autrefois seigneur de ce château, qui se nommoit alors la Roche-Vermeille, et qui se nomme à présent la Roche-Cruelle, à cause des choses que je te vais raconter. Sa maison étoit toujours ouverte aux personnes de mérite ; il traitoit magnifiquement tous les chevaliers et les dames qui arrivoient dans ce lieu. Il étoit chéri et considéré de ses voisins, qui le combloient chaque jour de louanges et de bénédictions. Ce généreux chevalier se nommoit Lucidor ; il avoit épousé une dame appelée Stelle, et à bon droit, puisque l'étoile du matin n'est pas si brillante qu'elle l'étoit. Lucidor alloit souvent chasser à une forêt qu'on peut voir d'ici sur le rivage de la mer. Un jour il y rencontra un autre chevalier qui chassoit comme lui. Après qu'ils eurent pris ensemble ce divertissement, Lucidor invita l'autre, nommé Marquin, seigneur d'Aronde, à venir souper à son château. Marquin, qui étoit mon fils, accepta l'offre ; il fut reçu à la Roche-Vermeille avec toute l'amitié et la considération possibles ; mais, pour son malheur, il fut trop charmé de Stelle, dont la beauté versa dans son cœur un poison qui en troubla la paix, et l'embrasa d'un amour violent. Une fièvre ardente s'empara de ses veines, et le réduisit en peu de jours à l'extrémité.

Lucidor, qui l'aimoit tendrement, vint le visiter à notre château d'Aronde, et même il y amena sa charmante épouse ; mais cette fatale vue, bien loin de soulager le malade, ne fit qu'augmenter son agitation. J'étois inconsolable de voir en cet état un fils qui m'étoit si cher. Je ne le quittois point, et je lui donnois tous les secours que je jugeois lui être nécessaires ; cependant les remèdes que j'imaginois ne faisoient aucun effet, ce qui achevoit de me désespérer. Marquin, touché de l'affliction qu'il remarquoit en moi, me dit un jour d'une voix languissante : O ma mère ! cessez de vous tourmenter pour un malheureux qui n'a déjà plus de part à la vie. Hé ! pourquoi ? lui répondis-je en fondant en larmes. C'est, repartit-il, que je brûle d'un feu qui ne peut s'éteindre. Stelle cause dans mon cœur un embrasement qui me consume ; sa possession seule pourroit me soulager; mais, comme l'espérance d'un si grand bien m'est interdite, je n'ai point d'autre parti à prendre que de me laisser mourir.

Ces paroles, quoiqu'elles me surprissent étrangement, me firent espérer qu'en flattant la passion de Marquin, je pourrois le rappeler à la vie. Quoi donc, mon fils, lui dis-je, vous vous abandonnez au désespoir si facilement ! vous que j'ai toujours connu pour un homme plus entreprenant qu'un autre, vous vous rendez à la première difficulté que vous envisagez dans une amoureuse poursuite ? Rappelez votre courage ; il est honteux à votre âge d'avoir une pareille défiance. Comment, ma mère, reprit Marquin d'un ton de voix plus ferme, je pourrois parvenir à satisfaire ma passion ! Pourquoi, lui dis-je, ne vous seroit-il pas permis de vous en flatter ? Stelle n'est-elle pas femme ? en est-il qui ne soit capable de se rendre aux empressements d'un homme de mérite ? Les services, l'assiduité, la complaisance et la ruse, sont de bons moyens pour réduire une femme rebelle ; et quand cela ne vous serviroit de rien, je vous pardonnerois plutôt de recourir à la force pour vous contenter, que de vouloir périr ainsi lâchement, faute de résolution.

J'arrachai mon fils à la mort par de semblables discours ; l'espérance que je lui donnai de plaire à Stelle lui rendit ses forces, et diminua l'ardeur de sa fièvre. Il se porta mieux de jour en jour ; et, ce qui avançoit sa guérison, Lucidor et Stelle venoient le voir très souvent, et se réjouir avec lui de sa convalescence. Mon fils, étant enfin en état de sortir, ne se donna pas le temps d'essayer si, par les moyens que je lui avois enseignés, il pourroit rendre Stelle favorable à son amour ; son impatience le porta tout d'un coup aux plus violents. Il passa quelques jours à méditer son projet sans le communiquer à personne, pas même à moi, quoiqu'il eût lieu de penser, par tout ce que je lui avois dit, que je ne désapprouverois pas son dessein. Quand il eut résolu de l'exécuter, il prit les plus déterminés de ses domestiques, les fit armer à l'avantage, et sortit avec eux d'Aronde. Il les mena dans la forêt où Lucidor alloit chasser ordinairement ; puis, les ayant postés dans l'endroit le plus couvert, il s'écarta d'eux, et se mit à sonner de son cor le plus hautement qu'il lui fut possible, pour attirer en cet endroit Lucidor, qu'il savoit être ce jour-là dans le bois.

Effectivement le malheureux époux de Stelle vint à ce bruit éclatant. D'abord que Marquin l'aperçut : Cher ami, lui dit-il, j'ai perdu un chien que j'aime beaucoup. Je ne connois pas si bien que vous les avenues de ce bois ; aidez-moi, je vous conjure, à le chercher. Le seigneur de la Roche-Vermeille s'y offre de bonne grâce ; ils commencent ensemble la recherche du chien ; mais quand Marquin vit Lucidor dans le lieu où il le vouloit, il le fit inhumainement massacrer par ses gens ; après quoi il se rendit avec eux à la Roche-Vermeille.

Comme on ne s'y défioit point d'eux, et qu'on les regardoit comme des amis, ces assassins s'emparèrent aisément du château. Ils tuèrent toutes les personnes qu'ils y trouvèrent, à l'exception de Stelle, à qui la vie, qu'on lui laissa, devint plus odieuse que la mort, quand elle connut les intentions de Marquin. Il tâcha vainement de la fléchir par ses prières ; elle ne le vit qu'avec horreur. Toutes les fois qu'il s'approcha d'elle pour lui peindre la violence de ses feux, elle le reçut avec fureur, l'accabla d'injures et de reproches ; elle n'épargna rien pour l'exciter à lui ôter la vie. Peu s'en fallut qu'elle ne réussît dans son dessein. Mon fils, outré des discours outrageants qu'elle lui tenoit, fut plus d'une fois tenté de s'en défaire dans son désespoir. Cependant l'excès de sa passion triompha toujours de sa colère, et le rendit capable de penser que la grandeur de son crime ne justifioit que trop les reproches qu'elle lui faisoit. L'envie qu'il avoit d'adoucir son esprit et de la disposer à souffrir son amour, lui fit prendre la résolution d'attendre que sa douleur fût devenue moins vive. Il se flattoit que le temps feroit son effet ordinaire, et que la dame, pour se procurer le repos et la liberté, se rendroit d'elle-même à ses soins. Au pis-aller, il comptoit qu'il seroit toujours maître de recourir à la violence pour satisfaire ses désirs, si la douceur et la persévérance devenoient inutiles. Il se trompa toutefois dans sa conjecture : ses respects, ses soumissions ne furent pas mieux reçus que ses menaces et ses emportements; et l'affliction de Stelle sembloit s'accroître de jour en jour.

Tandis que cela se passoit à la Roche-Vermeille, la renommée ne manqua pas de publier dans les pays voisins le meurtre de Lucidor et la prison de Stelle. Tous leurs parents et leurs amis, qui les chérissoient l'un et l'autre pour leurs belles qualités, s'émurent à à cette nouvelle. Ils se crurent obligés de les venger; ils assemblèrent dans ce dessein la meilleure partie de leurs sujets et de leurs vassaux. Un grand nombre de seigneurs de ce royaume, qui ne connoissoient pas Lucidor, se joignirent à eux, les uns par estime pour sa mémoire, les autres par la seule horreur de l'action commise. Toutes ces troupes formoient un corps nombreux et plus que suffisant pour accabler Marquin. Arganthis, bon chevalier et oncle de Lucidor, se montroit, parmi les vengeurs, un des plus ardents; et ce fut à lui que tous les autres, d'un commun accord, déférèrent le commandement.

Le bruit de leur marche se répandit jusqu'à moi,

et m'alarma. J'allai trouver Marquin pour l'obliger à prendre un parti convenable à la situation où il se trouvoit. Quoique je lui eusse fait concevoir l'espérance de plaire à Stelle, je n'avois pas approuvé les moyens cruels dont il s'étoit servi : mon cœur même en avoit frémi ; mais je n'avois pu prévenir une chose qui s'étoit faite à mon insu. Je me rendis donc dans ce château ; et, supprimant des reproches qui n'étoient plus de saison, je représentai à mon fils qu'il falloit au plus tôt qu'il se réfugiât chez le roi d'Altin, notre parent, et remît Stelle en liberté ; mais, quelque chose que je pusse lui dire sur ce dernier article, il déclara qu'il aimoit mieux s'enterrer sous les ruines du château, que de perdre le fruit de son crime en relâchant Stelle sans avoir auparavant contenté sa passion.

Pendant que je combattois inutilement la résolution de mon fils, les amis de Lucidor pressoient leur marche pour hâter les moments de leur vengeance. Ils étoient déjà sur les terres de Marquin, qu'ils ravageoient ; et ils publioient hautement partout qu'ils préparoient à la postérité un exemple mémorable dont le seul récit feroit frémir les traîtres. Tout ce que put faire Marquin, dans le peu de temps que ses ennemis lui laissèrent pour se reconnoître, fut de ramasser dans cette forteresse le plus de soldats et d'archers qu'il lui fut possible, et de la munir de vivres à proportion, se fiant du reste à sa situation avantageuse et à la hauteur de ses murs.

Arganthis étant arrivé avec sa petite armée, se saisit, en homme de guerre, des environs de la place, y disposa ses différents quartiers, et, pour resserrer davantage son ennemi, fit planter tout autour des palissades que devoient défendre de bons corps-de-garde établis de distance en distance. Marquin, pour les troubler dans leurs dispositions, fit tirer sur eux, des créneaux, une grande quantité de traits et de flèches qui en tuèrent quelques-uns à la vérité, mais qui ne firent plus d'effet dès que les assiégants se furent mis à couvert sous des baraques qu'ils élevèrent en peu de temps.

Les jours suivants, Arganthis fit fabriquer dans la forêt prochaine un grand nombre d'échelles dont il se servit pour nous donner l'assaut. Heureusement la garnison fut bien sur ses gardes, et les murs du château sont si élevés, que les assiégants, qui n'avoient d'ailleurs ni beliers, ni machines de guerre, ne purent jamais les escalader. Arganthis, qui en reconnut toute la difficulté, prit le parti de nous soumettre par famine. Pour cet effet il redoubla les gardes et les sentinelles avec exactitude, et donna de si bons ordres pour nous fermer tous les passages, que toutes les fois que mon fils entreprit de se les ouvrir par des sorties, il fut repoussé avec perte. Le sage Arganthis ne s'arrêta pas à cette seule précaution : comme il ignoroit la quantité que nous avions de vivres, et qu'il pensoit qu'elle pouvoit être telle que nous ne serions pas si tôt affamés, il faisoit, à tout hasard, creuser à la sape un conduit souterrain, qui devoit aboutir dans la forteresse, pour s'en rendre maître par surprise; et ce travail, qui avoit été commencé la nuit, le plus près de la place qu'on l'avoit pu, se faisoit avec tant de circonspection et de secret, que nous n'en avions pu rien pénétrer.

Jusque-là Marquin avoit moins songé à se défendre qu'à faire agréer sa passion à l'impitoyable Stelle; mais, voyant que la dame ne le regardoit que comme une furie attachée à ses pas, la rage s'empara de son âme. Il dit un jour à Stelle, avec emportement, qu'il étoit las d'attendre, et que, de force ou de gré, il prétendoit se satisfaire. En même temps il se mit à la presser entre ses bras. L'infortunée veuve de Lucidor, épouvantée de la violence de mon fils et de sa résolution, se sert de ses pieds et de ses mains pour le repousser, en remplissant l'air de ses cris. Inutiles efforts! ses forces s'épuisèrent, et le brutal Marquin venoit d'assouvir son amoureuse fureur, lorsque j'arrivai dans le lieu où cette étrange scène se passoit. J'eus beau lui représenter qu'il se perdoit par cette indignité, il ne se possédoit plus; et sa rage n'en demeura point là : car, après avoir surmonté la résistance de Stelle, il lui plongea un poignard dans le sein, en lui disant: Beauté ingrate, du moins tu ne jouiras pas du plaisir de te voir vengée. A peine eut-il retiré le poignard du corps de la dame, qu'il s'en frappa lui-même avant que je pusse prévenir son action.

Que devins-je à ce funeste spectacle? mes cris perçants se firent entendre dans tout le château, et attirèrent quelques domestiques avec qui je tâchai d'arrêter le sang de mon fils et de sauver Stelle; mais nous nous aperçûmes que nos efforts étoient inutiles. Stelle avoit déjà rendu les derniers soupirs; et Marquin, se refusant à nos soins, s'obstinoit à vouloir mourir. Laissez, Madame, me dit-il, laissez périr un misérable qui s'est condamné lui-même à perdre une vie qu'il a noircie de crimes. Le seul témoignage qui me reste à vous demander de l'affection aveugle que vous avez toujours eue pour moi, c'est que vous fassiez enfermer mon corps dans un même tombeau avec le corps de Stelle. Que mon ombre ait la satisfaction de l'empêcher de rejoindre son Lucidor, même dans les enfers. A ces mots, Marquin me fit jurer que je lui accorderois ce qu'il exigeoit de moi, ensuite il expira.

Je demeurai dans un état qui avoit quelque chose d'affreux. Je blâmai ma fausse prudence, qui avoit, pour ainsi dire, conduit mon fils dans le précipice en voulant le sauver; mais enfin, comme mes plaintes et mes regrets ne pouvoient me le rendre, je renfermai ma douleur en moi-même, et m'attachai à remplir sa dernière volonté. Je fis creuser une fosse profonde sous une voûte qui étoit dans un lieu secret du château : j'y fis inhumer Marquin et Stelle ensemble, ainsi que je m'y étois engagée par serment : puis j'ordonnai qu'on couvrît la fosse d'une grande table de marbre qui se trouva dans le château. C'est tout ce que je pouvois faire alors à cause du siége; mais je me proposois de leur faire élever dans la suite un magnifique monument, si j'échappois des mains de nos ennemis.

Les assiégeants n'apprirent point la mort de mon fils, ni celle de la veuve de Lucidor. Comme nous ignorions qu'Arganthis faisoit faire un conduit souterrain, et que ce travail se continuoit avec beaucoup de diligence, il fut achevé peu de jours après la sépulture de mon fils; il avoit été poussé jusqu'à la grande cour du château. Ce fut par-là que nos ennemis se glissèrent à la file pendant une nuit fort obscure; et lorsqu'ils s'y virent en assez grand nombre pour nous faire la loi, ils remplirent d'épouvante tout le château par leurs cris, en passant au fil de l'épée tout ce qui s'offrit à leur ressentiment. Je me réveillai au bruit du carnage et des gémissements des mourants; je me couvris à la hâte d'un des habits de Marquin, et me sauvai sous ce déguisement par une petite porte secrète du château qui ouvroit dans un endroit écarté du jardin. Par bonheur, les amis de Lucidor ne se virent pas si tôt maîtres de la forteresse, qu'ils négligèrent de faire garder leurs retranchements. Cela favorisa ma fuite. Je pris le chemin du royaume d'Altin, où j'arrivai heureusement après plusieurs jours de marche.

Le roi de ce pays me reçut en bon parent. Il plaignit le déplorable sort de Marquin, sur le récit que je lui en fis; et, pour me donner le moyen de rentrer dans mes biens, dont les parents de Lucidor s'étoient emparés, il me donna un corps nombreux de ses meilleures troupes, commandé par trois géants. Je revins en ce pays-ci, où nos ennemis possédoient déjà non-seulement la Roche-Vermeille, mais d'Aronde même, qu'ils avoient rasé jusqu'aux fondements. Arganthis n'étoit plus dans ce château-ci; il s'étoit contenté d'en commettre la garde à des personnes qu'il y avoit établies; ainsi nous eûmes peu de peine à nous en rendre maîtres. Nous traitâmes les gens d'Arganthis comme il avoit traité les nôtres; pas un n'échappa de nos mains.

Quand je vis que personne dans la province ne nous résistoit plus, je gardai seulement ce qu'il me falloit d'officiers et de soldats, avec deux géants, pour conserver ce château et mes autres biens d'Aronde, et je renvoyai au roi d'Altin le reste de ses troupes sous la conduite du troisième géant. Je repris après cela mon premier dessein : je voulus honorer d'un monument superbe la mémoire de mon cher Marquin.

L'on avoit déjà commencé d'en jeter les premiers fondements, lorsque les ouvriers que j'y avois employés vinrent me rapporter qu'ils entendoient partir de dessous la tombe de mon fils des mugissements épouvantables qui les glaçoient d'effroi. Un des géants, plus hardi que les autres, voulut s'éclaircir de ce que ce pouvoit être ; mais il n'eut pas plus tôt levé la tombe, qu'il en sortit un monstre effroyable qui se jeta sur lui, et le déchira. Tout ce qu'on put faire dans ce péril, fut de fermer et de barricader promptement la porte de la voûte, pendant qu'il dévoroit le géant. Je ne me reposai pas sur ce retranchement; je fis environner de hautes murailles la voûte où la tombe étoit renfermée; et je ne me crus point en sûreté, que ces murs ne fussent à telle hauteur que le monstre ne pût les franchir. Alors, faisant réflexion sur la naissance de ce prodigieux animal, je jugeai que la fureur et l'emportement de Marquin et le désespoir de Stelle avoient donné lieu à la production de ce monstre, qui pouvoit être appelé le fils de l'horreur et de l'effroi.

Cette réflexion m'inspira un dessein cruel, à la vérité, mais conforme à ma douleur : ne pouvant plus élever de tombeau à mon fils, je pris le parti d'apaiser du moins ses mânes errants par un sanglant sacrifice. Le monstre, comme fils de la divinité qu'on devoit honorer dans ce lieu, devoit en être le sacrificateur; et les étrangers qu'un sort malheureux feroit aborder à la Roche-Vermeille en devoient être les victimes. Dès ce moment je fis ouvrir la porte de la voûte, afin que le monstre eût la liberté d'entrer dans l'enclos des murs que j'avois fait faire. Je songeai aussi à lui fournir des aliments, jusqu'à ce que nous eussions dans nos prisons assez d'étrangers pour lui servir de pâture. Je lui faisois jeter chaque jour par-dessus les murs un quartier de bœuf ou de cheval, qui étoit englouti dans le moment. Je fus bientôt exempte de ce soin : il arriva de tous côtés à ce château un si grand nombre de gens, que le monstre eut pour long-temps de la nourriture; tous les étrangers qui passent par ici sont pris par nos soldats, et ceux qui veulent résister ont affaire à notre géant. Quand il survient quelque chevalier de renom que mes soldats ou mon géant même ne sauroient vaincre qu'avec beaucoup de peine et de péril, nous avons imaginé l'artifice du pont pour nous en rendre maîtres. Personne ne peut donc nous échapper, lâches ou courageux, foibles ou forts; tous les passants sont dévorés par le monstre, qui les traîne auparavant sur la tombe de mon fils, ainsi que je l'ai remarqué d'un endroit du château d'où l'on voit dans l'enclos des murs qui renferme la voûte; ce qui me fait présumer que ces sacrifices sont agréables à l'ombre de Marquin.

Je ne te parlerai point, chevalier, de l'effroyable figure du monstre; tu ne le verras que trop, puisque tu dois en être dévoré. Nous lui jetons tous les matins un prisonnier pour aliment ordinaire; mais nous prenons tant d'étrangers, que nous sommes obligés d'en faire pendre ou écarteler, parce que nos prisons ne peuvent les contenir tous.

La barbare vieille acheva de parler en cet endroit. Le paladin ne pouvoit assez s'étonner d'une coutume si cruelle. Cependant, à quelque extrémité qu'il se vît réduit, il ne perdit point courage. Madame, dit-il à la vieille, je ne me plains point de l'arrêt que vous avez prononcé contre moi; j'ai seulement une grâce à vous demander : ordonnez qu'on me livre, armé comme je suis, au monstre. Comme je suis chevalier, il seroit honteux pour moi de perdre la vie sans me défendre. Je le veux bien, répondit la vieille; mais je t'avertis que tes armes ne te serviront de rien. Le monstre a la peau si dure, qu'on ne la peut entamer : ses dents brisent le fer, et tout cède à ses griffes. Tu ferois mieux de te résoudre à mourir que de songer à combattre.

Renaud ne répliqua point; et, content d'avoir obtenu ce qu'il demandoit, il se laissa conduire au cachot où il devoit passer la nuit. Aussitôt que le soleil naissant reparut le lendemain sur l'horizon, les satellites de la vieille vinrent prendre le chevalier pour le jeter au monstre. Le paladin n'avoit point été dépouillé de ses armes le soir précédent; on lui délia les mains, et son épée lui fut rendue. Quand il se vit en état de combattre, il en eut tant de joie, qu'il demanda lui-même qu'on le menât au monstre. On le fit monter par une échelle au haut des murs qui renfermoient cet animal, et par le moyen d'une corde, il se glissa au dedans de l'enclos.

CHAPITRE III.

Quelle fut la fin d'une aventure si périlleuse pour Renaud.

Le monstre ne tarda guère à venir chercher sa proie. Quelle figure effroyable! Il surpassoit un bœuf en grandeur; sa tête ressembloit à celle d'un dragon, sa gueule, toujours sanglante, avoit cinq pieds d'ouverture, et ses dents étoient comme celles du plus affreux crocodile que le Nil ait enfanté sur ses bords. Il avoit tout le corps d'un centaure; mais ses bras étoient armés d'ongles crochus qui perçoient le plus dur acier; et la peau du sanglier d'Érimante étoit moins dure que la sienne. Cependant le courageux guerrier s'approcha d'un pareil monstre, sans faire paroître la moindre crainte.

La cruelle bête fondit sur lui la gueule béante pour l'engloutir. Renaud évita son approche en sautant à quartier, et lui déchargea Flamberge sur le museau sans y faire qu'une très légère impression. Le monstre revint à la charge, et voulut le déchirer de ses ongles crochus; mais le paladin lui allongea dans l'estomac une estocade, qui, bien qu'elle ne put entrer, obligea l'animal à reculer de quelques pas. Cette terrible bête revint à la vérité sur lui, arracha une partie de ses armes, puis se servit de ses ongles et de ses dents avec tant de furie, qu'en peu de moments le sang du chevalier couloit de tous les endroits de son corps.

Quoique le seigneur de Montauban se vît si cruellement traité, il ne perdoit point courage : il porta plusieurs coups d'estoc et de taille avec une grande vigueur; aucun toutefois ne put entamer la peau du monstre. Le combat duroit déjà depuis long-temps, et Renaud commençoit à perdre haleine ; il sentoit affoiblir ses forces, et, pour surcroît de malheur, la bête se saisit de son épée, quelque effort qu'il pût faire pour la retenir.

O ciel ! que pouvoit faire alors le vaillant fils d'Aymon ? Il ne peut ni fuir ni se défendre. Dans cette extrémité, il voit le bout d'une poutre qui sortoit du bâtiment sous lequel étoit la voûte, et s'avançoit en saillie dans l'enclos. La poutre étoit élevée de terre de la hauteur de deux hommes : le guerrier pourtant rappela tout ce qui lui restoit de force ; et par un saut prodigieux attrapa de la main cette poutre, s'y éleva, et s'élança légèrement sur le toit du petit bâtiment dont on vient de parler. Là, se voyant en sûreté contre tous les efforts du monstre, qui ne pouvoit atteindre jusqu'à lui, il se mit à rêver profondément au parti qu'il devoit prendre. Tandis qu'il étoit dans cette situation, il causoit ailleurs beaucoup d'inquiétude.

L'amoureuse Angélique, après le départ de Maugis, attendoit jour et nuit le retour de cet enchanteur avec toute l'impatience que l'amour peut inspirer. Cette princesse avoit les yeux attachés sur la mer; et dans l'attente qui l'agitoit, si elle découvroit quelque vaisseau, elle se flattoit que c'étoit Maugis qui, pour dégager sa parole, lui amenoit Renaud. Après avoir langui pendant quelques mois, et répandu bien des larmes, elle vit enfin arriver le fils du duc d'Aigremont. Il étoit pâle et défait, il avoit les yeux rouges et la vue égarée. Ses cheveux mal peignés et ses habits déchirés ressembloient à ceux d'un homme qui sort d'un sombre cachot. Outre qu'il revenoit seul, il paroissoit dans un état à faire concevoir un mauvais présage à la fille de Galafron : aussi fut-elle saisie d'effroi lorsqu'elle l'eut examiné de près. Que vois-je, s'écria-t-elle avec transport? Ah! sans doute mon cher Renaud a perdu la vie! Non, Madame, répondit Maugis, mais il la perdra bientôt. Que maudit soit le jour où cette âme si rebelle à l'amour vint au monde! l'insensibilité de ce barbare a étouffé toute la tendresse que j'avois pour lui. Que dis-je! j'en suis si transporté de fureur, que je l'ai fait conduire à la Roche-Cruelle pour y être dévoré par le monstre qui ne se repaît que de sang humain. Alors Maugis fit un détail de tout ce qui s'étoit passé entre le fils d'Aymon et lui.

Qui pourroit décrire l'effet que son récit fit sur le cœur de la belle Angélique! Elle demeura immobile, son teint perdit sa couleur, ses sens se glacèrent, et ses yeux mourants sembloient annoncer que son âme alloit quitter un si beau corps; mais quelques moments ensuite l'excès de sa douleur lui rendant ses forces : Cruel, dit-elle à Maugis, en lançant sur lui un regard furieux, tu as donc pu livrer ton cousin Renaud à une mort certaine! Et tu as l'audace de te présenter devant moi après une action si noire? Perfide, si tu ne lui portes un prompt secours, assure-toi que, malgré tes charmes et tes démons, je te ferai brûler tout vif, et jeter tes cendres au vent. Ne te pare point d'un faux zèle, et ne t'imagine pas que je puisse excuser ta barbarie. Il n'y a point à balancer; si de Renaud ou de moi quelqu'un doit perdre la vie, c'est moi, qui ne suis qu'une méprisable fille, et non pas celui qui est le modèle de toute perfection, la fleur de tous les chevaliers du monde. Ah ! malheureux, continua-t-elle, peux-tu penser qu'il me soit possible de vivre un moment sans lui ? On peut encore le secourir, interrompit l'enchanteur; mais, belle princesse, il faut que ce soit vous qui le tiriez d'un si grand péril. Malgré sa dureté, un si grand service l'obligera de se rendre à vos charmes : allez; le temps presse. En disant cela, Maugis lui donna une petite bouteille remplie d'une liqueur roussâtre, et lui apprit la manière de s'en servir; après quoi il se fit porter avec Angélique par ses démons à la Roche-Cruelle.

Ils y arrivèrent dans le temps que le fils d'Aymon, se voyant hors d'état de résister au monstre, ne s'attendoit plus qu'à périr. Maugis ne jugea pas à propos de paroître devant lui, voulant déférer à la princesse le mérite de l'avoir sauvé. Angélique se montra donc au seigneur de Montauban. La force du charme la tenoit suspendue en l'air. Dès que le chevalier l'aperçut, il détourna la vue, comme s'il eût rencontré celle d'un basilic. Cette apparition, quelque surprenante qu'elle fût, lui causa moins de surprise que de peine. Il fut sur le point de se jeter à terre pour chercher auprès du monstre un asile contre cette beauté céleste, qui lui faisoit tant d'horreur. La princesse lui adressa ces paroles avec plus de charmes que n'en eut jamais la reine d'Amathonte, lorsqu'elle sort d'entre les mains des Grâces pour aller retrouver son amant: Cher prince, de toutes les afflictions que j'ai senties, la plus sensible est de te voir dans l'état où tu es réduit. Je ne sais comment la douleur que j'en ai ne m'ôte point la vie en ce moment; néanmoins une chose me console, charmant chevalier, je puis sauver tes jours de la mort qui les menace; n'appréhende point de te jeter entre mes bras; j'ai le pouvoir de te porter dans les airs : profite de cette occasion pour sortir de péril; ne dédaigne point la compagnie et le secours d'Angélique, et songe que les plus grands rois de la terre accepteroient avec joie l'offre que je te fais.

Quelque obligeant que fût ce discours, le fils d'Aymon n'en fut point touché. A peine donna-t-il à la princesse le temps de l'achever. Madame, lui dit-il, cessez de poursuivre un cœur qui se refuse à vos attraits. Vous vous êtes trompée, si vous avez cru qu'en me donnant du secours, vous surmonteriez la répugnance que j'ai à vous aimer. La même destinée qui vous porte à me vouloir du bien me contraint à vous fuir. Hé! que trouvez-vous en ma personne, interrompit Angélique, qui vous inspire tant d'aversion pour moi? Vos yeux voient-ils autrement que ceux des autres hommes, qui jugent que je mérite qu'on m'élève des autels? Mes yeux, reprit le chevalier, vous voient briller de tout l'éclat dont brillent vos charmes, j'en suis même ébloui; cependant, par la bizarrerie d'un sort qui me paroît incompréhensible à moi-même, tout adorable que vous êtes, mes sens se révoltent contre tant d'appas; vos empressements me gênent, et je ne puis vous cacher que je souffre impatiemment votre vue. Je ne sais que trop bien, répliqua la princesse, que vous me haïssez;

et si je parois devant vous, ce n'est pas que j'espère vaincre votre haine par ma présence; mais, malgré votre dureté, vous m'êtes encore trop cher, pour que je puisse sans frémir vous voir dans le péril où vous vous trouvez. Je viens vous offrir un secours dont vous avez besoin; ne tardez pas à l'accepter, car le sang qui sort de vos plaies seroit capable de vous ravir une vie que je m'efforce de conserver.

Comme je ne puis répondre à votre tendresse, repartit Renaud, je ne veux rien vous devoir, et je jure par le Dieu vivant, que j'aime mieux mourir que d'être délivré par votre secours. Je ne suis pas si attaché à la vie, que je veuille vous avoir cette obligation. Puisque ma vue vous est si odieuse, lui dit Angélique en fondant en larmes, il faut vous en épargner le supplice. Promettez-moi seulement, continua-t-elle, que vous recevrez d'une autre main ce que vous refusez de la mienne. Je vous promettrai tout, répondit le paladin, pourvu que je ne vous voie plus. Du moins, reprit la fille de Galafron, vous ne m'empêcherez pas de vous rendre un service. Alors, tirant de son sein la liqueur que Maugis lui avoit donnée, elle en versa sur la tête du monstre quelques gouttes qui eurent la vertu de l'endormir dans le moment.

Aussitôt elle va trouver l'enchanteur françois, et lui rend compte de la cruauté de Renaud. Maugis en fut si irrité, qu'il fit tous ses efforts pour persuader à la belle Angélique qu'il falloit laisser périr l'ingrat. La princesse ne put s'y résoudre; elle obligea même le fils du duc d'Aigremont d'aller sur-le-champ secourir le paladin. Maugis se fit donc porter sur le toit, où son cousin, à force d'avoir perdu du sang, étoit près de tomber en foiblesse; il visita ses plaies, qui se refermèrent d'abord qu'il eut répandu dessus quelques gouttes de la liqueur qu'Angélique avoit versée sur la tête du monstre; il lui fit ensuite avaler de cette eau, qui rétablit entièrement ses forces.

Le seigneur de Montauban voulut remercier son cousin du grand service qu'il venoit d'en recevoir; mais Maugis l'interrompit : Achevons, lui dit-il, de vous tirer d'ici, après cela nous nous expliquerons ensemble. Il faut auparavant, reprit le fils d'Aymon, que je fasse ce que l'honneur exige de moi. Je ne puis sortir de ce château sans avoir vaincu le monstre, et aboli la cruelle coutume qui s'y observe. Hé bien, repartit l'enchanteur, jetez-vous sur le monstre, et le tuez avant qu'il se réveille, car il n'est endormi que pour un temps. Son flanc gauche peut être percé, c'est le seul endroit de tout son corps qui ne soit pas impénétrable. Si vous voulez que je sorte avec gloire de ce combat, dit le paladin, retirez le monstre de son assoupissement, je ne puis l'attaquer sans cela. Oh! vous êtes trop difficultueux, s'écria le magicien : je vais exécuter moi-même sans tant de façons ce que vous refusez de faire.

En achevant ces paroles, il descendit à terre, ramassa Flamberge, que le monstre, en s'assoupissant, avoit laissé tomber de ses griffes, et la plongea jusqu'à la garde dans le flanc gauche de l'animal. Le sang, qui sortoit à gros bouillons de la plaie tarit bientôt les sources de la vie, et le monstre enfin ne reprit le sentiment par la fin du charme, que pour rendre le dernier soupir.

Si cette mort délivra Renaud d'un grand danger, elle ne le remettoit pas en liberté. Il est vrai que, pour la lui procurer, Maugis le conduisit sous la voûte, après lui avoir rendu Flamberge ; et, lui ouvrant une épaisse porte de fer, qui donnoit entrée dans le jardin, et qu'il fit tomber en proférant quelques mots bizarres : Passez par-là, lui dit-il, le chemin vous est libre à présent ; profitez des bontés qu'on a la foiblesse d'avoir encore pour vous, quelque peu digne que vous en soyez ; pour moi, je ne vous donnerai plus aucun secours, et je veux bien vous dire que si j'avois été cru, vous ne seriez pas échappé de ce dernier péril, où je vous avois moi-même jeté.

A ces mots le magicien quitta brusquement Renaud, sans vouloir entendre ce qu'il lui alléguoit pour sa justification, et se fit enlever rapidement par ses démons. Le chevalier demeura fort mortifié de s'être attiré l'indignation de son cousin ; mais, comme il étoit entraîné par une puissance supérieure qui agissoit en lui, il ne pouvoit se repentir d'une chose dans laquelle il se croyoit plus malheureux que coupable.

Il ne songea plus qu'à suivre son premier dessein, qui étoit d'abolir la cruelle coutume de ce château par la punition des personnes qui avoient établi ces sacriléges honneurs consacrés à la mémoire de Marquin. Pour cet effet il entra dans le jardin, et de là dans la cour du château. Quand les gens de la vieille l'aperçurent, ils crièrent : *Aux armes !* Ils se rassemblèrent en peu de moments, et fondirent sur lui tous ensemble. Quoiqu'ils fussent au nombre de trente ou quarante, le généreux fils d'Aymon les méprisa, et mit Flamberge si malheureusement en œuvre pour eux, qu'il en fit une étrange boucherie. On peut dire même que le combat auroit été aussitôt fini que commencé, si le géant ne se fût pas mis de la partie : néanmoins ce colosse ne fit que prolonger de quelques instants leur perte, et tomba lui-même noyé dans son sang, après une assez longue résistance.

La vieille mère de Marquin, qui du haut d'une tour, où elle s'étoit réfugiée, avoit vu périr le géant dans le combat, et le reste de ses gens prendre la fuite, se précipita de rage des créneaux en bas; elle s'écrasa la tête sur les pavés de la cour, et cette mégère, indigne d'avoir jamais vu le jour, termina ainsi elle-même une vie dont elle faisoit son supplice depuis la mort de son cher Marquin. Ce fut le dernier acte du sacrifice sanglant dont elle avoit voulu honorer sa mémoire. Le paladin regarda sa mort comme une juste punition du ciel; et voyant qu'il n'y avoit plus rien à faire pour lui dans ce château, il en sortit pour prendre le chemin de la mer; mais au lieu de rentrer dans sa barque, il marcha le long du rivage.

CHAPITRE IV.

De l'arrivée du prince Astolphe en Circassie, et de la rencontre qu'il y fit.

Le prince Astolphe d'Angleterre avoit quitté la cour de France, comme on l'a dit, pour aller faire une exacte recherche des deux fameux cousins qui en étoient tout l'ornement; il étoit revêtu de ses belles armes dorées;

il portoit la lance du frère d'Angélique, et montoit le bon cheval Bayard.

Il avoit déjà traversé tout seul l'Allemagne, la Hongrie et la Blanche-Russie, passé le grand fleuve du Tanaïs, et atteint la Circassie. Ce dernier royaume étoit alors tout en armes; son roi, Sacripant, prince d'une expérience consommée dans la guerre, et d'une valeur extrême, y faisoit de grandes levées de soldats, pour aller au secours d'Angélique, qu'Agrican, puissant empereur des Tartares, tenoit assiégée dans sa forteresse d'Albraque. L'amour seul mettoit les armes à la main à ces deux monarques.

L'armée de Circassie étoit prête à partir, lorsque le hardi Astolphe se présenta devant Sacripant, dont la coutume étoit de retenir à son service tous les chevaliers de mérite qui passoient par ses états, quand ils vouloient bien accepter les offres généreuses qu'il leur faisoit. Le prince d'Angleterre par sa bonne mine prévint en sa faveur le roi de Circassie, qui lui dit : Vaillant chevalier, que veux-tu que je t'accorde pour avoir l'avantage de te posséder dans ma cour? Je veux, répondit le paladin, que tu me fasses général de ton armée; un homme qui a coutume de commander, et non d'obéir, ne sauroit accepter un autre emploi. Souhaites-tu de savoir si je suis digne de cet honneur, tu n'as qu'à choisir dix des plus braves de ta cour pour combattre tous ensemble contre moi; si je ne les mène à outrance, je consens que tu me tiennes pour un homme privé de jugement.

Sur ces paroles, Sacripant assembla ses principaux barons, et leur dit qu'il déploroit l'égarement de ce-

chevalier, et qu'il falloit essayer par des remèdes de le remettre en son bon sens. Mais les barons les plus sensés lui représentèrent qu'il feroit mieux de laisser aller un personnage de cette espèce, avec lequel il n'y avoit rien à gagner. Le roi les crut, et congédia l'Anglois, qui poursuivit son chemin sans s'embarrasser du jugement qu'on feroit de lui dans cette cour.

Le prince Astolphe n'étoit pas encore fort éloigné de la cour de Circassie, lorsqu'il rencontra un des plus accomplis Sarrasins qui fût dans les climats orientaux. On le nommoit Brandimart, comte de la Roche-Sauvage. Il avoit fait éclater une valeur peu commune dans les guerres et dans les tournois où il s'étoit trouvé. Il ajoutoit à ses autres grandes qualités une courtoisie qui lui attiroit l'amitié de tout le monde ; il étoit alors accompagné d'une dame qu'il aimoit aussi chèrement qu'elle étoit aimable. Quand Astolphe fut assez près d'eux pour les considérer, il défia Brandimart à la joûte. Prends, lui dit-il, autant de champ que tu voudras, ou bien me laisse cette dame, et passe ton chemin. Par notre saint prophète, répondit le Sarrasin, je laisserois plutôt ici mille vies, si je les avois, que de te céder cette beauté. Mais puisque tu n'as point de dame avec toi, je t'avertis que je prendrai ton beau coursier, si je te porte par terre. J'y consens, reprit l'Anglois, voyons qui de nous deux enlevera l'autre des arçons. Ils s'éloignèrent alors pour revenir l'un sur l'autre de toute la vitesse de leurs chevaux : ils se rencontrèrent furieusement au milieu de la carrière, et la lance d'or, produisant son effet ordinaire, renversa Brandimart rudement. Le cheval de ce malheureux chevalier eut un sort encore moins favorable que son maître; car, bien qu'il fût des plus vigoureux, il eut la tête fracassée, et mourut sur-le-champ du terrible coup qu'il reçut de Bayard, qui ne fut seulement pas ébranlé de cette rencontre.

Rien n'est égal au déplaisir que ressentit le vaillant Brandimart de se voir ainsi démonté d'une seule atteinte. Ce n'est point son cheval qu'il regrette, c'est sa belle maîtresse, qu'il va perdre; il entre dans un vif désespoir; et, ne se possédant plus, il tire son épée pour s'en percer le sein. Astolphe en eut pitié; il se jeta sur lui assez à temps pour retenir son bras, et modéra sa douleur par ces paroles consolantes : Franc chevalier, lui dit-il, me crois-tu assez cruel pour vouloir t'enlever ce que tu aimes avec tant de passion? Remets le calme dans ton âme; si j'ai joûté contre toi, ce n'est que pour avoir l'honneur de te vaincre : je te laisse ta dame.

Le Sarrasin eut tant de joie, quand il entendit ces dernières paroles, qu'il ne put proférer un seul mot. Il ne fait qu'embrasser les genoux d'Astolphe, et lui baiser les mains. O Dieu! s'écria-t-il, ma honte redouble, puisque je me vois encore vaincu en courtoisie; mais je t'accorde cette double victoire pour te faire plus d'honneur; tu me rends la vie en me rendant cette dame, et j'aurai une éternelle reconnoissance d'un si grand bienfait.

Sur ces entrefaites le roi de Circassie arriva dans cet endroit. Ce prince avoit fort considéré la richesse des armes d'Astolphe et la beauté de Bayard; il fut tenté de les avoir en sa possession : et, pour satisfaire ce désir, il se résolut à courir tout seul après lui, ne doutant point qu'il ne lui enlevât par sa valeur ses armes et son coursier. Sacripant étoit en effet assez fort pour y réussir, sans l'obstacle que la lance d'or y pouvoit apporter. Quand il eut atteint l'Anglois, et qu'il eut envisagé la maîtresse de Brandimart, il en fut charmé. L'heureuse aventure, s'écria-t-il tout transporté de joie; j'avois fait dessein de gagner un cheval et des armes, et je vois que la fortune m'offre encore un plus riche butin. Chevaliers, poursuivit-il en élevant sa voix, que celui de vous deux à qui cette belle dame appartient m'en cède la conduite, ou qu'il éprouve tout à l'heure sa valeur contre la mienne.

Il te sied bien mal, lui répondit Brandimart, de défier un homme à pied, lorsque tu es si bien monté. C'est plutôt l'acte d'un brigand qui veut s'emparer du bien d'autrui, que le procédé d'un franc chevalier. Après avoir ainsi parlé, il conjura le paladin avec les plus fortes instances de vouloir lui prêter son cheval, pour être en état de répondre au défi qu'on venoit de lui faire. Et vous ne pouvez, ajouta-t-il, justement me le refuser, puisque je ne vous le demande que pour défendre la noble dame que vous m'avez si généreusement rendue. Mon cher ami, lui dit Astolphe en riant, jamais je ne prêterai mon cheval tant que je serai en pouvoir de combattre; mais compte que je vais te donner celui de ce chevalier : car je ne veux de toute sa dépouille, que la gloire de l'avoir mis à la raison. Alors il se tourna vers le roi de Circassie, et lui dit : Chevalier de ce pays, avant que d'être possesseur de cette dame, il faut que tu fasses avec moi une autre convention. Si je te fais vider les étriers, tu prendras la peine de t'en retourner à pied, parce que je veux avoir ton cheval pour remonter mon compagnon; si tu me renverses, le bon cheval que tu vois entre mes jambes sera à toi. Ensuite piéton ou cavalier, tu pourras vider avec mon camarade la querelle de la dame.

Par Mahomet, lui repartit Sacripant, tu me parois bouffon; j'accepte ce que tu me proposes; mais je t'avertis que je veux aussi avoir tes armes. Tu prendras ce que tu pourras, dit le paladin, et le Seigneur fera le reste. Cela dit, les voilà qui s'éloignent l'un de l'autre, et qui reviennent les lances baissées se rencontrer avec furie. Sacripant, fameux par mille exploits, comptoit déjà sur la dépouille de ces deux chevaliers; mais, contre son attente, il eut le sort de Brandimart. Quand Astolphe vit ce roi étendu par terre, il alla prendre son cheval par la bride, et, le présentant à son compagnon : Mon ami, lui dit-il, ne trouves-tu pas cette aventure plaisante? ce chevalier venoit pour m'ôter mon cheval, et il faudra qu'il s'en retourne à pied. A ces mots, il s'adressa au Circassien, qui venoit de se relever, et lui dit : Présomptueux chevalier, apprends de moi qu'il vaut mieux se contenter de son bien que d'envier celui d'autrui : retourne à ton roi, et lui demande une autre monture, puisque ta convoitise t'a fait perdre ton cheval; dis-lui que c'est de la part du chevalier insensé, et que ce sont là les remèdes qu'il emploie pour recouvrer sa raison.

Le roi démonté étoit si étourdi et si confus de ce qui venoit de lui arriver, qu'il s'en retourna docilement à pied, sans répondre et sans demander le combat à l'épée; ce qu'il n'eût pas manqué de faire en toute autre occasion. Après son départ, la maîtresse de Brandimart avertit son amant qu'ils étoient près du fleuve de l'Oubli. Si nous n'y prenons garde, ajouta-t-elle, il est à craindre que nous ne nous perdions nous-mêmes, et la valeur est ici fort inutile; c'est pourquoi je suis d'avis que nous retournions sur nos pas. Belle dame, lui dit le prince d'Angleterre, apprenez-moi, de grâce, ce que c'est que le fleuve de l'Oubli? C'est une rivière, répondit-elle, qui ôte la mémoire à ceux qui boivent de son eau. A l'entrée du pont qu'il faut passer, une belle dame présente une coupe de cristal aux chevaliers que leur malheur attire en cet endroit, et les fait boire dedans; à peine l'ont-ils portée à leurs lèvres, qu'ils oublient toutes choses; ils ne se souviennent plus même de ce qu'ils sont. Si quelqu'un entreprend de passer le pont par force, cette dame appelle à son secours un grand nombre de chevaliers de la plus haute valeur, qu'elle a privés de sens, et qui s'opposent au passage du téméraire. La belle Fleur-de-Lys, c'étoit le nom de la dame qui faisoit ce récit, tâchoit de persuader au prince anglois, et surtout à Brandimart, de prendre un autre chemin; mais elle ne put y réussir. Au contraire il leur prit à tous deux une si forte envie d'éprouver cette aventure, qu'ils se hâtèrent de gagner le fleuve.

La dame du pont alla au-devant d'eux, dès qu'elle les aperçut; et leur présentant la coupe, elle les invitoit à boire d'un air plein de charmes. Non, perfide, lui dit le prince anglois, n'espère pas nous séduire comme tant d'autres chevaliers que tu as privés du jugement, et que tu retiens dans ton château; ta trahison est découverte, et tu vas en recevoir le châtiment. Dragontine, ainsi se nommoit la dame du pont, fut si effrayée de cette menace, que dans son trouble elle laissa tomber la coupe qu'elle tenoit à la main; cette coupe se cassa, et au même instant la liqueur qui se répandit sur le pont y alluma un si grand feu, que c'eût été une folie d'entreprendre d'y passer. La maîtresse de Brandimart, qui connoissoit toutes les avenues du château, dit aux chevaliers de la suivre; elle poussa sa haquenée par un sentier détourné vers un endroit du fleuve où étoit un petit pont connu de peu de personnes; ce pont conduisoit à une porte secrète du jardin; ils passèrent le pont, et Brandimart ayant jeté la porte par terre, ils entrèrent dans le jardin.

Le paladin Roland y étoit enfermé avec les vaillants rois Balan et Adrian; Clarion le fort Sarrasin, Hubert du Lion, Antifort de la Blanche-Russie, et les deux braves fils du marquis Olivier, Griffon le Blanc et Aquilant le Noir, y étoient aussi. L'enchantement empêchoit tous ces chevaliers de se reconnoître. Aucun d'eux n'eût pu dire s'il étoit chrétien ou Sarrasin. La magicienne les tenoit tous enchantés, de manière qu'ils étoient dévoués à toutes ses volontés.

Lorsque Astolphe et Brandimart entrèrent dans le jardin, le roi Balan et Clarion, qui étoient ce jour-là de garde, allèrent à leur rencontre, et les engagèrent à combattre contre eux. Adrian, Antifort et les autres chevaliers étoient assis sur le gazon, excepté le comte d'Angers, qui s'occupoit à regarder la magnificence du bâtiment. Ce fameux guerrier, qui ne faisoit que d'y arriver, étoit encore tout armé; il avoit cessé de regarder les peintures du salon pour aller admirer aussi les beautés du jardin. Pendant qu'il s'y disposoit, la magicienne vint à lui toute troublée, et lui dit : Noble chevalier, j'ai besoin de votre valeur : on attaque mes chevaliers pour me causer du déplaisir; n'irez-vous pas les défendre pour l'amour de moi?

Roland n'eut pas entendu ces paroles de Dragontine, qu'il courut prendre son cheval, qu'il avoit attaché, comme on l'a dit, à un des arbres de la cour; il sauta légèrement en selle, et entra dans le jardin par un grande grille de fer qu'il vit ouverte au côté droit du bâtiment; il poussa Bridedor vers le lieu où il aperçut les chevaliers qui combattoient, et ils les joignit bientôt. Déjà Brandimart avoit abattu Clarion, et le fort roi Balan n'avoit pu résister à l'atteinte de la lance d'or. Quand le prince anglois eut reconnu l'illustre comte d'Angers et la fameuse épée Durandal, il s'écria plein de joie : O Roland! fleur de tous les paladins, ne me reconnois-tu pas? je suis ton cher cousin Astolphe, qui te cherche partout. Le comte, pour toute réponse, leva sur lui son épée, et l'alloit fendre en deux, si le bon Bayard, qui avoit l'entendement humain, n'eût fait un saut prodigieux pour lui sauver la vie. Ce vigoureux animal franchit la muraille du jardin, quoiqu'elle fût haute de douze pieds; et Bridedor n'ayant pu faire la même chose, Roland fut obligé de chercher un détour; il passa par la petite porte du pont, qui étoit à quelques pas de là, et courut ensuite à bride abattue après Astolphe, pour venger la magicienne de l'injure qu'il s'imaginoit qu'elle avoit reçue; mais Bridedor, bien que doué d'une extrême légèreté, n'étoit pas comparable à Bayard.

CHAPITRE V.

Le prince Astolphe arrive au Cathay ; comment il s'introduisit dans le château d'Albraque, et de quelle manière il y fut reçu par la belle Angélique.

Le fils d'Othon fut bientôt en état de ne plus craindre l'attaque de son redoutable cousin, qu'il appréhendoit plus que la foudre : il étoit hardi avec tout autre, et son courage alloit même jusqu'à la témérité ; mais il ne vouloit point avoir affaire au comte, dont il connoissoit toute la force. Il prit sa route vers l'orient, laissant à regret dans le péril son compagnon Brandimart. Pour Roland, dès qu'il s'aperçut que sa poursuite étoit vaine, il retourna au jardin de Dragontine, et y rentra par la même porte qu'il en étoit sorti.

On y combattoit encore ; Clarion et Balan étoient tous deux aux prises avec Brandimart, et ne pouvoient rien gagner sur lui. La tendre Fleur-de-Lys souffroit de tous les coups qu'il recevoit ; et lorsque Roland, de qui la raison continuoit d'être troublée, vint se joindre aux chevaliers de Dragontine, elle ne fut plus maîtresse de sa douleur ; elle cria à son amant de cesser de combattre, le menaçant de s'aller jeter sous le tranchant des épées et sous les pieds des chevaux, pour s'épargner, en mourant la première, le supplice de lui voir rendre les derniers soupirs ; elle lui dit qu'il valoit mieux qu'il se soumît à la magicienne, et bût de la liqueur enchantée, puisqu'il ne pouvoit sortir de ce lieu qu'à ce prix ; qu'au reste, elle l'assuroit qu'il n'y demeureroit pas long-temps, et qu'elle reviendroit le délivrer au premier jour.

L'amoureux Brandimart, effrayé de la crainte et des menaces de son amante, se soumit à la coutume du lieu, et but de l'eau du fleuve de l'Oubli. Dès ce moment, il n'espère et ne craint plus rien ; il devient insensible à la honte comme à la gloire, et ses yeux méconnoissent même l'objet de son amour. O doux breuvage qui a la vertu de suspendre les peines des cœurs amoureux ! que la belle princesse du Cathay eût été heureuse de pouvoir emprunter ton secours !

Fleur-de-Lys voyant son amant hors de danger de perdre la vie, partit pour aller exécuter le dessein qu'elle méditoit en sa faveur. D'un autre côté, Roland, uniquement occupé de Dragontine, s'excusoit à ses genoux d'avoir laissé échapper le chevalier qu'il venoit de poursuivre.

Cependant le prince Astolphe continuoit son chemin ; il ralentit la course de Bayard, d'abord qu'il vit que le comte d'Angers ne le poursuivoit plus ; et il se mit à rêver aux moyens de secourir ce paladin, dont l'état lui faisoit pitié ; il ne voyoit que le fils d'Aymon qui pût obliger Dragontine à le désenchanter. La difficulté étoit de savoir où il pourroit trouver Renaud. Il se ressouvint de l'avoir vu épris d'une forte passion pour Angélique, et il jugea que la violence de son amour pouvoit l'avoir attiré au Cathay ; car il ignoroit que l'eau de la fontaine de Merlin eût changé son cœur : prévenu de cette opinion, il prit la route de ce royaume. Il étoit alors sur les frontières de celui d'Astracan ; il alla passer le fleuve du Volga dans la capitale de cet état, qui est située presqu'à son embouchure. De là il entra dans les terres des Kalmouques et des Nogais; ensuite, laissant sur sa gauche le Capchac et le pays des anciens Gètes, il remonta le fleuve Jacartes, qu'il quitta pour entrer dans le Turquestan; il le traversa, de même que la province des Merkites, et parvint enfin au royaume de Tangut, voisin du Cathay.

Quoique Bayard fût infatigable, le prince anglois avoit une si vaste étendue d'états à passer, qu'il fut près de deux mois à ce voyage. Il lui arriva bien des aventures en chemin, dont on ne fera pas ici mention : on se contentera de dire que la lance d'or fut fatale à plus d'un chevalier. Astolphe ne se vit pas plutôt au Cathay, qu'il commença de s'informer exactement si l'on n'y avoit point vu un chevalier tel qu'il peignoit le seigneur de Montauban; il n'en apprit aucunes nouvelles; ce qui l'obligea de tourner ses pas vers la cour de Galafron, où il se flattoit de le trouver, ou du moins d'en entendre parler. Mais, avant que d'y arriver, il fut informé d'une chose qui ne lui permit pas de continuer sa route. On lui dit qu'Agrican, empereur des Tartares, ardemment épris d'Angélique, l'avoit fait demander en mariage à Galafron, qui, ne croyant pas devoir la refuser à un prince si puissant, la lui avoit promise; mais que la princesse, au lieu d'y consentir, s'étoit retirée dans la forte ville d'Albraque, qu'elle avoit remplie d'un grand nombre de chevaliers d'élite, qui s'y étoient jetés pour la défendre contre Agrican et contre tous ceux qui voudroient disposer de son cœur malgré elle.

Cette nouvelle détermina le prince d'Angleterre à prendre le chemin d'Albraque, où il ne douta point que, parmi tant de guerriers que les attraits d'Angélique y avoient attirés, il ne rencontrât celui qu'il cherchoit. Lorsqu'il fut à une journée de cette ville, il découvrit, du haut d'une colline, un nombre presque infini de tentes et de gens de guerre campés dans un grand vallon, par où il falloit nécessairement qu'il passât. Il arrêta le premier homme qu'il trouva sur son chemin, et lui demanda ce que c'étoit que cette armée qu'il voyoit. C'est, lui répondit cet homme, celle du redoutable empereur des Tartares, qui va, avec tous les rois qui lui sont tributaires, mettre le siége devant la ville d'Albraque. Le dessein de ce monarque est d'avoir en sa possession la belle Angélique, notre princesse, qui s'y est réfugiée pour ne le pas épouser. Vous pouvez découvrir d'ici la tente d'Agrican : c'est ce pavillon superbe où vous voyez voltiger cette bannière au gré du vent; ensuite est la tente de Saritron, roi des Kéraïtes, qui est un des plus braves guerriers du monde. Celle qui la suit est au grand Rhadamante : ce géant a dix pieds de hauteur, et est seigneur d'une partie du Karacathay, situé aux contrées du septentrion. Auprès de son pavillon est celui du riche Poliferne, roi de Congoras. Plus bas campe le roi de Mugal, que l'on nomme Pandragon, et immédiatement après, Argante le Démesuré, roi de Niron-Cayat, qui surpasse en grandeur Rhadamante. On voit ensuite Lurcon et le fier Santarie, l'un souverain de Tendouc, et l'autre de Jageras. Cette tente verte est celle du roi de Courlas, qu'on nomme Brontin; et Uldan, roi de Karacoron est campé à sa gauche ; ce dernier prince n'est pas un des moindres guerriers de cette nombreuse armée. Mais je n'aurois jamais fait, ajouta-t-il, si j'entreprenois de vous apprendre le nom de tous les autres : ce qui reste à vous dire, c'est de vous conseiller, si vous êtes étranger, de ne vous point approcher d'eux ; ils ne manqueroient pas de vous retenir.

Le prince anglois remercia cet homme obligeant ; et ayant su de lui que, pour entrer dans Albraque, il falloit absolument traverser le camp des Tartares, il en prit le chemin, malgré l'avis qu'il venoit de recevoir. Quand il fut à la première barrière du camp, on voulut l'arrêter, mais il la fit franchir à Bayard, en dépit des soldats qui la gardoient : puis, renversant de sa lance d'or et du poitrail de son coursier tout ce qui vouloit s'opposer à son passage, il traversa tout le camp tartare. En vain un grand nombre de princes, avertis de ce désordre, montèrent promptement à cheval pour punir cet audacieux, qui sembloit les braver tous : bien qu'ils fussent montés sur les plus vigoureux chevaux tartares, qui passent en vitesse ceux de toutes les autres nations, l'incomparable Bayard les laissa bien loin derrière lui, et porta impunément Astolphe jusqu'aux portes d'Albraque.

La princesse y venoit d'arriver de la Roche-Cruelle, lorsqu'on vint lui dire qu'un chevalier de la cour de France étoit aux portes de la ville, et demandoit à entrer. Angélique fut émue à cette nouvelle, et donna ordre qu'on reçût ce chevalier, dans l'espérance de pouvoir du moins s'entretenir avec lui du seigneur de Montauban. On fit monter Astolphe au château, qui étoit situé sur un roc escarpé qui en faisoit la principale fortification. Sitôt que la princesse vit ce prince, elle le reconnut, et l'embrassa : Tu sois le bien venu, noble chevalier, lui dit-elle; puis, ayant fait sortir tout le monde pour n'avoir aucun témoin de leur conversation, elle lui parla de Renaud comme d'un homme dont elle auroit souhaité le secours.

Quoi! Madame, lui dit l'Anglois, Renaud n'est pas auprès de vous? Hélas! non, répondit-elle en soupirant : le cruel me fuit tandis que je m'efforce d'acquérir sa tendresse. Vous me surprenez, reprit Astolphe; je suis témoin qu'il paroissoit un des plus ardents à combattre pour vous conquérir; et lorsqu'après la mort de votre généreux frère, je l'informois de la résolution que vous aviez prise de retourner au Cathay, je n'ai jamais vu d'amant témoigner tant de regret de perdre ce qu'il aime.

Angélique, tout assurée qu'elle étoit de son malheur, fut flattée de ces paroles, et donna occasion au paladin de les lui redire. Mais enfin, faisant réflexion à l'entretien qu'elle venoit d'avoir à la Roche-Cruelle avec le fils d'Aymon, et se laissant emporter à son amour : O ciel! dit-elle d'un ton languissant, Renaud a donc bien changé. En même temps elle lui conta tout ce qui s'étoit passé entre elle et ce chevalier, dans la forêt des Ardennes et au château de Marquin. Elle étoit trop remplie de sa douleur pour faire ce récit sans verser des torrents de larmes. Elle parut si touchée au prince anglois, qu'il fit tous ses efforts pour la consoler; et, comme il ignoroit l'obstacle qui s'opposoit au bonheur de la princesse, il lui promit sans façon de rendre Renaud plus traitable. Ensuite, pour faire diversion à ses ennuis, il l'entretint d'Agrican; il lui dit qu'il l'avoit trouvé campé à une journée d'Albraque; mais qu'elle ne craignît rien : qu'il sauroit bien la défendre contre cet empereur et contre tous les princes qui composoient son armée; que le passé devoit lui répondre de l'avenir; qu'il venoit de traverser tout le camp tartare, malgré les efforts de tous les guerriers qui s'étoient opposés à son passage. Angélique, sur la foi de ses promesses, se sut bon gré d'avoir pour défenseur un si vaillant chevalier. Elle le régala magnifiquement, et le fit même coucher dans la forteresse, pour lui témoigner la confiance qu'elle avoit en lui.

CHAPITRE VI.

Témérité d'Astolphe. Bataille des Tartares et des Circassiens.

Le soleil naissant commençoit à peine à dorer le sommet des montages, que l'alarme se répandit par toute la ville d'Albraque. Chacun courut aux armes, et ceux qui commandoient songèrent à garnir les postes les plus importants. On avertit la princesse que l'armée d'Agrican paroissoit dans la campagne. A cette nouvelle, Angélique monte au créneaux, et voit en effet arriver de toutes parts des troupes ennemies. Elle s'aperçoit même déjà que les Tartares disposent leurs quartiers autour de la ville. Aussitôt elle donna ses ordres, fit faire le dénombrement de sa garnison, et trouva qu'elle montoit à dix mille hommes de service, la plupart chevaliers : puis elle pria le prince d'Angleterre d'en prendre la conduite.

Astolphe y consentit agréablement : Charmante princesse, dit-il à la fille de Galafron, vous ne vous repentirez pas de vous en être reposée sur moi. Je vais montrer à vos ennemis un échantillon de ce que je sais faire. En achevant ces paroles, il alla se faire armer, monta sur Bayard, et se fit ouvrir les portes de la ville. Ce prince, naturellement courageux, avoit pris tant de confiance en lui depuis qu'il se servoit si utilement de la lance d'Argail, qu'il eût affronté tous les périls ensemble, pourvu qu'il n'eût point eu Roland à combattre.

D'abord qu'il fut à portée de se faire entendre, il les défia tous au combat. Il n'est aucun prince parmi eux qu'il n'apostrophe, et qu'il n'insulte. Il appelle Brontin poltron, Argante brutal, Santarie bélître; il traite d'écervelé l'empereur Agrican lui-même; Pandragon est un gueux, Poliferne un faquin, Lurcon un animal. Tous ces princes, choqués de ces invectives, s'avancèrent pleins de ressentiment contre l'ennemi qui les insultoit. Ils s'en promettoient une prompte vengeance. Tout le camp étoit en rumeur. Dix rois, suivis de leurs bannières, marchoient à la tête; mais quand ils virent qu'aucune troupe de chevaliers n'accompagnoit celui qui les bravoit tous, ils eurent honte de s'être mis en mouvement pour un seul homme. Le vaillant Saritron se présenta pour venger sa nation ; mais, quoique ce roi des Keraïtes passât pour le meilleur joûteur de l'Orient, la lance fatale lui fit mesurer la terre. Le monstrueux Argante, monté sur la plus énorme jument qu'eussent produit les montagnes de Niron-Cayat, où il régnoit, s'avança aussitôt. Quoiqu'il eût cinq pieds de largeur entre les épaules, il alla tenir compagnie au roi keraïte, faisant en tombant le même bruit que feroit une roche dont on auroit sappé le fondement. Le fort Uldan, roi de Karacoron, eut le même sort. Ce prélude étonna si fort les autres rois, qu'ils se mirent à crier sur le paladin, et quatre d'entre eux partirent tous ensemble pour l'aller accabler. Néanmoins, à l'aide de Bayard, il résista à leur rencontre, et renversa le roi Mugal, qu'il avoit en tête : mais Brontin, qui venoit après les autres, l'ayant pris au dépourvu, l'abattit lui-même.

Le géant Rhadamante arriva comme Astolphe venoit de se relever, en déclamant contre le roi de Courlas, qui ne lui avoit pas laissé le temps de s'affermir contre son atteinte : Rhadamante se jeta sur le paladin, le prit entre ses bras nerveux, le mit en travers sur le cou de son cheval, et l'emporta sous sa tente comme un enfant. L'empereur Agrican, étant survenu en cet endroit, aperçut le cheval Bayard, dont personne ne s'étoit encore saisi. Il fut charmé de sa beauté, et descendit du sien pour le monter; ce bon coursier étoit devenu plus docile, depuis qu'il avoit perdu son premier maître; il se laissa prendre sans résistance, et le fier Tartare se crut invincible quand il eut éprouvé ses allures.

La témérité du prince Astolphe fut donc très malheureuse. Aucun chevalier du parti d'Angélique n'eut l'assurance de sortir d'Albraque, pour aller venger le paladin. Les assiégés se contentèrent de faire une garde soigneuse, et de ne rien oublier de tout ce qui pouvoit contribuer à la défense de la ville. Comme ils regardoient des créneaux, ils virent arriver une nombreuse armée du côté qu'étoit campée celle des Tartares. Ces nouvelles troupes commencèrent à s'étendre sur une ligne, et firent connoître par leurs mouvements qu'elles avoient dessein d'attaquer le camp tartare. Effectivement, c'étoit l'armée du roi de Circassie; et ce monarque venoit avec sept rois, ses voisins, au secours d'Angélique. Le premier, nommé Varan, roi des Nogais, avoit vingt mille hommes sous ses ordres, tous bien armés, et pour la plupart grands maîtres à tirer de l'arc. Le second, appelé Brunalde, étoit roi des Comans, et commandoit à vingt cinq mille hommes. Ungian, prince des Kalmouques, le suivoit avec trente-cinq mille soldats. Deux grands guerriers venoient après, l'un étoit soudan de Carisme, de la religion musulmane : il amenoit quarante mille de ses sujets; l'autre, seigneur de tout le Corassan, conduisoit dix-huit mille combattants bien aguerris. Le premier se nommoit Torinde, et le dernier Savaron. Ces deux rois étoient suivis de Bordaque, roi de Cojende, et de Toncare, qui marchoit à la tête de quinze mille hommes presque tous archers. Trufaldin, qui régnoit dans le Zagathay, prince très riche et très puissant, mais perfide et artificieux, venoit après Bordaque avec quarante-huit mille soldats bien armés. Le généreux Sacripant marchoit le dernier, et conduisoit trente-deux mille Circassiens. Quoique les rois de Carisme et et du Zagathay fussent plus puissants que lui par le nombre de leurs peuples et de leurs villes, ils ne laissoient pas de le regarder comme le chef de cette formidable armée.

Lorsque tous ces rois furent rangés en ordre de bataille, Sacripant leur fit une courte exhortation : il leur représenta en peu de mots la justice de leurs armes, qui intéressoit le ciel à leur être favorable, et l'injustice d'Agrican, qui abusoit de sa puissance pour contraindre un cœur qui se refusoit à sa poursuite. Comme il n'y avoit presque pas un de ces rois qui ne fût amoureux de la princesse du Cathay, le discours de Sacripant irrita la haine qu'ils avoient déjà pour l'empereur tartare.

D'un autre côté, Agrican, averti de la marche et du dessein de ces princes, ne jugea point à propos de les attendre dans son camp; il marcha au-devant d'eux, et leur présenta un front de bataille égal au leur. Jamais on n'a vu deux armées plus puissantes en venir aux mains. Elles étoient à peu près égales en nombre comme en valeur.

Le premier qui commença l'attaque fut le brave Ungian avec ses Kalmouques; il avoit en tête le roi de Mugal, et il étoit soutenu par Savaron, Bordaque et Brunalde. Les rois de Tandouc, de Jageras et de Karacoron soutenoient Pendragon. Qui pourroit peindre l'horreur de cette sanglante journée ? Les Circassiens eurent d'abord l'avantage : ils enfoncèrent les Tartares en plus d'un endroit. Le roi Sacripant, secondé de Torinde et d'Ungian, faisoit des exploits si merveilleux, que les géants Argante et Rhadamante ne pouvoient résister à leurs efforts. Le terrible Agrican, qui venoit de renverser Brunalde et Varan, et de faire prisonnier le roi des Comans, passa par hasard en cet endroit; et, voyant ses gens si maltraités, il se mit en une telle fureur, qu'il en écumoit de rage. Il poussa Bayard la lance en arrêt contre le roi de Circassie, qui, de son côté, fondit sur lui comme une tempête. Ces deux vaillants guerriers, de quelque force qu'ils s'atteignissent, ne purent s'ébranler l'un l'autre, et leurs lances, quoique des plus grosses, volèrent en éclats. Des premiers coups qu'ils se donnèrent, leurs écus furent mis en pièces. Ils en jetèrent les restes à terre, et commencèrent à combattre en désespérés, tels que dans un pré deux taureaux se disputent une genisse, et se heurtent de leurs cornes impétueusement. Leurs armes, brisées en plusieurs endroits, ne sont déjà d'aucune défense; le sang coule de toutes les parties de leur corps; et cependant le combat dure toujours; mais le Circassien est le plus blessé, ses forces commencent à trahir son courage; il alloit succomber, quand, par hasard, jetant les yeux du côté d'Albraque, il aperçut Angélique qui les regardoit des créneaux. La vue de la princesse lui donne une nouvelle vigueur : O ciel, dit-il en lui-même, fais que la belle Angélique voie avec plaisir ce qu'un excès d'amour m'oblige d'entreprendre pour elle! Si ce bonheur m'arrive, je consens de mourir à ses yeux.

Agité de cet amoureux transport, il frappe à tort et à travers, sans se soucier de ses blessures; et à chaque fois qu'il lève le bras pour frapper, il invoque le nom de sa princesse. Il se ménageoit si peu, et il fit des efforts si prodigieux, qu'il mit plus d'une fois en danger la vie de son rival; mais le sang qu'il perdoit le laissoit insensiblement sans force, et il alloit accorder la victoire à son ennemi, si Torinde, son ami, suivi de ses

Carismiens, ne fût arrivé à son secours. Torinde, effrayé de l'état où il le voyoit, se jeta brusquement avec quelques-uns de ses sujets entre les deux combattants, et les obligea de se séparer. Le roi de Carisme fit conduire Sacripant dans la ville, et entreprit de le venger

CHAPITRE VII.

Suite de la bataille. Courage de Sacripant.

Agrican, plein de ressentiment de ce qu'on lui enlevoit des mains une victoire assurée, se jette sur Torinde, le renverse, et fait un cruel carnage des Carismiens. Brunalde vient les soutenir avec ceux d'Astracan; il est pris par les Tartares, après avoir été porté par terre tout étourdi d'un coup pesant que leur empereur lui avoit déchargé sur la tête. Les Circassiens, n'étant plus animés par la présence de leur roi, ne purent soutenir l'effort de leurs ennemis. D'ailleurs, les deux géants tartares, avec les braves Saritron et Santarie, secondant merveilleusement leur empereur, exterminoient tout ce que son ardeur à poursuivre les défenseurs d'Angélique en laissoit derrière lui. Agrican poussa jusqu'à Trufaldin, qui commandoit ce jour-là le corps de réserve des princes alliés. Ce lâche et perfide roi, ne se sentant pas assez de courage pour faire tête à un si puissant guerrier, ne songea qu'à se tirer du péril. Agrican, lui dit-il, tu n'acquerras pas grand honneur, si tu m'abats, toi qui es monté sur le meilleur cheval du monde. Je n'ai qu'un méchant roussin accablé de fatigue ; mais renonce à cet avantage ; descends, je te défie à pied. L'empereur, qui ne vouloit devoir sa gloire qu'à sa valeur, donna dans le piége. Il mit pied à terre, et laissa Bayard en garde à un de ses chevaliers. Trufaldin prit ce temps pour tourner bride, et, piquant des éperons son cheval, s'enfonça parmi les siens avant que le monarque tartare pût être remonté.

Cette action, plus digne de mépris que de colère, fit rire Agrican, qui, se rejetant légèrement en selle, chercha des ennemis plus redoutables ; mais il n'en trouvoit plus qui osassent lui résister : tout fuit et cherche les bois. Ungian, Torinde et Savaron en rallient vainement quelques-uns. Eux-mêmes, après avoir fait des actions de valeur, sont obligés de fuir comme les autres vers Albraque. La furie des Tartares en redouble : ils poursuivent les fuyards avec ardeur, et font passer sous le tranchant de l'acier tous ceux qu'ils peuvent joindre. On ne sauroit dire combien il en tomba sous leurs coups ; il tombe moins d'épis de bled sous la faucille des moissonneurs.

Pour surcroît de malheur, les Circassiens, étant parvenus en fuyant aux portes de la ville qu'ils regardoient comme leur refuge, les trouvèrent fermées et le pont levé. Ils se jettent en confusion dans les fossés, aimant encore mieux courir risque de se noyer, que d'être massacrés par leurs ennemis. La fille de Galafron, qui les voit ainsi périr misérablement, en a pitié. Elle fait ouvrir la porte et abaisser le pont, à quelque danger que sa compassion l'expose. Les fuyards veulent profiter de sa bonté ; ils se présentent en foule pour entrer, et, se nuisant les uns aux autres par leur empressement, ils mettent obstacle eux-mêmes à leur salut. Plusieurs sont étouffés dans la presse, les autres tombent sous le fer des vainqueurs, qui les talonnent de si près, que quelques Tartares entrent dans la ville pêle-mêle avec eux. Agrican fut de ce nombre. Son amour lui donnoit des ailes, et Bayard, favorable à son dessein, sembloit seconder par sa légèreté l'impatience que cet empereur avoit de conquérir Angélique.

Cette princesse observoit du haut du château tout ce qui se passoit; et comme ce château, situé sur le roc, étoit dans le cœur de la ville, rien de remarquable ne pouvoit échapper à ses regards. Elle s'aperçut bientôt qu'elle avoit eu tort de faire ouvrir la porte; et elle ordonna promptement qu'on la fermât pour empêcher qu'un plus grand nombre d'ennemis n'entrât dans la ville. Cet ordre ayant été exécuté, l'empereur Agrican se trouva enfermé dans Albraque avec trois cents chevaliers seulement. Un autre que lui auroit été effrayé du péril; mais ce monarque intrépide n'en fut que plus fier. Cependant les chevaliers d'Angélique et les Circassiens qui s'étoient introduits dans la ville, le voyant, pour ainsi dire, à leur merci, s'assemblèrent pour l'assaillir tous à la fois. Ils avoient à leur tête les rois Varan et Bordaque. Ce dernier, qui étoit de race de géant, se fiant un peu trop à ses forces, et méprisant le petit nombre de Tartares qui accompagnoient Agrican, lui adressa ces paroles insolentes : Orgueilleux empereur, tu vas perdre la vie; ta valeur te devient inutile, et ton vigoureux coursier ne peut te sauver de nos mains. Laisse-là ces bravades, lui répondit le Tartare d'un air dédaigneux, et voyons ce que tu sais faire.

L'impétueux Bordaque, plein de fureur, s'avança sur lui, et, grinçant les dents pour faire plus d'effort, lui déchargea sur le casque son épée à deux mains. L'indomptable Agrican n'en fut point ébranlé. C'est mal tenir ta promesse, dit-il à Bordaque, tu vas voir si je sais mieux frapper que toi. En achevant ces mots, il lui porta sur la tête un si furieux coup, qu'il fendit jusqu'à la ceinture ce malheureux roi de Toncat.

Tous ceux du parti d'Angélique qui furent témoins de cette action, prirent la fuite : le seul Varan, que son caractère de roi engageoit à montrer plus de courage, entreprit de venger son compagnon; mais l'empereur tartare poussa Bayard si vivement sur ce roi des Nogais, qu'il culbuta homme et cheval, puis il chassa devant lui, comme des moutons, tous les chevaliers de la ville. Il les épouvantoit tous de son seul regard. Les braves Ungian et Savaron, qui survinrent sur ces entrefaites, arrêtèrent les plus effrayés; et leur représentant la honte qu'il y avoit de fuir ainsi devant un homme seul, il les ramenèrent au combat. Un grand nombre d'autres du parti des Circassiens se joignit à eux; de sorte que l'empereur Agrican, qui venoit de les mettre en fuite, les vit revenir en foule sur lui; mais quoiqu'il fût environné d'un monde d'ennemis, il n'en étoit pas plus épouvanté; au contraire il en devint plus redoutable. Il se jeta sur les plus ardents à l'assaillir, et en fit un horrible carnage. L'espérance de se faire jour, par sa valeur, jusqu'à la princesse, lui faisoit exécuter des choses étonnantes. De son côté, Bayard, comme s'il fût entré dans tous ses mouvements, écartoit ses ennemis, ou les renversoit de ses pieds, et faisoit encore plus craindre son approche que le guerrier même qui le montoit. Enfin l'un et l'autre font perdre la vie à tant de monde, que chacun recule, et n'ose plus s'exposer à un péril certain. Partout où ils passent, on n'entend que des cris et des hurlements.

Ces cris frappèrent les oreilles de Sacripant. Il étoit sur un lit où l'on venoit de panser ses blessures; il en demanda le sujet. Un de ses écuyers lui dit en tremblant que l'empereur des Tartares étoit dans Albraque, et faisoit une cruelle boucherie des Circassiens. A cette nouvelle, Sacripant se lève, et, se faisant armer en diligence, malgré tout ce qu'on lui peut dire pour l'en empêcher, il court rétablir l'assurance dans tous les cœurs de son parti. Ah ! lâches, leur cria-t-il, gens sans honneur, vous fuyez ! Hé ! pensez-vous éviter le fer des Tartares, lorsque vous en êtes environnés ? Ils seront les premiers à vous punir de votre lâcheté. S'il faut que vous mouriez, mourez les armes à la main comme votre roi : je viens vous en donner l'exemple.

Ces paroles furent proférées d'un ton qui arrêta tous ceux qui fuyoient. Le roi de Circassie passoit pour un si grand guerrier, que tous les défenseurs d'Angélique reprirent courage. Les rois Torinde et Savaron s'apprêtent à le seconder, et les Circassiens se rangent autour de lui. Le monarque tartare voit renaître mille ennemis, et toutefois tant d'épées levées sur lui ne sont pas capables de l'épouvanter; il fond comme un tonnerre sur ceux qui l'attendent; il frappe à tort et à travers, renverse hommes et chevaux, et Bayard foule aux pieds tout ce qui se trouve à son passage. Tel qu'on a vu quelquefois un lion furieux qui, pressé des chasseurs et des huées qu'on fait après lui, sort d'une forêt; il en sort terrible, il a honte de témoigner de la crainte ; à chaque pas qu'il fait, à chaque cri qu'il entend, il tourne son orgueilleuse tête, se bat les flancs de sa queue, s'arrête, et rugit d'une manière qui cause de l'épouvante à ceux même qui le poursuivent : tel on voit dans Albraque le terrible Agrican. Il est contraint de reculer, et néanmoins, en se retirant, il fait paroître son grand courage. La multitude qui l'attaque est innombrable. A chaque instant il voit paroître de nouveaux ennemis; les flèches et les javelots volent sur lui de toutes parts; on lui jette du haut des maisons de grosses pierres pour l'accabler; les plus hardis l'assaillent de front, d'autres le pressent par les côtés, d'autres enfin par derrière; mais l'infatigable Sacripant lui fait plus de peine que tout le reste.

Ce roi, tout affoibli qu'il étoit du sang qu'il avoit perdu, malgré ses blessures, harceloit, à la tête de ses Circassiens, l'empereur, et l'occupoit lui seul tout entier, pendant que Torinde et Savaron achevoient de mettre en pièces les Tartares qui étoient entrés dans la ville avec leur maître. Ces choses se passoient dans Albraque; et l'intrépide Agrican ne pouvoit attendre qu'un succès malheureux du grand péril où sa bouillante ardeur l'avoit engagé, lorsqu'on entendit du côté des portes de la ville un bruit effroyable. Mais le tissu de mon histoire veut que je suspende ici le récit de ce combat, pour parler des aventures du seigneur de Montauban.

CHAPITRE VIII.

Rencontre de Renaud. Histoire de Prasilde et d'Irolde.

Le fils d'Aymon, comme on l'a dit ci-devant, au sortir de la Roche-Cruelle, marchoit le long du rivage de la mer. Il rencontra bientôt une dame qui pleuroit amèrement, et appeloit la mort à son secours. Il la pria civilement de lui apprendre le sujet d'une si vive douleur. Hélas! seigneur chevalier, lui répondit-elle, plût au ciel que je n'eusse jamais vu le jour, puisque j'ai perdu tout ce qui pouvoit me le faire chérir! Je cours de contrée en contrée pour chercher ce que, selon toutes les apparences, je ne trouverai jamais; car où puis-je rencontrer un guerrier qui ose en combattre neuf autres, dont un seul suffit pour achever les plus hautes entreprises? Belle dame, reprit le paladin en souriant, je ne me crois pas capable de surmonter neuf chevaliers, je ne me promettrois pas seulement d'en vaincre deux; néanmoins la compassion que j'ai de vos peines me fera entreprendre ce combat. Si je ne puis suffire à ce haut fait d'armes, du moins en aurai-je formé le dessein.

Noble chevalier, dit la dame affligée, le ciel veuille récompenser votre générosité; mais je n'ose me flatter que vous sortiez heureusement d'une si grande entreprise. Le comte Roland, ce paladin si fameux, est un des neuf guerriers dont je vous parle; et les autres sont si renommés par leurs exploits, que je désespère de vous en voir vainqueur.

Aussitôt que Renaud eut entendu prononcer le nom de son cousin, il demeura tout surpris. Il pria cette dame, qui étoit la belle Fleur-de-Lys, de ne pas différer à lui en apprendre des nouvelles. Alors cette tendre amante de Brandimart lui conta l'aventure du fleuve de l'Oubli. Le fils d'Aymon, connoissant par ce récit tout le besoin que le comte avoit de secours, pressa la dame de le conduire au château de Dragontine. Fleur-de-Lys en faisoit quelque difficulté sur le peu d'apparence qu'il y avoit qu'il pût mettre à fin cette aventure ; mais il lui en fit des instances si vives, que, le voyant d'ailleurs bien armé, et d'une figure à faire concevoir de lui la plus haute opinion, elle se résolut à le satisfaire.

Comme le paladin étoit à pied, elle lui offrit son cheval ; et après bien des compliments de part et d'autre, ils convinrent qu'ils monteroient tous deux dessus. Le chevalier prit donc la dame en croupe, et se mit en chemin avec elle. Fleur-de-Lys, qui connoissoit les hommes, n'étoit pas sans crainte : elle appréhendoit que le seigneur de Montauban ne conçût des désirs préjudiciables à son honneur, et ne voulût profiter de l'occasion qu'il avoit de les lui découvrir ; cependant, voyant qu'un temps considérable s'étoit déjà passé sans que le chevalier lui eût tenu aucun propos qui confirmât sa crainte, elle se rassura. De peur toutefois que la solitude et les ombrages épais d'une vaste forêt qu'ils avoient à traverser, n'excitassent en lui de mauvais mouvements, elle crut devoir occuper son esprit. Vaillant chevalier, lui dit-elle, nous entrons maintenant dans une forêt d'une grande étendue ; mais, pour vous désennuyer, je vais vous faire un récit que vous trouverez peut-être agréable, et qui sera du moins un tableau de la plus parfaite amitié. C'est une aventure tout nouvellement arrivée, et qui fait l'entretien de toute la grande ville de Balc. La belle Fleur-de-Lys s'arrêta en cet endroit de son discours; et, comme le fils d'Aymon lui témoigna qu'elle lui feroit plaisir, elle continua de parler de cette sorte :

Histoire de Prasilde et d'Irolde.

Un chevalier de Balc, nommé Irolde, aimoit avec ardeur la belle Thisbine, dame d'un mérite singulier. Elle répondoit à sa tendresse avec toute la sensibilité qu'il pouvoit souhaiter. La préférence qu'elle lui donnoit sur tous ses rivaux, qui étoient en grand nombre, étoit si visible, qu'ils en mouroient tous de jalousie. Quelques-uns d'entre eux employèrent l'adresse, l'artifice et les faux rapports pour les brouiller; mais ils avoient l'un et l'autre un si bon esprit, que jamais leur bonne intelligence ne put être troublée. Ils démêloient toujours le piége qui leur étoit tendu. D'autres cherchèrent à se défaire d'Irolde par les voies de l'honneur; et ceux-là ne furent pas plus heureux. Irolde répondit en homme de cœur à tous leurs défis, et en sortit toujours avec avantage, comme bon et vaillant chevalier qu'il étoit. Les plus lâches, n'osant l'attaquer à force ouverte, eurent recours aux moyens les plus noirs : l'empoisonnement et l'assassinat n'y furent point oubliés; mais la prudence du chevalier, et les sages conseils de Thisbine, déconcertèrent toutes leurs mesures.

Enfin ces deux amants, charmés l'un de l'autre, ne

tardèrent pas à se lier ensemble des nœuds de l'hyménée. La fête fut publique dans toute la ville; leurs familles étoient illustres, leurs personnes aimées de tout le monde; chacun prenoit part à leur bonheur. La possession, contre l'ordinaire, ne ralentit point leurs feux; jamais Marc-Antoine n'aima tant sa Cléopâtre, et la reine Panthée ne chérit tant son cher Abradate. Ils se trouvoient aimables comme auparavant.

La charmante Thisbine, accompagnée de plusieurs dames de ses amies, prenoit un jour le frais dans un jardin de la ville. Un des plus parfaits chevaliers de Balc, nommé Prasilde, y arriva. Il revenoit d'un grand voyage qu'il avoit entrepris, tant pour chercher les aventures que pour se perfectionner, et l'on peut dire qu'il faisoit alors le principal ornement de la ville. Ce galant chevalier se mêla parmi les dames avec quelques-uns de ses amis, et en fut agréablement reçu.

Entre plusieurs petits jeux innocents qu'on proposa pour se divertir, on s'arrêta à celui-ci. Une dame de la compagnie avoit la tête sur les genoux de Thisbine, et tenoit une de ses mains ouverte sur son dos. On frappoit sur cette main, et il falloit que la dame devinât qui l'avoit frappée. Prasilde ayant frappé à son tour, la dame le nomma, et il fut obligé, par la loi du jeu, de prendre sa place. Ce chevalier posa donc sa tête sur les genoux de Thisbine; et dans le moment il sentit naître dans son cœur un ardent amour. Ce feu qui l'embrase lui plaît de telle sorte, que, pour conserver sa place, il cherche à ne point deviner ceux qui le frappent. Enfin le jeu finit; mais la flamme qui s'étoit allumée dans le sein de Prasilde ne s'éteignit point. Elle continua de l'agiter le reste du jour; et la nuit elle s'accrut dans le silence et dans l'obscurité. Au lieu de s'assoupir, ce nouvel amant devient la proie de mille pensées diverses qui l'inquiètent; et le jour naissant vient frapper ses yeux, que le sommeil n'a pu fermer. Il se leva plein d'agitation, et les jours suivants il ne fut pas plus tranquille. Quelque occupation qu'il se donne, il ne peut trouver aucun repos. Tantôt il cherche la solitude pour y rêver en liberté, tantôt il fréquente les compagnies, dans l'espérance d'y rencontrer l'objet dont l'image trop chérie remplit seule son esprit. Ses désirs étoient trop vifs pour ne pas songer à les satisfaire; et, pour y parvenir, il résolut de les faire connoître à la personne qui les lui avoient inspirés.

Il n'osa faire lui-même sa déclaration : il savoit bien que Thisbine tenoit encore plus à son cher Irolde par les liens du cœur que par ceux de l'hymen; mais une dame de ses amies s'offrit à le servir auprès de sa maîtresse, avec qui elle étoit fort unie. Cette officieuse personne s'employa pour lui avec toute l'adresse possible : elle parla plus d'une fois en sa faveur; et quoiqu'on lui répondît d'une manière à lui faire perdre toute espérance de réussir dans sa négociation, elle ne se rebutoit point.

O ma chère amie! dit-elle un jour à l'aimable Thisbine, pourquoi renonces-tu aux charmants plaisirs dont ta beauté peut te faire jouir? Regarde le beau Prasilde; c'est le plus accompli des humains; il t'aime plus que sa propre vie. Faut-il que tes rigueurs le réduisent au tombeau, et fassent perdre à l'univers son plus bel ornement? Jouis de ta jeunesse, insensée Thisbine;

cette agréable saison se doit toute employer en délices, puisque la beauté passe comme la rose en peu de jours. Tu ne seras pas toujours suivie des ris et des jeux ; peut-être même rechercheras-tu vainement un jour ce bien que tu refuses. Profite de mon expérience. Qui te retient? Ah! certes, si c'est la foi jurée à ton Irolde, quelle simplicité! Est-il juste que ce qui peut faire la félicité des plus braves chevaliers de la terre soit le partage d'un seul ?

La charmante épouse d'Irolde, aussi offensée que surprise de l'insolence de ce discours, n'en put souffrir la continuation. Elle en marqua son ressentiment dans des termes fort vifs, et rompit sur-le-champ avec cette fausse amie, qui lui donnoit de si pernicieux conseils. Prasilde fut inconsolable du mauvais succès de son amoureuse entreprise. Il ne lui restoit plus aucune espérance. Il avoit remarqué lui-même que Thisbine le fuyoit, et c'étoit un foible soulagement pour lui de savoir qu'elle n'ignoroit pas son amour. Il reconnut qu'il s'étoit trop livré à ses désirs, et il fit tous ses efforts pour les chasser de son cœur; mais il n'étoit plus temps : il avoit laissé prendre trop d'empire à la passion violente qui les avoit fait naître.

Dès ce moment, il abhorre tous les plaisirs, il ne quitte point la solitude. Un jour qu'il exhaloit en liberté l'ardeur de ses soupirs dans un bois qui est hors des portes de Balc, il fut tiré de sa rêverie par les cris perçants d'une femme qui sembloit demander du secours. Le sentiment qu'on a de ses propres malheurs, inspire de la compassion pour ceux d'autrui. Prasilde, qui d'ailleurs étoit généreux, se pressa d'aller où la voix l'appeloit. Imaginez-vous quel fut son étonnement, quand il vit que c'étoit Thisbine elle-même : elle avoit les cheveux épars, et faisoit éclater dans ses yeux et dans la pâleur de son visage toutes les marques du plus vif désespoir.

Elle courut au chevalier aussitôt qu'elle l'aperçut : Ah! généreux Prasilde, lui dit-elle, si vous m'aimez encore, voici une occasion de me le témoigner. Mon cher Irolde est sur le point de perdre la vie, si vous ne le secourez : six assassins viennent de le surprendre dans un endroit de ce bois ; ils sont aux mains ; courez, de grâce, le défendre. Madame, dit Prasilde, vous allez voir si vos volontés me sont sacrées ; conduisez-moi au lieu du combat. La dame se hâta de l'y mener. Ils y trouvèrent Irolde qui se défendoit encore avec beaucoup de courage ; mais il étoit si blessé, qu'il auroit bientôt succombé sous l'effort de ses assassins. Prasilde ne balança point à secourir celui dont il avoit sujet de souhaiter la perte ; et, quoiqu'il n'eût point d'autres armes que son épée, il fondit sur ces scélérats avec tant de vigueur, qu'en un moment il fit mordre la poussière à deux des plus empressés. Irolde, tout affoibli qu'il étoit de ses blessures, en tua un de sa main. Le reste épouvanté chercha son salut dans la fuite.

Après ce combat, le premier soin de Thisbine fut de visiter les plaies de son mari, qui par bonheur ne paroissoient pas dangereuses ; ensuite elle et Prasilde trouvèrent moyen d'arrêter son sang avec des linges. Si cette dame fut sensible au service rendu par ce chevalier, Irolde n'en parut pas moins touché. Il avoit déjà pour Prasilde une estime infinie ; et ce qu'il venoit de lui voir faire acheva de le lui rendre cher à l'égal de lui-même; il le remercia dans les termes les plus vifs que sa reconnoissance lui put inspirer, et il lui demanda son amitié. Prasilde la lui accorda d'autant plus volontiers, qu'il espéra que cette liaison pourroit lui donner moyen d'adoucir en sa faveur la cruelle Thisbine, ou du moins la disposer à souffrir ses soins sans colère.

Ils s'en retournèrent tous trois ensemble à Balc; et, chemin faisant, Irolde apprit à son libérateur la cause du péril qu'il venoit de courir : il lui dit qu'en revenant avec son épouse d'un château qu'ils avoient à une demi-journée de la ville, six scélérats apostés sans doute par ses anciens rivaux, l'avoient surpris et attaqué dans ce bois. Cette aventure, dont il faisoit le récit, ne fut pas sitôt sue dans la ville, que tout le monde, qui aimoit ces époux, s'intéressa pour eux; et les rivaux d'Irolde, qui avoient suscité des assassins pour lui ôter la vie, furent obligés de prendre la fuite pour éviter le châtiment qu'ils n'auroient pas manqué de recevoir.

Depuis ce jour si heureux pour Prasilde, ses affaires prirent une face plus riante : il sentit soulager ses peines. Thisbine changea de manières avec lui; et, quoiqu'elle n'eût aucune envie de trahir son devoir, elle se crut obligée de ménager un homme qui, contre ses propres intérêts, lui avoit conservé son époux. Pour Irolde, il s'attacha si fortement à Prasilde, qu'il ne pouvoit plus vivre sans lui. Les belles qualités de ce chevalier avoient fait tant d'impression sur son cœur, et la reconnoissance mettoit tant de vivacité dans ses mouvements, que Thisbine à peine lui étoit plus chère que Prasilde. Il proposa même à cet ami de venir demeurer chez lui, dans la vue d'être encore plus unis; et, quelque chose que pût faire sa prudente épouse pour le détourner de sa résolution, elle fut obligée de se soumettre à ses volontés.

Prasilde fut très sensible au changement de sa fortune amoureuse. Le bon accueil que lui faisoit Thisbine, et la facilité qu'il avoit de la voir, enchantèrent ses maux pendant un temps assez considérable : mais quand il reconnut que dans les airs de douceur et de distinction qu'elle avoit pour lui, il n'entroit que de la reconnoissance, il jugea que ces apparences flatteuses sur lesquelles il avoit fait revivre son espoir n'étoient dans le fond que des maux déguisés. En effet, la fidèle Thisbine, pour lui ôter toute espérance, ne lui cachoit rien de toute la tendresse qu'elle avoit pour Irolde. Ce triste éclaircissement jeta Prasilde dans une situation plus déplorable que celle où les rigueurs de Thisbine l'avoient réduit auparavant.

Le voilà donc retombé dans ses premières langueurs. Irolde, étonné de ce changement, lui en demanda plus d'une fois la cause; et, voyant qu'il s'obstinoit à la lui cacher, il en étoit inconsolable : un jour enfin, Prasilde prit le chemin du bois dont on vient de parler, sans vouloir souffrir qu'aucun de ses gens l'accompagnât. Irolde, qui en fut averti, marcha sur ses pas avec Thisbine, qui, ne prévoyant pas ce qui en devoit arriver, s'y étoit laissée conduire, par complaisance pour son époux. Leur dessein étoit d'empêcher Prasilde de s'abandonner à sa douleur; ils espéroient le trouver sans peine dans ce bois, qui n'avoit pas une grande étendue : cependant ils le cherchèrent long-temps en vain ; et, fatigués d'une recherche inutile, ils se disposoient à s'en retourner à Balc, lorsqu'une voix plaintive frappa leurs oreilles ; elle partoit d'un endroit du bois qui paroissoit le plus touffu. Thisbine en frémit ; elle appréhenda que ce ne fût Prasilde, et qu'il ne fît connoître par ses plaintes à son mari le sujet de ses déplaisirs. Dans cette crainte, elle voulut représenter à Irolde qu'il ne devoit point s'approcher du lieu d'où sortoient ces tristes accents ; que ce pouvoit être une personne qui se plaignoit, et qui seroit fâchée peut-être que des étrangers l'entendissent ; mais elle ne put persuader son époux, qui s'avança pour s'éclaircir de ce que c'étoit. Thisbine le suivit toute tremblante ; et quand ils furent tous deux près de l'endroit d'où les plaintes étoient parties, ils se cachèrent derrière un buisson, et de là, sans être vus, ils ouïrent ces paroles, et reconnurent que celui qui les prononçoit étoit le malheureux chevalier qu'ils cherchoient :

« Arbres solitaires, qui seuls êtes témoins de l'excès de mes souffrances, si l'adorable, mais trop cruelle Thisbine, vient embellir de sa présence vos ombrages, ne lui révélez point les amoureux transports que je fais éclater devant vous, puisqu'elle a cent fois forcé ma bouche au silence, et qu'elle me contraint même d'étouffer mes soupirs ; mais pourquoi m'obstiner plus long-temps à conserver une vie qui lui est odieuse »? En achevant ces mots, il tira son épée, et continuant de s'adresser aux arbres : Muets confidents de mes langueurs, s'écria-t-il, recevez mes derniers adieux.

Il alloit effectivement se percer le sein, si le généreux Irolde, aussi touché que surpris de ce qu'il venoit d'entendre, n'eût fait alors un grand cri, de la frayeur qu'il eut que son ami ne se tuât. Prasilde, frappé de cette voix perçante, suspendit son action pour découvrir d'où elle partoit : il tourne la tête ; il voit Irolde et son épouse qui se pressent de le joindre pour prévenir le coup dont il se veut frapper. Quels furent alors les mouvements de ces trois personnes ? La confusion, que Prasilde remarqua sur le visage des deux époux augmenta la sienne, et ne lui permit pas de douter qu'ils n'eussent entendu tout ce qu'il venoit de dire. Irolde, d'un autre côté, cherchoit des termes propres à pouvoir diminuer l'embarras de son ami; et Thisbine, incertaine de ce que son mari pensoit de cette aventure, étoit dans un trouble inconcevable. Ils gardèrent tous trois, pendant quelque temps, un morne silence qui exprimoit plus de choses qu'ils n'en vouloient dire.

Enfin, Irolde regardant Prasilde d'un air attendri, sans être mêlé de colère : Quoi donc, cher ami, lui dit-il, je vous trouve la main armée contre vous-même ! qu'est devenu ce grand courage que vous avez fait éclater dans les plus affreux périls? Ah ! rétablissez la raison dans votre âme, et chassez cette mélancolie qui ne vous seroit pas moins funeste que ce fer dont vous imploriez le secours. J'ai lieu de m'étonner moi-même, répondit Prasilde languissamment, de la surprise que vous me marquez. Puisque vous savez mon secret, Irolde, devez-vous être étonné que j'emploie à terminer mes peines le seul moyen qui m'en peut affranchir promptement. Les attraits de Thisbine ont allumé dans mon sein mille flammes dévorantes. Ne m'en faites point de reproches; cet amour est né avant notre amitié.

D'ailleurs, les efforts que j'ai faits pour combattre ma passion, quoique vains, doivent me justifier auprès de vous, et plus encore que tous mes efforts, la résolution que vous m'avez empêché d'exécuter : ne me pressez donc plus de ménager des jours qui me sont un supplice. Vivez dans les plaisirs, trop heureux époux d'une beauté si touchante, et laissez mourir un malheureux dont le sort ne peut changer.

Si quelqu'un de nous deux doit perdre la vie, dit Irolde, c'est moi plutôt qu'un chevalier si parfait, et je ne ferai en cela que vous sacrifier des jours que vous m'avez conservés. Vous ne mourrez ni l'un ni l'autre, interrompit Thisbine ; Irolde vivra pour le bonheur de son épouse, et le généreux Prasilde aura sans doute assez de raison pour ne pas troubler ce bonheur par son désespoir.

Les deux époux eurent assez de peine à rétablir le calme dans l'âme de Prasilde ; et ce ne fut qu'après un assez long entretien qu'ils obtinrent de lui qu'il n'attenteroit pas sur ses jours. Thisbine, pour mieux l'engager à tenir sa promesse, lui fit depuis ce jour-là un accueil si favorable, que ses ennuis en furent soulagés. Il pouvoit en toute liberté l'entretenir de sa passion ; elle y répondoit même quelquefois d'une manière à lui persuader qu'elle la voyoit avec plaisir.

Comme un amant se flatte toujours, il prit cette complaisance de Thisbine pour un tendre retour de sa part. Tout rempli de cette pensée, il devint plus empressé que jamais : il fit parler ses soupirs, ses langueurs ; enfin il obsédoit la dame, qui, fatiguée des empressements d'un amant si opiniâtre, qu'elle n'osoit rebuter de peur de déplaire à son mari, n'étoit pas peu embarrassée à s'en défendre. Elle fut plus d'une fois sur le point de découvrir son embarras à Irolde, et de le conjurer de la délivrer des persécutions qu'elle ne souffroit qu'à regret; mais, quand elle ouvroit la bouche pour s'en plaindre, son époux, qui ne voyoit que trop où elle en vouloit venir, interrompoit son discours, et l'entretenoit d'autre chose. La dame, à la fin, perdit patience ; et, pour se procurer du repos, prit sa résolution. Elle parla un jour à Prasilde dans ces termes :

Tu m'aimes, chevalier, avec ardeur, et j'ai toujours été cruelle à tes vœux. J'ai cru qu'une femme aussi attachée que je le suis à mon époux ne pouvoit être sensible aux soins d'un amant; mais je sens que mon cœur, d'accord avec tes désirs, veut se rendre à ta constance ; cependant je cherche une autre excuse que ton opiniâtreté pour justifier ma foiblesse ; il faut que tu me rendes un service important, pour achever de surmonter les scrupules que ma délicatesse pourroit opposer à ton bonheur. Écoute ce que j'exige de toi.

J'ai appris de quelques voyageurs que dans une contrée d'Afrique voisine du mont Atlas, est une grande forêt, au milieu de laquelle on voit un jardin entouré de hautes et fortes murailles. Ce jardin, qui se nomme encore le jardin des Hespérides, parce qu'il fut autrefois cultivé, dit-on, par les filles d'Hesper, est fameux dans le pays par les merveilles qu'on en publie; il renferme, entre autres richesses, l'*arbre du trésor*, dont les rameaux sont d'or, et qui porte pour fruit des pommes d'émeraudes. Le rapport qu'on m'en a fait m'a donné un si violent désir d'en avoir une branche en ma possession, que cette envie trouble mon repos. S'il étoit permis à une femme d'errer comme une vagabonde, j'irois moi-même, malgré l'éloignement des lieux, tâcher de satisfaire mon entêtement. Je sais bien que la chose est d'une très difficile exécution, et t'engagera dans de grands périls; mais les grands cœurs comme le tien ne se rebutent pas par les obstacles, et rien n'est impossible à l'amour : ce n'est que par un pareil service que tu peux gagner Thisbine. Si la conquête de mon cœur t'est précieuse, ne me donne pas la confusion d'avoir fait inutilement auprès de toi une démarche qui coûte toujours beaucoup à une personne de mon caractère. Tu pourras juger par la grandeur de l'entreprise de la reconnoissance que j'en aurai.

Pendant que la femme d'Irolde tenoit ce discours, Prasilde l'écoutoit avec une avide attention. Toutes les facultés de son âme sembloient en être occupées. L'étonnement, la défiance, l'irrésolution, la joie, la douleur, la crainte et l'espérance l'agitoient tour à tour. D'un côté la démarche que Thisbine faisoit en lui demandant une grâce de cette nature, lui donnoit de la joie; il étoit charmé qu'elle daignât mettre son amour à une forte épreuve; et ce qui augmentoit le prix d'une faveur si singulière, c'étoit la récompense qu'elle lui promettoit s'il parvenoit à la satisfaire. D'un autre côté il connoissoit la vertu de la dame et la tendresse qu'elle avoit pour son époux; cette connoissance lui rendoit la proposition suspecte; il craignoit qu'importunée de ses instances et de ses plaintes, elle ne cherchât à se défaire de lui. Dans cette juste crainte, voici ce qu'il lui répondit :

Adorable Thisbine, ni les difficultés, ni les périls ne m'empêcheront point de vous obéir. Je vous aime avec une ardeur qui me fera tenter jusqu'à l'impossible pour contenter vos moindres désirs; mais je connois votre attachement pour votre heureux époux, et, je vous l'avouerai, cela me fait douter de la sincérité de vos promesses. Le peu de fruit que j'ai recueilli de mes soins me donne lieu de penser que pour vous délivrer de mes importunités, vous pouvez avoir concerté avec Irolde cet artifice; pardonnez-moi ce mot, Madame : un amant qui déplaît doit se défier de tout. Si vous voulez que j'entreprenne le voyage que vous me proposez, il faut qu'Irolde, qui dispose de vos affections plus que vous-même, m'assure de l'effet de vos promesses, si je suis assez heureux pour vous apporter le rameau que vous souhaitez. Sur cette assurance, il n'est point de danger que je craigne; mais, sans cela, Madame, vous me permettrez de vous dire que je ne puis me résoudre à m'éloigner de vous.

Thisbine, qui ne s'étoit point attendue à une pareille réponse, en frémit; elle représenta au chevalier qu'il demandoit une chose qui ne se proposoit point à un mari, et que c'étoit mal reconnoître la faveur qu'elle lui faisoit, que d'exiger d'elle cette démarche. Prasilde lui laissa dire tout ce qu'elle voulut; mais il n'en démordit point, tant il étoit persuadé que la dame n'avoit pour but que son éloignement.

L'épouse d'Irolde le voyant intraitable sur cet article, prit le parti de recourir effectivement à son époux. Avant que de lui faire une proposition si nouvelle, et dont elle jugea bien qu'il seroit étonné, elle lui parla des persécutions qu'elle essuyoit tous les jours; elle lui dit que sa patience étoit à bout; que Prasilde, en un mot, troubloit la tranquillité de sa vie, et qu'il falloit absolument se servir du moyen qu'elle avoit imaginé pour l'éloigner. Irolde pâlit à ce discours; il ne pouvoit consentir qu'on le privât de son ami. L'absence, lui dit Thisbine, est la seule chose qui puisse bannir du cœur de Prasilde cette fureur amoureuse qui fait son malheur et le mien. Madame, interrompit son époux avec chagrin, ce moyen ne produit pas toujours son effet. Je connois Prasilde : ce n'est point un amant ordinaire; l'absence ne changera pas son âme, et vos charmes ne sauroient s'effacer d'un cœur qui en a reçu une fois l'impression. Ce chevalier reviendra plus amoureux que jamais, et son éloignement n'aura servi qu'à me livrer au chagrin de ne point voir un ami sans lequel je ne puis vivre.

L'absence guérira Prasilde, reprit Thisbine, et vous en serez persuadé lorsque vous saurez ce que je me suis proposé. Alors elle lui raconta ce qu'elle avoit exigé de ce chevalier; ensuite elle ajouta : Ce n'est plus un dragon qui garde, comme au temps des Hespérides, l'arbre merveilleux dont je viens de vous parler; c'est une dame d'une beauté si ravissante, que tous les chevaliers se rendent à ses premiers regards. Dès que Prasilde verra cette incomparable dame, il est à croire que son cœur recevra l'impression d'un nouvel amour, qui lui fera oublier mes foibles charmes. Je n'ignore pas que son absence rendra les moments qu'elle doit durer sensibles à votre amitié; mais, mon cher Irolde, si cet ami vous est cher, faites-vous la violence de consentir à le perdre pour quelque temps, en faveur de sa guérison, qui devient certaine par le moyen que je vous ai dit, et qui importe à notre commun repos.

Irolde se rendit enfin, et sa charmante épouse avoit lieu d'être contente de ce qu'elle venoit d'obtenir. Cependant cela ne suffisoit pas ; il falloit lui dire aussi ce que Prasilde avoit exigé d'elle; cela paroissoit embarrassant. Elle le fit toutefois le plus délicatement qu'il lui fut possible; et comme elle s'aperçut, à l'émotion qu'il laissa voir sur son visage, qu'il trouvoit la condition un peu dure pour un époux amoureux de sa femme, Thisbine lui dit : Il est nouveau sans doute qu'un mari accepte une semblable condition; mais songez, mon cher Irolde, qu'au fond votre consentement ne vous engage à rien ; car sitôt que la dame du jardin aura porté sur lui ses regards redoutables, il n'aura plus d'envie de me faire tenir ma promesse. Mais, Madame, répliqua l'époux, si ce que l'on rapporte du jardin et de la dame fatale est fabuleux ? Cela ne se peut pas, interrompit Thisbine, puisque tous les voyageurs sont d'accord là-dessus. Mais si la chose n'est pas véritable, ni vous ni moi nous ne hasardons rien ; ainsi, dans l'un et l'autre cas, que risquez-vous en accordant à votre ami la satisfaction qu'il demande? Il partira content, et cessera de s'imaginer que je ne cherche qu'à me défaire de lui.

Pour abréger ma narration, noble chevalier, poursuivit la maîtresse de Brandimart, Irolde fit tout ce que Thisbine souhaitoit; et Prasilde, perdant toute la défiance qui pouvoit lui rester qu'on n'agît pas avec lui de bonne foi, sortit de Balc fort satisfait d'avoir obtenu un si doux consentement. Ce n'est pas qu'il ne fût sensible au chagrin de quitter sa dame ; mais le prix charmant qu'elle attachoit au service qu'on attendoit de lui, animoit son courage de telle sorte, qu'il auroit, comme Alcide, entrepris de pénétrer jusqu'aux enfers.

CHAPITRE IX.

Quelle aventure obligea la belle Fleur-de-Lys d'interrompre son récit. Continuation de l'histoire de Prasilde et d'Irolde.

La maîtresse de Brandimart étoit en cet endroit de l'histoire de Prasilde et d'Irolde, que le seigneur de Montauban écoutoit avec une extrême attention, lorsqu'il passa près d'eux un chevalier bien monté ; ils le saluèrent fort civilement ; mais il ne leur rendit point le salut, et se contenta de regarder la dame en passant. Il revint pourtant sur ses pas un moment après ; et, s'adressant au paladin : Chevalier, lui dit-il fièrement, je viens de me faire un reproche : j'ai passé auprès de vous sans vous défier à la joûte. Les gens de notre profession ne doivent perdre aucune occasion de signaler leur valeur : ainsi vous trouverez bon que je vous provoque au combat.

Brave chevalier, répondit d'un air modeste le fils d'Aymon, vous voyez l'état où je me trouve : le cheval que je monte est à cette dame ; et comme je ne puis disposer d'un bien qui lui appartient, je vous prie de vouloir m'exempter de l'honneur de joûter contre vous. Il y a un moyen de nous accorder, reprit le chevalier inconnu : puisque ce cheval n'est point à vous, prenez la peine d'en descendre ; vous pourrez aller à pied, et moi je me chargerai de la conduite de cette dame, qui probablement sera mieux entre mes mains que dans les vôtres. Si cette noble dame agrée cette disposition, repartit froidement Renaud, je ne suis point en droit de m'y opposer; mais si elle me permet de l'accompagner, je tâcherai de me conserver cet avantage.

Quoique ce dialogue ne donnât pas une opinion fort avantageuse à la belle Fleur-de-Lys de la vaillance de son conducteur, l'aversion naturelle qu'on a pour les orgueilleux lui inspira du dégoût pour cet inconnu, qui vouloit disposer d'elle sans consulter ses sentiments: Seigneur chevalier, lui dit-elle, comme je me suis mise moi-même sous la conduite du guerrier qui m'accompagne, et que je n'ai pas lieu de me plaindre de lui, vous ne trouverez pas mauvais, s'il vous plaît, que je persiste dans ma première intention. Puisque vous ne connoissez pas votre avantage, répondit brusquement le chevalier païen, il faut vous le procurer malgré vous, et en cela vous avez des grâces infinies à me rendre. Pour vous, chevalier, ajouta-t-il en regardant le paladin d'un air plein de mépris, vous n'êtes plus ici de saison : descendez de cheval, et continuez votre chemin tout seul. Faites de bonne grâce ce que je vous dis, si vous ne voulez que je vous y oblige par force.

A ces paroles, Renaud ne put garder sa modération naturelle. Le feu lui monta au visage : O vous, dit-il d'un ton ferme au superbe inconnu, vous qui prétendez me faire la loi, et qui poussez l'insolence jusqu'à vouloir disposer de cette illustre dame sans son aveu, songez à subir vous-même le sort dont vous me menacez. Je vous déclare que je vous contraindrai d'aller à pied, et que j'aurai votre cheval : préparez-vous à le défendre, si vous pouvez. Après avoir parlé de cette sorte, il pria Fleur-de-Lys de souffrir qu'il la mît à terre pour quelques moments. Elle y consentit. Il descendit donc de cheval, prit la dame entre ses bras, et la posa doucement sur l'herbe. Ensuite il remonta, et piqua contre son ennemi; mais le voyant venir sur lui comme un foudre, et jugeant que le cheval de Fleur-de-Lys fourniroit mal sa carrière, il se roidit sur les étriers pour mieux soutenir le choc de son adversaire, qui rompit sa lance sur son écu sans l'ébranler. Alors, jetant la sienne à terre, il prit de son bras droit, à faux de corps, l'orgueilleux chevalier, l'enleva des arçons, et le jeta à dix pas de là très rudement.

La maîtresse de Brandimart, étonnée d'une force si prodigieuse, en tira le meilleur augure du monde pour la délivrance de son amant; mais, en l'admirant, elle ne put s'empêcher de rire de voir l'audace du chevalier païen si pleinement confondue. Le fils d'Aymon remit la dame sur son cheval, et monta sur celui de l'inconnu, qu'ils laissèrent sur la poussière blasphémer contre ses dieux, et déplorer sa mauvaise fortune.

Ils se remirent tous deux en chemin. Comme Renaud s'étoit intéressé à l'histoire de Prasilde et d'Irolde, il pria sa belle conductrice d'en continuer le récit; ce qu'elle fit gracieusement dans ces termes :

Continuation et fin de l'histoire de Prasilde et d'Irolde.

Il est à croire, seigneur chevalier, que le beau Prasilde eut plus d'une aventure pendant un voyage aussi long que celui qu'il avoit entrepris ; mais voici seulement ce qui est venu à ma connoissance.

Après avoir traversé le vaste empire de la Perse, sans vouloir s'arrêter à la fameuse ville d'Ispahan, où étoit alors la cour, il arriva dans les états du roi de Moussoul. Un jour qu'il marchoit dans une campagne d'une vaste étendue, et remplie des plus beaux arbres que l'on pût voir, il aperçut à quelque distance du grand chemin un château magnifique, bâti de belles pierres vertes et blanches, aussi polies que le marbre, et situé sur une petite éminence qui régnoit dans la plaine.

Charmé de la structure de ce superbe édifice, il s'en approcha pour l'admirer de plus près ; il vit au pied de la colline un grand rond d'une eau si claire qu'on y voyoit nager les poissons : ce rond d'eau étoit revêtu tout autour des mêmes pierres que le bâtiment, et entouré des plus beaux arbres du monde ; une partie des branches de ces arbres couvroient les bords du rond d'eau, et formoient le plus délicieux ombrage. Le chevalier descendit pour laisser reposer son cheval fatigué d'une longue traite et de la chaleur du jour; pour mieux goûter la fraîcheur d'un si beau lieu, il ôta son casque, essuya la sueur qui lui couvroit le front, se lava le visage et les mains, et rafraîchit d'une eau si pure ses poumons altérés ; il s'assit ensuite au pied d'un de ces arbres, pour se reposer lui-même; et, attachant ses regards sur l'eau du rond, il se mit à rêver profondément : il se représenta l'état de ses affaires, la longueur de l'absence à laquelle il se voyoit condamné, l'incertitude de pouvoir rapporter le rameau dont dépendoit le succès de son amour. Tout cela, joint à ce que son imagination, prompte à seconder les mouvements de sa jalousie, lui peignoit, c'est-à-dire, les plaisirs que goûtoit Irolde entre les bras de Thisbine, lui serra le cœur, de manière qu'il demeura sans sentiment au pied de l'arbre.

Tandis qu'il étoit dans cette situation, quatre jeunes demoiselles, vêtues d'habits galants, sortirent du château, et tournèrent leurs pas vers le rond d'eau, dans le dessein d'y prendre le frais. Dès qu'elles aperçurent Prasilde étendu sur le gazon comme un homme mort, elles frémirent; et, dans ce premier mouvement d'effroi, elles furent sur le point de s'en retourner au château; mais un moment après, faisant réflexion qu'elles étoient quatre, et que l'état où elles voyoient cet infortuné voyageur ne leur donnoit pas lieu de craindre quelque chose de sa part, elles demeurèrent. Elles s'approchèrent même du chevalier, et lui trouvant les yeux baignés de larmes, avec un souffle de respiration, elles connurent qu'il n'étoit qu'évanoui. Il avoit l'air si noble et si engageant, même dans sa foiblesse, qu'il étoit difficile de ne se pas intéresser pour lui.

La principale de ces dames, qui étoit d'une beauté charmante, prit de l'amitié pour lui; et, touchée de compassion de voir un si beau chevalier en péril, faute de secours, s'empressa de lui faire reprendre l'usage de ses sens. Pour s'y employer plus efficacement, elles le portèrent toutes quatre au château, où il fut désarmé et couché dans un lit aussi commode que magnifique; à force de l'agiter et de lui faire prendre des liqueurs confortatives, elles lui rendirent le sentiment.

Lorsqu'il ouvrit les yeux, il ne fut pas peu surpris de se trouver dans un lieu si superbe en riches ameublements, et environné de belles dames qui s'empressoient à le servir; il rappeloit en vain dans sa mémoire ce qui pouvoit avoir donné lieu à cette aventure; mais les dames dissipèrent son embarras, en lui apprenant dans quel état elles l'avoient rencontré sur les bords du rond d'eau : il remercia ces belles personnes dans des termes convenables à leur mérite et à l'importance du service; il le fit avec tant de grâce et de politesse, que la dame du château en sentit redoubler pour lui son estime et son affection. Comme elle s'aperçut qu'il ne lui restoit plus rien de sa foiblesse passée, elle lui laissa le temps de s'habiller, et lui envoya des officiers pour lui rendre ce service.

Il s'informa d'eux qui étoit cette charmante dame qui s'intéressoit à son sort avec tant de générosité : on lui dit qu'elle se nommoit la princesse Dorzéïde, fille unique du roi de Moussoul; qu'après la mort de son père, arrivée depuis peu de temps, elle s'étoit retirée dans ce château, pendant la saison brûlante, tandis que les grands du royaume délibéroient ensemble sur le choix de son époux.

Ce rapport étonna le chevalier, qui craignit que, dans l'ignorance où il avoit été de la qualité de la princesse, il n'eût manqué à quelqu'un des égards qui lui étoient dus. Aussitôt qu'il fut en état de paroître devant elle, il alla lui en faire des excuses, auxquelles Dorzéïde répondit fort obligeamment. La conversation qu'ils eurent ensuite fut très spirituelle de part et d'autre; plus la princesse découvroit d'agréments dans cet étranger, plus elle s'enflammoit pour lui; et le feu dont elle brûloit secrètement étinceloit dans ses yeux. Il n'en étoit pas de même du chevalier: toujours occupé de sa Thisbine, il ne songeoit qu'à s'acquitter de sa commission; il voulut bientôt prendre congé de la princesse, sous prétexte que la discrétion l'obligeoit à ne point abuser de ses bontés. Quand Dorzéïde l'entendit parler de son départ, elle perdit toute retenue: elle pâlit, elle soupira ; elle employa les paroles les plus engageantes, pour l'obliger à faire un plus long séjour dans son château: elle répandit même des larmes, et lui offrit jusqu'à sa couronne. Prasilde avoit le visage couvert de confusion de se voir requis d'amour par une belle princesse qu'il ne pouvoit aimer; il lui devoit au moins des égards; mais la femme d'Irolde le rendoit insensible à toute autre beauté.

S'il eût eu ses armes, il seroit sorti du château sur-le-champ; aussi les demanda-t-il, et cette demande acheva de désespérer son illustre hôtesse. Elle avoit un dépit mortel de ne pouvoir lui ôter l'impatience qu'il marquoit de la quitter; enfin, craignant de le perdre, elle résolut de s'assurer de sa personne ; elle le fit conduire par quelques-uns de ses chevaliers dans une chambre bien grillée, où cette amante éperdue ne manqua pas d'aller faire un dernier effort pour attendrir l'ingrat. Ne pouvant le fléchir, elle le fit charger de chaînes et traiter très rigoureusement; elle le tint quelque temps dans cette captivité, se flattant que l'envie qu'il auroit d'en sortir, le rendroit plus traitable : cette violence toutefois ne servit qu'à l'aigrir.

Pendant que toutes ces choses se passoient, il arriva dans le château un jeune chevalier françois, fort aimable; il étoit en quête, disoit-on, du fameux Renaud de Montauban, son frère, qu'une étrange aventure avoit éloigné de la cour de l'empereur Charles.

Lorsque le fils d'Aymon entendit parler de ce chevalier françois, il ne douta pas que ce ne fût le jeune Richardet; son souvenir l'attendrit, et redoubla son attention; mais, ne voulant pas se découvrir à Fleur-de-Lys, il cacha son émotion, et laissa cette dame continuer ainsi son récit.

Ce jeune guerrier françois avoit l'air si noble, que Dorzéïde crut devoir le traiter avec distinction : elle lui fit un accueil obligeant, et les belles qualités du chevalier lui donnèrent une attention plus particulière pour lui. Comme il n'avoit point alors d'attachement de cœur, la vue de la princesse lui causa de l'émotion; il ne tarda pas à le lui faire connoître, et cette connoissance ne déplut point à la dame. Le chevalier s'en aperçut, et, profitant de cette découverte, il sut exprimer ses feux en termes galants et passionnés. Sa belle hôtesse feignit de prendre tous ses discours pour des flatteries ordinaires aux François, et lui dit en souriant : Obligeant chevalier, je pourrois me laisser surprendre à vos galanteries, si je n'avois dans ce château de quoi m'en défendre : je vais, ajouta-t-elle, m'expliquer clairement. Alors elle lui conta de quelle manière elle avoit conçu de la tendresse pour son prisonnier, et le mépris injurieux qu'il avoit fait de sa couronne et de sa main.

Ah! Madame, interrompit le chevalier françois, ce que vous me dites n'est pas croyable! Est-il quelque mortel qui puisse être insensible à la possession de tant de charmes? Il ne tiendra qu'à vous, reprit Dorzéïde, d'en être convaincu par vous-même; il accepta la proposition, et la princesse le mena dans la chambre du prisonnier.

Les deux chevaliers ne se virent pas si tôt, qu'ils s'admirèrent, et conçurent l'un pour l'autre une secrète inclination. La princesse, ne voulant pas être présente à leur entretien, ni s'exposer à la honte de rendre le François témoin du dépit qu'elle auroit d'entendre les choses vives que son prisonnier pourroit lui dire, les laissa seuls. Le chevalier chrétien ne manqua pas de témoigner au Persan qu'il étoit surpris du refus qu'il avoit fait de la main d'une si charmante princesse. Prasilde lui découvrit le fond de son cœur: il lui dit qu'il connnoissoit tout le mérite de Dorzéïde, mais qu'il étoit épris d'une dame de Balc, pour laquelle il avoit entrepris d'aller au fond de l'Afrique, faire la conquête d'un rameau de l'arbre du trésor; qu'il ressentoit une vive affliction de se voir arrêté en chemin par l'injustice de la princesse de Moussoul; qu'il le prioit ardemment de lui procurer la liberté, et que s'il la lui faisoit obtenir, il lui devroit son repos et son bonheur.

Quand le chevalier françois n'auroit pas été aussi touché qu'il l'étoit de la douleur de Prasilde, le seul intérêt de son amour naissant l'auroit assez disposé à ne rien épargner pour éloigner du château un rival si redoutable. Il lui promit de ne rien négliger pour rompre ses fers. Il y alla travailler sur-le-champ : il représenta vivement à Dorzéïde que son prisonnier avoit le cœur prévenu; que bien loin de se plaindre de lui, elle devoit estimer sa fidélité; et qu'enfin elle faisoit injure à ses charmes de courir après un cœur qui se refusoit à elle.

Le jeune frère de Renaud n'eut pas de peine à persuader une dame qu'il commençoit à détacher de Prasilde; et, comme il la pressoit de relâcher son prisonnier, elle lui sut bon gré de l'empressement qu'il marquoit à se délivrer d'un rival si dangereux. Pour reconnoître ce témoignage d'amour, elle ne voulut pas différer d'un moment le sacrifice qu'il demandoit. Allez, chevalier, dit-elle au François, allez vous-même le tirer de prison, et lui apprendre que c'est à vous qu'il doit sa liberté. Le chevalier chrétien courut à l'heure même faire sortir le Persan de la chambre où il étoit retenu. Prasilde remercia son libérateur dans les termes les plus vifs, et ils se jurèrent tous deux une éternelle amitié.

Prasilde, quand on lui eut rendu ses armes et son cheval, sortit du château, et prit le chemin du Diarbech, qu'il traversa tout entier pour entrer dans la Syrie : il fit tant de diligence, qu'en peu de temps il se rendit à Damas; il s'y embarqua sur un vaisseau frété pour Tunis, où il arriva très heureusement après quelques jours de navigation; il tourna de là ses pas vers l'empire de Maroc, au fond du quel il avoit ouï dire qu'étoit le jardin des Hespérides.

Un jour qu'il côtoyoit une belle prairie pour arriver à un château qui se faisoit voir de loin, il rencontra un vieillard qui lui fit connoître, par les larmes qu'il versoit en abondance, qu'il ressentoit une vive douleur. Le chevalier lui demanda ce qui la causoit. Hélas! Seigneur, lui répondit le bon homme, tout ce pays a bien sujet d'être dans l'affliction : nous allons perdre notre seigneur, que nous aimons chèrement, et de qui nos familles reçoivent mille biens tous les jours : un géant, affreux et cruel, qui s'est établi par violence dans le pays depuis quelques années, est devenu amoureux de la fille de notre bon seigneur, et l'a demandée en mariage. Le père s'en est excusé sur ce qu'il l'a promise à un chevalier de ses voisins, qui la recherche depuis long-temps : le géant, irrité de ce refus, a juré qu'il raviroit malgré lui l'honneur de sa fille, et qu'il l'immoleroit lui-même avec toute sa race à sa fureur. Effectivement il l'a rencontré aujourd'hui à deux pas d'ici; il s'est saisi de lui, après avoir massacré ses gens; il lui a lié les mains derrière le dos; et dans cet état, il l'a conduit à la porte du château, pour le faire périr aux yeux de sa fille.

Prasilde demanda quel chemin ils avoient pris; et ayant su que c'étoit celui du château qu'il voyoit, il piqua de ce côté-là, résolu de secourir ce père infortuné, s'il en étoit encore temps. A mesure qu'il approchoit du château, il apercevoit du monde à la porte, et entendoit un bruit confus de voix; lorsqu'il en fut plus près, ses yeux furent frappés d'un spectacle, dont la cruauté eût attiré l'indignation des cœurs les plus durs; il vit l'orgueilleux géant, qui, d'un air furieux, menaçoit un vénérable vieillard qu'il avoit fait attacher sur un bûcher, de le livrer à la rigueur des flammes, s'il ne lui remettoit sa fille entre les mains. Plusieurs satellites, armés de brigandines et de capelines de fer, se tenoient prêts à mettre le feu au bûcher au premier ordre de leur détestable maître. Le généreux vieillard, au lieu d'être effrayé de ces funestes apprêts, faisoit éclater sa fermeté par les instantes prières qu'il adressoit à sa fille; il la conjuroit de le laisser plutôt périr que de s'abandonner aux désirs du géant pour lui sauver la vie. Cette dame, qui paroissoit aux créneaux du château, épouvantée du péril que couroit son père, appeloit le ciel et la terre à son secours, et poussoit des cris qui faisoient juger de l'excès de son désespoir.

A ce spectacle si touchant, le magnanime Prasilde ne put retenir sa colère; il s'avança vers le géant, et lui dit: Monstre, pétri d'injustice et de cruauté, cesse de vouloir attenter à la vie et à l'honneur d'un seigneur respectable; viens recevoir le châtiment de tes crimes. Chétif ver de terre, répondit le géant plein de fureur, tu vas toi-même être écrasé sous mes coups. En achevant ces mots, il se hâta de monter à cheval, et baissa sa grosse lance contre le Persan, qui venoit sur lui de toute la vitesse de son cheval. Le géant étoit si transporté de courroux, que, ne se possédant plus, il faillit d'atteinte; mais Prasilde, qui avoit conservé son jugement, l'atteignit de droit fil, et le renversa rudement sur la poussière. Pendant que, satisfait d'un si heureux commencement, il acheva de fournir sa carrière, le géant eut le temps de se relever; il écumoit de rage, et blasphémoit contre ses dieux d'avoir souffert qu'un seul chevalier lui eût fait cet affront.

Son généreux ennemi, le voyant à pied, descendit pour ne le pas combattre avec avantage; ils commencèrent un combat si dangereux, qu'il causoit de l'effroi à tous ceux qui le regardoient. Le géant étoit d'une force prodigieuse, mais la grosseur de ses membres ne lui permettoit pas de se mouvoir aisément, au lieu que Prasilde avoit plus d'haleine et d'adresse; il évitoit par sa légèreté la plupart des coups que le géant lui déchargeoit : le combat avoit déjà duré long-temps, et ils étoient blessés l'un et l'autre en plus d'un endroit, lorsqu'on s'aperçut que le géant, qui l'étoit plus grièvement, s'affoiblissoit. Ses coups devenoient plus lents, et son bras mollissoit, soit par lassitude, soit par le sang qu'il avoit perdu. Le chevalier s'en aperçut; et, renouvelant sa vigueur, il réduisit bientôt son ennemi à ne pouvoir se soutenir. Ce colosse tomba, et sa chute fut si lourde, que ses plaies s'ouvrirent encore davantage; il en sortit tant de sang, qu'il s'évanouit de foiblesse.

Prasilde, dédaignant de l'achever en cet état, fit son premier soin d'aller détacher le vieillard. Ce bon homme se jette à ses pieds, les baigne de larmes de joie, et le remercie moins de lui avoir conservé la vie, que d'avoir sauvé l'honneur de sa fille; le chevalier le releva, et lui fit tout l'accueil que son courage et sa vertu méritoient. Sur ces entrefaites, la dame du château, voyant qu'elle n'avoit plus rien à craindre du géant, fit abaisser le pont-levis, et sortit pour venir rendre grâces à son libérateur : elle se joignit à son père; ils étoient tous deux si touchés de reconnoissance, qu'ils ne savoient quel traitement lui faire. Le vieillard, jugeant qu'après un combat si long et si périlleux, le chevalier, dont on voyoit d'ailleurs le sang couler, avoit besoin de repos, le pressa d'entrer dans le château.

Prasilde y consentit, après s'être aperçu que les propres soldats du géant, qui le servoient moins de gré que de force, l'avoient eux-mêmes achevé.

On visita les plaies du chevalier, qui ne se trouvèrent pas dangereuses ; et le soin qu'on en prit le mit en peu de temps sur pied. Comme ses forces achevoient de se rétablir, il demanda un jour au seigneur du château le chemin le plus court pour arriver au jardin des Hespérides. Le vieillard parut surpris de la question, et dit au Persan : Brave chevalier, votre demande me donne lieu de penser que vous auriez le dessein de faire le voyage de ce jardin merveilleux ; et si cela étoit, je plaindrois le sort que vous voulez vous attirer : ce jardin spacieux est entouré de fortes murailles ; on y entre par quatre portes d'airain qui sont ouvertes en tout temps ; tout le monde y peut entrer aisément ; le climat en est délicieux ; il y règne un éternel printemps ; les prés y sont toujours verts, les fleurs vives, et les arbres touffus : mais ce qu'il y a de plus admirable dans ce jardin, c'est l'arbre qu'on appelle l'arbre du trésor ; les rameaux en sont d'or, et portent pour fruit des pommes d'émeraudes. En quoi donc consiste le danger qu'on y court ? interrompit l'amant de Thisbine. En quoi ? repartit l'Africain ; je vais vous le dire. Une dame plus merveilleuse encore que l'arbre du trésor s'en est attribué la garde ; elle a établi sa demeure au pied de son tronc ; elle est d'une beauté si éclatante, et sa vue fait un effet si puissant sur les cœurs, que quiconque approche de cette nymphe, oublie sa vie passée, et n'a plus d'autre occupation que de contempler son beau visage. On n'a jamais su son véritable nom ; mais dans le pays on l'appelle communément Méduse, à cause des effets que sa vue dangereuse produit.

Ce que vous me racontez est surprenant, dit Prasilde; et cet oubli de soi-même est-il l'effet de quelque charme ou de la beauté de la dame? On ne sauroit, répondit le vieillard, l'attribuer à une cause purement naturelle; et c'est une fatale loi des destinées que vous ne pouvez changer. Après ce que vous venez de me dire, reprit le chevalier, je ne m'exposerois pas à ce danger, si je ne m'étois pas engagé à rapporter en Perse un rameau de cet arbre merveilleux. Vous savez que l'honneur d'un chevalier lui est plus cher que la vie. Quel parti prendre en cette extrémité?

Le vieux Africain se mit à rêver; et, sortant tout à coup de sa rêverie : Le ciel, s'écria-t-il, m'ouvre en ce moment une voie que je crois infaillible pour vous tirer heureusement de péril, et vous faire acquérir le rameau d'or; il faut rejeter, sur la nymphe même, l'effet de sa fatale vue : munissez-vous d'un miroir que vous ferez appliquer sur votre bouclier; et, quand vous approcherez de l'arbre, vous vous couvrirez de ce miroir que vous opposerez aux regards de Méduse : aussitôt qu'elle aura vu son beau visage, elle ne se souviendra plus de l'arbre du trésor, qu'elle quittera dès ce moment pour courir après cette image dont elle sera possédée : cassez alors le miroir; la nymphe ne se voyant plus, se cherchera dans le jardin inutilement, et vous donnera tout le temps d'achever votre entreprise; mais prenez bien garde que vos yeux ne s'attachent sur Méduse, vous vous perdriez sans retour.

Lorsque le seigneur du château eut cessé de parler,

l'amant de Thisbine, rempli de joie de l'expédient qu'il venoit d'apprendre pour réussir dans son dessein, se jeta au cou du vieillard, l'appela cent fois son père, et lui dit qu'il payoit avec usure le service qu'il avoit reçu de lui.

Le chevalier persan, se sentant assez fort pour se remettre en chemin, fit appliquer un miroir sur son bouclier, et ne songea plus qu'à partir pour aller au jardin des Hespérides. Le vieillard lui en enseigna le chemin, et lui dit qu'il y arriveroit au bout de cent journées; mais il exigea de lui qu'à son retour il repasseroit par son château. Prasilde lui fit cette promesse, et partit enfin, au grand regret du père et de la fille, qui auroient bien voulu le retenir du moins jusqu'au retour de l'époux futur, qui depuis quelque temps étoit allé à Bizerte offrir ses services au puissant Agramant, roi de l'Afrique, dans la guerre qu'il projetoit contre l'empereur Charles.

On ne sauroit exprimer l'impatience qu'avoit Prasilde de se voir en possession du rameau d'or : il se privoit des douceurs du sommeil pour faire plus de diligence; à peine accordoit-il à son cheval quelques moments pour paître; enfin il arrive à ce jardin si renommé par toute l'Afrique : il tressaillit de joie d'abord qu'il aperçut une des portes d'airain; et, sans s'arrêter à en considérer la beauté, il entra dans le jardin, qu'il trouva plus délicieux encore que le seigneur du château ne le lui avoit dépeint; il en admiroit les arbres, les fleurs et la verdure. Après avoir marché un jour entier le long d'une grande route, il découvrit de loin l'arbre merveilleux, dont le sommet se perdoit dans les nues.

Cet arbre étoit entouré d'un nombre presque infini de personnes qui, à leur air et à leurs vêtements, paroissoient de nations différentes; il y en avoit de tout âge et de toute profession; on y voyoit jusqu'à des vieillards et jusqu'à des femmes, que la curiosité ou l'envie d'avoir des branches de cet arbre y avoient attirés : ils s'occupoient tous à contempler le visage de Méduse. Prasilde eut assez de peine à percer toute cette foule; en approchant de l'arbre, il se couvrit soigneusement de son bouclier, qu'il opposa aux regards de la nymphe.

Dès qu'elle se vit dans le miroir, elle s'éloigna de l'arbre effectivement, et s'avança vers cette belle image qui l'avoit charmée; Prasilde alors cassa le miroir, et se mit à fuir. Quand Méduse ne se vit plus sur le bouclier, elle commença de courir comme une insensée dans le jardin, cherchant ce qu'elle ne pouvoit plus trouver. Le chevalier, profitant de son éloignement, s'approcha de l'arbre, et de son épée coupa deux branches, l'une pour Thisbine, et l'autre pour en faire présent au sage vieillard à qui il devoit un succès si heureux; il sortit ensuite promptement du jardin, et reprit la route du château; il s'appeloit alors le chevalier du miroir; mais on ne l'appela plus dans la suite que le chevalier du rameau d'or.

Le seigneur du château et sa fille furent charmés de le revoir : ils avoient toujours été dans l'inquiétude pendant son absence; et quand il leur présenta le rameau qu'il leur destinoit, ils parurent beaucoup moins sensibles à la beauté d'un présent si rare, qu'à la joie de pouvoir embrasser leur libérateur. L'amant de la dame du château étoit revenu depuis quelques jours de la cour de Bizerte; il ne témoigna pas moins de reconnoissance qu'eux au Persan, du grand service qu'il leur avoit rendu. Le seigneur du château pria le chevalier du rameau d'or de vouloir honorer de sa présence le mariage de sa fille, qui fut fait avec toute la solennité et les réjouissances possibles. Après cela, Prasilde conjura le vieillard et les jeunes époux, de lui permettre de satisfaire l'impatience qu'il avoit de retourner à Balc; ils n'osèrent s'opposer à son départ, quelque regret qu'ils en eussent, et ils le virent partir avec une douleur dont le chevalier fut pénétré.

Il regagna Tunis, il se rendit par mer à Damas; mais, au lieu de prendre la route de Moussoul, il tourna du côté de Bagdad, où il s'arrêta peu: ni les raretés de cette ville, ni les magnificences de la cour du calife, ne purent balancer l'impatience qu'il avoit de revoir l'objet de tous ses désirs. Quelques chevaliers qu'il rencontra dans son chemin, charmés de la beauté du rameau qu'il portoit, furent tentés de l'avoir; mais leur envie ne fit que tourner à leur confusion. Le vaillant Prasilde le conserva jusqu'à Balc, où après tant de fatigues il arriva plein de joie et d'espérance. Il écrivit aussitôt à Thisbine une lettre fort touchante; il lui mandoit qu'il venoit d'arriver avec le rameau qu'elle désiroit, et qu'il brûloit d'impatience de le lui présenter; qu'il ne vouloit point paroître devant elle sans en avoir obtenu la permission; mais qu'elle pouvoit s'assurer que si elle refusoit de faire son bonheur, il en mourroit de déplaisir.

L'épouse d'Irolde ne fut pas peu étonnée du retour d'un amant dont elle croyoit être délivrée pour jamais.

Hélas! dit-elle en soupirant, quelle étoit mon erreur? L'amour vient à bout de tout : Prasilde est revenu du jardin de Méduse; mes foibles charmes ont défendu son cœur contre tout ce que l'on publie des attraits de cette fatale nymphe; malheureux Irolde, dans quel embarras ma fausse prudence t'a jeté avec moi! Ces réflexions lui en firent faire beaucoup d'autres; et pendant qu'elle étoit plongée dans une profonde rêverie, son époux arriva. Il s'aperçut de sa tristesse, il lui en demanda le sujet; et Thisbine, n'ayant pas la force de le lui apprendre, lui tendit languissamment la lettre de Prasilde, en versant quelques larmes.

Lorsque Irolde eut lu le billet, il sentit quelque joie du retour de son ami; mais la parole qu'il avoit donnée de consentir à son bonheur fit succéder à sa joie des mouvements bien douloureux. Ces deux époux ne firent pendant quelque temps que soupirer; ils se tenoient étroitement embrassés, sans pouvoir proférer une seule parole. Irolde pourtant fit un effort, et parla en ces termes :

Ma chère Thisbine, faisons-nous justice nous-mêmes, le ciel nous punit d'avoir voulu trahir un ami à qui nous devons tout; mais c'est à moi seul d'expier ce crime. Vivez heureuse avec Prasilde; il est juste qu'il soit récompensé de ses services et du péril où il s'est exposé pour vous mériter : il est plus digne que moi de vous posséder; acquittez votre promesse, ajouta-t-il en frémissant, et me laissez mourir.

Le malheureux Irolde, plus amant qu'époux, acheva ces paroles en regardant avec des yeux tout couverts de larmes sa charmante épouse, qu'il trouvoit plus touchanté que jamais. Thisbine parut peu satisfaite de ce discours. Injuste époux, lui dit-elle, crois-tu que je puisse vivre sans toi ? Ne te souvient-il plus des preuves que je t'ai données de mon affection ? Tu m'as dit cent fois que tu ne voudrois pas sans moi habiter les cieux, et tu penses à me laisser seule en ce monde, accablée d'ennuis. Non, Irolde : malgré l'injustice du sort qui nous veut désunir, nous ne serons point séparés; je devrois mourir seule, puisque c'est moi qui t'ai fait donner cette funeste parole, qu'il faut tenir. Je ne te presse pourtant point de vivre; je sais que la vie ne sauroit t'être agréable, après avoir perdu ta Thisbine. Oui, dégageons notre commune promesse, puisque rien ne peut nous en dispenser; et qu'ensuite une commune mort nous punisse de l'avoir indiscrètement donnée. Mourons, cher époux, et que le même tombeau renferme deux cœurs qui se sacrifient l'un à l'autre.

Après ces paroles touchantes, ces deux infortunés époux, s'étant ainsi disposés à la mort, demeurèrent long-temps embrassés; ils ne pouvoient se séparer; enfin ils se firent violence. Thisbine alla chez un médecin de sa connoissance, et obtint de lui une poudre empoisonnée qui devoit faire son effet quatre ou cinq heures après l'avoir prise. Munie de ce breuvage, elle revint trouver son époux. Il détrempa cette poudre dans une liqueur, puis il en but la moitié avec une assurance merveilleuse; ensuite il présenta la coupe à Thisbine d'une main tremblante, et d'un regard mal assuré, après quoi il détourna les yeux pour ne pas voir une action qui lui perçoit le cœur : la dame prit la coupe, et but le reste du breuvage avec la même fermeté que son mari.

Cela étant fait, ils gardèrent quelque temps un morne silence, qui fut suivi d'un entretien fort touchant; mais enfin il fallut finir. Thisbine, comme une victime que l'on traîne à l'autel, alla trouver Prasilde, après avoir promis à son cher Irolde de revenir au plus tôt pour lui accorder la consolation de mourir entre ses bras.

Le chevalier du rameau d'or fut transporté de joie quand il vit arriver sa chère Thisbine chez lui. Il parut confus et comblé de cette faveur : comme il s'aperçut qu'elle avoit le visage baigné de larmes, il crut que c'étoit un effet de sa pudeur naturelle qu'alarmoit la démarche qu'elle faisoit; et, dans cette pensée, il s'efforça de la consoler par les paroles les plus flatteuses et les plus soumises. Elle le désabusa bientôt, en lui tenant ce discours : Hé bien, Prasilde, tu vois enfin cette fière beauté qui t'a coûté tant de soupirs et de soins, rendue à tes volontés : il ne tient qu'à toi de satisfaire tes amoureux désirs; mais apprends qu'en perdant aujourd'hui l'honneur, je dois perdre aussi la vie. Ce n'est pas tout : Irolde va comme moi renoncer au jour; ainsi la mort de ta maîtresse et celle de ton ami seront le fruit de ton bonheur.

Alors elle lui dit qu'elle et son époux avoient eu recours à un breuvage empoisonné, pour expier le coupable serment qu'ils avoient eu le malheur de faire. Aussitôt que Prasilde eut entendu ces paroles, il s'écria transporté de douleur : Ah! Madame, qu'avez-vous fait? En même temps il voulut appeler du monde, et s'empresser de secourir la dame; mais elle l'en empêcha. Cessez, lui dit-elle, de vous opposer à une mort inévitable; le poison que j'ai pris a déjà fait son effet;

il seroit inutile d'avoir recours aux remèdes, à peine me reste-t-il quelques moments à vivre. A ce discours, l'amant sentit troubler ses esprits : il devint pâle, et se laissa tomber de foiblesse sur un siége qui se trouva derrière lui; il jette sur l'épouse d'Irolde des regards où son désespoir étoit peint, et lui dit d'une voix languissante : Je me croyois le plus heureux des hommes, et j'en suis le plus malheureux : cruelle! ajouta-t-il en élevant la voix; qui vous obligeoit à recourir à cette extrémité? Je vous parois donc bien peu généreux, injuste Thisbine? deviez-vous penser que je pusse établir mon bonheur sur des bontés désavouées par votre cœur ? Non, non, je suis trop délicat pour exiger de pareilles faveurs; je vous aurois rendu votre parole si vous me l'eussiez demandée; mais vous avez mieux aimé causer notre perte commune, que de devoir quelque chose à ma générosité : allez, Madame, allez rejoindre ce cher Irolde, qui seul a mérité vos affections; je ne veux point acheter par votre mort la possession de vos charmes.

La dame fut touchée de ces paroles, et plus encore de l'excessive douleur à laquelle son amant s'abandonna; elle le quitta tout attendrie, et rejoignit son Irolde, à qui elle eut à peine le temps d'apprendre la générosité de Prasilde : elle pâlit; et, par un effet du breuvage, elle perdit le sentiment, et se laissa tomber entre les bras de son époux, qui, bien que préparé à ce coup terrible, ne le put supporter courageusement. Attends, chère ombre, s'écria-t-il, je vais te rejoindre : ne crois pas que je puisse te survivre. En prononçant ces mots, il embrasse Thisbine; et, reprochant au poison qu'il a bu son peu de pouvoir sur lui, il attend de sa douleur qu'elle en avance l'effet. Ses vœux furent exaucés : un froid imprévu vint glacer ses sens, et il eut la triste satisfaction de tomber sur un lit de repos, avec son épouse chérie.

Tandis qu'ils étoient tous deux dans cet état, Prasilde, enfermé dans sa chambre, faisoit les plaintes les plus touchantes; il défioit la fortune de le rendre plus malheureux ; cependant les mouvements de désespoir qui l'agitoient se calmèrent bientôt : le médecin de qui Thisbine avoit reçu la poudre arriva chez lui, et demanda à lui parler, pour prévenir, disoit-il, de grands malheurs. Les domestiques l'introduisirent dans la chambre de leur maître, qui ne fut pas peu étonné quand le docteur lui dit : Seigneur Prasilde, Thisbine est venue me demander du poison ce matin; comme je l'ai vue toute troublée, et que d'ailleurs je n'ignore pas votre attachement pour elle, j'ai cru devoir vous avertir de prendre garde à vous; je l'ai trompée; la poudre que je lui ai donnée n'est qu'une poudre somnifère qui assoupit les sens pour quelques heures.

Le chevalier du rameau d'or ne donna pas le temps au médecin d'en dire davantage. Mon cher ami, lui dit-il, vous me rendez la vie en m'apprenant cette nouvelle : suivez-moi, je vous en conjure. En disant cela, il mena le docteur chez Irolde, qu'ils trouvèrent couché auprès de sa femme, tous deux sans sentiment, et entourés de leurs domestiques, qui fondoient en pleurs. Le médecin, sans perdre de temps, frotta d'essences les tempes, les narines et les lèvres des deux époux, et les tira de leur léthargie à force de remèdes.

Mais, noble chevalier, poursuivit Fleur-de-Lys, je

ne songe pas que je vous fais un trop long récit. Pour le finir en deux mots, je vous dirai que Prasilde, après avoir fait secourir Irolde et Thisbine, leur rendit la parole qu'ils lui avoient donnée de consentir à son bonheur, et promit de ne plus troubler leurs plaisirs par son importune ardeur; mais, de peur de faire inutilement un effort si généreux, il s'éloigna de Thisbine et de Balc, et ne s'occupa plus qu'à continuer de travailler pour sa renommée par des exploits éclatants.

Fleur-de-Lys acheva en cet endroit l'histoire de Prasilde et d'Irolde; et voyant quelques fruits sauvages qui pendoient aux arbres, elle pria le paladin de s'arrêter pour en cueillir. Ils en mangèrent tous deux pour apaiser la faim qui commençoit à les presser vivement. Pendant qu'ils faisoient ce repas frugal, la nuit les surprit; ils résolurent de la passer dans ce lieu, qui leur parut agréable et commode pour cela; ils laissèrent paître leurs chevaux près d'eux, et se couchèrent sur un gazon épais, à quelques pas l'un de l'autre; un arbre touffu les couvroit, et les préservoit de la fraîcheur du serein. Le sommeil ne tarda guère à s'emparer de leurs sens, que la fatigue du jour n'avoit que trop disposés à en goûter la douceur.

FIN DU LIVRE SECOND.

LIVRE III.

CHAPITRE PREMIER.

Du bruit que Renaud et Fleur-de-Lys entendirent à leur réveil. Combat dangereux de ce paladin. Comment il perdit le cheval qu'il avoit gagné, et de quelle façon il en regagna un meilleur. Histoire de Polinde et d'Albarose.

Le paladin Renaud dormoit et laissoit tranquillement dormir auprès de lui la charmante maîtresse de Brandimart, quoiqu'il fût naturellement d'une complexion amoureuse. C'étoit l'enchantement de la fontaine de Merlin qui le rendoit si différent de lui-même. Cette eau fatale sembloit lui avoir ôté sa sensibilité pour le beau sexe, comme pour Angélique. Il étoit donc enseveli dans un profond sommeil. La belle Fleur-de-Lys, dans son âme, ne lui en savoit peut-être pas trop bon gré.

Déjà le jour renaissant commençoit à rendre les objets visibles, et les petits oiseaux sur les arbres faisoient entendre leurs ramages, lorsque la dame se réveilla; ses ennuis ne lui permettoient pas de goûter long-temps la douceur du repos; elle aperçut le chevalier qui dormoit encore : comme il étoit jeune et beau, elle prenoit plaisir à le considérer; elle auroit pu se laisser enflammer pour lui, si elle n'eût pas eu le cœur prévenu. Le jour qui s'augmentoit, venant à frapper les yeux du chevalier, le réveilla; il eut quelque honte de voir Fleur-de-Lys sur pied la première; il lui en fit des excuses, après quoi ils se remirent en chemin.

Ils n'eurent pas fait cent pas, qu'ils entendirent un assez grand bruit, et ce bruit augmentoit à mesure qu'ils avançoient. Ils découvrirent bientôt d'où il provenoit: ils aperçurent dans un grand espace vide d'arbres et plein de roches, une caverne, à l'ouverture de laquelle on voyoit de chaque côté un griffon enchaîné. Un démesuré géant, tout couvert d'acier, et d'un regard terrible, en défendoit l'entrée; il tenoit en sa main une pesante massue, garnie de pointes de fer, avec quoi il combattoit contre plusieurs chevaliers, dont il avoit déjà tué la plus grande partie; il n'en restoit plus que deux; encore étoient-ils si blessés et si fatigués, qu'ils ne tardèrent pas à succomber sous ses coups; le fils d'Aymon, en arrivant à cet endroit, les vit écraser. Il s'avança, Flamberge à la main, pour venger ces malheureux; mais Fleur-de-Lys demeura derrière pour ne pas s'exposer à tomber au pouvoir du géant, en cas que le succès du combat ne fût pas heureux pour son conducteur.

Il faut savoir que ce géant redoutable gardoit en ce lieu le bon cheval Rabican; ce coursier avoit été fait par enchantement; il n'étoit entré dans sa composition aucune autre matière que de la flamme et du vent, et il ne se repaissoit que d'air; il avoit pris naissance dans cette caverne, d'où il n'étoit sorti que par les charmes d'un magicien, qui l'en avoit tiré pour en faire présent au roi Galafron ; et il y étoit revenu après la mort du généreux Argail.

Renaud s'avança donc à pied vers le géant, qu'il ne vouloit pas combattre avec avantage, et dont il ne pouvoit approcher à cause des roches qui l'environnoient; ils s'attaquèrent tous deux presque en même temps; leurs boucliers furent en pièces dès les premiers coups qu'ils se portèrent. Celui du géant fut coupé en plusieurs morceaux par Flamberge, et celui de Renaud brisé par la massue. Le chevalier reçut une blessure à l'épaule; mais il atteignit son ennemi au côté, et lui fit une plaie profonde; le géant s'en vengea en lui déchargeant sur la tête un coup si terrible, que si l'armet enchanté de Membrin ne la lui eût conservée, elle en auroit été écrasée : le paladin en fut tout étourdi; il chancela plus d'une fois, et fit croire à Fleur-de-Lys qu'il alloit tomber; néanmoins son grand courage le soutint, et il eut assez de promptitude et de légèreté pour prévenir un autre coup plus dangereux, que son ennemi lui donnoit pour l'accabler dans son désordre. La tranchante Flamberge en rendit l'effet inutile, en rencontrant la terrible massue, qu'elle coupa par le milieu.

Le monstre, privé de son arme, voulut se jeter sur Renaud pour l'écraser du poids de son corps; mais le chevalier, qui prévit son dessein, lui allongea une estocade avec tant de force, au défaut de la cuirasse, qu'il lui perça le ventre de part en part. Le géant sentit à ce coup mortel qu'il alloit perdre la vie; et, pour ne pas mourir sans vengeance, il se hâta de délier les deux griffons. Ces furieux animaux s'élevèrent en l'air, puis l'un des deux fondit sur le cheval du paladin, le saisit de ses griffes crochues, et l'emporta si haut qu'on le perdit de vue; l'autre en voulut faire autant du vaillant fils d'Aymon; mais ce vigilant chevalier prit si bien son temps, qu'il coupa la pate de l'oiseau comme il descendoit rapidement sur lui. Le griffon fit un effroyable cri, s'éloigna, et perdit, en s'élevant jusqu'aux nues, l'envie d'attaquer Renaud. Ce dernier, ne se voyant plus d'ennemis, car le géant n'étoit déjà plus, s'approcha de la caverne, fort chagrin d'avoir perdu le bon cheval qu'il avoit gagné.

Cette caverne paroissoit profonde, l'ouverture en étoit grande, et l'on voyoit au-dessus ces mots écrits en gros caractères d'or sur une table de marbre noir : *C'est ici qu'est gardé l'excellent Rabican, qui fut le cheval du prince Argail. Que personne n'espère le monter, s'il ne contraint, par sa valeur, le géant et les deux griffons qui défendent l'entrée de cette caverne, à lui en laisser la libre disposition.* S'il ne faut rien davantage, dit en riant le paladin, j'ai des droits sur ce cheval. En achevant ces paroles, il entra dans la caverne, malgré la secrète horreur qu'elle inspiroit.

Après avoir marché environ deux cents pas le long d'une voûte qui recevoit du jour par des crevasses disposées de distance en distance dans le roc, il rencontra une riche porte de marbre bien travaillée, sur laquelle il y avoit une lame de cuivre qui contenoit cette inscription : *Que celui qui aura été assez courageux pour entrer ici, s'attende d'y mourir d'une mort cruelle, s'il ne jure de venger la mienne. Pour prix de ce serment, s'il est assez généreux pour le faire, il gagnera l'admirable coursier Rabican, qui passe le vent à la course.* Le paladin, sans balancer, jura de venger la mort de la personne dont il étoit parlé dans l'inscription, pourvu qu'elle eût été injustement procurée. Ensuite il entra par cette porte dans une grande salle voûtée, au milieu de laquelle il y avoit un magnifique mausolée de marbre noir, posé sur quatre piédestaux d'airain. Sur ce monument étoit couchée une grande figure de marbre blanc, qui représentoit une dame fort belle; et aux quatre coins, quatre autres figures de même matière désignoient les Vertus qui pleuroient. Une lampe de cristal pendoit au plafond de la voûte, et remplissoit tout ce lieu d'une lumière très vive. Après que le guerrier eut admiré la magnificence du tombeau, il aperçut au fond de la salle le beau cheval Rabican, lié d'une chaîne d'or à une colonne d'airain, et très richement enharnaché. Le feu sortoit par ses yeux; son action vive, son mors d'or, son poitrail tout blanc d'écume, et son pied qui frappoit impatiemment la terre, marquoient assez qu'il étoit ennuyé d'une si longue oisiveté. Nul cheval n'étoit comparable à celui-là pour la légèreté. Bayard avoit à la vérité plus de force que lui, mais il surpassoit Bayard en vitesse.

Dès que Renaud approcha de ce coursier, la chaîne d'or tomba d'elle-même, et avec elle un petit manuscrit de vélin qui y étoit attaché. Le chevalier le ramassa, l'ouvrit, et remarqua qu'il contenoit le récit de la mort tragique de la dame du mausolée. Voici dans quels termes cette histoire étoit écrite.

Histoire de Polinde et d'Albarose.

Un brave chevalier, nommé le comte Dorisel, avoit son château et ses domaines dans un pays situé sur les confins du Zagathai. Ce château étoit le plus fort de l'univers : bâti sur un roc escarpé qui avoit environ trois milles de tour, son sommet s'élevoit si haut, que les oiseaux seuls y pouvoient atteindre ; et c'est à cause de cela qu'il étoit appelé Montoiseau. Les hommes ne pouvoient y monter que par un sentier fort étroit que le ciseau avoit taillé autour du roc, qui étoit entouré d'un fossé rempli d'eau, si profond et si large, qu'on ne le pouvoit passer qu'en bateau.

L'envieux Trufaldin, roi du Zagathai, prince puissant, et le plus traître de tous les hommes, avoit tenté plus d'une fois de s'emparer de cette forteresse, mais il n'y avoit pu réussir. Outre que la forte situation du lieu la rendoit inaccessible, on ne la pouvoit prendre par famine, parce qu'au sommet du roc, par un privilége du ciel tout particulier, il y avoit un vallon d'une assez grande étendue pour fournir autant de grains et de pâturages qu'il en falloit pour nourrir les hommes et les bestiaux de la garnison pendant toute l'année. Le prudent Dorisel faisoit faire une garde exacte à son château, pour se garantir des surprises d'un voisin si dangereux.

Ce comte avoit une sœur qu'on pouvoit avec justice qualifier de dame parfaite : elle étoit pourvue de toutes les qualités de l'esprit et du corps qu'on peut souhaiter. Elle se nommoit Albarose. Un chevalier de mérite, et d'une condition égale à la sienne, l'aimoit et en étoit aimé; ils n'avoient l'un et l'autre qu'une volonté. Le soleil, qui parcourt chaque jour le monde, ne vit jamais dans son cours deux amants plus accomplis. Le chevalier, qui s'appeloit Polinde, attendoit pour la demander au comte son frère qu'un grand nombre d'exploits glorieux l'eussent mis en état de la mériter. Pour y parvenir, il alloit chercher les aventures et les occasions où il pouvoit faire éclater sa valeur.

Un jour qu'il parut à la cour de Trufaldin, ce prince artificieux, qui n'ignoroit pas son amour pour la sœur de Dorisel, le reçut avec de grandes démonstrations d'estime et d'amitié; il l'honora jusqu'à le faire manger à sa table; il lui parla d'Albarose avec éloge, et le loua beaucoup d'en faire la recherche. Pour lui témoigner plus d'affection, il alla jusqu'à lui faire don d'un château considérable qui n'étoit pas éloigné de Montoiseau.

Au sortir de la cour de Trufaldin, Polinde se rendit chez Dorisel pour porter l'hommage de ses dernières actions à la charmante Albarose, qu'il brûloit d'impatience de revoir après une longue absence. Le comte, par l'accueil obligeant qu'il lui fit, lui donna lieu de demander sa sœur en mariage. Dorisel agréa sa recherche; et comme s'il fût entré lui-même dans les désirs et les impatiences de ces deux amants, il se pressa de les unir. Cette union se fit dans Montoiseau avec les cérémonies ordinaires, et à la satisfaction générale des deux familles, qui s'y trouvèrent assemblées. Les nouveaux mariés y demeurèrent quelques jours; ensuite ils prirent congé du comte leur frère, et furent s'établir dans le château que Polinde tenoit de la libéralité de

Trufaldin, ou, pour mieux dire, de sa perfidie; car à peine avoient-ils eu le temps d'en reconnoître les avenues, les détours et les diverses parties, que ce méchant prince s'y rendit à main armée, et s'introduisit dans l'intérieur du château par une voûte souterraine dont il avoit seul connoissance. O fortune inconstante et cruelle! que les plaisirs des mortels sont de peu de durée!

Le barbare roi du Zagathay se voyant maître des deux amants, les fit charger de fers; il poussa la cruauté jusqu'à vouloir contraindre Albarose d'écrire au comte Dorisel pour l'attirer dans ce château sous quelque prétexte spécieux; et, comme cette vertueuse dame lui témoignoit avec fermeté qu'elle mourroit plutôt que de trahir son frère, il lui déclara qu'il se porteroit aux dernières extrémités, si elle ne faisoit ce qu'il exigeoit d'elle; mais ni ses prières ni ses menaces ne purent rien gagner sur Albarose. L'impitoyable tyran ne se posséda plus: dans sa fureur, il commanda à ses satellites de saisir l'infortuné Polinde, et il le fit inhumainement couper par morceaux aux yeux mêmes de son épouse, dont les plaintes et les cris ne servirent qu'à rendre cette exécution plus effroyable. Il ne borna point là sa rage détestable: pour priver le chevalier des honneurs de la sépulture, il fit jeter aux chiens ses tronçons sanglants; et jugeant que ce spectacle horrible obligeroit la dame à le satisfaire, il la menaça du même supplice, si elle tardoit à écrire au comte. Mais il se trompa: la femme de Polinde, après avoir perdu ce qu'elle avoit de plus cher, n'ayant plus rien à ménager, se jeta sur cet exécrable bourreau; et, dans son désespoir, elle l'auroit déchiré de ses propres mains, si les gardes du tyran ne l'en eussent arrachée.

Le lâche Trufaldin, pour combler sa cruauté, et comme s'il eût eu à se reprocher de la traiter avec moins de rigueur que son mari, ordonna qu'on lui meurtrît le visage, et défigurât les traits, pour rendre affreux ce qui charmoit auparavant les yeux; puis, l'ayant laissée languir quelque temps dans ce triste état, il lui fit arracher les mamelles avec une barbarie sans exemple.

Tandis que le généreux fils d'Aymon lisoit cette histoire, les larmes tomboient de ses yeux, et son cœur étoit touché d'une extrême compassion; mais son visage étoit enflammé de courroux : il jura de nouveau la vengeance d'une action si noire; après quoi il sortit de la caverne, monté sur Rabican, qui sembloit s'animer d'une nouvelle vigueur en sentant sur lui ce fameux guerrier. Il alla rejoindre la maîtresse de Brandimart; cette dame ne le regardoit plus qu'avec admiration; elle lui parla de l'exploit qu'il venoit d'exécuter; elle le fit rougir des louanges qu'elle lui donna. Ils continuèrent leur chemin, et gagnèrent enfin une plaine; mais le cheval de la dame se trouva si fatigué, qu'ils furent obligés de s'arrêter pour le laisser reposer.

CHAPITRE II.

Enlèvement de la belle Fleur-de-Lys. Prise de la ville d'Albraque; et comment Angélique en sortit pour aller chercher du secours.

Ils mirent donc tous deux pied à terre : la belle Fleur-de-Lys s'assit sous un chêne assez touffu, et le seigneur de Montauban s'étendit sur l'herbe à quelques pas d'elle. Pendant qu'ils s'entretenoient, un monstrueux centaure, qui passa près d'eux, saisit la dame avec tant de promptitude, qu'à peine le chevalier put l'apercevoir, et l'emporta sur sa croupe le long de la plaine, en courant d'une vitesse pareille à la flèche qu'un fort archer a décochée.

Le paladin, aussi surpris qu'affligé de ce subit enlèvement, se lève avec précipitation, court à Rabican, qu'il avoit attaché à l'arbre sous lequel il étoit assis, et saute en selle avec une légèreté surprenante. Avec quelle ardeur ne souhaita-t-il point alors son fidèle Bayard! car il ne connoissoit point encore Rabican, et le centaure étoit déjà loin; mais aussitôt que, lâchant la bride à son nouveau coursier, il le mit sur les traces du ravisseur, il sentit qu'il en avoit mal jugé; il fut même contraint de ralentir lui-même la rapidité de sa course, de peur qu'elle ne lui devînt fatale. Rabican lui faisoit perdre la respiration, tant il alloit vite, et il atteignit bientôt le centaure. Ce monstre, se voyant sur le bord d'un fleuve, et poursuivi si vivement, se jeta dans l'eau avec la dame effrayée, qui, par mille cris, imploroit le secours de son défenseur. Renaud, sans hésiter, poussa son cheval dans le fleuve, et joignit le ravisseur au milieu. Le centaure ne s'attendoit pas à une si ardente poursuite. Il abandonna la dame au courant de l'eau, pour être plus en état de se défendre; et, se retournant vers le chevalier, il lui déchargea sur la tête un pesant coup de massue, qui l'étourdit : heureusement l'armet de Membrin garantit d'un plus grand péril le fils d'Aymon. Il se remit; et, moins touché du coup qu'il venoit de recevoir que de la perte de Fleur-de-Lys, il se précipita plein de fureur sur le centaure, et lui porta plusieurs coups de Flamberge. Véritablement le monstre n'avoit le corps couvert que d'un poil sauvage; sa peau néanmoins étoit plus dure que les plus fortes armes; cela rendit le combat un peu plus long que le chevalier ne s'y étoit attendu : mais enfin il blessa le centaure, et le renversa dans le fleuve, où ce monstre expira, en mêlant son sang avec les eaux.

D'abord que ce guerrier se fut défait de son ennemi, il chercha des yeux la maîtresse de Brandimart; et, ne l'apercevant point, il coupa une longue branche avec laquelle il se mit à sonder le fleuve, mais inutilement. Il en avoit une douleur inconcevable, et se reprochoit à lui-même la perte de cette dame. Après en avoir fait une exacte recherche, il demeura persuadé qu'elle avoit péri dans ce fleuve; il s'éloigna de ce lieu, et reprit son chemin du côté que Fleur-de-Lys le conduisoit auparavant.

Retournons présentement à la ville d'Albraque, où

nous avons laissé l'empereur Agrican enfermé. Il avoit beau faire des prodiges de valeur, malgré sa force prodigieuse il ne pouvoit se flatter d'échapper à ses ennemis. Cependant on entendit un grand bruit du côté des portes de la ville; c'étoient les Tartares, qui, sachant que leur empereur étoit dans la place, avoient donné l'assaut, et s'en étoient rendus maîtres, d'autant plus facilement qu'ils en avoient trouvé les murailles sans défenseurs : tous ceux qui les gardoient les avoient abandonnées pour courir vers Agrican. Les Tartares pilloient, brûloient, saccageoient ; ils passoient tout au fil de l'épée, sans distinction d'âge et de sexe : jamais on n'a vu une semblable désolation. Les vaillants rois Torinde et Sacripant furent obligés de se retirer au château, où le lâche Trufaldin avoit pris soin de se réfugier de bonne heure avec une partie de ses troupes.

Cette forteresse étoit pourvue de vivres pour quelques mois, et l'on ne pouvoit l'emporter d'assaut; mais on pouvoit la réduire par la faim; ce qui obligea la belle Angélique de prendre le parti d'aller chercher du secours pour délivrer ses sujets et sa patrie de l'oppression des Tartares. Elle communiqua son dessein aux rois Sacripant, Torinde et Trufaldin, les conjurant de garder le château jusqu'à son retour, qui seroit le plus prompt qu'il pourroit être. Chacun d'eux s'offrit à l'accompagner; mais elle ne le voulut pas souffrir; et cette princesse s'étant fait amener son palefroi, elle monta dessus, partit le soir même au clair de la lune, et, à l'aide de son anneau, traversa tout le camp ennemi sans être vue de personne.

Avant que le soleil se levât, Angélique étoit déjà

éloignée d'Albraque de cinq lieues; elle se retournoit de temps en temps pour regarder cette ville chérie, et soupiroit de regret de la laisser en proie à ses ennemis. Au bout de plusieurs jours, elle arriva au bord du fleuve où le centaure avoit jeté la belle dame qu'il avoit enlevée à Renaud; elle y rencontra un vieillard qui cherchoit ou faisoit semblant de chercher des herbes dans la prairie, et qui se plaignoit douloureusement. La princesse lui en demanda le sujet : Hélas! charmante dame, répondit-il, en la regardant attentivement, je suis dans une affliction mortelle : mon fils unique est malade d'une fièvre ardente que tous les remèdes ne peuvent guérir; j'ai vainement épuisé toute la connoissance que j'ai des simples, et je viens faire un dernier effort pour sa guérison.

Les dames du temps passé, et entre autres les héroïnes de la chevalerie, étoient savantes en médecine et en chirurgie, et c'étoient elles qui pansoient ordinairement les blessures des chevaliers, en reconnoissance des services qu'elles recevoient d'eux. La princesse du Cathay n'ignoroit la vertu d'aucune plante dont on peut se servir pour guérir les maux; et par charité elle offrit son secours au vieillard. Il accepta l'offre avec de grands remercîments, et la conduisit à son château, qui n'étoit pas éloigné de là.

Ce vieillard étoit un traître qui, par divers artifices, attiroit chez lui toutes les dames qu'il rencontroit, et qu'il pouvoit tromper; c'étoit pour en faire un trafic : il les vendoit au roi d'Altin, qui les lui payoit suivant leur beauté. Il en avoit alors plus de vingt, au nombre desquelles étoit Fleur-de-Lys. Cette belle dame n'avoit pas péri dans le fleuve; elle savoit nager parfaitement; elle s'étoit abandonnée au courant, qui l'avoit emportée jusqu'au château du vieillard, où on la retenoit. Quand la princesse du Cathay parut devant les dames qui y étoient renfermées, et qui s'entretenoient ensemble de leurs infortunes, elles l'environnèrent pour l'admirer, en déclamant contre la perfidie du vieillard, qui préparoit un indigne sort à une personne si parfaite.

Elles se racontèrent l'une à l'autre de quels artifices ce traître s'étoit servi pour les surprendre; et celle qui paroissoit la plus inconsolable, c'étoit la maîtresse de Brandimart. La fille de Galafron, par une secrète sympathie qu'elle se sentit pour cette dame, s'intéressant plus à son sort qu'à celui des autres, s'informa des circonstances de son malheur; à quoi Fleur-de-Lys satisfit, en lui apprenant la perte de son amant, et de quelle manière il étoit enchanté dans le château de Dragontine, avec la fleur de tous les guerriers du monde, le comte Roland et les autres chevaliers. Sur la fin de son récit, la porte du château vint à s'ouvrir; c'étoit pour donner entrée aux gens de guerre du royaume d'Altin, qui venoient querir les dames que le vieillard leur devoit livrer.

Angélique prit ce temps pour sortir par la vertu de son anneau, qui la rendit invisible. Ce que Fleur-de-Lys venoit de lui dire lui fit prendre le dessein d'aller délivrer les fameux guerriers que Dragontine tenoit enchantés, les regardant comme un puissant secours. Dans cette résolution, elle marcha jour et nuit, et arriva enfin au fleuve de l'Oubli : elle mit dans sa bouche sa bague enchantée, et entra dans le château sans être vue de la magicienne. Le comte d'Angers étoit ce jour-là de garde avec le vaillant Hubert du Lion; le roi Adrian et Grifon le Blanc discouroient ensemble, dans le salon, sur les causes et les effets de l'amour; Aquilant le Noir et Clarion chantoient une chanson, l'un faisoit le dessus, l'autre la taille; et Brandimart, qui arriva, se mit aussi du concert, en faisant la haute-contre; mais le roi Balan s'entretenoit de guerre et de combats avec Antifort de la Blanche-Russie.

La princesse reconnut Roland à cet air noble et grand qui le distinguoit de tous les autres; elle s'approcha de lui, et lui mit au doigt son anneau, pour dissiper son enchantement. Ce prince se reconnut aussitôt, et reconnut aussi la belle Angélique, qui le tenoit dans un oubli de lui-même encore plus grand que celui dont il venoit de sortir, et qu'aucune bague constellée ne pouvoit détruire. Transporté d'amour et de joie, il se jette aux pieds de la souveraine de ses pensées pour lui témoigner toute sa passion. La dame, profitant de la conjoncture, lui apprit comment Dragontine l'avoit privé de sa raison; qu'elle venoit la lui faire reprendre, et implorer son assistance contre l'empereur Agrican, qui ravageoit ses états, et vouloit la forcer de se donner à lui. Il n'en falloit pas davantage pour enflammer le courroux du comte d'Angers contre cet orgueilleux rival : aussi assura-t-il la princesse qu'il la défendroit contre tous ceux qui voudroient la contraindre.

Après cette assurance, Angélique lui confia sa bague, et lui enseigna la manière dont il devoit s'en servir pour désenchanter ses compagnons; le paladin, étant au fait, prit au collet Hubert du Lion, et lui mit au doigt l'anneau ; il fit la même chose aux autres, en dépit de la magicienne, qui remplissoit l'air de ses cris. A peine Brandimart, qui fut le dernier, eut-il repris le jugement, que tous les enchantements de Dragontine se dissipèrent; le palais, le pont et le fleuve disparurent avec un grand bruit, le jardin s'anéantit, les chevaliers se trouvèrent dans une forêt, et virent leurs chevaux auprès d'eux. Ils sont surpris de ce prodige, et, dans leur étonnement, ils se regardent les uns les autres sans parler. Roland reconnut avec plaisir ses deux neveux; on appeloit le premier Grifon le Blanc, à cause qu'il étoit toujours couvert d'armes blanches, et son frère Aquilant le Noir, parce que les siennes étoient de couleur noire. Ces deux braves fils du marquis Olivier eurent une joie infinie de revoir leur oncle, qu'ils n'avoient pas vu depuis long-temps.

CHAPITRE III.

Retour d'Angélique à Albraque, et quel changement elle y trouva.

La fille de Galafron, après avoir rendu un si grand service à ces princes, leur fit la même prière qu'elle avoit faite à Roland. Elle les instruisit de tout ce qui se passoit, et tous ces guerriers l'assurèrent que pour servir une si belle dame, et sous la conduite du fameux comte d'Angers, ils étoient capables de tout entreprendre.

Ils se mirent tous en marche; la princesse les conduisoit par le chemin le plus court; ils arrivèrent enfin sur une petite montagne, d'où l'on découvroit la ville d'Albraque et la plaine des environs. Quand Angélique eut aperçu de dessus la hauteur tant de soldats et de tentes autour de cette ville, elle en fut effrayée, et désespéra de pouvoir introduire ses défenseurs dans le château. Elle leur avoua sa crainte; mais ils la rassurèrent, et s'offrirent à l'y faire entrer elle-même de vive force; elle n'y voulut pas consentir : elle leur dit que sa personne ne feroit que les embarrasser, qu'elle sauroit bien toute seule s'introduire dans la forteresse; qu'ils ne se missent point en peine d'elle : qu'ils tâchassent seulement de pénétrer jusqu'à la porte du château, et qu'elle auroit soin de la leur faire ouvrir. Tous ces guerriers ne pouvoient se résoudre à laisser la princesse seule; mais elle leur témoigna si fortement qu'elle le souhaitoit, qu'ils furent obligés de se conformer à ses volontés. Roland toutefois n'y voulut consentir qu'à condition, si elle avoit le malheur de tomber entre les mains des Tartares, qu'elle le lui feroit savoir; elle le lui promit; et de son côté le paladin jura que si cela arrivoit, il iroit l'arracher de la tente même d'Agrican.

Angélique quitta donc ses conducteurs, et, traversant le camp tartare sans être vue, elle se rendit en peu de temps au haut du rocher. Lorsqu'elle fut à la porte du château, elle se rendit visible. On courut avertir Trufaldin, qui vint recevoir lui-même la princesse; ce lâche roi du Zagathay s'étoit rendu maître du château après le départ d'Angélique : il avoit cru, par cette démarche, se mettre en état de faire sa condition meilleure avec Agrican, qu'il craignoit; il s'en étoit emparé sans peine, parce que les rois Torinde et Sacripant étoient dangereusement blessés, et que ses sujets faisoient la plus grande partie de la garnison. Comme il savoit que ces deux princes généreux n'approuveroient pas sa résolution, il les avoit fait prendre dans leur lit, et enfermer dans le fond d'une tour; ensuite il avoit envoyé un de ses affidés à l'empereur tartare pour lui proposer de lui livrer la forteresse avec les rois Torinde et Sacripant, s'il vouloit lui accorder son amitié. Agrican avoit frémi à cette proposition; et ayant su du messager que la princesse étoit sortie du château pour aller chercher du secours, il lui avoit répondu avec colère : Quelle est donc l'audace de votre maître, d'oser disposer d'un bien dont on lui a confié la garde? Ah! ne plaise à mes dieux qu'il me soit reproché que je dois mes victoires à un traître! dites à Trufaldin que sa perfidie me fait horreur, qu'il est indigne de porter le bandeau royal; et que, pour venger la gloire de tous les rois, qu'il fait rougir par cette trahison, je le ferai pendre aux créneaux du château avec tous ceux qui se trouveront complices de cet infâme complot. Le messager, effrayé de ces menaces, étoit revenu en tremblant apprendre à Trufaldin le mauvais succès de sa mission.

Toutes ces choses s'étoient passées dans la forteresse pendant l'absence d'Angélique, qui fut vivement touchée quand elle apprit l'indigne traitement qui avoit été fait à Torinde et à Sacripant. Elle accabla Trufaldin de reproches; mais, bien loin de relâcher ces deux illustres prisonniers, il dit insolemment à la princesse qu'elle seroit trop heureuse s'il ne se portoit pas aux mêmes extrémités à son égard.

Pendant ce temps-là, le comte d'Angers et ses compagnons se disposoient à livrer un terrible assaut aux Tartares. Roland et Brandimart se mirent à la tête de leur petite troupe ; les rois Balan et Adrian, Hubert du Lion et Clarion les suivoient, et les deux fils du marquis Olivier faisoient l'arrière-garde avec Antifort de la Blanche-Russie. Quoique leurs ennemis fussent infinis en nombre, le paladin Roland ne crut pas devoir les attaquer, sans les avoir défiés auparavant. Au son brillant de son cor, tout le camp tartare fut en rumeur, les plus intrépides chefs en frémirent.

Les neuf chevaliers forcèrent d'abord la barrière du camp ; ils passèrent sur le ventre de tous ceux qui en avoient la garde, et renversèrent de même ceux qui étoient postés pour les soutenir. Cinq ou six escadrons tartares se formèrent à la hâte pour courir sur ces assaillants, qui les mirent en désordre. Roland et Brandimart ne laissoient presque personne derrière eux qui fût en état de résister à leurs compagnons ; ils faisoient un étrange carnage ; des ruisseaux de sang couloient sous leurs pas ; ils avoient déjà percé plus de la moitié du camp, et mis la confusion partout, lorsque les chefs vinrent au secours de leurs gens. Le démesuré Rhadamante s'élevoit au-dessus des autres ; c'étoit lui qui avoit emporté dans ses bras le prince Astolphe ; ce fort géant baissa sa lance contre le roi Balan, et le choqua si furieusement, qu'il le jeta par terre. Le courageux Grifon, qui suivoit, arrêta Rhadamante ; il commencèrent un combat fort vif et fort dangereux, ce qui donna le temps au roi Balan de se relever. Il se porta fort vaillamment contre tous ceux qui l'entouroient pour le prendre; mais il ne pouvoit remonter à cheval, assailli comme il l'étoit de tous côtés. Le fier Santarie alla rencontrer de sa lance Antifort de la Blanche-Russie, mais il ne put l'ébranler. Le vaillant Brandimart, ayant devant les yeux les exploits étonnants du comte d'Angers, faisoit, à son exemple, des choses merveilleuses : ses armes étoient toutes rouges du sang des Tartares, et les coups d'épée qu'il déchargeoit fendoient l'un jusqu'aux dents, et l'autre jusqu'à la ceinture. Le géant Argante poussa son grand cheval sur lui pour l'accabler; mais Brandimart résista au choc, quelque impétueux qu'il fût, et fit courir autant de péril à l'orgueilleux Argante qu'il en couroit lui-même. Les grands coups qu'ils se portoient ne se pouvoient égaler que par ceux que se donnoient, assez près d'eux, l'empereur Agrican et le comte d'Angers ; ces deux insignes guerriers s'étoient acharnés l'un sur l'autre ; le Tartare étoit monté sur Bayard, et couvroit sa superbe tête d'un armet enchanté; l'autre étoit féé par tout le corps; leur combat inspiroit de la frayeur à tous ceux qui le regardoient; et l'on ne remarquoit encore aucun avantage entre les deux combattants, lorsqu'une foule de Tartares, qui se renversèrent sur eux, les obligea de se séparer.

Les braves Aquilant, Hubert du Lion, Adrian, Antifort et Clarion signaloient aussi leur valeur d'une manière fatale aux assiégeants ; néanmoins, quelque carnage que les neuf guerriers fissent, des ennemis sans cesse renaissants s'offroient à leurs coups ; il sembloit que l'enfer rendît à la terre les combattants dont le cruel acier tranchoit les jours. Roland toutefois et ses compagnons s'ouvrirent un passage, et percèrent jusqu'à la ville; ils en trouvèrent les portes ouvertes, parce que les Tartares en étoient les maîtres, et qu'ils ne croyoient pas avoir quelque chose à craindre, après avoir défait les Circassiens. Ces princes n'étoient plus que sept lorsqu'ils entrèrent dans Albraque; ils avoient été obligés d'abandonner le roi Balan et Antifort, que les rois Saritron, Uldan, Poliferne et Santarie avoient entourés et abattus. Ils traversèrent donc la ville sans résistance, et parvinrent au pied du rocher, qu'ils montèrent avec assez de peine en suivant un sentier qu'ils voyoient frayé dans le roc, et qui alloit en tournant jusqu'aux portes du château; ils descendirent de leurs chevaux, et le comte d'Angers appela la garde.

Trufaldin parut alors aux créneaux, et demanda au paladin ce qu'il vouloit; le comte répondit qu'il étoit des chevaliers d'Angélique, et qu'il le prioit de recevoir l'ordre de cette princesse pour le faire entrer; le roi du Zagathay répliqua brusquement que lui seul étoit maître dans le château, qu'Angélique n'y avoit aucun pouvoir; et que s'il ne se retiroit, il alloit le faire percer de mille flèches, lui et ses compagnons. Roland, étonné de cette réponse, en cherchoit la cause en lui-même, lorsque la fille de Galafron parut à côté de Trufaldin. Dès qu'elle reconnut le comte, un mouvement de joie se fit remarquer sur son visage; elle espéra que son arrivée procureroit la liberté aux rois Torinde et Sacripant. Dans cette pensée, elle s'abaissa jusqu'à supplier Trufaldin de faire ouvrir à ces braves chevaliers qui venoient à son secours; mais ce lâche prince eut la cruauté de n'y point consentir. Le comte, de son côté, le prioit instamment de se laisser fléchir aux prières de la princesse ; mais, quand il vit que cet homme se montroit impitoyable, la fureur le saisit ; il sortoit des étincelles de feu par la visière de son casque.

Sur ces entrefaites, les chefs des ennemis qui suivoient les sept guerriers arrivèrent au pied du rocher. Agrican étoit à leur tête. Les rois Saritron, Rhadamante, Poliferne, Pandragon, Argante, Lurcon, Sentarie, Aldan et Brontin, sans parler de plusieurs généraux, montèrent au haut du rocher pour y attaquer le comte et ses compagnons, malgré le grand nombre de traits que Trufaldin faisoit pleuvoir des créneaux sur les uns et sur les autres, sans distinction d'amis ni d'ennemis. Aquilant et Grifon attaquèrent en même temps l'empereur tartare, qui, se trouvant sur le penchant du roc, pensa être renversé de deux pesants coups qu'ils lui déchargèrent : il en demeura tout étourdi ; et pendant qu'il étoit en désordre, les deux frères se préparoient à recommencer ; mais les géants Argante et Rhadamante les prévinrent en les chargeant eux-mêmes. Rhadamante s'attacha de nouveau à Grifon, qu'il reconnut à ses armes blanches, et Argante se jeta sur Aquilant le Noir. Lurcon, Santarie, Poliferne et les autres chefs de leur parti en vinrent en même temps aux mains avec Hubert du Lion, Clarion, Adrian et Brandimart.

Les défenseurs d'Angélique avoient pour eux l'avantage du lieu. Brandimart culbuta Pandragon et Poliferne du haut du rocher en bas ; mais rien n'étoit égal au comte d'Angers, dans la fureur où l'avoient mis l'insolence et l'injustice de Trufaldin ; les armes les plus fortes ne résistoient point à Durandal, maniée par un bras si terrible; il fit voler la tête et le bras de Brontin d'un seul coup; et quoiqu'il n'atteignît Lurcon que du plat de son épée, parce qu'elle lui tourna dans la main, le casque de ce malheureux roi de Tendouc tomba à terre tout fracassé avec la moitié de sa tête. Santarie en frémit, tout brave qu'il étoit, et il servit aussi de victime à la colère du comte, qui le fendit jusqu'à la ceinture. Le paladin, retombant de là sur Rhadamante, qui traitoit rudement Grifon, coupa ce géant par le milieu du corps.

Ce coup prodigieux, en délivrant le fils d'Olivier du péril où il étoit avec un si dangereux ennemi, pensa être funeste à son frère Aquilant. Comme ce dernier combattoit alors fort près de là contre Argante le Démesuré, la partie supérieure du corps de Rhadamante, séparée de son tronc, lui tomba sur la tête, et pensa l'écraser de son poids. Argante s'apprêtoit à profiter de son désordre; il s'avançoit déjà sur lui pour l'accabler, lorsque Roland, qui s'en aperçut, prévint son dessein, en poussant du pied ce géant avec tant de force, qu'il le jeta sur Agrican, qui combattoit alors contre Brandimart. Argante, en tombant, renversa l'empereur, et ils roulèrent tous deux jusqu'au pied du rocher.

Après cette expédition, les autres Tartares n'osèrent plus continuer le combat. Roland, voyant qu'aucun d'entre eux ne se présentoit plus, se tourna vers Trufaldin, qui l'avoit toujours regardé des créneaux, et le menaça de la plus cruelle mort, s'il n'obéissoit à la princesse. Traître, lui disoit-il, si tu ne nous fais entrer tout à l'heure dans la forteresse, sois sûr de t'en repentir : tu ne saurois m'échapper ; je veux moi seul mettre en pièces ce roc avec mon épée, foudroyer, renverser cette forteresse, et t'écraser sous ses ruines avec tous ceux qui sont complices de ta trahison. En prononçant ces paroles, il déchargeoit de si effroyables coups de Durandal sur la porte du château, qu'il la fendoit avec les gros clous et les lames de fer dont elle étoit couverte ; il brisoit jusqu'à la pierre même du roc. Trufaldin, ne se croyant pas en sûreté contre un pareil ennemi, et s'imaginant déjà sentir écrouler les fondements de la forteresse, prit le parti d'apaiser la colère du comte. Brave chevalier, lui dit-il en tremblant, je vous prie d'écouter mes raisons : Si j'ai offensé Angélique, l'injustice de Torinde et de Sacripant en est la cause ; ils me querellèrent sans sujet ; je les fis arrêter ; cependant, quoiqu'ils aient tout le tort, ils ne me pardonneront jamais, si je les mets en liberté : je ne puis donc vous laisser entrer dans le château, si vous ne me jurez, vous et vos compagnons, par tout ce qu'il y a de plus sacré, que vous défendrez ma vie contre eux et contre tous ceux qui la voudront attaquer. Roland ne vouloit point faire ce serment, qui lui paroissoit autoriser l'injustice ; mais la princesse le conjura si fortement de tout promettre pour entrer, qu'il fit ce qu'elle souhaitoit.

Les sept chevaliers ne furent pas si tôt entrés, que Torinde et Sacripant sortirent de prison ; ces deux princes avoient eu le temps de guérir de leurs blessures. Leur premier soin fut de rendre grâces à leurs libérateurs ; ensuite ils songèrent à tirer raison de l'injure que Trufaldin leur avoit faite. Ils murmurèrent beaucoup, quand ils apprirent l'obstacle qui s'opposoit à leur vengeance; et le mécontentement qu'ils en marquèrent auroit eu peut-être de fâcheuses suites, si la fille de Galafron ne leur eût représenté que leur différent alloit l'exposer à la merci des Tartares. Elle les pria de vouloir du moins en remettre la discussion à un temps plus convenable. L'amoureux Sacripant, qui n'osoit déplaire à cette princesse, se conforma à sa volonté.

Il n'en fut pas de même de Torinde; il ne pouvoit consentir à l'impunité d'une action si noire : il dit que le comte d'Angers et ses compagnons n'avoient pas dû faire un semblable serment, et qu'en tout cas l'on n'étoit que trop dispensé de garder sa parole aux traîtres qui ne se faisoient point eux-mêmes un scrupule d'enfreindre les lois divines et humaines. Il se plaignoit aussi d'Angélique : il disoit qu'il avoit pris les armes en sa faveur, et qu'elle étoit pourtant assez injuste pour prendre le parti d'un perfide. Comme il vit que tous ces princes, bien que touchés de la force de son discours, persistoient pourtant à dérober à son ressentiment le roi du Zagathay, il sortit du château tout en colère, en menaçant Trufaldin, et jurant par ses dieux qu'il puniroit ce lâche, malgré tous les chevaliers qui en prenoient la défense.

CHAPITRE IV.

Arrivée de Galafron au secours d'Albraque, et de la bataille qu'il livra à l'empereur Agrican.

Le soleil recommençoit à répandre ses rayons sur la terre, lorsqu'on vit descendre du haut d'un coteau qui dominoit la plaine d'Albraque, un grand nombre de gens de guerre; à mesure qu'ils arrivoient dans la plaine, ils se rangeoient en ordre de bataille : on entendoit déjà retentir les clairons et autres instruments de guerre. A ce bruit éclatant, le fier empereur des Tartares s'anime d'une nouvelle ardeur; il paroît encore irrité de l'affront qu'il a reçu la veille; mais il espère enfin s'en venger sur un monde d'ennemis qu'il va sacrifier à son ressentiment. Il avoit appris que le roi Galafron armoit pour la défense de sa fille, et il ne doutoit pas que ce ne fût l'armée du prince qu'il voyoit paroître.

C'étoit effectivement le roi du Cathay, qui venoit faire lever le siége avec une guerrière redoutable, dont l'éclatante renommée étoit répandue par tout l'Orient. Cette guerrière se nommoit Marphise; elle régnoit sur la plus grande partie des provinces de la Perse, et n'étoit pas moins vaillante que belle. Sa force même étoit si prodigieuse, qu'il n'y avoit point de guerriers dans toutes ces contrées à qui elle n'eût fait vider les arçons dès la première rencontre. Cette fière princesse, au lieu de vivre dans la mollesse, avoit fait vœu de n'être jamais sans armes, de ne jamais les dépouiller qu'elle n'eût vaincu et pris en combat singulier les rois Agrican, Gradasse et Charlemagne avec tous ses paladins; et ce n'étoit point par amitié pour Galafron ni pour Angélique qu'elle venoit au secours d'Albraque : l'unique motif de son voyage étoit le dessein de chercher l'empereur tartare, et de commencer par lui l'exécution de son vœu.

Cette nouvelle armée étoit divisée en trois corps; le premier, composé d'Indiens, des peuples de Golconde, de Pégu et de Siam, avoit pris les armes en faveur d'Angélique, et reconnoissoit pour son commandant le géant Archilore le Noir; Marphise conduisoit le second, et le roi du Cathay commandoit le dernier. Chacun de ces trois corps étoit une puissante armée. Si le monarque tartare parut plus fier à l'approche de ces nouveaux ennemis, il n'en fut pas de même de ses soldats. Le souvenir du jour précédent, où neuf guerriers seulement avoient fait d'eux un si grand carnage, les tenoit encore épouvantés; ils craignoient de retomber dans le même péril; et dans cette crainte plusieurs avoient recours à la fuite. Agrican, à peine remis de sa chute, donnoit partout ses ordres pour les rassembler; et s'apercevant qu'ils ne prenoient les armes qu'à regret, le cruel immoloit lui-même ceux qui faisoient paroître le plus de frayeur; il étoit en effet nécessaire que les Tartares se tînssent sur leurs gardes, puisque l'armée de Galafron s'avançoit vers eux avec ardeur.

Archilore le Noir marchoit à la tête de l'avant-garde; ce monstrueux géant, qui avoit l'air d'un démon sorti des enfers, ne blasphémoit pas moins contre le créateur de l'univers que contre Mahomet : il portoit pour toute arme un grand marteau aussi pesant qu'une enclume, et il alloit à pied, parce qu'il n'y avoit point de cheval qui pût le porter. L'empereur tartare, pour épargner à ces nouveaux ennemis la moitié du chemin, sortit pour aller au-devant d'eux avec ses troupes. Les deux armées se joignent : le choc est terrible, et coûte la vie à un grand nombre d'hommes ; le carnage fut bien plus horrible, quand tous ces peuples furent mêlés ensemble. Le superbe Archilore se faisoit remarquer au-dessus des autres, encore plus par ses coups que par sa taille excessive ; chaque fois qu'il frappoit de son formidable marteau, il écrasoit un Tartare. Uldan et Saritron, qui le voyoient jeter l'épouvante parmi les leurs, abaissèrent leurs lances contre lui pour réprimer sa fureur ; mais ils se nuisirent l'un à l'autre dans ce dessein : car si Uldan l'ébranla par l'impétuosité du choc, l'autre, qui venoit du côté opposé, le raffermit dans la selle. Les deux rois passèrent outre, et s'enfoncèrent parmi les Indiens, dont ils ne firent pas une moindre destruction que le géant en faisoit des Tartares.

De son côté, l'empereur Agrican s'étoit porté sur le corps d'armée que commandoit Galafron ; il en avoit enfoncé sans peine les premiers rangs ; et, ne trouvant aucun guerrier qui pût l'arrêter, il s'étoit fait jour jusqu'à ce roi, qu'il abattit lui-même assez rudement d'un coup de lance. Chacun fuyoit devant le monarque tartare, et se sauvoit vers le corps des Indiens, qui, commandé par le noir Archilore, renversoit celui des Tartares qui lui étoit opposé. Le fier Agrican en rougit de colère ; il perça jusqu'au géant, et fondit sur lui de toute la vitesse de Bayard, avec une lance qu'il avoit prise des mains d'un de ses chevaliers; l'orgueilleux Indien l'attend de pied ferme; il avoit son écu au bras, et tenoit son marteau tout sanglant et tout souillé des cervelles qu'il avoit écrasées; néanmoins, quoique son bouclier eût un demi-pied d'épaisseur, la lance fut poussée avec tant de roideur, qu'elle le perça de part en part; elle se brisa contre la cuirasse du géant, sans que le monstre en fût que médiocrement ébranlé. L'empereur retourne sur lui l'épée à la main, et commence à l'assaillir de tous côtés; Bayard, plus vite et plus léger qu'un oiseau, fait perdre à l'Indien presque tous ses coups, qui ne frappent que l'air. Le monstre, immobile comme une tour, se tient ferme sur ses deux pieds, malgré les coups pesants du Tartare; et l'on ne voit agir que ses bras, qui lèvent sans cesse le funeste marteau : on l'auroit pris pour un cyclope des forges du dieu Vulcain. Les Indiens et les Tartares, suspendant toute action, regardent ce combat comme celui qui doit décider de leur sort; enfin le furieux Archilore jeta par terre son large bouclier, qui ne pouvoit plus lui servir tant il étoit fracassé; et, prenant à deux mains son marteau, le déchargea de toute sa force sur le Tartare, qui en auroit perdu la vie, s'il en eût été frappé à plein; mais Bayard détourna le péril, en sautant à quartier. La violence du coup, ne trouvant presque point de résistance, entraîna le géant jusqu'à terre, où le marteau entra fort avant. L'empereur, profitant de ce temps favorable, leva sur lui sa redoutable épée, et d'un seul coup lui coupa la tête avec ses deux mains, qui restèrent attachées au marteau.

Dès ce moment, les Indiens ne résistèrent plus; ils se mirent à fuir à vau-de-route, pendant que les peuples du Cathay se préparoient à faire la même chose; car Pandragon, Argante et Poliferne les poussoient, et poursuivoient vivement la victoire qu'Agrican leur avoit facilitée.

La belle Angélique, qui du haut des murs du château remarqua le carnage qu'on faisoit des sujets du roi son père, implora le secours de Roland. Généreux guerrier, lui dit-elle d'un air touchant, je vois les peuples du Cathay en désordre : souffrirez-vous qu'on les taille tous en pièces, et que la vie même de mon père soit en péril à mes yeux? Le comte d'Angers rougit à ces paroles, qu'il prit pour un reproche; et, dans la confusion qu'il en eut, il alla s'armer sans répondre à la princesse; il rassembla ses compagnons, et sortit avec eux, après avoir laissé les deux frères pour la garde de la forteresse et d'Angélique : car il n'osoit se fier au traître Trufaldin.

CHAPITRE V.

Arrivée de Renaud dans le royaume d'Altin, et de la rencontre qu'il y fit d'un chevalier affligé.

PENDANT ce temps-là, le seigneur de Montauban continuoit son chemin du côté que Fleur-de-Lys lui avoit enseigné. Après quelques jours de marche, il se trouva dans une prairie toute remplie de grands arbres chargés de fruits; il y rencontra un chevalier couché le long d'un ruisseau, et entièrement livré à ses douloureuses pensées. Renaud descendit de cheval, s'approcha de lui, le salua civilement; et, s'apercevant qu'il avoit les yeux tout humides de pleurs, il lui demanda le sujet de sa douleur. Le son de sa voix retira l'inconnu de sa rêverie; il envisagea le paladin, auquel il n'avoit pas pris garde, lui rendit le salut; et, après avoir quelque temps considéré sa bonne mine, il lui répondit dans ces termes : Noble chevalier, ma triste destinée m'a réduit à un tel excès d'affliction, que je me dispose à mourir. Je vous jure par le grand prophète que la mort ne me fait point de peine; tout ce qui m'afflige, c'est la nécessité où je suis de voir traîner au supplice un des plus parfaits chevaliers de notre siècle, un chevalier que j'aime tendrement, et à qui je suis redevable de cette même vie que je vais perdre pour lui sans pouvoir le sauver.

L'inconnu se tut après avoir achevé ces paroles; et Renaud, attendri de son discours, lui dit : Généreux chevalier, si le récit de tes malheurs ne redoubloit point ta peine, je te prierois de me les apprendre, peut-être peut-on les soulager. Hélas! repartit l'inconnu, je ne l'espère point; mais quand j'en devrois mourir de douleur, je vous donnerai cette satisfaction. Que dis-je? il me seroit plus doux de perdre ainsi la vie, que de voir le spectacle qui m'est préparé.

Vous saurez, poursuivit-il, que j'ai quitté une épouse charmante, que j'adore, et dont je suis aimé, pour aller chercher partout ce chevalier dont je viens de vous parler. Les plus cruels ennuis qui puissent presser le cœur d'un amant l'avoient éloigné de moi, et je craignois son désespoir, qui m'étoit connu; je courois donc après lui pour tâcher de soulager ses maux; et la fortune qui ne se lasse point de me persécuter m'a conduit dans ce triste pays d'Altin : ce royaume est à présent gouverné par une femme, parce que le roi Marquinor, qui en est le souverain, est allé avec le roi du Cathay au secours d'Angélique, que l'empereur Agrican tient assiégée dans Albraque.

Cette femme, à qui Marquinor a confié l'administration de tout son état, est la plus méchante et la plus cruelle personne de son sexe; c'est une magicienne. Falerine, c'est son nom, fait un accueil favorable à tous les étrangers qui arrivent en Altin; et lorsque, séduits par ses manières gracieuses, ils ne s'attendent à rien moins qu'à une perfidie de sa part, elle les fait inhumainement renfermer dans une obscure prison, pour servir de pâture à un horrible dragon qui garde l'entrée d'un jardin enchanté dont elle fait ses délices; on livre chaque jour à ce monstre, pour sa nourriture, un chevalier et une dame dont les noms sont écrits sur une liste à mesure qu'on les prend.

Je fus pris par trahison, comme les autres, et je restai quelques mois en prison avec une infinité de chevaliers et de dames qui y étoient; pendant que je vivois ainsi dans les fers, sans espérance de pouvoir éviter le sort qui m'étoit destiné, notre geôlier vint secrètement me tirer de prison, en me disant : Sortez, vous êtes libre. Surpris de cet événement, j'en demandai la cause au geôlier, qui me dit : Un chevalier vous a rendu ce bon office, c'est tout ce que je puis vous dire;

sauvez-vous, sans tarder, si vous voulez vous dérober à la mort. A ces mots il me quitta brusquement ; je sortis dans l'obscurité, et je me retirai dans un petit village voisin, en faisant beaucoup de réflexions sur cette aventure, sans pouvoir être au fait. Mais, hélas! j'appris hier, par la voix publique, qu'on doit aujourd'hui conduire au dragon un chevalier nommé Prasilde : je n'ai pas eu de peine à juger après cela que ce parfait ami a voulu me sauver en se livrant lui-même pour moi; mais j'ignore comment cet échange s'est pu faire. Concevez, noble chevalier, quelle doit être mon affliction. Quoi donc, je souffrirai que ce cher ami perde le jour pour moi? Ah! je ne puis soutenir cette pensée, et j'ai résolu de faire voir à Prasilde que je déteste une vie qu'il veut conserver aux dépens de la sienne; bien que je n'espère pas pouvoir le secourir, je veux attaquer ceux qui le conduiront au supplice, en quelque nombre qu'ils soient, et je l'attends en ce lieu, par où il doit nécessairement passer.

Il versa un torrent de larmes après avoir dit ces paroles, et fit des plaintes si touchantes, que Renaud ne put s'empêcher de pleurer avec lui. Ce paladin jugea bien que c'étoit Irolde, et, s'intéressant pour lui, il se proposa d'affronter les plus grands dangers pour le tirer de peine. Généreux chevalier, lui dit-il, ne désespère point de la délivrance de ton ami; quand ceux qui le meneront au supplice seroient en plus grand nombre qu'ils ne seront, que pourront tous ces gens de néant contre deux hommes de cœur? Hélas! brave chevalier, lui répondit Irolde, le comte Roland ni son cousin Renaud ne sont point ici pour exécuter ce haut fait d'armes ; éloignez-vous plutôt : je ne voudrois pas vous voir mettre, pour l'amour de moi, votre courage à une si rude épreuve. Je ne suis point Roland, répliqua le fils d'Aymon en souriant, et toutefois je veux tenter cette aventure en faveur de deux amis si parfaits.

Comme le seigneur de Montauban achevoit de parler, il vit descendre du haut d'une petite éminence voisine, un assez grand nombre de gens armés; il étoient plus de mille; on apercevoit au milieu d'eux un chevalier et une dame liés comme des criminels qu'on mène au supplice. Le chevalier étoit monté sur son cheval et la dame sur sa haquenée; un homme de fort mauvaise mine, roux, borgne, balafré, et plus gros qu'une tour, marchoit à la tête de cette troupe. Il se nommoit Rubicon. Renaud ne s'arrêta pas long-temps à les considérer; dès qu'il connut ce que c'étoit, il sauta sur Rabican sans mettre le pied à l'étrier, et, tirant Flamberge, il fondit comme un foudre sur Rubicon, qu'il coupa en deux par le milieu du ventre; il pénétra ensuite jusqu'aux victimes en faisant un horrible carnage de leurs conducteurs, quoiqu'il ne vît qu'à regret rougir ses armes d'un sang si vil. L'épouvante dispersa bientôt ces malheureux, et cette expédition fut si brusque, qu'Irolde n'eut presque plus rien à faire, lorsqu'il voulut se mettre de la partie.

Mais quel fut l'étonnement du fils d'Aymon, et quelle joie ne sentit pas ce généreux paladin, quand, après avoir mis en fuite les soldats de Falerine, il reconnut que la dame qu'on vouloit immoler avec Prasilde étoit la belle Fleur-de-Lys! il désespéroit de la revoir, et il ne pouvoit comprendre par quel bonheur elle n'avoit pas péri dans le fleuve.

Tandis qu'en la déliant il lui témoignoit la satisfaction qu'il avoit de l'avoir retrouvée, et qu'elle répondoit à ses sentiments par des transports de joie qu'on ne peut exprimer, Irolde ôta les liens de Prasilde. Ces deux amis s'embrassèrent mille fois, et leurs yeux baignés de larmes faisoient connoître les mouvements dont leurs cœurs étoient agités : ils marquèrent leur reconnoissance au prince de Montauban, qui les embrassa et les pria de le recevoir en tiers dans une si parfaite amitié.

Comme la nuit approchoit, ils se mirent tous quatre en marche pour gagner la plus prochaine habitation; chemin faisant, Prasilde leur apprit comment il avoit procuré la liberté à son ami. Après avoir, dit-il, dispensé Thisbine et son époux de me tenir la promesse qu'ils m'avoient faite, je partis pour les Indes : ce n'est pas que j'espérasse qu'en m'éloignant de l'objet de mon amour, je pourrois l'oublier ; j'allois plutôt chercher dans les aventures la fin d'une vie qui m'étoit odieuse. Je parcourus pourtant la plus grande partie des Indes, sans trouver la mort, que je mendiois partout; ma mauvaise étoile me fit toujours sortir heureusement des périls où je m'engageai. Je vins ensuite dans ce pays d'Altin, où j'appris avec étonnement la cruauté de Falerine, la construction de son jardin merveilleux, et la cruelle coutume qu'elle y avoit établie; de bonnes gens m'avertirent de prendre garde qu'on ne me surprît, comme l'on avoit fait un grand nombre d'étrangers de l'un et de l'autre sexes, qui avoient été livrés au dragon de la magicienne.

Au lieu de profiter de l'avis qu'on me donnoit, je sentis naître en moi un désir curieux de savoir plus particulièrement tout ce qui regardoit le jardin enchanté, ou, pour mieux dire, je formai le dessein de délivrer, s'il étoit possible, les dames et les chevaliers qui étoient dans les prisons de Falerine. Pour y parvenir, je pris un habit à la façon du pays; et, sous cet habillement, n'étant pas reconnu pour étranger, je trouvai moyen de faire connoissance avec le geôlier des prisons de la magicienne. Il me dit qu'elle avoit su produire par ses charmes, dans un lieu aride et désert, un jardin où brilloient mille beautés qui surpassoient l'effort de la nature; qu'ayant appris par son art que ce jardin devoit un jour être détruit par un chevalier chrétien de la cour de l'empereur Charles, appelé Roland, pour détourner ce malheur, elle avoit fait transporter en ce lieu par ses démons le plus monstrueux dragon des déserts de Lybie, outre qu'elle avoit formé par ses enchantements d'autres monstres encore plus redoutables, pour défendre les entrées de ce jardin; ce n'est pas tout, ajouta le geôlier, elle fait emprisonner tous les étrangers, hommes et femmes, qui viennent dans ce royaume, et les fait servir de pâture au dragon qui garde la première entrée; avant que de mener au supplice ces malheureux, on les oblige, de force ou de gré, à déclarer leur nom et leur patrie, s'ils ne l'ont fait dès qu'on les a pris; j'en fais une liste, que je garde, et que je porte tous les jours à la magicienne, pour voir si le comte Roland n'y est point.

Quand le geôlier m'eut instruit de toutes ces choses, continua Prasilde, il me montra la liste. Que devins-je lorsque je lus le nom d'Irolde? Saisi de douleur et d'effroi, je conjurai le geôlier de remettre ce chevalier en liberté : il me représenta que le nombre de ces prisonniers étoit connu, et qu'il ne pouvoit en sauver un sans s'exposer au plus cruel châtiment. J'eus beau lui faire de belles promesses, la crainte de ne pouvoir délivrer impunément mon ami l'empêcha de se rendre à mes instances ; tout ce que je pus obtenir de lui, fut qu'il relâcheroit Irolde, si je lui fournissois un autre homme à sa place : je résolus de me livrer moi-même. Le geôlier, surpris de ma résolution, voulut par pitié m'en détourner ; mais, me voyant obstiné à périr, il me fit entrer en prison pendant la nuit, et en fit sortir Irolde, qui ne me reconnut point dans l'obscurité. Voilà de quelle manière je délivrai mon ami, poursuivit Prasilde ; mais je suis en peine à mon tour de savoir par quelle aventure je le retrouve au pays d'Alatin, lui que j'avois laissé en paix avec Thisbine, et que rien, ce me semble, n'obligeoit à sortir de Balc.

Après votre départ, dit alors Irolde, je me représentai que vous alliez chercher la mort, et cette idée, dont mon esprit ne pouvoit se détacher, me plongea dans une langueur que Thisbine en vain s'efforça de dissiper. Enfin le regret de ne vous plus voir troubla mon repos à tel point, que je pris la résolution de courir après vous, et de vous ramener à Balc. La difficulté étoit de faire agréer mon dessein à Thisbine ; effectivement elle le combattit par les plus fortes raisons, et elle ne cessa de s'opposer à mon départ, que lorsqu'elle vit bien que mon opiniâtreté là-dessus ne pouvoit être vaincue. Je partis donc, et pris d'abord le chemin des

Indes, où je savois que vous étiez allé; je vous cherchai partout ce grand royaume, et, n'y apprenant point de vos nouvelles, je tournai mes pas vers ce pays d'Altin. J'y fus à peine arrivé, que j'entendis parler des prisons de Falerine; je craignis alors, mon cher Prasilde, que vous n'eussiez eu le malheur de tomber dans les fers de la magicienne, et je résolus de ne rien épargner pour m'en éclaircir. Mais pendant que je songeois aux moyens d'en venir à bout, je fus arrêté par un grand nombre de gens de guerre qui se jetèrent tous ensemble sur moi, et me menèrent en prison.

Irolde cessa de parler en cet endroit, et le fils d'Aymon, charmé de l'amitié parfaite qui unissoit ces deux chevaliers persans, se réjouit avec eux de l'heureux sort qui les rassembloit.

CHAPITRE VI.

Renaud et Fleur-de-Lys apprennent des nouvelles d'Albraque.

Les trois chevaliers et la dame arrivèrent à un petit village où on leur donna le couvert et à souper; ils se tinrent sur leurs gardes toute la nuit, car ils avoient lieu d'appréhender que Falerine, sur la nouvelle qu'elle devoit avoir eue du massacre de ses soldats, n'en fît chercher les auteurs; cependant ils ne virent point paroître d'ennemis, et ils partirent à la pointe du jour. Le guerrier françois demanda le chemin du jardin merveilleux, pour en aller détruire les enchantements; mais Fleur-de-Lys le détourna de ce dessein, en lui représentant l'état où se trouvoit le comte d'Angers, son cousin. Renaud se laissa donc persuader.

Ils marchèrent plusieurs jours de suite, et arrivèrent enfin au lieu où devoit être le fleuve de l'Oubli. La tendre amante de Brandimart ne témoigna pas peu de surprise de ne plus voir le fleuve, le château, le pont, ni le verger. Tandis qu'elle cherchoit des yeux avec inquiétude ce qu'elle ne pouvoit retrouver, il passa près d'eux un homme à cheval qui piquoit à toute bride. Ils l'arrêtèrent; et comme il paroissoit tout effrayé, ils lui demandèrent le sujet de sa peur: au lieu de leur répondre, il ne faisoit que regarder derrière lui, comme un homme qui craint d'être poursuivi. Le paladin voulut le rassurer, en lui disant qu'il ne paroissoit personne, et qu'en tout cas il voyoit trois chevaliers qui prendroient sa défense contre ceux qui voudroient lui nuire. Ces paroles ne dissipèrent qu'une partie de sa crainte. Seigneurs chevaliers, leur dit-il d'une voix tremblante, maudit soit l'amour du roi Agrican qui a déjà coûté la vie à tant de milliers d'hommes; j'étois du nombre des Tartares qui faisoient le siége d'Albraque; il est arrivé au secours de cette forteresse neuf chevaliers qui ont fait un carnage épouvantable des assiégeants. Parmi ces braves chevaliers, il y en a un qui a des armes blanches, et un autre des armes noires; mais j'ai principalement remarqué un guerrier de haute apparence qui a fait des prodiges de valeur et de force; je lui ai vu couper d'un seul coup la tête et le bras de Brontin, fendre d'un autre coup le vaillant Santarie jusqu'à la ceinture, fracasser le casque et la cervelle au roi de Tendouc. Que vous dirai-je? Cent mille de nos soldats ont pris la fuite à son seul aspect; mais ce qui a causé l'épouvante que vous me voyez, c'est que j'ai vu ce chevalier, dans sa fureur, fendre en deux le monstrueux Rhadamante, et renverser du roc en bas, d'un coup de pied, notre empereur avec le géant Argante. Rien ne peut arrêter ce guerrier terrible. Il pénétreroit jusqu'aux enfers, s'il l'avoit entrepris. Adieu, seigneurs chevaliers; il me semble que je l'ai toujours aux épaules, et je ne me croirai point en sûreté que je ne sois dans Rochebrune, et que le pont n'en soit levé.

Ainsi parla le Tartare, qui, sans s'arrêter davantage, poussa son cheval vers l'asile où tendoient ses désirs. Renaud jugea bien que ce chevalier redoutable dont il venoit d'entendre parler, ne pouvoit être que son cousin. Il ne douta pas non plus que les deux guerriers aux armes blanches et noires ne fussent les deux fils du marquis Olivier. Il se résolut à les aller joindre. Irolde et Prasilde ne voulurent point abandonner leur libérateur; et Fleur-de-Lys l'accompagna volontiers, dans l'espérance de retrouver Brandimart.

Ils prirent donc la route des états de Galafron, où ils arrivèrent en peu de jours. Comme ils approchoient d'Albraque, ils rencontrèrent sur le bord d'un fleuve un chevalier armé de toutes pièces, dont les armes étoient magnifiques, et qui montoit un puissant coursier qu'une demoiselle lui tenoit par la bride. Lorsque Fleur-de-Lys l'eut considéré quelque temps, elle dit à sa compagnie : Si la devise ne me trompe point, je crois connoître la personne que vous prenez pour un chevalier : c'est l'orgueilleuse reine Marphise, la plus fière dame de toute la terre habitable; je ne vous conseille pas de mesurer vos forces avec les siennes.

Le fils d'Aymon sourit à ces paroles. Noble dame, dit-il à Fleur-de-Lys, je ne doute point de l'extrême valeur, ni de la force de la reine Marphise; la haute renommée de cette princesse a volé jusqu'en Occident; mais l'honneur que j'ai de vous accompagner relève mon courage, et me donne même envie de m'éprouver contre cette incomparable guerrière. A ces mots, il s'avança vers Marphise, qui venoit à lui dans le même dessein. Chevalier, lui dit-elle d'un ton altier, quand elle fut à portée de se faire entendre, n'espère pas continuer ton chemin, si tu n'en obtiens de moi la liberté. Grande reine, lui répondit Renaud d'un air respectueux, et en s'inclinant sur les arçons, c'est pour vous la demander que j'ose me présenter devant vous; et si vous daignez ajouter à cette faveur celle de m'honorer d'une de vos courses, j'aurai la gloire d'avoir augmenté le nombre de vos exploits.

La superbe Marphise parut étonnée de cette réponse, et regardant attentivement le chevalier : Tu es le premier mortel, lui dit-elle, qui m'ayant connue ait eu l'audace de me demander la joûte : je ne veux pas te refuser cette satisfaction; nous allons voir si ta valeur répond à ta contenance guerrière. Le fils d'Aymon s'inclina pour la seconde fois; et voyant que la reine tournoit bride pour prendre du champ, il en fit autant de son côté.

On s'étonnera peut-être que Marphise fût si tranquille dans le temps que deux grandes armées étoient aux mains ; mais j'ai déjà dit que cette guerrière ne s'intéressoit nullement au sort de Galafron, et que si elle avoit accompagné ce roi, ce n'étoit que pour joindre Agrican, et le combattre. En arrivant devant Albraque, elle avoit fait séparer son armée de celle du Cathay, et dit à ses chefs : Ne quittez point votre camp sans des ordres précis de ma part : quand vous aurez appris la fuite des Indiens, et la prise ou la mort du roi Galafron, alors qu'on me vienne avertir, j'irai fondre sur Agrican et sur tous ses Tartares. Marphise, après cet ordre, s'étoit retirée sur le bord du fleuve où Renaud l'avoit trouvée, et elle y attendoit qu'on lui vînt apprendre la déroute du roi du Cathay.

CHAPITRE VII.

Suite de la bataille entre les rois Agrican et Galafron.

La bataille sanglante qui se donnoit entre les sujets d'Agrican et de Galafron avoit attiré au secours de l'empereur tous les Tartares qui étoient dans Albraque; ce qui avoit facilité à Torinde l'exécution d'un dessein qu'il méditoit. Il gagna sans peine la campagne, et joignit Agrican, qui, laissant à ses troupes le soin de poursuivre des ennemis qui commençoient à ne se plus défendre, avoit levé la visière de son casque pour prendre le frais. Torinde l'aborda, et lui dit : Grand monarque, tu vois le roi de Carisme, qui fut ton ennemi; j'ai pris les armes contre toi à la prière du roi de

Circassie, mon ami; mais l'ingrate Angélique protége un traître qui n'est recommandable que par la noirceur de ses crimes; en un mot, le lâche Trufaldin, qui nous a offensés Sacripant et moi. Elle a l'injustice de nous priver du droit naturel qu'ont les guerriers de venger leur gloire par la voie des armes. Je viens t'offrir mon amitié, et lier mon ressentiment au tien.

Vaillant Torinde, lui répondit le Tartare en l'embrassant, je reçois avec joie pour ami un aussi grand prince que vous; et pourvu que vous n'aspiriez point à la possession de la princesse dont vous vous plaigniez, il n'est rien sous ma puissance dont vous ne puissiez disposer comme de moi-même. Seigneur, répliqua le roi de Carisme, tout adorable qu'est Angélique, mes yeux ont vu ses charmes impunément, je vous en abandonne la poursuite; vous n'aurez à disputer son cœur qu'au roi de Circassie. A l'égard de Sacripant, interrompit l'empereur, c'est un différent à régler entre lui et moi.

Après cette conversation, le monarque tartare mena le Carismien dans son camp, où il le fit reconnoître pour son ami; ou rendit les armes aux sujets du roi Torinde qui avoient été faits prisonniers, et qui étoient en grand nombre; ce qui augmenta les forces des assiégeants.

Pendant que les Carismiens faisoient éclater dans ce camp la joie qu'ils avoient de revoir à leur tête leur généreux roi, les illustres défenseurs d'Angélique se disposoient à y porter un étrange désordre. Le comte d'Angers et Sacripant marchoient les premiers, et Brandimart, Hubert du Lion, le roi Adrian et Clarion les suivoient. Ils allèrent d'abord où ils s'aperçurent que les sujets de Galafron étoient le plus en déroute; ils chargèrent les Tartares qui les poursuivoient, et de leurs premiers coups ils ralentirent l'ardeur qui les animoit. Brandimart et ses compagnons achevèrent de rétablir le combat, ou, pour mieux dire, de culbuter leurs ennemis.

Alors on vit les vainqueurs renversés à leur tour. Les rois Saritron, Poliferne, Uldan et Pandragon accoururent pour les soutenir; mais tous leurs efforts ne furent pas d'un grand secours. Roland, de deux coups consécutifs, fendit Pandragon jusqu'à la ceinture, et renversa très rudement le brave Saritron, roi des Kéraïtes. Sacripant blessa Uldan, roi de Caracorom, à l'épaule; et Brandimart coupa la tête au roi Poliferne. Ce début arrêta les peuples du Cathay qui fuyoient, et fit passer à leurs ennemis l'effroi qui glaçoit leurs cœurs : ce qui acheva de les rassurer fut la mort du monstrueux Argante.

Cet énorme géant avoit rencontré Galafron dans la mêlée; il avoit saisi son cheval par la bride, et il l'emmenoit prisonnier dans le camp tartare, lorsque le comte d'Angers reconnut le père d'Angélique, à la couronne d'or qu'il portoit sur son casque. Le paladin, à cette vue, s'enflamma de courroux; il poussa Bridedor sur le géant, et lui coupa de son épée le bras, qui tenoit la bride du cheval; mais la terrible Durandal, ne trouvant pas assez de résistance à ce bras, abattit la tête du cheval de Galafron, et l'animal, tombant mort, renversa son maître. Roland redoubla, et d'un coup de pointe perça les entrailles d'Argante de part en part; il alla relever ensuite le roi du Cathay, et le remonta sur un puissant coursier qu'il ôta sur-le-champ à un chevalier tartare, dont il fracassa la cervelle d'un coup de poing.

Seigneur, dit le paladin à Galafron, en lui présentant le cheval, recevez ce service d'un des plus zélés défenseurs d'Angélique. Fameux guerrier, répondit le roi, recevez vous-même nos actions de grâces pour vos hauts faits : si nous avions encore un chevalier comme vous, nous serions bientôt sans ennemis. Roland, après avoir répondu à ce discours par une profonde inclination de tête, laissa le roi du Cathay au milieu d'un assez grand nombre de ses sujets qui s'étoient rassemblés autour de lui après la mort d'Argante, et alla combattre ailleurs.

Dans ce même temps, le roi d'Altin, dont les troupes étoient incorporées dans l'armée des Indiens, ne voyant plus ces derniers poursuivis, les rassembloit pour aller rejoindre leurs alliés, dont les affaires venoient de changer de face. Les Tartares, déjà mis en désordre par Sacripant, Brandimart, et par les autres chevaliers d'Angélique, ne purent soutenir l'effort de ces nouveaux ennemis ; ils reculèrent, et commencèrent à gagner leur camp. Quelle fut la surprise de l'empereur quand il vit ce changement, et qu'il apprit ce qui le causoit? Impatient de joindre le comte, dont il brûloit de se venger, il rassembla au plus tôt tout ce qu'il put trouver de Tartares, et, suivi de Torinde avec ses Carismiens, il s'avança vers les défenseurs d'Albraque.

Les Indiens furent les premières victimes de sa fureur : Marquinor, roi d'Altin, avec cinq ou six de leurs

chefs, en avoient pris la conduite après la mort du géant
Archilore; Agrican fondit sur Marquinor, et lui fendit
le casque et la tête, tandis que Torinde à ses côtés renversa deux chefs des Indiens l'un après l'autre. Une si
brusque expédition jeta la terreur parmi les Indiens,
qui ne tardèrent pas à s'ébranler; et si les peuples du
Cathay, conduits par les princes aventuriers, ne fussent venus à leur secours, ils auroient cherché leur salut
dans la fuite; mais Sacripant, Hubert du Lion, Brandimart, Adrian et Clarion, les rassurèrent par une vive
irruption qu'ils firent sur les Tartares. Roland y arriva
lui-même; il venoit de quitter Galafron. Alors le combat se renouvela avec plus d'ardeur; comme il y eut
plus de résistance de part et d'autre, le carnage en fut
plus grand. Brandimart attaqua Torinde, et l'empereur
reconnoissant l'ennemi qu'il cherchoit, moins à ses armes
qu'à ses coups, se jette sur lui comme un lion pressé
de la faim se jette sur sa proie. Il goûte par avance le
plaisir de se venger; mais il trouve un guerrier qui craint
peu son ressentiment : les coups retentissent sur l'airain. Les deux premiers guerriers du monde sont aux
mains; une égale fureur les anime; et, pendant qu'ils
s'acharnent l'un sur l'autre, le combat devient plus
effroyable entre les deux armées; l'effroi, le bruit et
la mort y règnent de tous côtés.

L'empereur, craignant qu'on ne le vînt de nouveau
séparer de son ennemi, feignit d'appréhender les suites
de son combat avec lui · il sortit de la mêlée, poussa
Bayard vers la forêt qu'on découvroit au bout de la
plaine, ne doutant point que par cet artifice il n'attirât
sur ses pas le guerrier avec lequel il vouloit en liberté-

continuer de combattre; en effet, le comte ne manqua pas de le suivre de toute la vitesse de Bridedor.

Après le départ d'Agrican, les Tartares ne soutinrent pas long-temps l'effort de leurs ennemis; ne voyant plus leur empereur, en qui seul étoit leur confiance, ils prirent la fuite; les chevaliers d'Angélique les poursuivirent jusqu'à leur camp, qui fut pillé. Le roi Balan, Antifort de la Blanche-Russie et le prince Astolphe furent délivrés, et, par un bonheur tout particulier pour cet Anglois, le ciel permit qu'il rencontrât un Tartare qui emportoit ses belles armes et sa lance d'or. Astolphe le perça de son épée, reprit ses armes et sa lance; et, dédaignant de poursuivre des gens qui fuyoient, il alla de nouveau offrir ses services à la princesse du Cathay.

CHAPITRE VIII.

Combat de Marphise et de Renaud, et comment il fut interrompu.

C'étoit alors que la reine Marphise et le seigneur de Montauban alloient éprouver leurs forces à la joûte; les armes de la guerrière étoient d'argent; et ce qui les rendoit plus estimables, c'est qu'elles avoient été forgées par enchantement. Plusieurs rubis éclatoient dessus; son casque avoit pour cimier un dragon d'or, qui sembloit vomir de brûlantes flammes, figurées par des plumes de cette couleur qui flottoient au gré du vent. Son écharpe étoit d'une gaze d'argent parsemée de flammes, et bordée d'un fil d'or tout autour. Son coursier, blanc à taches rouges, paroissoit des plus vigoureux, et sa lance avoit été faite d'un bois naturellement rouge, et aussi dur que le fer.

Le chevalier, comme je l'ai dit, et la guerrière s'étoient éloignés pour prendre du champ ; ils revinrent l'un sur l'autre avec impétuosité. Quelque forte que fût la lance de la reine, elle se rompit en éclats, sans que le noble paladin en fût ébranlé dans les arçons ; mais il haussa la sienne, comme s'il eût dû rougir de vaincre une femme, et acheva glorieusement sa carrière, laissant son orgueilleuse ennemie sans espérance de l'abattre. Qand elle vit sa lance rompue, et que le chevalier étoit encore en selle, on ne peut exprimer le dépit qu'elle en eut. Elle prit à partie ses dieux Tervagant et Mahomet, et les menaça de les priver de ses hommages ; mais ce qui lui fait le plus de peine, c'est que ce guerrier ait voulu l'épargner. Sa fierté s'indigne de ce ménagement, et lançant sur le paladin des regards pleins de honte et de rage, elle lui dit d'un ton altier : Quelle est donc ta pensée, audacieux inconnu? Dédaignes-tu d'employer tes forces contre moi? Ah! sache qu'au lieu d'affecter à contre-temps un vain respect indigne de mon courage, tu as besoin de toute ta valeur pour défendre ta vie et ta liberté.

Grande reine, lui répondit Renaud, vous pouvez m'ôter le jour, si vous le souhaitez : je suis trop glorieux d'être échappé à la première atteinte de votre lance, et je juge bien que je ne pourrois soutenir dans un plus long combat votre valeur, qui est égale à votre beauté. Dispensez-moi donc..... A ce discours, interrompit Marphise tout émue, je reconnois que tu es de la cour de l'empereur Charlemagne; mais il ne s'agit point ici de louanges ni de galanterie; je prends ton langage flatteur pour une injure, et ne te regarde plus que comme mon plus grand ennemi. Ah! Madame, répliqua Renaud, ce sentiment est injuste; et, malgré votre courroux, que je n'ai point mérité, je ne puis me résoudre à répandre un si beau sang. Crois-tu donc, reprit-elle fièrement, que mon sang soit si facile à répandre? Ta vie, que je vais sacrifier à ma vengeance, va te tirer de cette erreur. Alors, tirant son épée, elle l'assaillit si brusquement, qu'il vit bien qu'il falloit songer tout de bon à se défendre. Cependant, quelque danger qu'il y eût pour lui dans le parti qu'il prenoit, il se résolut à ne point faire rougir Flamberge du sang d'une dame. Après avoir essuyé deux pesants coups qu'elle lui déchargea sur le casque de Membrin, dont la bonté lui sauva la vie, il la saisit au corps de ses bras nerveux, et s'efforça de la mettre hors d'état de lui nuire. La guerrière le saisit de même, se flattant qu'elle l'étoufferoit par sa force extrême, ou que du moins elle l'enlèveroit des arçons; mais le paladin sut résister à ses efforts, et ils ne purent jamais s'abattre l'un l'autre; enfin la reine, se lassant de l'opiniâtreté de son ennemi, quitta cette manière de combattre, et lui donna un si grand coup de poing de son gantelet de fer sur la joue, qu'il en fut tout étourdi; le sang lui sortit en abondance par le nez et par la bouche. La douleur qu'il ressentit du coup l'obligea de lâcher prise. La princesse profitant de ce temps-là, piqua son cheval, s'éloigna, et revint d'une course rapide fondre sur Renaud, l'épée à la main, et fendit son bouclier, qu'il lui opposa. Le chevalier, à son tour, la frappa, mais seulement du plat de Flamberge, pour la mettre hors de combat sans la blesser. La pesanteur de son coup obligea la reine à plier la tête jusque sur l'arçon de la selle; mais elle s'en vengea par un autre coup qui renversa Renaud sur la croupe de son cheval; il ne pouvoit que succomber, puisque les forces de Marphise égaloient les siennes, et qu'elle avoit de plus sur lui l'avantage d'avoir des armes enchantées qu'aucun acier ne pouvoit entamer.

Le paladin se remit, et le combat alloit recommencer avec plus d'acharnement qu'auparavant, lorsque le roi Galafron, à la tête d'une partie de ses troupes, arriva dans ce lieu. Il poursuivoit un reste de Tartares qui fuyoient de ce côté. Il s'arrêta pour considérer la reine et le guerrier qui étoient aux mains; et, comme il reconnut le bon cheval Rabican, qu'il avoit donné à son fils Argail, il fut ému de douleur et de colère en le voyant. O mon cher fils! dit-il dans son transport, voici donc le traître qui a borné tes jours au milieu de leur course; c'est lui sans doute, puisqu'il possède Rabican. A ces mots, il courut plein de fureur sur le paladin, et le frappa derrière d'un coup que son ressentiment rendit plus pesant que son âge ne sembloit le permettre. Renaud en chancela sur la selle; mais la fière Marphise, indignée qu'on osât attaquer un guerrier qui combattoit contre elle, poussa son coursier sur le roi; et, dédaignant d'employer contre lui le fer, elle lui déchargea un si furieux coup de poing sur son casque, qu'elle jeta ce vieux monarque tout étourdi aux pieds de son cheval.

Parmi ce grand nombre de peuples qui le suivoient, les uns accoururent pour le secourir, les autres s'empressèrent de le venger ; mais ces derniers se repentirent bientôt du soin dont ils s'étoient chargés. La terrible Marphise en fit une étrange boucherie ; et le carnage fut encore bien plus grand lorsque Renaud, Irolde et Prasilde se furent joints à la reine contre les sujets de Galafron.

Sur ces entrefaites, Brandimart, qui poursuivoit aussi les Tartares, arriva dans cet endroit ; mais comme il s'approcha du fleuve pour y étancher une soif pressante qui le dévoroit, il aperçut sur ses bords sa chère Fleur-de-Lys qui s'y étoit retirée avec les dames de Marphise, pour être à quelque distance de la mêlée. Il ne se souvient plus de rien ; tout autre soin cède à celui de courir à l'objet de son amour ; il descend de cheval, et va se jeter aux genoux de sa maîtresse, qui, partageant la joie dont il est animé, le relève, et l'embrasse très étroitement. Que n'ont point à se dire deux amants qui se revoient après une longue absence ? Pour s'entretenir sans crainte d'être interrompus, ils marchèrent tous deux vers un grand bois qui n'étoit pas loin de là.

Cependant les troupes du Cathay se rassemblèrent autour de leur roi, que l'on avoit remonté, et ce vieux prince animoit tous ses gens contre Renaud, qu'il croyoit le meurtrier de son fils. Un monde d'ennemis fond sur le guerrier françois ; et comme les Indiens, à la tête desquels s'étoient mis les rois Adrian et Balan, Hubert du Lion, Clarion et Antifort, venoient encore au secours de Galafron, le paladin, Marphise, Irolde et

Prasilde alloient être accablés, si l'armée persane ne fût arrivée fort à propos pour les défendre. Une des dames de la reine, dès le commencement du combat, avoit couru lui porter l'ordre de marcher en diligence.

Les Persans firent d'abord une irruption si vive sur les troupes du Cathay, qu'ils les culbutèrent sur les Indiens, qui s'ébranlèrent malgré leurs commandants. Pour surcroît de malheur pour Galafron, les rois Torinde, Uldan et Saritron vinrent le charger avec le gros corps de Tartares et de Carismiens qu'ils avoient rassemblés après la défaite de l'armée d'Agrican. Quelque résistance que pussent faire Adrian, Balan et leurs compagnons, ils furent obligés de se réfugier dans Albraque, comme tous les autres de leur parti. Les Persans dédaignèrent de les poursuivre, et se rangèrent autour de leur reine, qui traita favorablement les rois Torinde, Uldan et Saritron; Torinde surtout, dont elle estimoit le courage. Elle lui demanda par quel bonheur elle avoit acquis son amitié, et pourquoi il n'étoit plus dans les intérêts de Galafron et d'Angélique.

Là-dessus le roi de Carisme raconta tout ce qui s'étoit passé dans Albraque au sujet de Trufaldin. Hé quoi! s'écria Marphise avec indignation, ce lâche roi du Zagathay voit encore le jour? Ah! généreux Torinde, je me charge de vous venger! Grande reine, dit alors le seigneur de Montauban, ne vous abaissez point à faire rougir vos armes d'un sang si vil; c'est à moi de poursuivre le châtiment de cet indigne monarque. Le paladin, pour augmenter l'horreur qu'on avoit déjà de Trufaldin, fit un rapport fidèle de tout ce qu'il avoit vu dans la caverne de Rabican, et tout le monde applaudit au serment qu'il avoit fait de venger la mort tragique d'Albarose. La reine Marphise surtout fut si pénétrée du récit touchant que Renaud fit de cette histoire, qu'elle jura de ne point s'éloigner d'Albraque qu'elle ne vît le perfide Trufaldin puni. Cette princesse embrassa ensuite le fils d'Aymon, et lui demanda son amitié, en lui disant qu'elle n'avoit point trouvé de chevalier plus digne de son estime.

CHAPITRE IX.

De quelle manière Fleur-de-Lys fut séparée de Brandimart. Combat d'Agrican et du comte d'Angers, et quel en fut l'événement.

BRANDIMART et son amante étant arrivés dans le bois, s'étoient assis sous un chêne touffu; ils se racontoient leurs aventures depuis qu'ils avoient été séparés, et les peines cruelles que l'absence leur avoit fait souffrir. Ils passèrent le reste du jour, et la plus grande partie même de la nuit, à s'entretenir; ils ne s'abandonnèrent aux douceurs du sommeil que peu de temps avant que le jour commençât à paroître.

Pendant qu'ils dormoient, un hermite qui avoit établi sa demeure assez près de ce lieu, sortit de sa cabane pour aller à la provision avec un âne qu'il chassoit devant lui. Il aperçut ces deux amants; et la beauté de la dame, qui n'étoit que trop capable d'animer un cœur consacré à la retraite et au silence, le frappa vivement.

Loin de combattre ses désirs, il ne songea qu'à les satisfaire : il toucha la dame et le chevalier, au bras, d'une racine qui avoit la propriété d'assoupir, pour quelques heures, d'un profond sommeil. L'anachorète musulman s'étant ainsi précautionné contre la résistance de la dame et contre le ressentiment du chevalier, prit Fleur-de-Lys entre ses bras, l'étendit sur son âne, et la lia fortement avec des courroies ; puis, tout rempli de joie, il retourna vers sa cabane, dans l'espérance de consommer sans danger son coupable dessein ; mais le ciel permit qu'il passât par là un lion affamé qui se jeta sur le scélérat avec furie ; et, pendant qu'il le dévoroit, l'âne effrayé s'enfuit avec la belle charge qu'il portoit.

Fleur-de-Lys, après que la racine eut fait son effet, se réveilla. Étonnée de se voir dans l'état où elle étoit, elle fit tous ses efforts pour se délier ; et, n'en pouvant venir à bout, elle se mit à remplir l'air de cris, en implorant le secours du ciel et de son cher Brandimart, dont elle ne pouvoit comprendre comment elle avoit été si désagréablement séparée ; d'une autre part, son amant, trop éloigné d'elle pour l'entendre, se désespéroit de ne la plus retrouver à son réveil ; il la cherchoit aux environs ; et, craignant de s'éloigner d'elle en voulant s'en approcher, il ne savoit quel parti prendre : enfin ses oreilles furent frappées d'un bruit qui sembloit venir vers lui. Il s'avance pour apprendre ce que c'est ; il arrive à un grand chemin qui traversoit la forêt ; et voit une troupe de gens de guerre qui conduisoient des chameaux, sur l'un desquels étoit montée une dame tout éplorée.

Il étoit aisé de juger, à sa contenance et à ses gémissements qu'on l'emmenoit malgré elle. Deux difformes géants marchoient à la queue de la troupe, pour la défendre si l'on l'attaquoit, et un troisième géant, plus terrible que les autres, paroissoit à la tête. Brandimart crut d'abord que c'étoit Fleur-de-Lys. Pour s'en éclaircir, il cherchoit à s'en approcher; mais, comme on ne le lui vouloit pas permettre, il renversa trois ou quatre soldats qui s'opposoient à son passage. Les deux géants qui faisoient l'arrière-garde s'avancèrent sur lui: Chétive créature, lui dit l'un d'eux, rends-toi sans différer, ou tu es mort. Brandimart, au lieu de lui répondre, poussa son cheval sur lui avec tant d'impétuosité, qu'il le renversa sur la poussière. L'autre géant, pour venger son compagnon, et lui donner le temps de se relever, chargea le chevalier brusquement, et lui fendit son bouclier d'un pesant coup de cimeterre. Le guerrier en chancela; mais il se remit promptement, et, le frappant à la cuisse, il y fit une profonde blessure, malgré les plaques d'acier qui la couvroient. Le premier géant, honteux de sa chute, s'étant relevé en fureur, frappa le chevalier de toute sa force; mais l'épée glissa sur le casque, et alla couper le cou de son cheval. Heureusement Brandimart sauta légèrement à terre, de peur de se trouver engagé sous l'animal, qui tomba.

En cet endroit l'auteur les laisse continuer ce combat inégal, pour retourner au comte d'Angers et à l'empereur Agrican. Il dit que, lorsque ces deux guerriers furent entrés assez avant dans la forêt, le Tartare, qui alloit devant, s'arrêta sur un beau gazon qu'arrosoit une claire fontaine; qu'il y descendit de cheval, et que le François y arriva un moment après. Celui-ci, voyant son rival, assis sur le bord du ruisseau, lui dit : Puissant empereur, t'est-il glorieux de chercher ici le repos, tandis que tes peuples et ceux de Galafron sont aux mains pour l'amour de toi? Vaillant chevalier, lui répondit Agrican, juge mieux de moi. Si j'ai feint de fuir, c'est pour continuer notre combat en liberté, ou pour acquérir ton amitié. Si tu te sens disposé à me donner la tienne, je te fais don du royaume de Rhadamante, que tu as privé de la vie par ta valeur; mais si tu rejettes mes offres, je serai obligé, quoiqu'à regret, de te donner la mort, pour me venger de l'affront que tu me fis hier.

Grand monarque, répondit le fils de Milon, votre générosité m'a gagné le cœur; cependant je ne puis accepter vos offres, quoique j'en estime infiniment le prix. Je suis chrétien, et je ne puis engager à un autre prince l'obéissance que je dois à mon roi. Si vous êtes chrétien, interrompit le Tartare, vous êtes sans doute ce comte Roland dont on publie tant de merveilles. J'ai toujours souhaité d'éprouver mes forces contre les siennes; mais ce que je vous ai vu faire me donne encore plus d'envie d'avoir votre amitié. Une chose, reprit le paladin, met un obstacle invincible à l'honneur que vous voulez me procurer. Je ne vous cacherai point que je suis Roland, et que je brûle pour Angélique.... Ah! si cela est, interrompit Agrican, nous ne pouvons être qu'ennemis.

En achevant ces paroles, il courut vers Bayard, en disant au comte, d'un visage enflammé de colère et de jalousie : Roland, prépare-toi à te défendre; je te défie à un combat mortel. Le paladin, sans lui répondre, se mit en état de soutenir ses attaques, et n'ignorant pas qu'il avoit affaire au plus redoutable ennemi qu'il eût encore combattu, il rassembla toutes ses forces pour les employer contre lui.

Je ne m'attacherai point à faire un détail de leur épouvantable combat : il est hors de toute expression. Je dirai seulement que ces deux fiers rivaux, combattant pour l'amour et pour la gloire, firent tous les miracles de valeur qu'on pouvoit attendre d'eux. Ils combattirent jusque bien avant dans la nuit; mais enfin, les ténèbres s'augmentant jusqu'à ne pouvoir rien distinguer, les combattants furent obligés de se quitter pour se reprendre dès que le jour le leur permettroit.

Ils se couchèrent sur le gazon l'un auprès de l'autre, comme auroient fait deux intimes amis. Bientôt le sommeil s'empara de leurs membres fatigués; mais s'ils n'avoient aucune défiance l'un de l'autre, leur jalousie ne leur permit pas d'attendre le retour de l'aurore pour se réveiller. Néanmoins, avant que de recommencer leur combat, l'empereur employa tout ce qu'il put imaginer de plus séduisant pour obliger son rival à lui céder la possession d'Angélique; mais, comme il ne put y réussir, il eut honte d'avoir fait cette démarche. Pour s'en venger, il se jette plein de fureur sur Roland, qui le reçoit avec une animosité qui égaloit la sienne. Ils combattirent une partie du jour; cependant il falloit que le combat finît; et le succès n'en pouvoit être avantageux au Tartare; bien que son armet fût enchanté, et le reste de ses armes des plus forts, Durandal pouvoit le blesser, au lieu que le fils de Milon étoit invulnérable. Le sang de l'empereur couloit sur ses armes toutes fracassées. Malgré tout son courage, il commença de s'affoiblir; et, couvert de blessures, il tomba mort aux pieds de son généreux vainqueur, qui ne put s'empêcher de regretter un si grand homme, quelque gloire qu'il recueillit de sa défaite.

CHAPITRE X.

Roland rencontre Brandimart, et le tire de péril.

Le comte d'Angers, après s'être un peu reposé de la fatigue d'un si long et si pénible combat, jeta les yeux sur le cheval d'Agrican qui étoit attaché à un pin. Il le trouvoit fort semblable à Bayard; mais il ne pouvoit s'imaginer que ce fût lui. Néanmoins, pour s'en éclaircir, il s'approcha de l'animal, et le flattant: O bon cheval! lui dit-il, où est Renaud, ton cher maître, et par quelle aventure es-tu ici? Bayard, qui reconnut le comte, se mit à hennir, et à lui faire des caresses; de sorte que Roland ne put le méconnoître. Le chevalier monta dessus; et, prenant Bridédor par la bride, il retourna vers Albraque.

Il n'eut pas fait deux cents pas, qu'il entendit un grand bruit d'armes assez près de lui. Il piqua vers l'endroit d'où ce bruit sembloit partir, et il vit Brandimart qui se défendoit vaillamment contre deux géants qui l'attaquoient. A ce spectacle, le paladin accourut plein de colère; et arrivant dans le temps qu'un de ces monstres levoit le bras pour décharger un coup de cimeterre sur son ami, il le prévint. Durandal coupa ce même bras en l'air, et du même coup abattit la tête de l'autre géant; ainsi le combat fut presque aussitôt fini que commencé.

Les deux amis s'embrassèrent : après quoi Brandimart apprit à Roland qu'une troupe de gens de guerre emmenoit Fleur-de-Lys par violence. Il n'en fallut pas davantage au guerrier françois. Ils commencèrent tous deux à poursuivre les ravisseurs, et ils ne tardèrent pas à les joindre. Le géant qui étoit leur chef se nommoit Marfuste. Celui-ci, comme on l'a déjà dit, surpassoit de beaucoup les deux autres en force et en grandeur. Il avoit continué son chemin sans s'arrêter un moment, quoiqu'il eût vu ses deux compagnons aux mains avec Brandimart; il ne doutoit pas qu'ils ne vinssent aisément à bout d'un seul chevalier; il s'étonnoit même de ne les point voir revenir encore, lorsqu'il vit arriver le comte d'Angers et son ami.

Roland défia Marfuste avant que de l'attaquer; mais ce fier géant ne fit que rire de son défi. Chevalier, lui dit-il, quand Mahomet descendroit ici-bas pour te défendre, son secours ne te serviroit de rien. Je veux t'écorcher tout vif de ma propre main, et te faire rôtir sur des charbons. En parlant de cette sorte, il leva une épouvantable massue pour la décharger sur lui; mais le comte en évita l'atteinte en faisant sauter Bayard à quartier. La massue alla frapper un arbre, qu'elle abattit en entier. Roland, ayant connu par ce coup furieux la force du monstre, descendit de cheval, de peur qu'un autre coup semblable n'écrasât le noble coursier. Quand Marfuste vit le paladin à pied, il fit un éclat de rire, dont retentit tout le bois; ensuite il lui dit d'un air insultant : Ah ! petit nain, te trouves-tu trop grand pour moi, ou veux-tu combattre contre mes jambes ? Prends garde que je ne te jette d'un coup de pied sur l'arbre le plus haut de la forêt. Roland, sans lui répondre un seul mot, se lança sur lui si promptement, que le géant ne put le frapper; et le saisissant par une de ses cuisses, il le souleva et le jeta par terre tout étendu; puis, sans lui donner le temps de se relever, il lui coupa les deux cuisses d'un seul coup de Durandal, en lui disant : Superbe monstre, ne tire plus vanité de ta taille gigantesque; tu n'es pas à présent plus grand que ceux pour qui tu avois tant de mépris.

Pendant que le comte d'Angers traitoit ainsi Marfuste, Brandimart donnoit la chasse aux soldats qui gardoient la dame prisonnière; mais quand il les eut dissipés, il demeura bien étonné de voir que ce n'étoit pas sa chère Fleur-de-Lys; il en parut accablé de douleur; et, levant ses yeux au ciel, il poussa ces tristes plaintes de la manière du monde la plus touchante : O dieux ! qui m'avez sauvé du péril, que ne me laissiez-vous mourir ? Fortune ! quel est ton caprice ? Tu m'as ravi de mon pays dès mon enfance, sans que je connusse le nom de mon père. Tu me fis vendre pour esclave au comte de la Roche-Sauvage, qui m'affranchit, et me laissa héritier de tous ses biens; tu ne te contentas point de cette faveur, tu me rendis possesseur de la plus parfaite de toutes les dames; mais, hélas ! cruelle, tu viens de me l'enlever, quand je ne puis plus vivre sans elle.

Roland fut touché de ces paroles : Mon cher ami, dit-il à Brandimart, donne quelque trêve à ta douleur;

ton mal n'est pas sans remède : tu peux retrouver ta dame; juges-en par mon exemple : n'ai-je pas rencontré la mienne, que je désespérois de revoir? Puisque ta maîtresse est encore en ce pays, dois-tu lâchement perdre l'espérance de la rejoindre ? A ce reproche, Brandimart prit un peu de courage, et pria le comte de vouloir bien l'aider à faire la recherche de Fleur-de-Lys; ce que son ami lui promit aussitôt qu'il auroit délivré sa princesse de tous les ennemis qui l'assiégeoient. Angélique n'a plus besoin de notre secours, lui dit Brandimart. L'armée tartare a été défaite, et l'on ne sait même ce qu'est devenu l'empereur Agrican. Si la fille de Galafron est libre, répondit Roland, je m'offre à chercher votre dame dès ce moment avec vous. Quel chemin prendrons-nous ? Voilà tout mon embarras, reprit Brandimart. Elle m'a été ravie dans cette forêt, tandis que nous dormions; j'ignore de quel côté on l'a emmenée.

La dame qu'ils venoient de délivrer, les voyant incertains de la route qu'ils devoient prendre, leur dit: Hier, mes ravisseurs, en passant près d'un hermitage où demeure un vieux religieux qui a la réputation d'être un grand prophète, eurent la curiosité de lui demander ce qui devoit leur arriver. Il leur apprit qu'un grand malheur les menaçoit; ils ne firent que rire de cette prédiction, qui vient pourtant de s'accomplir. Ainsi, seigneurs chevaliers, ajouta la dame, je vais vous conduire, si vous voulez, à cet hermitage; l'hermite pourra vous tirer de l'embarras où vous êtes. Les deux guerriers y consentirent. Comme Brandimart avoit perdu son cheval dans le combat, Roland le fit monter sur

Bridedor avec leur belle conductrice, qui, chemin faisant, leur fit le récit de ses malheurs dans ces termes.

CHAPITRE XI.

Histoire de Léodile.

Mon père est roi d'Éluth, pays des plus riches de l'Orient, et je m'appelle Léodile. Quelque beauté dont on me flattoit m'attira l'attention de deux princes voisins du Cathay; ils me recherchèrent. Le premier, nommé Zoroas le Vieux, passoit dans le royaume pour un prodige de savoir et de prudence; de plus c'étoit le prince de l'Asie le plus riche en pierreries. L'autre amant, qu'on appeloit Varamis le Beau, étoit jeune et parfaitement bien fait. Mon cœur ne balança pas longtemps entre ces deux rivaux; mais comme mon père avoit une autorité absolue sur moi, et qu'il paroissoit porté pour Zoroas, à cause de sa haute réputation de sagesse, je craignis qu'il ne se déclarât en sa faveur. Pour me rassurer contre cette crainte, je conjurai le roi, mon père, de ne m'accorder à aucun amant qu'il ne m'eût devancée à la course. Il me le promit; et, sur la foi de sa promesse, je demeurai persuadée que personne au monde ne pourroit m'épouser contre ma volonté; car je courois si légèrement, que j'ai plus d'une fois passé les biches et les daims. Voilà donc ce qui fut réglé.

Mes deux amants se préparèrent à courir contre

moi : on marqua un jour pour la course ; et quand il fut arrivé, Zoroas et Varamis parurent dans la lice. Le premier, monté sur une mule, portoit une gibecière d'or à son côté ; et l'autre, sur un puissant coursier, couvert d'un riche caparaçon en broderie d'or, faisoit éclater sa magnificence et sa belle disposition ; ils tirèrent au sort tous deux, et la fortune favorisa le vieillard. Je fis serment entre les mains des juges de la course que j'accepterois pour époux celui qui parviendroit au bout de la carrière avant moi.

Alors Zoroas et moi nous nous plaçâmes au bout de la lice. Tous les spectateurs ne pouvoient s'empêcher de rire de voir cet amant suranné entreprendre de me vaincre à la course ; effectivement, il sembloit qu'il eût sur les épaules un poids de cent livres, tant il étoit appesanti de celui de son corps ; et il se faisoit encore plus cassé qu'il n'étoit. Lui donc sur sa mule, et moi sur ma haquenée, nous nous disposâmes à courir. Dès que la trompette eut donné le signal, Zoroas partit seul. Pour me jouer du vieillard, je le laissai avancer quelques pas dans la carrière, ne doutant pas que je ne le devançasse bientôt. Il alloit si lentement, que je ne me hâtois point de partir. Je partis pourtant à mon tour ; et lorsque le rusé Zoroas s'aperçut que j'étois près de le joindre, il fit briller à mes yeux une pomme d'or qu'il avoit tirée de sa gibecière, et la jeta au-devant de mes pas. La beauté de ce métal qui corrompt la plupart des hommes me charma ; je fus tentée de ramasser la pomme, quoiqu'elle eût roulé, et que je fusse obligée de retourner sur mes pas ; je cédai à ce désir. Ce retardement ne m'empêcha pas de rejoindre

Zoroas, qui eut recours à une seconde pomme plus précieuse que l'autre. Une seule émeraude, dont les rayons du soleil augmentoient l'éclat, la composoit. Je m'arrêtai encore pour la prendre; et, ravie de l'avoir en ma possession, je me promis de ne me plus détourner de ma course, quoi qu'il pût arriver. Je ne veux pas, disois-je en moi-même, avoir un vieillard pour mari. Ce sera par le beau Varamis que je me laisserai vaincre.

Pendant que je raisonnois ainsi, le vieillard jeta une troisième pomme, dont il avoit fait sa dernière ressource; c'étoit le plus éclatant rubis que la nature eût jamais produit dans les entrailles de la terre. La plus parfaite escarboucle, le soleil même ne jette point une lumière si vive; cette pomme me parut si merveilleuse, qu'elle me fit oublier ma première résolution; je voulus posséder encore ce bijou; mais, comme nous étions déjà fort avancés dans la carrière, l'artificieux Zoroas, qui s'étoit ménagé jusque-là, profitant de l'avance qu'il avoit, employa toutes ses forces, et fit si bien que, malgré mes efforts, il arriva le premier aux tentes qui étoient le but de notre course.

A cet événement si peu attendu, tout le peuple s'écria : Oh! le dangereux homme! qu'il a de malice! Chacun me plaignoit, et auroit souhaité que j'eusse été le partage du beau Varamis. Pour moi, j'avois le désespoir peint dans les yeux : je gardai quelque temps le silence dans l'excès de la douleur qui m'accabloit; puis tout à coup, me révoltant contre mon infortune, et ne pouvant plus voir qu'avec horreur les pommes fatales qui en étoient la cause, je les jetai loin de moi avec emportement. Quoi donc, m'écriai-je dans ma fureur, je serai la proie d'un vieillard? Non, non, Zoroas, tu ne seras point mon époux. L'artifice dont tu t'es servi pour me vaincre m'autorise à te manquer de foi. Reprends tes pommes que je déteste plus qu'elles ne m'ont charmée, et va séduire une autre que moi.

En disant ces paroles, je fondois en pleurs; mais j'avois beau faire des imprécations contre ma destinée, je devois la remplir. Mon père, quoique touché de ma douleur et de la prière que je lui fis de ne point attacher mon sort à celui d'un homme que je ne pouvois aimer, me répondit que je ne devois imputer qu'à moi seule mon malheur; qu'il s'étoit engagé par serment à me donner pour époux celui qui seroit assez heureux pour me vaincre à la course; et qu'étant roi, il étoit obligé de tenir sa parole, aux dépens de son propre sang.

Je fus donc livrée au vieillard, malgré mes larmes et mes gémissements. Je ne parlerai point de la funeste cérémonie de notre mariage; j'étois si éperdue, et la vue de Varamis, qui s'y trouva présent avec toutes les marques de la plus profonde affliction, me troubla de sorte, que je puis vous assurer que je ne vis rien que lui. Zoroas ne demeura pas long-temps à Éluth après notre mariage. J'avois marqué tant d'aversion pour lui, qu'il mouroit d'envie d'être dans ses états pour m'y renfermer étroitement. Dès qu'il le put avec bienséance, il prit congé de mon père, qui ne me vit pas sans peine partir sous de si mauvais auspices.

Nous nous mîmes en chemin avec cinquante soldats des sujets de Zoroas. Comme les pays que nous avions à traverser pour arriver au royaume de Lassa, où régnoit ce vieux prince, étoient tous des pays amis, il avoit cru n'avoir pas besoin d'une garde plus nombreuse; cependant nous recontrâmes, dans une vallée entourée d'arbres, les trois géants que vous avez tués. Ils passoient par cette vallée avec la troupe de gens de guerre que vous avez vus, et ils alloient joindre l'armée d'Agrican devant Albraque. Le plus grand de ces géants s'approcha de moi pour me considérer, et me trouvant assez à son gré : Bon, dit-il, voici de quoi faire un présent à notre grand roi Rhadamante le jour de notre arrivée. Zoroas, choqué de ces paroles, et plus encore du dessein du géant, se mit entre lui et moi, et voulut représenter le droit qu'il avoit qu'on ne disposât point de moi contre sa volonté; mais le terrible monstre, qui n'avoit égard à rien, se jeta plein de fureur sur le vieillard, d'un coup de poing lui écrasa la cervelle, et le renversa roide mort aux pieds de son cheval, en lui disant : Foible insecte, va porter dans les enfers la peine de ton insolence.

A ce spectale effroyable, toute notre escorte épouvantée prit la fuite. Je voulus m'enfuir aussi; mais Marfuste ne m'en laissa pas le temps. Il me saisit, et d'une main me porta sur le dos du plus haut de ses chameaux.

Voilà, seigneurs chevaliers, dit Léodile en achevant son discours, quelle a été ma triste aventure; et par ce récit, vous pouvez juger que si les plus grandes fortunes sont sujettes aux plus grands revers, en récompense une rigoureuse destinée peut aussi facilement changer. Cette réflexion étoit si juste, que dès le lendemain Brandimart ayant entendu une voix qui se plaignoit, piqua pour s'éclaircir de ce que ce pouvoit être, et trouva que c'étoit sa chère Fleur-de-Lys. Mais s'il eut une joie infinie de la rencontrer, il ne la vit pas sans peine dans l'état où elle étoit. Il lui demanda, en la déliant, par quelle étrange aventure elle se trouvoit dans cette situation. Elle lui répondit qu'elle ne pouvoit lui donner d'éclaircissement là-dessus, puisqu'elle ignoroit elle-même comment on lui avoit pu faire cet indigne traitement sans qu'elle s'en fût aperçue.

Les deux dames et les deux chevaliers s'entretenoient encore de cette aventure, lorsqu'il virent passer auprès d'eux un cerf d'une beauté merveilleuse. Il étoit blanc et tout marqueté de taches incarnates. Son bois paroissoit d'or massif, ainsi que la corne de ses pieds, et il portoit au cou un carcan de même métal sur lequel étoient écrites quelques lettres qu'on ne pouvoit bien distinguer que de près. Fleur-de-Lys, touchée de la beauté de cet animal, ne put s'empêcher de se récrier d'admiration; ce qui obligea Brandimart de courir après le cerf dans le dessein de le prendre, et d'en faire présent à sa dame. Mais Bridedor ne couroit pas assez légèrement pour l'atteindre; Rabican même y auroit échoué, parce que le cerf merveilleux avoit eu par féerie le don de ne pouvoir être atteint. Aussi Brandimart l'ayant bientôt perdu de vue, et craignant avec raison, s'il s'obstinoit à le poursuivre, qu'il ne retrouvât plus sa maîtresse, prit le parti de la rejoindre, non sans quelque confusion de n'avoir pu réussir dans son entreprise. Mais la tendre Fleur-de-Lys, bien loin de se plaindre du peu de fruit de sa course, lui fit des reproches de s'être exposé à la perdre une seconde fois pour satisfaire au vain désir qu'elle se repentoit de lui avoir témoigné.

CHAPITRE XII.

De l'aventure du cor enchanté, et des exploits inouïs du comte Roland.

Les deux chevaliers se disposoient à reprendre le chemin d'Albraque avec les dames, lorsqu'ils s'arrêtèrent pour regarder une demoiselle qui survint en ce lieu. Elle montoit une haquenée blanche, tenoit un livre à la main, et portoit en écharpe le long de ses épaules un cor qui pendoit à un riche tissu d'or. Ce cor étoit d'argent, rayé d'or et tout émaillé de diverses couleurs par les pierres précieuses dont il étoit couvert. La demoiselle étoit jeune et tout aimable. Elle s'adressa au comte d'Angers, et lui dit d'une voix douce et gracieuse : Chevalier, vous allez rencontrer en ce jour une des plus belles aventures du monde; mais, pour la mettre à fin, il faut avoir le courage d'un guerrier aussi parfait que vous me paroissez l'être. Le livre que je tiens apprend comme on doit se conduire dans cette entreprise.

Charmante dame, répondit le paladin, vous n'avez qu'à m'instruire de ce qu'il faut faire. Il faut, répliqua la demoiselle, que vous sonniez d'abord de ce cor pour la commencer; vous verrez alors des choses étonnantes.

Chaque fois que vous le ferez retentir, vous aurez une aventure à éprouver; et je dois vous avertir que, si vous en commencez une, il vous faudra poursuivre, du moins jusqu'à la troisième, à éprouver les autres; autrement vous perdrez la liberté, et peut-être la vie. En voici la raison : ce cor est enchanté; et telle est sa vertu, que si quelqu'un est assez timide pour ne plus vouloir le mettre à sa bouche, après la première aventure, il sera transporté sur-le-champ, par la force du charme, à l'île du Lac. Je dois vous dire aussi que, si vous êtes assez heureux pour achever la seconde, vous n'aurez plus besoin d'épée ni d'armes. La troisième aventure ne vous offrira que du plaisir.

A ces mots, la demoiselle présenta le livre et le cor au paladin, qui les reçut avec courtoisie, résolu de tenter l'entreprise par le seul motif de la gloire qui y étoit attachée. Il emboucha le cor; et du premier son qu'il en tira, toute la forêt retentit aux environs. Les airs mugirent, le tonnerre gronda; et du choc des nues, il tomba une grosse roche qui écrasa plusieurs arbres de la forêt. Elle se fendit en tombant, et de son sein sortirent deux taureaux furieux dont les cornes et les pieds étoient d'airain.

Roland ouvrit alors le livre, et y trouva ces paroles: N'espère point, chevalier, que ton épée te serve contre ces animaux qu'aucun acier ne peut blesser : tu ne peux les dompter qu'en leur arrachant les cornes. Le comte ferma le livre, descendit de Bayard, qui lui étoit inutile dans ce combat. Il marche contre les taureaux qui viennent sur lui avec furie. Il oppose son bouclier au choc de l'un, et la pointe de Durandal à l'autre. Le bouclier en fut fracassé, et la lame de Durandal, malgré la bonté de sa trempe, pensa se rompre; elle plia jusqu'à la garde. Toute la force du paladin ne l'empêcha pas d'être renversé lui-même : un des taureaux lui passa sur le corps, et le foula de ses pieds d'airain. Le guerrier se releva; et les taureaux l'ayant renversé une seconde fois, s'acharnèrent sur lui, brisèrent ses armes de leurs pieds et de leurs cornes; ils lui donnoient à peine le temps de respirer.

Brandimart, qui souffroit de le voir dans un si grand péril, voulut voler à son secours; mais la demoiselle le retint, en lui disant qu'il jetteroit son ami dans un péril encore plus affreux, s'il alloit le secourir; qu'il le verroit disparoître à l'instant; et qu'en un mot, un seul chevalier devoit mettre à fin cette aventure.

Tout brisé qu'étoit Roland, il ne perdit point courage. Il ramassa toutes ses forces; il prit les deux taureaux chacun par un pied, les secoua de ses deux mains avec tant de vigueur, qu'il les renversa l'un sur l'autre; il saisit ensuite les deux cornes de celui qui étoit dessus, et les tira d'une telle violence, qu'il les lui arracha; puis, sans donner le temps à l'autre de se relever, il lui en fit autant. Aussitôt ces deux animaux perdirent toutes leurs forces, et s'enfuirent dans la forêt en mugissant. Quoique le paladin eût beaucoup souffert en ce genre extraordinaire de combat, il avoit tant d'impatience de voir la fin de l'aventure, que, sans se reposer, il reprit le cor. Il n'en eut pas sitôt sonné, que la terre trembla sous leurs pas. Elle s'ouvrit; et parmi les feux que ce gouffre poussoit abondamment, ils en virent sortir un dragon effroyable pour sa grosseur et pour sa figure. Il avoit quatre pieds, tout couverts d'écailles vertes, dures, de même que le reste de son corps, et armés de fortes griffes. Le plus terrible griffon du mont Caucase n'en eut jamais de semblables. Il avoit une corne au front, et la gueule plus fendue que celle d'un crocodile. Ses dents étoient longues et tranchantes, et sa langue avoit trois pointes affilées comme des flèches. Ses ailes, pareilles à celles des chauve-souris, paroissoient être moins de plumes que de chair, et avoient dix toises d'étendue d'une extrémité à l'autre quand il les déployoit. Elles sembloient ne lui avoir été données par la nature, que pour lui aider à traîner une queue d'une longueur prodigieuse, revêtue d'écailles comme tout le reste.

L'intrépide guerrier s'attacha peu à le considérer. Il se pressa d'ouvrir le livre, et il y lût ces paroles : Les écailles du dragon sont impénétrables : va chercher dans sa gueule, au mépris des flammes qu'il vomit, à tarir les sources de sa vie. Si tu le tues, coupe-lui la tête, et arrache ses dents, que tu semeras en terre : il naîtra soudain de cette semence des guerriers qui feront tous leurs efforts pour t'ôter la vie. Si tu as le bonheur de les vaincre, tu pourras te vanter d'être la fleur de tous les guerriers du monde. Cependant le dragon s'avançoit vers le paladin. A l'approche de ce monstre, Fleur-de-Lys et Léodile effrayées voulurent s'enfuir; mais la demoiselle qui avoit connoissance de toutes ces choses les rassura, en les avertissant que tous ces monstres, et tout ce qu'elles verroient paroître, n'étoient à craindre que pour le chevalier qui les combattoit.

Le comte opposa Durandal et son bouclier au dragon, qui venoit fondre sur lui les ailes étendues. Le bouclier résista au choc de l'animal, qui le prit entre ses griffes, et le mit en pièces. Roland lui déchargea sur la tête deux ou trois coups d'épée, sans pouvoir entamer les écailles qui la couvroient. Le dragon le choquoit impétueusement de sa corne, et lui dardoit sa langue à trois pointes contre la peau, qu'il ne pouvoit percer à la vérité, mais il la brûloit de ses feux. Roland en souffroit beaucoup. Les plumes qui ombrageoient son casque en furent consumées ; néanmoins, suivant l'avis du livre, comme il vit que le monstre s'avançoit sur lui pour l'engloutir, il se hasarda de lui fourrer le bras et l'épée jusqu'à la garde dans sa gueule béante, au travers des flammes qui en sortoient ; ce qu'il fit avec tant de force et de bonheur, que Durandal, traversant le gosier du dragon, alla lui percer le cœur. Malheureusement son bras et sa main en furent tout brûlés ; et, ce qui affligeoit davantage le comte, c'est qu'il ne se sentoit plus en état de s'en servir : il fut même obligé de laisser tomber son épée, ne pouvant plus la tenir. Il en parut inconsolable ; mais la demoiselle, qui l'avoit engagé dans cette entreprise, lui enseigna le moyen de se guérir sur-le-champ. Noble chevalier, lui dit-elle, lavez votre bras dans le sang du dragon. Roland la crut, et son bras devint aussi sain et aussi vigoureux qu'auparavant.

Ensuite il coupa la tête du monstre, il en arracha toutes les dents ; et, après avoir fait autant de trous dans la terre avec son épée, il les y sema. On vit dans le moment pousser cette semence. Il parut d'abord des plumes, puis des casques, des cuirasses, et enfin des corps tout armés d'un acier poli. Tout cela s'élevoit à vue d'œil, et il se formoit des guerriers d'une contenance fière et martiale. Il en parut un si grand nombre, qu'un autre que le comte en eût pâli d'effroi. Il y avoit des gens de pied et de cheval; et parmi ces derniers, on remarquoit des trompettes, des lances et des bannières. Lorsqu'ils furent tous rassemblés, la terre dont ils étoient sortis se referma. Les chevaliers se mirent à la tête; et, la lance en arrêt, marchèrent contre le paladin, en criant d'une voix terrible : *Guerre! guerre!*

Le vaillant fils de Milon ne perdit point de temps, sauta sur Bayard sans mettre le pied à l'étrier, et se mit en état de soutenir l'attaque que ces fiers enfants de la terre venoient lui livrer. Le voilà donc aux mains avec ces malheureux guerriers qui devoient mourir le jour même de leur naissance. Bayard les écrasoit de ses pieds, et Durandal fendoit boucliers, casques et cuirasses, comme les matières les plus fragiles. Enfin Roland mit à mort toute cette petite armée; et, à mesure qu'ils tomboient sous ses coups, la terre, leur mère, s'ouvroit pour les recevoir dans ce même sein qui venoit de les produire.

CHAPITRE XIII.

Suite de l'aventure du cor enchanté.

Le guerrier, ne se voyant plus d'ennemis, sonna du cor pour passer à la troisième aventure; mais il ne s'offrit à sa vue qu'une levrette blanche qui, sortant d'entre les arbres de la forêt, vint se coucher à ses pieds. Quoi! dit alors Roland avec dépit, c'est pour si peu de chose que j'ai souffert tant de peines et de fatigues? est-ce là ce qui devoit me faire tant de plaisir? Oui, chevalier, lui dit la demoiselle, si vous voulez faire de cette levrette l'usage que je vous enseignerai, vous serez plus heureux qu'aucun monarque de la terre.

Assez près de ce royaume, continua-t-elle, il y a une île qu'on appelle l'île du Trésor. Une nymphe, nommée Morgane la fée, en est la souveraine. C'est elle qui distribue tout l'or qui se répand dans le monde, et qui le fait couler de son île par-dessous terre dans les entrailles des montagnes, et le long de quelques fleuves. Cette fée n'est pas seulement la source de toutes les richesses, elle l'est aussi de toute beauté; elle-même est la plus belle dame de toute la terre. Morgane possède un cerf qu'elle laisse aller par le monde, sans craindre de le perdre. Cet animal, qui s'appelle le cerf merveilleux, est le plus riche trésor qu'on puisse avoir en sa possession, puisqu'il change trois fois par jour de bois et de ramures, qui sont toutes de l'or le plus pur, et qui pèsent chacune plus de trois cents livres. Pour être maître de ce cerf, il faut avoir passé par les épreuves que vous venez d'achever. Ce cerf a le don de ne pouvoir être pris que par le moyen de la levrette que vous voyez. Elle le sait trouver partout où il se cache; elle le fait partir, le suit en aboyant durant six jours sans relâche; et le septième, elle le ramène sans force et sans haleine au même lieu d'où elle l'a fait partir, et alors on peut le prendre sans peine : ainsi vous pouvez vous servir de cette levrette en sonnant trois fois du cor, et vous parviendrez à la possession du cerf merveilleux, qui vous donnera de quoi acquérir tous les honneurs et les états auxquels vous voudrez aspirer; et vous saurez, noble guerrier, qu'avant vous aucun chevalier n'a sonné deux fois du cor enchanté. Plusieurs ont voulu éprouver l'aventure; mais tous y ont perdu la vie, ou du moins la liberté.

Le généreux Roland, qui ne se soucioit nullement de richesses, répondit à ce discours : Belle dame, je ne me repens point de m'être exposé au péril de la mort; l'honneur d'un guerrier consiste à l'affronter dans l'exercice des armes ; mais, pour les richesses, je ne les estime pas assez pour les souhaiter. Elles ne valent ni la peine que l'on prend à les rechercher, ni les soins que leur conservation nous coûte. C'est pourquoi, gardez la levrette pour ceux qui les chérissent. Il ne sera pas dit que le neveu de Charles le Grand est devenu chasseur de cerf.

Seigneur chevalier, reprit la dame, j'ai oublié de vous avertir que la possession du cerf merveilleux vous donnera le droit de voir le beau visage de la fée, et peut-être vous en ferez-vous aimer. A ces paroles, le comte sourit; et, comme il ne pouvoit rien admirer qu'Angélique : Je conviens, repartit-il, que le droit dont vous parlez a de quoi tenter un cœur sensible; mais pour moi, qui porte les chaînes de la première beauté de l'univers, je ne puis aimer Morgane; je rejetterois la tendresse de la mère même des Amours. En disant cela, le paladin salua civilement la demoiselle, et lui rendit le cor avec le livre.

Cette demoiselle fut bien mortifiée du mépris que Roland faisoit de sa bonne fortune, parce qu'elle aimoit un jeune chevalier que le désir d'acquérir de la gloire avoit privé de la liberté. Morgane le retenoit en son pouvoir avec d'autres guerriers qui avoient succombé dans l'aventure que le comte venoit de mettre à fin. La belle, après l'infortune de son amant, avoit été consulter une magicienne de ses parentes sur les moyens de le délivrer; l'enchanteresse lui avoit répondu qu'un seul chevalier dans le monde pouvoit détruire l'enchantement de la fée, et elle lui avoit donné le livre et le cor avec toutes les instructions nécessaires. La demoiselle cherchoit ce chevalier que sa parente lui avoit dépeint; et en voyant Roland, elle n'avoit pas douté que ce ne fût lui.

Le refus que ce paladin faisoit de poursuivre ses avantages, et de garder la levrette, accabla donc de douleur cette malheureuse amante, qui voulut engager Brandimart à finir ce que son compagnon avoit si heureusement commencé; mais Fleur-de-Lys, tout alarmée, pâlit à cette proposition; elle déclara qu'elle n'y consentiroit point, et qu'il ne falloit point à son amant d'autre trésor ni d'autre dame qu'elle. Après une déclaration si précise, Brandimart n'eut garde de sonner du cor ; et ce fut un bonheur pour lui : car dès le moment que le comte eut renoncé à la conquête du cerf merveilleux et de la fée, la levrette avoit disparu ; et, avant que de la revoir, l'amant de Fleur-de-Lys auroit été obligé de combattre les deux taureaux et le dragon, que le son du cor n'eût pas manqué de reproduire.

La demoiselle, toute désolée, partit avec le livre et le cor, dans le dessein d'aller consulter sa parente sur ce qui venoit d'arriver ; et les chevaliers se disposèrent à retourner avec les dames vers la ville d'Albraque. Brandimart, monté sur Bridedor, prit en croupe Fleur-de-Lys, et Roland se chargea de porter sur Bayard Léodile, qui n'avoit point de cheval. Ils étoient déjà en marche, lorsqu'ils rencontrèrent un chevalier de bonne mine, couvert d'armes magnifiques. Le fils de Milon le salua fort civilement, et l'inconnu lui rendit le salut ; mais ce dernier n'eut pas sitôt jeté les yeux sur Léodile, qu'il s'enflamma de colère. Chevalier, dit-il d'une voix haute au guerrier françois, la dame qui t'accompagne est la fille du roi Monodant, et la souveraine de mon cœur. Prépare-toi à me la céder ou à la défendre contre moi.

De quelque mérite éclatant que cette princesse soit pourvue, répondit le comte, je n'aspire point au bonheur de la posséder, et je vous la cède, si elle consent à se mettre sous votre conduite. C'est agir et parler en bon chevalier, reprit l'inconnu en souriant, et vous devez par votre prudence éviter bien des mauvaises aventures. Léodile, qui avoit reconnu le beau Varamis dans la personne de ce jeune guerrier, l'empêcha de continuer sur ce ton, en lui apprenant qu'il parloit au premier chevalier du monde. En même temps elle lui conta ce qu'elle lui avoit vu faire, et le remplit d'admiration par ce récit. Le beau Varamis, honteux d'avoir tenu un discours railleur au paladin, changea de style avec lui; et ce dernier répondit à ses compliments d'une manière à le confirmer dans l'opinion que Léodile lui avoit fait concevoir de son courage; ils se séparèrent ensuite. La princesse d'Éluth consentit à suivre son amant, qui promit de la conduire chez le roi son père, et les deux autres guerriers continuèrent leur chemin avec Fleur-de-Lys.

CHAPITRE XIV.

La reine Marphise met le siége devant la ville d'Albraque, et Renaud défie Trufaldin sur la mort d'Albarose.

Le vieux Galafron, les rois Adrian et Balan, Antifort et Hubert du Lion s'étoient réfugiés, avec le reste de leur armée, dans la ville d'Albraque; ils y réparèrent le désordre que les Tartares avoient fait, et ils la remirent en état de défense.

Le roi du Cathay ne pouvoit se consoler de ce qu'après avoir défait l'armée d'Agrican, il se voyoit réduit à combattre contre ceux mêmes qu'il avoit amenés pour lui servir d'appui; mais ce qui faisoit sa plus grande peine, c'étoit de n'avoir pu, à la tête d'une armée victorieuse des Tartares, se venger du meurtrier de son fils. Il consulta la princesse sa fille sur les moyens de punir cet audacieux, qui venoit jusque dans ses états insulter à sa douleur. Angélique lui dit qu'elle ne voyoit aucune apparence que le meurtrier d'Argail fût au Cathay; mais, comme Galafron soutenoit qu'il n'en falloit pas douter, elle lui repartit que, pour en être mieux éclairci, il n'y avoit qu'à s'en rapporter au prince Astolphe, qui savoit fort bien ce qui en étoit. Le roi approuva l'avis. On parla au prince anglois, qui promit de leur dire son sentiment lorsqu'il verroit le guerrier dont il étoit question.

Pendant ce temps-là, Marphise et les princes de son parti songeoient à poursuivre le châtiment du perfide Trufaldin, et de tous ceux qui prendroient sa défense. Cette insigne guerrière fit marcher son armée vers Albraque, et donna ses ordres pour en commencer le siége.

Le lendemain, dès que le soleil parut, Renaud prit ses armes, s'approcha des murailles de la ville, monté sur Rabican. Il tenoit en sa main son cor, qu'il fit retentir pour avertir ceux qui commandoient dans la place qu'il souhaitoit de leur parler. Les premiers qui parurent sur la muraille, à ce bruit, firent venir le prince d'Angleterre, qui commandoit le plus près de là. Le fils d'Aymon étoit alors si éloigné de penser à son cousin Astolphe, qu'il lui adressa ces paroles sans le reconnoître : Seigneur chevalier, la noble reine Marphise, les rois Torinde, Uldan, Saritron, et les autres princes alliés, envoient déclarer au roi Galafron et à la princesse sa fille, qu'ils les somment de leur livrer le perfide roi Trufaldin. Dites-leur que s'ils refusent de satisfaire à une si juste demande, nous protestons de ne point lever le siége que nous n'ayons détruit et rasé jusqu'aux fondements la ville et la forteresse.

Tandis que le fils d'Aymon parloit, le prince anglois, qui l'examinoit attentivement, le reconnut, et se fit connoître aussi. Après qu'ils se furent témoigné de part et d'autre la joie qu'ils avoient de se revoir, Astolphe demanda au seigneur de Montauban s'il vouloit entrer dans la place, afin qu'ils eussent le plaisir de s'embrasser et de se parler sans être entendus. Le prince d'Angleterre sortit aussitôt, et Renaud, après mille caresses mutuelles, lui demanda par quelle aventure il se trouvoit si éloigné de la cour de France : à quoi l'autre répondit en peu de mots, en attendant un détail plus circonstancié. Le fils d'Aymon lui raconta, de son côté, tout ce qui lui étoit arrivé depuis leur séparation, et finit en lui disant qu'il venoit pour garder son serment, et venger la mort d'Albarose.

Je suis fâché, lui dit alors Astolphe, que les principaux guerriers d'Angélique se soient engagés à défendre Trufaldin. Renaud demanda si le comte d'Angers étoit de ce nombre ? Oui, répondit le prince d'Angleterre ; mais il n'est point encore rentré dans la ville. On ne sait ce qu'il est devenu depuis la bataille qui s'est donnée contre les Tartares. Et vous, répliqua le fils d'Aymon, êtes-vous aussi de ceux qui ont entrepris la défense du roi du Zagathay? Non, repartit Astolphe ; et, comme ceux qui ont juré de défendre ce monarque sont en grand nombre, je ne crois pas que la princesse au service de qui je me suis dévoué veuille exiger de moi que j'emploie mon épée pour cet indigne prince. Si cela étoit, je vous avoue que je ne le ferois qu'à regret.

Les deux paladins s'entretinrent encore quelque temps; après quoi Renaud pressa son cousin d'aller demander à Galafron une réponse à sa déclaration. L'Anglois, qui vouloit engager le fils d'Aymon à voir Angélique, lui proposa d'entrer dans la place, pour faire son défi lui-même; mais Renaud, qui craignoit autant la vue de cette princesse qu'elle souhaitoit la sienne, ne put jamais s'y résoudre. Il répondit qu'il suffisoit qu'il sût par sa bouche la réponse du roi du Cathay. Astolphe, voyant le seigneur de Montauban très ferme dans sa résolution, lui dit d'attendre, et le quitta pour aller trouver Galafron; mais avant que de parler à ce monarque, il courut chercher Angélique. Elle fut agréablement surprise d'apprendre que son cher Renaud étoit si près d'elle; et se ressouvenant que Maugis lui avoit promis, à la Roche-Cruelle, de lui envoyer au Cathay cet objet si chéri, elle fut sensible à ce service. Comme elle apprit du prince anglois que le fils d'Aymon étoit encore plus animé que le roi Torinde contre Trufaldin, et que c'étoit lui que son père avoit pris pour le meurtrier d'Argail, elle jugea qu'il étoit de son intérêt de ne pas détromper Galafron. Si le roi, disoit-elle, est désabusé, il perdra tout ressentiment contre Renaud; et, pour se délivrer d'un siége qui ne se fait plus qu'au sujet de Trufaldin, il livrera ce traître à ses ennemis; et le prince de Montauban, après avoir consommé sa vengeance, se hâtera de quitter ce pays, que ma présence lui rend odieux.

La princesse pria donc Astolphe de laisser Galafron dans son erreur. Le paladin le lui promit; et lorsqu'il rapporta au roi du Cathay la déclaration du seigneur de Montauban, il souffrit qu'Angélique ajoutât que le chevalier qui portoit la parole, de la part de Marphise et de ses alliés, étoit, selon toutes les apparences, le vainqueur d'Argail. Elle irrita par ce moyen la haine que son père avoit déjà pour Renaud. Ce vieux roi n'écouta que son ressentiment, et prit la résolution de ne point livrer Trufaldin. Il assembla ceux qui avoient juré de défendre ce monarque, et leur dit avec beaucoup de vivacité : Braves guerriers, sera-t-il dit que nous abandonnerons à la fureur de ses ennemis un roi qui le premier de tous a embrassé notre défense contre les Tartares ? Ah ! qu'il ne nous soit point reproché que la crainte d'un siége nous ait fait commettre une action si lâche; allons, courons plutôt attaquer ceux qui veulent nous forcer d'être des ingrats.

Il se tut à ces mots, pour entendre ce qu'ils lui répondroient; et ils ne manquèrent pas de l'assurer tous qu'ils défendroient avec ardeur le roi Trufaldin, ainsi qu'ils l'avoient juré à la princesse. Ensuite Antifort et Hubert du Lion furent nommés pour aller porter cette réponse à celui qui l'attendoit. Astolphe les y conduisit. Les deux chevaliers d'Angélique s'acquittèrent de leur commission d'une manière qui surprit le fils d'Aymon. Il ne pouvoit comprendre comment des cœurs nobles se rendoient protecteurs du crime. Il leur demanda s'ils ignoroient les trahisons du prince dont ils se rendoient l'appui. Ils répondirent que non, mais qu'il leur suffisoit qu'ils fussent engagés d'honneur à le défendre.

Quiconque, reprit Renaud, ne punit point un traître lorsqu'il le peut, est coupable lui-même de la trahison qu'il soutient ou qu'il tolère.... C'est une question que nous laissons à décider aux docteurs, interrompit Hubert du Lion; pour nous, nous ne savons décider que le fer à la main. Il faudra donc s'y résoudre, interrompit à son tour le seigneur de Montauban, un peu piqué de cette réponse, et nous ne serons peut-être pas moins propres que vous à cette sorte de décision. Je le veux croire, dit alors Antifort, mais vous y aurez vous-même plus d'affaire que vous ne pensez, puisque vous aurez cette question à discuter avec le comte d'Angers lui-même.

Il me sera sensible, je l'avoue, répliqua le fils d'Aymon, de voir la valeur de ce grand guerrier indignement occupée à la défense d'un perfide; mais, quelque éclatante que soit cette valeur, elle ne m'empêchera pas d'entreprendre la punition d'un monstre qui n'est connu que par mille cruautés. Le ciel veut enfin qu'il périsse, et peut-être m'a-t-il choisi pour être le ministre de ses vengeances. Renaud acheva ces dernières paroles comme par un mouvement inspiré d'en haut, qui le fit paroître en ce moment quelque chose de plus qu'un homme.

Ces guerriers réglèrent ensuite les conditions du combat. Il fut décidé qu'il y auroit une trêve entre les deux partis, et que le lendemain, dès le lever de l'aurore, les défenseurs de Trufaldin ameneroient ce roi dans le camp de la reine persanne, pour être le spectateur et le prix du combat. Après cette convention, Antifort et Hubert du Lion rentrèrent dans Albraque, et laissèrent ensemble les deux cousins. Alors Renaud dit au prince anglois : Voudrez-vous aussi me combattre pour le roi du Zagathay ? Non, répondit Astolphe en riant ; et si je me bats contre vous, ce sera pour un sujet bien différent. Le seigneur de Montauban lui demanda ce que c'étoit. C'est une confidence, repartit son cousin, que je n'ai pas le loisir de vous faire à présent ; mais je vous la ferai dans votre camp même, puisque la trève peut me le permettre. Renaud voulut l'obliger à s'expliquer ; mais l'Anglois s'en défendit ; et, après l'avoir embrassé, le quitta pour aller rendre compte à la princesse de ce qui venoit de se passer.

CHAPITRE XV.

Combat de Renaud contre les défenseurs de Trufaldin, et de quelle manière il fut interrompu.

A peine le jour suivant commençoit à blanchir, que le son éclatant du clairon réveilla les guerriers d'Albraque, qui se disposèrent aussitôt à la défense de Trufaldin. Lorsqu'ils furent armés, ils voulurent le mener avec eux au lieu du combat ; mais ce lâche roi, plus accoutumé à sacrifier à ses cruautés des vies innocentes qu'à exposer la sienne, refusa d'y aller. Ses braves défenseurs lui représentèrent qu'ils s'y étoient engagés par serment, et qu'ils l'obligeroient d'y venir par force plutôt que de manquer de parole. La contestation devenant vive, Angélique et Galafron décidèrent que Trufaldin avoit tort, et qu'il falloit bien qu'il fût présent à un combat qui ne se faisoit que pour lui.

Les princes se saisirent donc de ce roi; et le mettant au milieu d'eux pour s'en assurer davantage, ils prirent avec lui le chemin du quartier de la reine persanne. Galafron et la princesse sa fille voulurent les accompagner, l'un pour animer les guerriers d'Albraque contre le chevalier qu'il prenoit pour le meurtrier de son fils, et l'autre pour jouir de la vue de ce même chevalier, qui étoit moins le vainqueur d'Argail que le sien.

Ils se firent escorter par mille chevaliers, pour soutenir la majesté de leur caractère. Marphise et tous les princes de son parti s'avancèrent avec un pareil nombre, sitôt qu'on les vint avertir que les guerriers d'Albraque approchoient. Quand ils furent à une distance qui leur permettoit de se distinguer, le seigneur de Montauban, avec la permission de la reine, s'avança au petit pas vers le roi du Cathay, pour voir si l'on tenoit ce qui avoit été promis. Les deux fils du marquis Olivier furent détachés pour aller à sa rencontre, et ils avoient entre eux deux Trufaldin. En approchant de Renaud, Grifon, qui regardoit fixement ce guerrier, dit à son frère Aquilant : Examine bien ce chevalier; pour moi, plus je le considère, plus je crois voir en lui le noble fils d'Aymon. Il lui ressemble en effet parfaitement, répondit Aquilant le Noir; et s'il étoit monté sur Bayard, je ne douterois pas que ce ne fût lui. Nous en serons bientôt éclaircis, reprit Grifon. Un moment après ce discours, ces deux frères joignirent Renaud, et le reconnurent; ils s'embrassèrent à plusieurs reprises, et se témoignèrent la joie qu'ils avoient de se revoir.

Comme ils étoient parents et amis, ils auroient fort souhaité de n'en pas venir aux mains ensemble ; mais des serments contraires, et qu'ils ne pouvoient violer, lioient les uns et les autres. Ils firent pourtant tous leurs efforts pour se persuader mutuellement de se désister de leur entreprise. Brave Renaud, disoit Grifon, tu dois savoir que neuf fameux guerriers, dont mon frère et moi sommes les plus foibles, ont juré qu'ils défendront le roi Trufaldin contre tous ses ennemis. De quelque valeur que le ciel t'ait doué, tu succomberas sous nos coups. C'est à regret, répondit le fils d'Aymon, que je me vois réduit à vous combattre; mais rien ne m'en peut dispenser. Après cet entretien, ces guerriers se séparèrent.

Les deux frères allèrent dire à leurs compagnons que le chevalier qui les avoit défiés étoit prêt à se battre. Là-dessus ils réglèrent entre eux leur rang; car ils auroient eu honte d'attaquer ensemble un seul homme. Hubert du Lion fut le premier; il avoit une force extrême, et il étoit sans contredit un des meilleurs chevaliers de son temps. Les deux troupes ennemies s'étant avancées à cent pas l'une de l'autre pour voir le combat, le seigneur de Montauban et Hubert du Lion se détachèrent chacun de son côté; et, mettant la lance en arrêt, ils coururent tous deux, et se rencontrèrent furieusement. Le guerrier d'Albraque eut du désavantage; il fut étourdi du choc et considérablement ébranlé; cependant il ne quitta pas les arçons. Pour Renaud, il passa plus ferme en selle qu'un écueil que battent inutilement les flots impétueux de la mer. Ils mettent l'épée à la main, et commencent à se porter des coups furieux. Ils tranchent en peu de temps écus, mailles et plastrons ; mais on s'aperçut bientôt que le fils d'Aymon surpassoit de beaucoup son ennemi, tant en adresse qu'en force ; Hubert du Lion fut blessé en tant d'endroits, qu'il se laissa tomber de foiblesse.

Le roi Adrian vole à son secours, et s'imagine qu'il va renverser Renaud du choc de sa lance; mais il est renversé lui-même : son cheval n'ayant pu résister au choc de Rabican, Grifon prit sa place. Ce généreux chevalier ne voulut point se servir de sa lance, parce que Renaud n'en avoit plus. On voyoit aisément qu'il n'alloit qu'à regret à ce combat. Il ménagea d'abord son ennemi, qui, piqué de le voir soutenir une si mauvaise cause, le mit en désordre par deux ou trois coups de Flamberge. Le fils d'Olivier sentit succéder en lui la colère aux mouvements de tendresse. Il employa toutes ses forces, non-seulement à se défendre, mais même à mettre en péril la vie d'un si rude adversaire.

Leur combat fut dangereux, et dura long-temps sans avantage ; si le seigneur de Montauban faisoit éclater plus de force et de légèreté, l'autre étoit mieux armé; et ne pouvant être blessé, il tiroit souvent du sang de son ennemi ; néanmoins Renaud lui faisoit perdre quelquefois le sentiment par la pesanteur de ses coups ; enfin Grifon, frappé de Flamberge, en fut tout étourdi, et son coursier, dont il avoit laissé tomber la bride, l'emporta au travers des champs, tandis que, penché sans connoissance sur le cou de cet animal, le sang sortoit à gros bouillons du nez et des oreilles de ce malheureux chevalier, dont l'épée, qu'une chaîne attachoit à son bras, traînoit à terre. Quoiqu'il fût dans ce triste état, le fils d'Aymon ne laissa pas de le poursuivre pour achever sa victoire; et Rabican l'auroit bientôt atteint, si le brave Aquilant, qui craignit pour son frère, ne se fût pressé de se mettre entre eux deux. Il se jeta comme un lion rugissant sur Renaud, et le fit chanceler dans la selle d'un terrible coup qu'il lui porta; mais le seigneur de Montauban, serrant Flamberge en sa main, et grinçant les dents, s'abandonna sur lui, et le chargea de tant de coups redoublés, qu'il ne lui donnoit pas le temps de se reconnoître. Clarion, voyant ainsi maltraiter son camarade, piqua contre son ennemi, et, l'atteignant de sa lance par derrière, il l'ébranla de telle sorte, qu'il pensa lui faire quitter les arçons.

Alors la courageuse Marphise, irritée de cette supercherie, partit comme un éclair. Elle poussa son cheval sur Clarion, qui revenoit sur Renaud après avoir fourni sa carrière, et le frappa d'un si pesant coup d'épée, qu'elle le jeta tout étourdi sur la poussière; puis remarquant que Grifon avoit repris ses esprits, et se disposoit à se venger, elle courut au-devant de lui pour l'en empêcher. Comme il étoit outré de rage, et que la reine surpassoit en force tous les guerriers de son temps, ils commencèrent un combat à faire frémir tous ceux qui en furent témoins.

Pendant qu'ils étoient aux mains, le roi du Zagathay, alarmé de l'avantage que Marphise et Renaud sembloient avoir sur ses défenseurs, trembloit comme une feuille qu'agite le vent; et dans sa crainte, voulant se soustraire au péril qui le menaçoit, tandis que tout le monde étoit attentif aux combats qui se livroient, il poussa son cheval vers Albraque; il courut à toute bride se réfugier dans la forteresse, établissant toute sa sûreté dans le retour du comte d'Angers.

On ne s'aperçut pas d'abord de sa fuite, tant on étoit occupé de part et d'autre de ce qui se passoit ; le premier qui prit garde que ce roi n'étoit plus où il devoit être fut le prince Astolphe. Comme il ne voyoit qu'à regret le combat de Renaud contre le fils du marquis de Vienne, il fut bien aise d'avoir un prétexte pour l'interrompre. Il s'approcha du fils d'Aymon. Courageux Renaud, lui dit-il, que vous sert de vous battre contre vos plus chers amis, si vous perdez le fruit de votre vengeance ? Le traître qui fait le sujet de votre différent vient de vous échapper, et sa fuite dans Albraque le met à couvert de votre ressentiment.

A ces paroles du prince anglois, Renaud et Aquilant s'arrêtèrent ; et le premier, regardant l'autre d'un air fier, lui reprocha qu'on manquoit à la convention. Le fils d'Olivier s'excusa sur ce que son frère et lui étant engagés au combat, ils n'avoient pu veiller sur Trufaldin, et que c'étoit la faute de leurs compagnons, s'il avoit pris la fuite. Astolphe proposa une suspension d'armes jusqu'à ce qu'on eût ramené ce lâche roi ; et, dans la vue de servir Angélique auprès du seigneur de Montauban, il s'offrit à demeurer avec lui pour otage du retour de Trufaldin. Renaud y consentit avec joie, car il aimoit son cousin pour sa gentillesse.

Voilà de quelle manière le combat de Renaud et d'Aquilant fut interrompu ; mais on eut plus de peine à séparer Marphise et Grifon. Elle avoit de l'avantage sur lui, et ne pouvoit souffrir qu'on lui vînt enlever une victoire qui lui paroissoit certaine. Elle cessa pourtant de combattre, sur l'assurance qu'on lui donna que les mêmes guerriers reviendroient le lendemain avec le roi du Zagathay. Après cela, Galafron et sa fille s'en retournèrent dans leur ville avec leurs chevaliers. Ils y firent porter Hubert du Lion, que ses blessures mettoient hors d'état de s'y transporter lui-même. Le vieux roi du Cathay étoit indigné de la lâcheté de Trufaldin, qui, bien qu'encore jeune, n'osoit combattre, ni même soutenir la vue du péril où il jetoit ses défenseurs. Il jura qu'il l'obligeroit de revenir le lendemain, et qu'il le feroit garder à vue.

CHAPITRE XVI.

Retour de Roland à Albraque, et des mouvements qui l'agitèrent quand il apprit que Renaud étoit au Cathay.

Aussitôt que Galafron fut de retour à Albraque, il y vit arriver le comte d'Angers avec Brandimart et Fleur-de-Lys. A voir ce paladin, il ne paroissoit pas que son absence eût laissé sa valeur oisive. Ses armes étoient toutes découpées, et sa cotte d'armes, son panache et le cimier de son casque brûlés; il n'avoit ni lance ni écu; néanmoins sa contenance étoit telle en cet équipage, qu'on jugeoit aisément qu'il devoit être la fleur de tous les guerriers de l'univers.

Le roi du Cathay, qui ne l'avoit point vu depuis que ce chevalier l'avoit tiré des mains d'Argante, fut transporté de joie de le revoir. Il ne craignit plus rien dès ce moment: toutes les forces de Marphise et de ses alliés lui parurent impuissantes, tant qu'il auroit cet insigne guerrier pour défenseur. Et lorsqu'il apprit de Brandimart que le comte avoit privé de la vie Agrican, sa confiance en augmenta encore. Trufaldin même, malgré sa timidité naturelle, se sentit tout rassuré quand il le vit de retour. Pour la princesse, elle en eut aussi beaucoup de joie; mais comme le comte d'Angers avoit fait serment de défendre le roi du Zagathay, elle appréhendoit que ses forces incomparables ne devinssent funestes à Renaud. Dans cette appréhension, et pour détourner le péril qui menaçoit une tête si chère, elle se proposa d'engager Roland à combattre contre la reine persanne. Pour y réussir, elle tint ce discours à ce paladin : Fameux chevalier, dont la valeur a toujours été mon appui dans les infortunes qu'une beauté funeste m'a attirées, cesserez-vous de me défendre lorsque le sort me suscite une ennemie plus redoutable que tous les guerriers du monde. La terrible Marphise s'est unie contre nous avec Torinde; elle a juré la mort de Trufaldin et ma propre perte. Vous pouvez seul me rassurer en allant la combattre, et c'est une chose que j'attends de l'affection que vous avez pour moi.

Ma princesse, répondit Roland, je vous ai consacré mes services; pouvez-vous penser que je vous abandonne, quand vos états et vos jours sont en péril? Ah! je vous défendrai contre Marphise et contre l'univers entier. Je vous l'avouerai pourtant, j'ai quelque répugnance à tourner mes armes contre une personne de votre sexe. Ma gloire en gémit, mais vous m'êtes plus chère que ma gloire même. Il s'agit de votre sûreté, je n'écoute plus rien.

Angélique fut satisfaite de la réponse de Roland ; et, pour l'animer encore davantage, elle l'assura que ses yeux seroient témoins de tous les hauts faits d'armes qu'il feroit pour la défendre et pour l'acquérir. Quel effet ne produisit point une espérance si charmante sur le cœur de l'amoureux paladin! Elle étoit capable de lui faire entreprendre la conquête de toute la terre. Après avoir quitté la belle Angélique, il rencontra ses deux neveux, qui lui apprirent que Renaud étoit devant Albraque. A cette nouvelle, le comte changea de couleur; la jalousie s'empara de son âme : Eh! que vient-il faire ici, dit-il aux fils d'Olivier? Il paroît un des plus ardents à poursuivre la mort de Trufaldin, répondit Aquilant. C'est tout ce que nous en savons. Ah! je ne sais que trop, moi, interrompit Roland d'un ton animé, quel motif l'attire au Cathay; mais qu'il ne s'attende pas que je souffre tranquillement qu'il vienne traverser mon amour.

Le fils de Milon n'en dit pas davantage; il quitta les deux frères; et, comme il étoit déjà tard, il alla se renfermer dans sa chambre, où il se jeta sur son lit ; mais il ne put dormir de toute la nuit, tant il avoit de peine à calmer ses transports jaloux. Il trouvoit que le soleil tardoit trop long-temps à ramener le jour, car il brûloit d'impatience de combattre contre Marphise, pour en venir ensuite aux mains avec un audacieux rival qu'il vouloit obliger par la force des armes à renoncer à la conquête d'Angélique. Je ne puis douter, disoit-il en lui-même, qu'il ne soit venu au Cathay, comme moi, pour chercher la fille de Galafron. Je me souviens qu'il étoit plus ardent qu'un autre à vouloir combattre pour sa possession contre le prince Argail. Auroit-il changé de sentiment? Ah! cela n'est pas possible! Cependant, ajoutoit-il en se reprenant, s'il aimoit encore la princesse, seroit-il dans le parti de Marphise, et poursuivroit-il avec tant d'animosité la mort de Trufaldin, que Galafron protége? Roland, agité de ces divers mouvements, ne savoit que penser de l'arrivée de Renaud; et il se proposa de s'éclaircir le jour suivant d'une chose si importante pour son repos.

D'un autre côté, les paladins Astolphe et le fils d'Aymon étoient dans une occupation bien différente. Ils s'entretenoient ensemble d'Angélique. Le prince d'Angleterre, étonné de voir son cousin prévenu contre la plus fameuse beauté du monde, lui en demanda la raison. Je l'ignore moi-même, lui dit Renaud, et je n'en suis pas moins surpris que vous. Lorsque cette princesse parut à la cour de France, je fus ébloui comme les autres de l'éclat de ses charmes, et je brûlai d'un ardent désir de la posséder. Cependant, vous le dirai-je, dans le même temps que je vole après elle pour lui déclarer mon amour, je sens tout à coup s'éteindre en moi cette ardeur qui m'enflammoit, et la plus vive aversion succéder à ma tendresse. Ce n'est pas tout: Angélique m'a retiré d'un péril où j'aurois indubitablement perdu la vie sans son secours, et je paye ce service de la plus grande ingratitude. Je vois toute mon injustice; mais il n'est pas en mon pouvoir de changer les mouvements de mon cœur. Plaignez-moi donc, mon cher Astolphe, et ne me reprochez plus un crime involontaire. L'Anglois, désespérant de vaincre l'aversion que Renaud lui marquoit pour Angélique, cessa de lui parler de cette princesse.

CHAPITRE XVII.

Second combat au sujet de Trufaldin.

Le jour suivant, dès que l'aurore parut, les guerriers d'Albraque sortirent de la forteresse. Le comte d'Angers marchoit à leur tête entre les deux fils d'Olivier. Galafron et sa fille les suivoient avec la belle Fleur-de-Lys et Sacripant, pour être spectateurs du combat. Le vieux roi du Cathay eut soin de faire conduire Trufaldin. Sacripant, qui n'aimoit pas ce traître, se chargea de veiller sur lui.

Sitôt que Marphise et les princes de son parti aperçurent les guerriers d'Angélique, ils allèrent au-devant d'eux; mais ils s'arrêtèrent à moitié chemin pour les attendre. L'on avoit fait de profonds fossés autour d'un grand champ qui devoit être le lieu du combat : on ne se contenta pas de cette précaution; on prit toutes les mesures nécessaires pour s'assurer de la personne de Trufaldin. Il fut arrêté qu'aucun chevalier ne prendroit la défense de ce roi, hors ceux qui avoient fait serment de le défendre. Après cela, l'on ne songea plus de part et d'autre qu'à combattre.

Le comte d'Angers, pour tenir parole à sa princesse, s'approcha de la reine persanne; il s'inclina profondément sur l'arçon de la selle, et lui dit avec respect :

Grande reine, vous voyez devant vous le comte Roland. Je me suis dévoué au service de la princesse Angélique; et comme vous avez juré sa perte, aussi-bien que celle du roi Trufaldin, que j'ai promis de défendre contre tous ses ennemis, je ne puis manquer d'attirer sur moi votre courroux. J'avoue à votre majesté que c'est avec une peine extrême que je me vois forcé de faire tomber mes coups sur une personne de votre sexe, et surtout sur une princesse dont j'admire avec tout l'univers le courage et les vertus; mais l'honneur et mes serments m'en font une loi. D'ailleurs, si je puis échapper de vos vaillantes mains, cela sera plus glorieux pour moi que toutes les victoires que j'ai remportées dans le cours de mes aventures, et que la mort même d'Agrican.

A ces dernières paroles du paladin, il s'éleva un murmure confus parmi les Tartares et les Carismiens qui les entendirent. Les rois Torinde, Uldan et Saritron furent près d'éclater; mais la présence de la reine les en empêcha, et ils attendoient avec impatience la réponse que cette princesse feroit à Roland. Voici ce qu'elle lui répondit : Fameux comte, le bruit de tes exploits glorieux m'avoit remplie d'un désir violent de te voir, et plus encore de m'éprouver contre toi. Je loue le ciel de t'avoir rencontré; mais en trouvant un guerrier digne de ma valeur, je vois à regret que ton courage se consacre indignement à la défense d'un traître et de la princesse qui le protége; prépare-toi à te défendre toi-même, et prends garde à mes coups.

A ces mots, la guerrière prit sa lance, et s'éloigna pour revenir fondre sur le comte, qui, de son côté, fit la même chose. Leur choc fut terrible, les échos des environs en retentirent, et les fortes lances volant en éclats, comme si elles eussent touché deux tours, les combattants se tinrent fermes dans les arçons. On eût dit qu'ils n'avoient fait aucun effort. Ils revinrent l'un sur l'autre, et commencèrent à se porter les plus effroyables coups. Pendant qu'ils se battoient avec la dernière fureur, les guerriers des deux partis se lassant d'être oisifs et simples spectateurs d'une querelle qui les intéressoit tous, s'avancèrent les uns sur les autres.

Le seigneur de Montauban courut contre Brandimart, qui se trouva le plus près de lui, et ces deux illustres chevaliers rompirent leurs lances jusqu'à leurs gantelets, sans s'ébranler l'un l'autre. Prasilde et Irolde s'attachèrent au roi Balan et à Clarion. Torinde combattit contre le roi Adrian; et les deux fils d'Olivier eurent affaire aux rois Uldan et Saritron. Il n'y eut qu'Antifort de la Blanche-Russie qui, ne voyant personne qui lui fût opposé, demeura sans occupation. Il attendoit que quelqu'un de ses compagnons eût besoin de secours, et il n'attendit pas long-temps. Prasilde pressoit vivement le roi Balan, qui, perdant beaucoup de sang d'une blessure qu'il avoit à l'épaule, ne se défendoit plus que foiblement. Antifort alla prendre la place de ce dernier, qui couroit un extrême péril, s'il n'eût été secouru.

D'une autre part, les rois Uldan et Saritron, quoique doués d'une grande force, ne pouvoient résister aux deux frères armés d'armes enchantées; mais Torinde, qui venoit de mettre hors de combat le roi Adrian, accourut à leur aide. Brandimart et Renaud, tous deux montés sur des chevaux admirables, et tous deux à peu près de même force, se maintenoient l'un contre l'autre avec un égal avantage. Il arriva néanmoins que Brandimart, frappé d'un coup de Flamberge, appliqué avec vigueur sur le haut du casque, plia tout étourdi sur l'arçon de sa selle. Bridedor, qui sentit en ce moment sa bride lâchée, l'emporta par la campagne en cet état. Il passa près de Roland, qui l'aperçut, et qui, venant alors de mettre en désordre la reine Marphise par un coup pesant qu'il avoit déchargé sur elle, se hâta de le secourir. Il poussa Bayard vers ce cher ami, et se présenta l'épée haute devant Renaud, qui le poursuivoit. Le seigneur de Montauban, qui n'étoit déjà que trop piqué contre son cousin, de ce qu'il avoit embrassé la défense de Trufaldin, ne refusa point le combat. Le comte et lui commencèrent à se frapper avec autant d'animosité que s'ils eussent été ennemis mortels.

Sur ces entrefaites, la reine persanne reprit ses esprits : elle brûle de se venger ; et, ne retrouvant plus Roland, elle le cherche des yeux, le découvre, et court après lui de toute la vitesse de son coursier. Elle étoit près de le joindre, lorsque Griffon, qui venoit de renverser le roi Uldan aux pieds de son cheval, se trouva devant elle, et l'attaqua. Cette furieuse princesse fut d'abord irritée de voir suspendre sa vengeance ; mais elle se sentit consolée de cet obstacle, quand elle reconnut, dans le téméraire qui l'osoit arrêter, un des deux guerriers qui lui avoient causé tant de peine le jour précédent. Elle se jette avec furie sur lui ; et, dans l'extrême colère qui la possède, elle le frappe avec tant de force, qu'elle le renverse sans sentiment sur la croupe de son cheval.

Marphise, après avoir ainsi traité Grifon, demeura quelques moments incertaine si elle retourneroit sur lui, ou si elle poursuivroit son premier dessein. Aquilant la tira de cette incertitude, en arrivant au secours de son frère. Il vint fondre sur la reine avec tant d'ardeur, qu'il l'étourdit d'un pesant coup qu'il lui déchargea sur l'armet ; ce qui donna le temps à Grifon de reprendre ses sens. La confusion qu'eut celui-ci du péril qu'il venoit de courir renouvela sa fureur. Il se jette sur Marphise encore mal affermie du coup qu'elle avoit reçu d'Aquilant. Les deux frères enferment entre eux la guerrière, qui, comme une lionne furieuse entre deux tigres, les occupoit l'un et l'autre.

CHAPITRE XVIII.

Suite du combat précédent, et comment Renaud punit Trufaldin.

Si tous les combats particuliers dont on vient de parler méritoient l'attention des spectateurs, ce n'étoit rien en comparaison de celui des deux cousins. Le fils d'Aymon résistoit avec une vigueur étodnante aux efforts de Roland ; et soit que, combattant pour une juste cause, il reçût du ciel de nouvelles forces, soit que, connoissant à quel ennemi il avoit affaire, il ramassât, pour ainsi dire, tout son courage, il donnoit beaucoup de peine au comte d'Angers. Quoique ce dernier ne pût être blessé, il n'avoit pas encore sur l'autre le moindre avantage, lui qui en avoit d'ordinaire sur tous les autres guerriers du monde.

Dans le temps qu'ils étoient acharnés l'un sur l'autre, il arriva que la reine persanne, après avoir fait perdre le sentiment à Aquilant, poursuivoit ce chevalier, que son cheval emportoit dans la campagne. Cette guerrière passa près des deux paladins. Roland, qui vit le péril que couroit son neveu, quitta Renaud pour aller charger la reine, et il recommença avec elle le combat qui avoit été interrompu. Le seigneur de Montauban ne se vit pas plutôt libre, qu'il poussa son cheval vers l'endroit où il savoit qu'étoit Trufaldin. Ce lâche monarque pâlit d'effroi à son approche; et, ne pouvant échapper, il implora dans sa crainte l'assistance de ceux qui l'entouroient. Mais le roi de Circassie lui déclara que personne ne pouvoit prendre sa défense, que ceux qui l'avoient embrassée par serment. Trufaldin donc réduit à se défendre lui-même, tira son épée d'une main tremblante, et parut vouloir faire tête au fils d'Aymon; néanmoins, quand il l'eut vu de près, il ne put soutenir sa vue; la frayeur le saisit, et ce lâche prince prit la fuite du côté du comte d'Angers, en criant à haute voix à ses défenseurs : Au secours, au secours, vaillants chevaliers, souvenez-vous de votre serment.

Renaud le poursuivoit malgré ses cris, et il étoit près de le joindre lorsque les deux frères, volant au secours de Trufaldin, dont ils n'étoient pas éloignés, s'opposèrent aux desseins du seigneur de Montauban, qui força bientôt cet obstacle; car il étourdit Grifon d'un coup de Flamberge, et heurtant Aquilant avec impétuosité du poitrail de Rabican, il culbuta homme et cheval. Il poussa ensuite vers Trufaldin, qu'il eut bientôt atteint. Il le prit par le bras, l'enleva de dessus son cheval comme un léger fardeau, et, le mettant en travers sur le cou de son coursier, il l'emporta à un bout du champ, où se trouva par hasard le cheval du roi Uldan, qui broutoit les feuilles d'un buisson, après avoir perdu son maître, que Grifon avoit renversé. Renaud s'approcha de cet animal, ôta sa bride et les courroies de sa selle, et en lia Trufaldin par les pieds à la queue de Rabican; mais il le lia si fortement qu'il eût été difficile de l'en détacher. Après quoi, remontant sur Rabican, il se mit à courir par la campagne, traînant le traître les jambes en haut et la tête en bas, et criant à haute voix : Accourez, chevaliers d'Albraque; accourez, le roi Trufaldin implore votre secours.

Brandimart quitta le combat où il étoit engagé contre Torinde, pour courir vers le malheureux roi du Zagathay; mais, quoique Bridedor fût un des meilleurs chevaux du monde, il ne pouvoit atteindre Rabican. Les fils d'Olivier, qui s'étoient remis de leur désordre, poursuivirent aussi Renaud fort inutilement. Le fils d'Aymon se jouoit d'eux : tantôt il les laissoit approcher; et lorsqu'ils se flattoient de le pouvoir rejoindre, ils se trouvoient plus éloignés de lui que jamais. Enfin il poussa son cheval vers le comte d'Angers, qui combattoit contre Marphise; il passa entre eux deux, en disant à Roland d'un air insultant : Comte, reçois de mes mains ce roi si respectable que tu t'es chargé de défendre, et que tu préfères à tes meilleurs amis; ensuite il continua sa course jusqu'à ce que le misérable corps qu'il traînoit fût entièrement demembré, et qu'il n'en restât plus aucune partie à la queue de Rabican.

Le fils de Milon devint furieux lorsqu'il s'aperçut de ce que Renaud venoit d'exécuter; et son cœur, peu accoutumé à dévorer des affronts, sembloit, comme le mont Etna, exhaler des flammes. Il quitta la reine persanne, poussa Bayard avec impétuosité contre son cousin, qui lui étoit alors aussi odieux qu'il lui avoit autrefois été cher. Le seigneur de Montauban, satisfait d'avoir si glorieusement consommé sa vengeance, cessa de courir; et, s'approchant au petit pas du comte, il voulut le dissuader de combattre : il lui représenta qu'il étoit désormais inutile de prendre le parti de Trufaldin, dont le ciel venoit de disposer, et qu'il le supplioit de lui rendre son amitié, dont il ne s'étoit point rendu indigne. Roland étoit trop hors de lui-même pour goûter tout ce que son cousin lui dit de touchant sur ce sujet : il le défia sans lui répondre, et se jeta sur lui avec la dernière fureur. Le fils d'Aymon, piqué de lui voir si peu de raison, se défendit avec autant de vigueur qu'il étoit attaqué.

La reine Marphise suivit Roland; mais les deux frères, que la mort de Trufaldin dispensoit de courir après Roland, arrêtèrent cette princesse, qui tourna contre eux ses armes redoutables. Ainsi, malgré le trépas du perfide qui auroit dû finir les différents, tous ces guerriers recommencèrent à combattre les uns contre les autres avec plus d'animosité que jamais. Les deux cousins surtout se frappoient d'une manière étonnante. Si le comte d'Angers avoit plus de force, le seigneur de Montauban étoit plus léger et plus adroit; la légèreté de Rabican sembloit ajouter encore à celle de son maître. Enfin ees deux chevaliers se battoient depuis long-temps sans avantage, lorsque Renaud, d'un coup de Flamberge, fit plier la superbe tête de Roland. Ce dernier, pour s'en venger, déchargea sur le casque de Membrin un coup de Durandal si pesant, que le fils d'Aymon en perdit connoissance. Le comte alloit redoubler, si Bayard, qui voulut sauver Renaud, n'eût reculé; de sorte que Roland, voyant qu'il ne pouvoit manier à sa volonté ce raisonnable animal, piqua vers Brandimart avec lequel il changea de cheval. Son cousin reprit ses esprits pendant ce temps-là, et revint sur lui en poussant Rabican avec tant d'impétuosité, qu'il pensa renverser Bridedor.

Ces deux incomparables guerriers, animés d'une fureur nouvelle, en vinrent aux mains, et Durandal une seconde fois priva de sentiment Renaud, qui, penché sur le cou de son coursier, les bras pendants, et versant du sang par le nez et par la bouche, alloit céder la victoire à son ennemi. La légèreté seule de Rabican, qu'il n'étoit pas aisé de joindre, et qui emportoit le fils d'Aymon dans la campagne, sauva la vie à ce guerrier; car le comte ne pouvoit l'atteindre, quoiqu'il courût de toute la vitesse de son cheval pour achever sa vengeance. Comme ce dernier passa près d'Angélique, dont le cœur gémissoit de voir le péril où se trouvoit l'objet de son amour, cette princesse l'arrêta : Mon cher comte, lui dit-elle, suspendez, de grâce, les mouvements de votre colère ; vous devez même perdre tout ressentiment. La querelle est finie par la mort du lâche roi que vous défendiez. Le ciel, en punissant ce traître malgré tous vos efforts, fait voir que rien ne sauroit échapper à sa justice. Je n'ai plus rien à craindre non plus de la reine Marphise, qui m'a fait assurer qu'elle n'étoit notre ennemie qu'à cause de Trufaldin. Vous êtes donc libre, et vous pouvez dès ce moment m'accorder une chose que j'ai à vous demander. Je viens d'apprendre qu'une princesse de mes amies est dans un péril très pressant. Sachez que tout intérêt cède dans mon cœur à celui de la sauver; mais le moindre retardement lui peut être funeste; et, si vous voulez la délivrer à ma considération, il n'y a pas de temps à perdre.

Grande princesse, lui répondit le paladin, vous n'ignorez pas quel est l'empire que vous avez sur moi. Daignez m'instruire de ce qu'il faut que je fasse. Vous saurez, reprit Angélique, qu'une des plus cruelles magiciennes du monde a produit, par son art, un jardin où brillent, dit-on, cent beautés différentes, qui surpassent l'effort de la nature. Un affreux dragon en garde la première porte, et Falerine, c'est le nom de la magicienne, nourrit ce monstre de sang humain. Cette barbare, qui est parente de Marquinor, et qui gouverne en son absence le royaume d'Altin, fait arrêter tous les chevaliers et les dames qui passent dans ses états, et les donne à dévorer au dragon. Une princesse de mon sang, et qui m'est aussi chère que moi-même, est tombée avec son amant entre les mains de cette enchanteresse, qui, dans ce moment peut-être, va les livrer au monstre. Il n'y a que vous seul, fameux guerrier, que je croie capable de délivrer tant d'infortunés qui doivent périr si cruellement.

Je suis prêt à partir, répliqua le comte d'Angers, pour aller accomplir l'ordre que vous me donnez; mais, adorable princesse, continua-t-il en soupirant, je vous avoue que c'est un supplice bien rigoureux pour moi de laisser auprès de vous le seigneur de Montauban. Je sais qu'il est, comme moi, épris de vos charmes, et c'étoit autant pour punir cet audacieux rival que je le combattois, que pour la défense de Trufaldin.

Ces paroles firent soupirer Angélique elle-même; diverses passions agitèrent son cœur en ce moment; mais, comme il lui étoit d'une extrême importance de cacher ses mouvements, elle se contraignit le mieux qu'il lui fut possible, et fit cette réponse au guerrier : Que vous êtes dans une grande erreur ! Vous paroît-il, Roland, que Renaud fasse auprès de moi le personnage d'amant? Ah ! vous auriez plus de raison, ajouta-t-elle, poussée d'un mouvement jaloux, de l'accuser d'aimer Marphise. S'il ne l'aimoit pas, se seroit-il joint à elle pour continuer le siége d'Albraque ? Comme Angélique achevoit de parler, Astolphe s'approcha d'eux. Il ne doutoit pas que la princesse, alarmée du péril de Renaud, n'eût dessein de rompre son combat avec Roland; et son amitié pour le fils d'Aymon l'intéressoit à souhaiter la même chose. Venez prince, lui dit la fille de Galafron, venez désabuser votre ami d'un soupçon qu'il a conçu. Il croit Renaud amoureux de moi. Généreux comte, dit alors le prince anglois, vous pouviez avoir cette pensée quand vous partîtes de la cour de France. J'ai vu le seigneur de Montauban charmé de l'adorable Angélique dans ce temps-là; mais il m'a lui-même avoué qu'il n'a plus de tendres sentiments pour elle; et tout ce qu'il a fait depuis qu'il est au Cathay, vous le prouve mieux que tout ce que nous pourrions vous dire. Sur cette assurance, Madame, dit le comte en regardant la princesse, je rends à Renaud mon amitié. A ces mots, il lui fit une profonde révérence, piqua Bridedor vers le royaume d'Altin, et partit pour aller détruire le jardin de Faleriné.

CHAPITRE XIX.

Fin du combat. Départ de Renaud.

ANGÉLIQUE rompit ainsi le combat des deux cousins : après quoi elle demeura fort embarrassée comment elle expliqueroit à son père la démarche qu'elle venoit de faire. Elle consulta là-dessus le prince anglois, qui lui conseilla de désabuser Galafron. Dans ce dessein, ils allèrent tous deux trouver ce roi, qui dit à sa fille d'un air chagrin : Que veut dire ceci, princesse : le comte d'Angers est sur le point de consommer ma vengeance, et vous l'en empêchez? Seigneur, répondit Angélique, je viens d'épargner une injustice à votre majesté; le guerrier que nous prenions pour le meurtrier de mon frère ne l'est pas. C'est un fait que nous venons d'éclaircir, le prince Astolphe et moi. Roland nous a tout à l'heure appris que le chevalier qui a tranché les jours d'Argail est le superbe Ferragus, fils du roi Marsille. Ainsi le guerrier contre qui le comte d'Angers combattoit pour la défense de Trufaldin se nomme Renaud de Montauban. C'est son parent et son ami, et il n'a aucune part à la mort de votre infortuné fils. Hé! d'où vient donc, répliqua le roi, d'où vient que Rabican est en son pouvoir? Seigneur, repartit l'Anglois, Renaud m'a dit qu'il l'avoit tiré de la caverne d'Albarose, où cet excellent coursier s'étoit retiré après la mort du prince Argail, et d'où un magicien l'avoit fait sortir pour en faire présent à votre majesté.

Lorsque j'ai été instruite de ces choses, reprit alors Angélique, j'ai cru devoir rompre le combat commencé, et rétablir l'amitié entre ces deux paladins. Par ce moyen, Seigneur, poursuivit-elle, vous n'aurez plus d'ennemis, et surtout si vous vous résolvez à faire une légère satisfaction à la reine Marphise.... Je n'aurai pas de peine à m'y déterminer, interrompit le roi, à présent que je ne suis plus dans l'erreur.

Après ce discours, Galafron, accompagné d'Angélique et du prince Astolphe, alla trouver Marphise, qui combattoit encore les deux frères. A l'approche du roi du Cathay, le combat fut suspendu. Grande reine, lui dit Galafron, ne soyez plus notre ennemie, et pardonnez à la douleur d'un père qui croit voir le meurtrier de son fils, l'action précipitée qui m'a attiré votre inimitié. A ces mots, la reine persanne perdit toute sa colère. Elle étoit fière, mais généreuse. La soumission du vieux roi la toucha. Elle assura ce monarque de son amitié. Elle embrassa ensuite sa charmante fille, dont elle admira les attraits. Elle marqua aussi beaucoup d'estime pour les deux frères, et dit, à l'avantage de la France, qu'elle n'avoit trouvé dans aucune nation autant de courage, de force et de véritable générosité que dans les chevaliers françois.

Brandimart et Torinde, qui avoient recommencé leur

combat, se séparèrent dès qu'ils virent que la reine persanne parloit au roi Galafron et à sa fille avec toutes les marques d'une union parfaite. De sorte que de tous les guerriers qui combattoient auparavant avec fureur, il ne resta que Renaud de mécontent. Ce paladin venoit de reprendre ses esprits ; et ne voyant plus Roland : Qu'est devenu, disoit-il, ce fier ennemi qui poursuivoit ma mort avec tant d'ardeur ? Auroit-il négligé de m'ôter la vie, lorsqu'il m'a vu hors d'état de me défendre de ses coups ? Ah ! quelle honte pour moi ! Cette pensée l'affligeoit à un tel point, que toute la gloire qu'il avoit acquise, par le châtiment de Trufaldin, ne pouvoit le consoler.

Le prince Astolphe, qui s'aperçut qu'Angélique voyoit avec inquiétude l'agitation de Renaud, sur qui, malgré la présence de Marphise, elle avoit toujours les yeux, courut le joindre. Fils d'Aymon, lui dit-il, que faites-vous ici ? et pouvez-vous encore conserver quelque ressentiment, lorsque toutes choses commencent à devenir tranquilles dans le camp ? Ah ! mon cœur ne l'est pas, s'écria Renaud : de grâce, Astolphe, apprenez-moi où est le comte d'Angers; c'est tout ce qui m'intéresse présentement. L'Anglois, qui ne pénétroit que trop son dessein, lui dit : Mon cher Renaud, calmez le trouble de vos sens; la charmante Angélique, après avoir fait cesser votre combat avec Roland, vient d'éteindre aussi le ressentiment de la reine Marphise et des autres princes ligués contre le roi, son père. Ainsi le royaume du Cathay est délivré des fureurs de la guerre. Puisque vous vous êtes vengé de Trufaldin, vous n'avez plus d'ennemis à combattre. Quoi ! reprit le seigneur de Montauban, c'est Angélique qui a contraint Roland à me quitter? Oui, repartit Astolphe, c'est elle-même, malgré les rigueurs dont vous l'accablez.

Ah! que ne m'a-t-elle laissé mourir, interrompit Renaud; la honte que je ressens de ce nouveau service m'est plus insupportable que la mort. C'est un supplice pour moi de lui tant devoir. Que vous êtes injuste! lui dit le prince d'Angleterre. Donnez-moi, reprit brusquement le fils d'Aymon, donnez-moi tous les noms qu'il vous plaira; mais ne combattez point des sentiments que je ne puis changer. Le seul plaisir que vous me pouvez faire, c'est de m'apprendre où je trouverai le comte.

L'Anglois ne voulut pas lui dire quel chemin Roland avoit pris; il lui dit seulement, pour se délivrer de ses instances, qu'il croyoit que le comte avoit dessein de retourner en France. A cette nouvelle, le seigneur de Montauban témoigna qu'il le vouloit suivre. Attendez un moment, lui dit Astolphe, je partirai avec vous. Je vais prendre congé de Galafron et de la princesse, à qui je dois cette déférence. Le fils d'Aymon, qui aimoit beaucoup ce chevalier, lui promit de l'attendre. Le prince d'Angleterre retourna donc à Albraque, où le roi et sa fille avoient conduit la reine persanne, pour lui rendre tous les honneurs qu'elle méritoit. Il rendit compte à la belle Angélique de son entretien avec Renaud, et de la résolution où il étoit de retourner en France avec lui. La princesse lui dit qu'elle envioit son bonheur de pouvoir accompagner un chevalier si parfait, et qu'elle feroit tous ses efforts pour les suivre, si elle en trouvoit une occasion dont elle pût profiter avec bienséance. Mais, Madame, lui dit l'Anglois surpris de son dessein, ne craignez-vous point les périls où votre beauté peut vous jeter dans le cours d'un si long voyage? Elle répondit qu'elle avoit un moyen sûr de les éviter, et elle ajouta qu'elle vouloit encore rendre un service à Renaud avant qu'il partît; c'étoit de lui faire recouvrer son bon cheval Bayard, qui étoit entre les mains de Brandimart. Je me charge de cette restitution, répliqua le prince Astolphe. En achevant ces mots, il alla chercher Brandimart, et lui tint ce discours : Généreux chevalier, le comte Roland vous a donné un cheval sur lequel j'ai de légitimes droits. C'est moi qui l'ai amené ici de France; et vous devez vous ressouvenir que je le montois lorsque j'eus le bonheur de vous rencontrer en Circassie, et d'acquérir votre amitié. Si je pouvois disposer de ce bon coursier, je vous le céderois avec joie, et je croirois qu'il ne pourroit appartenir à un chevalier plus digne de le posséder; mais j'en dois compte au paladin Renaud, qui est son véritable maître. J'espère que vous voudrez bien le lui restituer. Prince, répondit Brandimart, si vous me demandiez ma vie, je vous la donnerois avec plaisir. Après m'avoir rendu la belle Fleur-de-Lys, qui est tout ce que j'ai de plus cher au monde, puis-je vous refuser quelque chose?

Alors, sans tarder davantage, Brandimart fit remettre Bayard au prince anglois, qui embrassa tendrement ce chevalier, et le pria d'accepter, en échange, un vigoureux coursier dont le roi Galafron lui avoit fait présent. Le fils d'Othon, après avoir quitté l'amant de Fleur-de-Lys, alla dire adieu au roi du Cathay et à sa fille, qui l'embrassèrent avec affection, et lui marquèrent du regret de le voir partir; ensuite il rejoignit Renaud, qui l'attendoit.

Le seigneur de Montauban, quoiqu'il aimât fort Bayard, fut tenté de le refuser quand il apprit qu'il le tenoit de la main d'Angélique, et le prince Astolphe n'eut pas peu de peine à le lui faire agréer. Comme ces deux paladins se disposoient à retourner en France, Irolde et Prasilde vinrent offrir leurs services à Renaud, et lui témoignèrent une extrême envie de l'accompagner. Il les reçut comme deux braves chevaliers dont il se faisoit gloire d'avoir acquis l'amitié, et il consentit qu'ils partissent avec lui.

FIN DU LIVRE TROISIÈME.

LIVRE IV.

CHAPITRE PREMIER.

Du projet ambitieux d'Agramant, et pourquoi il assembla à Bizerte tous les rois d'Afrique, ses vassaux.

Les annales du fameux Turpin rapportent que le grand Alexandre, après qu'il eut soumis toute l'Asie à sa puissance, voulut passer en Égypte, où il devint amoureux d'une belle dame. Pour témoigner l'amour qu'il lui portoit, il fit bâtir sur le bord de la mer, dans le lieu qu'elle habitoit, une grande ville, qu'il nomma Alexandrie, et cette ville a été depuis la capitale de l'Afrique.

Ce conquérant se rendit de là à Babylone, où il établit le siége de son empire; et c'est là que parmi les délices auxquelles il s'abandonna, il fut empoisonné par ceux de ses courtisans qui avoient le plus de part à sa confiance. Sa mort apporta bien du changement dans les provinces soumises à son empire : elles furent démembrées; les capitaines qui y commandoient pour lui s'en emparèrent; et de tous les états qui ne reconnoissoient que sa puissance, il se forma plusieurs royaumes, qui furent plus ou moins considérables.

Lorsque la belle Élidonie, c'est ainsi que se nommoit la dame égyptienne qu'Alexandre avoit aimée, apprit la mort de ce monarque, elle étoit enceinte. Comme elle appréhendoit que celui des successeurs de ce prince qui commençoit à régner en Égypte ne se portât à quelque violente résolution contre son fruit, pour affermir sa domination nouvelle, cette dame s'enfuit dans une barque, qui fut poussée par les vents sur les côtés de Barbarie. Elle trouva un asile chez un pêcheur, dont la femme l'aida à mettre au monde trois enfants, qui se rendirent depuis fort puissants dans ces provinces méridionales; et ce fut en mémoire de leur naissance qu'on bâtit dans la suite, en ce lieu, une ville que l'on nomme encore à présent Tripoli.

Ces trois princes furent toujours fort unis; ils vainquirent Gorgon, roi d'Afrique, dont la défaite les rendit maîtres de tous ses états. Avec la possession de tant de provinces, ils acquirent l'amour et l'estime de tous ces peuples. Ceux même des contrées les plus reculées, charmés de ce que la renommée publioit de la douceur et de la générosité des trois frères, se soumirent volontairement à leur empire; de manière qu'enfin, depuis l'Égypte jusqu'aux extrémités du royaume de Maroc, tout reconnut leur puissance. Les deux premiers nés moururent sans laisser de postérité; et le troisième, nommé Artamandre, réunit sous sa domination tous les royaumes qu'ils avoient acquis ensemble par leurs victoires ou par le bruit de leurs vertus. C'est de cet Artamandre que descendirent les princes et les autres grands hommes qui depuis firent tant de maux aux chrétiens, qui s'emparèrent de l'Espagne, d'une partie de l'Italie, et qui ravagèrent plus d'une fois la France. De ce prince sortirent en ligne directe le puissant roi Brabant, que l'empereur Charles mit à mort en Espagne, le roi Agolant, père du roi Trojan, et les vaillants princes don Clario et Roger de Rize.

Trojan laissa un fils qui recueillit toute la puissance de ses prédécesseurs. Ce jeune prince, appelé Agramant, fut empereur de toute l'Afrique, et tous les rois de cette partie du monde étoient ses vassaux. Ce monarque ambitieux, non content de voir tant d'états sous son empire, ne fut pas sitôt installé sur le trône après la mort de Trojan, qu'il brûla du désir d'asservir les chrétiens et de venger sur eux tant d'illustres guerriers de son sang qui avoient péri sous le fer de Charles et de ses paladins.

Dans cette résolution, il manda tous les princes africains, qui se trouvèrent au jour marqué dans la fameuse ville de Bizerte, où cet empereur tenoit sa cour. Il vouloit leur communiquer le glorieux dessein qu'il avoit formé. Ils étoient au nombre de trente-deux; la salle où ils s'assemblèrent avoit deux cents pas de longueur et cinquante de largeur. Tout y étoit pompeux, les lambris et les ameublements. Les batailles d'Alexandre le Grand y étoient représentées dans d'excellents tableaux, et dans les superbes tapisseries dont les murs étoient parés. A l'approche de ces princes, Agramant, revêtu de ses habits royaux, se leva de son trône, tout brillant de pierreries. Il les embrassa tous d'une manière engageante, et les fit asseoir sur trente-deux chaises d'or, placées à côté de lui, et au bas du trône les autres seigneurs se mirent sur des siéges, chacun selon son rang. Aussitôt que l'empereur fit connoître qu'il alloit expliquer ses intentions, le silence régna dans l'assemblée, et ce monarque leur tint ce discours:

Nobles princes, grands seigneurs et barons qui êtes ici rassemblés, vous devez croire que je vous chéris, et que notre commun bonheur fait l'objet de mes soins. Vous savez que les cœurs généreux n'ont de véritable amour que pour la gloire, et que cette gloire ne se peut trouver que dans les travaux de Mars. C'est en nous exposant aux périls, que nous pouvons vivre encore après nous dans la mémoire des hommes. Malheureux les princes qui ont négligé d'étendre leur renommée pendant leur règne, puisque leur vie dure si peu, qu'à peine sait-on après leur mort s'ils ont vécu. Suivons, illustres seigneurs, suivons le glorieux exemple du grand Alexandre, de qui nous tirons tous notre origine. Ce palais nous en retrace de tous côtés les hauts faits d'armes et les vertus. C'est à son courage et non à ses plaisirs qu'il doit l'admiration qu'on a pour sa mémoire. Marchons donc sur ses traces, et montrons à tout l'univers qu'il n'est rien de plus méprisable que les rois qui mènent une vie oisive et voluptueuse.

Quand le roi d'Afrique eut prononcé ces paroles, tous les princes qui l'avoient écouté avec attention marquèrent par un applaudissement général qu'ils approuvoient ces généreux sentiments. Alors le monarque, satisfait de la disposition où il les voyoit, leur communiqua le dessein qu'il avoit de passer en France, et d'étendre la loi de leur prophète jusque dans les états de l'empire chrétien. A peine eut-il exposé son projet, que les applaudissements se renouvelèrent avec plus d'ardeur. Mais Sobrin, roi de Garbe, qui avoit acquis une haute expérience dans l'administration des affaires publiques, et qui pouvoit passer pour le plus prudent de tous les princes de l'assemblée, se leva, et parla dans ces termes au roi Agramant :

Puissant monarque, l'entreprise que vous avez formée ne peut avoir été conçue que par un prince magnanime; mais je ne dois pas vous cacher que je prévois de grandes difficultés dans son exécution. L'empereur des chrétiens est redoutable; ses états sont vastes et peuplés; sa cour est toujours remplie de princes et de chevaliers qui n'ont jamais exercé d'autre métier que celui des armes, et ses soldats sont aguerris; au lieu que les levées que nos princes africains pourront faire ne seront composées que d'hommes sans expérience. Je n'ignore pas que tous nos princes sont d'une valeur éprouvée, et qu'ils ne céderont pas à ces paladins si vantés de la cour de France. Hé! pourquoi leur céderions-nous? Le sang de l'invincible Alexandre coule dans nos veines : mais des soldats ramassés, que nous aurons emmenés presque malgré eux, et qui n'ont pas notre origine, seconderont-ils nos transports généreux? Quoiqu'ils soient infinis en nombre, il ne résisteront point à de vieux guerriers, couverts des lauriers de plus d'une victoire. Ce grand conquérant que je viens de nommer nous en fournit une preuve éclatante. Il passa en Asie avec de vieilles troupes, qui mirent en fuite les Persans, plus nombreux que les épis des moissons. Carrogier, frère du fort Agolant, votre aïeul, entra en Italie dans le même dessein que vous avez; il y perdit la vie, et son armée fut détruite. Agolant lui-même, et le roi Trojan, votre père, de qui la triste destinée doit être encore présente à votre mémoire, virent périr tous ceux qui passèrent en France avec eux. N'espérez donc pas, grand roi, que votre entreprise réussisse. Vous vous imaginerez peut-être que la crainte trouble mon esprit, et m'oblige à vous tenir ce discours, pour me dispenser de vous suivre; mais je jure, par notre grand prophète, que, malgré mes cheveux blancs, je ne me sens pas moins de courage que j'en avois, lorsque j'allai à Rize trouver le brave Roger. La crainte n'a donc point de part au conseil que je vous donne; c'est le zèle que j'ai pour vous et pour la patrie qui vient de me l'inspirer.

Quand le sage Sobrin eut cessé de parler, un jeune prince, qui l'avoit impatiemment écouté, prit la parole; c'étoit l'impétueux Rodomont, roi de Sarse et d'Alger, fils du fort Ulien, mais beaucoup plus fort et plus courageux que son père. Nul mortel dans l'univers n'avoit plus d'arrogance : il méprisoit tous les humains, et l'orgueilleux Ferragus étoit seul comparable à lui. Que les vieillards, dit-il, sont de mauvais conseillers dans de pareilles occasions ! Le froid des années leur glace le courage. N'écoutez point, grand prince, ce vieux roi de Garbe, qui n'est propre qu'à détourner des hautes entreprises les cœurs généreux. Ce n'est point ces têtes blanches qu'il faut consulter; ce qu'on regarde en eux comme de la prudence n'est le plus souvent que foiblesse. Poursuivez donc votre dessein, Seigneur; je serai le premier à marcher sur vos pas, et je suis prêt à soutenir par les armes que tous ceux qui ne vous conseillent pas de passer en France sont des lâches, qui ne méritent que vos mépris et votre indignation.

Le superbe Rodomont, dont la valeur ne nous fournira dans la suite que trop de matière à raconter des faits prodigieux, acheva ces paroles en regardant d'un œil furieux toute l'assemblée. Personne n'osoit le contredire, parce que tout le monde le craignoit, excepté le roi des Garamantes, qui étoit un prince âgé d'un siècle. Ce vénérable vieillard entreprit de réprimer la fougue de cet audacieux, dont l'arrogance le choqua. Il avoit observé les astres, comme grand astrologue qu'il étoit. Nulle chose dans la constitution du ciel et des corps célestes ne lui étoit cachée. Il connoissoit l'avenir comme le présent ; et telles étoient ses supputations astronomiques, que le temps justifioit toujours la certitude de ses prédictions. Il s'éleva contre Rodomont avec gravité, et l'apostropha dans ces termes :

Jeune homme, parce que tu es fort et courageux, tu t'imagines être en droit de parler en maître, et que l'on doit suivre aveuglément tes avis. Apprends à respecter les personnes que l'âge et l'expérience ont rendues plus sages et plus habiles que toi. L'impétuosité de tes passions, auxquelles tu cèdes sans résistance, empêche plusieurs princes de cette assemblée de combattre ton sentiment. Ils ne veulent pas se commettre avec un furieux tel que toi ; mais ne pense pas que la même crainte qui les retient, ni tes menaces, me ferment la bouche. Je déclare à notre grand monarque ce que je sais de l'événement de la guerre contre les chrétiens. Oui, noble Agramant, continua-t-il en se tournant vers le roi d'Afrique, j'ai consulté les astres sur le dessein que vous formez, et je n'y vois que des présages sinistres.

Quoi! interrompit le fils de Trojan, les astres ne nous promettent que des infortunes ? Tant de milliers d'hommes, conduits par des chefs d'une valeur éprouvée, ne pourront nous venger! Seigneur, repartit le sage vieillard, ils porteront le fer et la flamme chez nos ennemis, et feront de grands ravages; mais la fin de la guerre vous sera funeste; et Rodomont lui-même, malgré sa force et son courage, servira de pâture aux vautours des champs françois. Ah! Seigneur, s'écria le roi d'Alger en cet endroit, puissant Agramant, n'écoutez point les rêveries de ce vieillard; et toi, ajouta-t-il en s'adressant au roi des Garamantes, toi, qui devrois plutôt habiter le sommet d'une montagne déserte que porter un sceptre, ne crois pas m'épouvanter par des prédictions que je méprise. Prophétise ici si tu veux; mais, lorsque nous aurons passé la mer, ne viens pas nous débiter tes folles visions; car je serai le seul prophète qu'il faudra consulter. Je ne lis pas dans les astres, mais je lis dans les cœurs; et c'est dans les cœurs de tous nos princes que je verrai la fausseté des oracles que ta lâcheté, plutôt que les astres, te dicte en ce moment.

Tous les jeunes princes et seigneurs de l'assemblée applaudirent au discours de Rodomont; mais les vieillards, qui avoient accompagné Agolant en France, se ressouvenant encore de la force des paladins, laissoient voir sur leurs visages qu'ils n'approuvoient pas le dessein d'Agramant. Ce jeune monarque lui-même avoit été ébranlé du discours de Sobrin et des prédictions du roi des Garamantes; mais son naturel bouillant, et la confiance qu'il avoit en Rodomont, dont il connoissoit l'excessive force, ne lui permirent pas d'en profiter. Princes, dit-il en se tournant vers les rois qui venoient de parler, il ne s'agit plus de délibérer : mon parti est pris, et je vois avec joie que mon entreprise est agréable à la plupart des princes de cette assemblée. Je demeure d'accord qu'elle a ses peines et ses dangers; mais les palmes que la gloire promet aux grands hommes ne se peuvent cueillir que dans les périls. Allons donc venger la mort de nos ancêtres; l'honneur nous le commande; et, s'il faut périr, nous périrons du moins en remplissant nos devoirs.

Quelle joie pour Rodomont d'entendre parler Agramant dans ces termes : Mon prince, lui dit-il, votre renommée va voler partout où le soleil lance ses rayons; et je jure que je vous accompagnerai dans toutes les contrées où vous voudrez porter vos armes. Le vaillant roi de Tremisen, Alizard, les rois d'Oran et d'Arzille, et la plus grande partie des autres qui composoient cette illustre assemblée, se lièrent par le même serment; et celui qui faisoit paroître le plus d'ardeur à s'engager étoit le plus agréable au roi d'Afrique.

Lorsque le roi des Garamantes vit Agramant affermi dans sa résolution, il se leva pour la seconde fois, et lui dit : Grand prince, je ne puis qu'estimer le courage que vous faites éclater, et je vois avec douleur que les astres ne vous promettent pas un succès favorable. Les malheureux présages qu'ils me donnent ne me détourneroient pas de vous accompagner en Europe, si un obstacle plus fort ne s'y opposoit. Ma mort, qui doit arriver avant votre départ, fera bien voir que la crainte n'a eu aucune part à ma prédiction. Hé! quel sujet aurois-je de craindre les dangers que vous allez courir dans cette guerre, moi qui n'ai plus que quelques moments à vivre? L'heure où je dois perdre la vie s'approche; mais avant que mon âme quitte la dépouille mortelle de son corps, profitez, Seigneur, de l'avis que je vais vous donner. Vous possédez, poursuivit-il, dans vos états un trésor que vous ne connoissez pas; c'est un jeune prince qui surpasse tous les mortels de ce siècle en valeur et en courtoisie. Il est de votre sang, puisqu'il est fils du fameux Roger et de Galacielle, sœur de votre père Trojan. C'est un bonheur pour l'Afrique qu'il soit né Sarrasin; car, si ce jeune héros eût été de la secte des chrétiens, il auroit détruit notre loi et nos armées. Après que son père eut perdu la vie par trahison, Galacielle, voyant leur ville de Rize brûlée, fut obligée de revenir en ce pays, où, dans les pleurs et dans les regrets, elle mit au monde deux rejetons de son époux chéri, un garçon et une fille, tous deux d'une beauté parfaite, chacun dans son sexe. Ces deux illustres enfants sont au pouvoir d'un vieil enchanteur, nommé Atlant, qui fait sa demeure sur une montagne située près de Constantine. Là, dans un château qu'il a fait construire par ses charmes, il prend soin de l'éducation du frère et de la sœur. Comme il a remarqué dès leur enfance leur force et leur courage, il leur a fait apprendre tout ce que des guerriers peuvent savoir dans le métier des armes. Il ne les a nourris, comme le fut autrefois Achille, que de moelle de lions. J'ignore ce qu'est devenue la princesse; mais pour le jeune prince, qui se nomme Roger, de même que son père, il est déjà le plus fort guerrier du monde, quoiqu'il soit à peine dans son adolescence. Si vous pouvez le mener avec vous en France, vous en tirerez plus de services que de cent bataillons. En un mot, c'est le seul moyen de détourner la funeste influence de ces astres malins qui vous menacent. Mais ne croyez pas qu'il soit aisé de le retirer des mains du magicien. Le rocher sur lequel est le château qui le renferme est si haut et si escarpé, que l'on ne peut y monter sans avoir des ailes. D'ailleurs Atlant, pour conserver ce jeune prince, dérobe par son art la vue du château aux personnes qui voudroient y monter. Le seul anneau de la princesse du Cathay, qui préserve des enchantements, peut le faire apercevoir.

L'impétueux roi d'Alger, qui prévit bien que l'avis du roi des Garamantes alloit retarder l'entreprise, ne donna pas le temps au vieillard d'en dire davantage. Que nous sommes simples, interrompit-il, de nous arrêter aux vains discours d'un visionnaire. Ce vieillard se vante de lire dans l'avenir, lorsque le présent même ne lui est pas connu; il nous parle d'un Roger qui n'a de réalité que dans son imagination. Nous savons tous qu'il n'y a point eu d'autre Roger que celui qui mourut à Rize, et nous n'avons pas ouï dire qu'il ait laissé aucun enfant. Mais nous devons peu nous étonner de l'artifice de ce vieil astrologue : s'il nous parle d'un jeune guerrier dont il nous raconte des merveilles, ce n'est que pour nous faire chercher une chose qui n'est point, et pour différer la guerre contre Charles. Et qu'est-il besoin d'autres forces et d'autres guerriers que nous?

Jeune homme, lui repartit froidement le roi des Garamantes, vous allez voir si vous avez raison d'attribuer à la crainte ma prédiction, et de donner un mauvais sens à mes avis. Encore une fois, Seigneur, ajouta-t-il en regardant le roi d'Afrique, profitez des conseils que je vous donne en mourant, si vous ne voulez attirer sur vous et sur vos peuples d'étranges malheurs. En parlant ainsi le savant vieillard tomba en foiblesse, et quelques moments après il expira dans les bras de ses amis, qui s'empressoient en vain de le secourir.

Agramant, qui l'aimoit et l'estimoit, fut frappé de cet accident, qui sembloit justifier pleinement la vérité des prédictions du vieillard. Il n'y eut que Rodomont qui n'en fut point ému. Quoi donc, dit-il alors, la mort de ce vieux roi doit-elle nous faire concevoir un mauvais présage? Est-ce une chose étonnante de voir mourir un vieil homme? Ainsi parloit le roi d'Alger, pour blâmer ceux qui paroissoient surpris d'une semblable mort. Et ce prince emporté voyant que, malgré ses dernières paroles, la plupart des princes et Agramant lui-même se déterminoient à suivre le conseil du roi des Garamantes, il leur dit en colère : Puisque vous êtes résolus à perdre tant de temps, demeurez ici dans une honteuse oisiveté. Pour moi, je retourne à Alger, d'où je partirai sans retardement avec l'élite de mes sujets, et passerai chez nos ennemis, pour vous apprendre à ne les pas craindre. Alors il se retira effectivement de l'assemblée avec quelques princes africains de ses amis, qui, brûlant comme lui du désir de combattre, lui promirent de suivre son exemple.

Après son départ, le roi d'Afrique, de l'avis des autres princes, envoya les plus habiles de ses barons à Constantine, avec ordre de s'informer du jeune Roger. Mais on ne put avoir aucunes nouvelles de ce prince, ni découvrir le palais d'Atlant; et l'on jugea bien qu'on n'en feroit qu'une recherche inutile sans l'anneau d'Angélique. La difficulté étoit d'avoir cet anneau, et la chose mise en délibération paroissoit impossible dans le conseil, lorsque le roi de Fez prit la parole, et dit : Par quel moyen pourrons-nous obtenir cet anneau merveilleux ? La force ouverte n'y peut rien : si nous l'envoyons demander, la princesse Angélique ne nous l'accordera point pour nous faire réussir dans une entreprise où elle n'a aucun intérêt. Il faut donc que nous ayons recours à l'artifice. Cherchons un homme consommé dans tous les genres de fourberie, un homme en qui la subtilité de la main égale la fécondité du génie. J'ai parmi les officiers de ma maison un homme de ce caractère. Il s'est signalé par mille tours de souplesse, qui lui auroient attiré plus d'une fois le dernier supplice, si, charmé de la nouveauté de ses inventions et de la fertilité de son esprit, je ne lui eusse fait grâce. Jetons les yeux sur lui. Je vais le charger de voler la bague d'Angélique. S'il n'en peut venir à bout, il ne faut pas espérer qu'aucun autre y puisse réussir.

Aussitôt que le roi de Fez eut cessé de parler, tous les avis du conseil se conformèrent au sien. On fit venir dans l'assemblée la personne qui avoit été proposée pour dérober l'anneau. C'étoit un petit homme, qui, par sa figure contrefaite, attira tous les regards. Il n'avoit guère plus de trois coudées de haut. Il étoit bossu, et des cheveux crépus et courts couvroient sa tête, qui paroissoit beaucoup plus grosse qu'une tête ordinaire. Il avoit les yeux si vifs et si perçants, qu'il prévint d'abord tout le monde en faveur de son savoir-faire. Brunel, c'est ainsi que cet insigne fourbe se nommoit, fut instruit de ce qu'on attendoit de lui, et Agramant, pour l'encourager à se bien acquitter de sa commission, lui promit un royaume pour récompense.

Brunel tressaillit de joie à cette surprenante nouvelle. Il assura le roi d'Afrique qu'il lui rapporteroit d'Orient l'anneau constellé d'Angélique, et que la longueur du voyage seroit le plus fort obstacle qui l'arrêteroit. Dans le temps qu'il faisoit cette promesse au monarque, il déroba une grande partie des pierreries dont le trône étoit enrichi, sans qu'on s'en aperçût dans l'assemblée, quoique tous les yeux fussent arrêtés sur lui. Dès qu'il fut parti pour le Cathay, Agramant renvoya tous les princes dans leurs états, avec ordre de se mettre en état de passer en France, aussitôt que Brunel seroit de retour de son voyage.

CHAPITRE II.

Du voyage que Roland fit en Altin, et des aventures qui lui arrivèrent en chemin.

Le comte d'Angers avoit tant d'impatience de rendre à sa princesse le service important qu'elle exigeoit de lui, qu'il marchoit le jour et la nuit sans s'arrêter. Mais il avoit tant d'états à passer, qu'il ne devoit pas compter d'arriver sitôt en Altin. Pendant un si long voyage, son esprit n'étoit occupé que d'Angélique. S'il avoit de la joie de penser que le seigneur de Montauban n'étoit plus son rival, il ne laissoit pas d'être accablé de douleur de se voir pour long-temps éloigné de sa princesse. Le chagrin qu'il en avoit le mettoit dans une telle situation, que malheur à ceux qui avoient l'audace d'attirer son ressentiment.

Il sortoit du royaume de Calka pour entrer dans celui de Mugal, lorsqu'un jour, sur la levée d'un étang, il rencontra deux demoiselles, qu'un chevalier avoit arrêtées, et vouloit emmener par force avec lui. Le paladin n'eut pas sitôt remarqué cette violence, qu'il représenta au chevalier l'injustice de son procédé; mais le chevalier, chagrin de se voir troublé dans son dessein, ne répondit que par des paroles insultantes au comte, qui, dédaignant de lui faire l'honneur de le défier en combat régulier, le saisit par le bras, l'arracha des arçons, et le jeta au milieu de l'étang, où la pesanteur de ses armes ne tarda guère à le noyer. A peine Roland eut achevé cet exploit, qu'il salua les dames, et s'éloigna d'elles de toute la vitesse de Bridedor, avant qu'elles pussent lui rendre grâces du service reçu. Elles demeurèrent fort surprises d'un départ si subit, et de la nouveauté d'un pareil événement.

Du royaume de Mugal, Roland passa dans celui de Tulent, qu'il traversa tout entier; puis, entrant dans le royaume de Bizuth, il arriva au pas des Deux-Roches. C'étoit un chemin creux, qu'on appeloit ainsi à cause qu'il passoit entre deux roches. Un grand chevalier, monté sur un puissant coursier, gardoit ce passage; poussé de son mauvais destin, il voulut obliger le comte à laisser en ce lieu ses armes et son cheval : ce qu'il avoit fait à beaucoup d'autres chevaliers, qui n'avoient pu lui résister. Le paladin, choqué de son arrogance, lui dit : Sais-tu bien que c'est à Roland que tu fais cette proposition ? Et qui est ce Roland, répliqua le chevalier du Pas d'un air méprisant. Je vais te l'apprendre, repartit le comte. Alors il descendit de dessus Bridedor, tira Durandal, avec laquelle il creusa dans la terre une fosse de la hauteur d'un homme. Ensuite il arracha de la selle le chevalier du Pas, le jeta dans la fosse et la couvrit d'une des deux roches qu'il déracina par la force de ses bras, et qu'un autre que le cyclope Polyphème n'eût pu seulement ébranler. Il n'y avoit à la fosse qu'une petite ouverture, par où le misérable pouvoit passer un bras. Garde à présent ce passage, lui dit Roland, et si l'on te demande qui t'a mis dans cet endroit, tu répondras que c'est Roland.

Le fils de Milon remonta sur Bridedor, et traversa le chemin creux. Il marcha les jours suivants le long d'une grande forêt, au bout de laquelle il se trouva dans une plaine fort étendue, où bientôt un objet qui inspiroit de la pitié attira son attention; il aperçut à un arbre qui bordoit le grand chemin une demoiselle pendue par les cheveux, et ses oreilles furent en même temps frappées des cris douloureux qu'elle poussoit, et qu'elle avoit soin de rendre plus éclatants à l'arrivée de tous ceux qui survenoient en ce lieu. Assez près de cette malheureuse, on voyoit une rivière qui passoit sous un pont, à l'entrée duquel un chevalier armé de toutes pièces tenoit une lance à la main; et l'on remarquoit au delà du pont deux autres chevaliers dans la même attitude. Le paladin, suivant son penchant généreux, se disposoit à secourir la demoiselle, quand le chevalier du pont lui cria : Arrête, chevalier, ne te rends pas protecteur du vice, en exécutant ce que tu te proposes; sache que les siècles passés n'ont jamais vu naître une plus dangereuse femme que celle qui s'offre à tes yeux : tu t'attirerois le blâme et le reproche de tous ceux qui chérissent la vertu, si, cédant à ta pitié, tu donnois du secours à cette créature. Je ne saurois croire, répondit Roland, que ce soit justement que cette dame souffre un si cruel châtiment. Hé bien, reprit l'autre chevalier, juges-en toi-même par le récit que je vais te faire, si tu veux m'accorder ton attention. Le comte lui témoigna qu'il étoit disposé à l'entendre. Alors le défenseur du pont parla dans ces termes :

CHAPITRE III.

Histoire d'Origile.

CETTE artificieuse dame, qui se nomme Origile, a pris, comme moi, naissance dans la grande ville de Bizuth, capitale de ce royaume. Sa beauté est des plus parfaites, et lui soumet les cœurs des personnes qui ne connoissent pas le fond du sien. C'est un esprit d'artifice et de mensonge. Elle se plaît à repaître de frivoles espérances ses amants, et à les armer ensuite les uns contre les autres. Je me suis laissé surprendre à ses manières trompeuses. Tantôt par des refus étudiés, et tantôt par de légères faveurs qu'elle vouloit me faire prendre pour des preuves assurées de sa tendresse, elle m'enflamma si fortement, que je ne pouvois vivre un moment sans la voir.

Un jeune chevalier de la ville, nommé Locrin, n'étoit pas moins épris que moi d'Origile. Elle nous trompoit si bien tous deux, que chacun de nous se flattoit de posséder seul toutes les affections de sa dame. Philax, me dit-elle un jour, je t'aime avec ardeur; mais il n'y a qu'un moyen pour te procurer l'accomplissement de tes souhaits : tu sais qu'Oringue, ayant pris querelle contre le jeune Corbin, mon frère, le tua très injustement, je dis injustement, parce que mon frère étoit dans une trop grande jeunesse pour pouvoir résister à un ennemi consommé dans l'exercice des armes. Mon père, pour venger la mort d'un fils qu'il aimoit tendrement, a cherché et trouvé un chevalier auquel il proposa une grande récompense pour lui livrer Oringue mort ou vif. Il faut donc que tu prennes des armes pareilles à celles d'Oringue, avec sa devise et des habits comme les siens. Quand tu te seras armé comme lui, tu te mettras en campagne, et chercheras Ariant, qui est le chevalier que mon père a chargé de sa vengeance. Ariant te prendra pour Oringue, vous combattrez tous deux; et après un léger combat, tu feindras de ne pouvoir résister à ses coups, et te rendras son prisonnier. Il te mènera au château de mon père, où tu ne dois pas craindre d'être maltraité, puisque je serai ta geôlière. Alors nous pourrons nous voir, et nous entretenir à tous moments sans témoins. Si mon père veut se porter à quelque fâcheuse extrémité contre toi, je saurai bien te dérober à son ressentiment.

J'étois si persuadé de la sincérité d'Origile, que j'aurois cru lui faire une offense d'en douter. Je ne songeai qu'à me disposer à faire ce qu'elle me proposoit. J'étois à peine hors de sa vue, qu'elle rencontra Locrin, à qui elle tint le discours suivant : Mon cher Locrin, je voudrois te rendre heureux, mais ne t'attends point à le devenir, si tu ne me livres Oringue, qui a tué si cruellement mon jeune frère; et il faut pour cet effet que tu fasses ce que je vais te dire : comme mon père m'a promise au chevalier Ariant, à condition qu'il lui mettra Oringue entre les mains, tu ne peux me ravir à Ariant qu'en le prévenant, c'est-à-dire qu'en combattant avant lui Oringue. Prends donc toute la forme d'Ariant, porte des armes semblables aux siennes, sa cotte d'armes, son cimier, sa devise, et un croissant en champ de sinople dans son écu. Oringue lui-même y sera trompé; et si tu peux le vaincre, je ferai en sorte que mon père t'accorde la récompense qu'il a promise à Ariant.

Locrin, séduit comme moi par la perfide Origile, la remercia de ses bontés, et la quitta pour aller suivre son conseil, pendant que de mon côté je travaillois à ma perte. Je pressai de telle sorte les ouvriers que j'employois, qu'en peu de jours j'eus toutes les choses nécessaires pour l'exécution de mon dessein. Je sortis de la ville prêt à combattre pour me laisser vaincre; et Locrin, qui n'avoit pas moins d'empressement à mériter la récompense promise à ses feux, ne tarda guère à se mettre en campagne. Nous nous rencontrâmes bientôt, et nous nous trompâmes l'un et l'autre. Il me prit pour Oringue, et je le pris pour Ariant. Nous en vînmes aux mains. Je me battis quelque temps; puis, feignant de ne pouvoir soutenir la pesanteur de ses coups, je me laissai tomber comme de foiblesse, et me rendis son prisonnier.

Il ne manqua pas de me mener au château du père d'Origile. Cette dame lui promit de nouveau de lui faire valoir ce service ; et quand il l'eut quittée, elle me fit mille carresses, et m'assura qu'elle étoit au comble de ses vœux. Ensuite elle m'enferma dans une prison, en me disant : Sans adieu, mon cher Philax, je vais à la ville chercher mon père pour l'avertir qu'Oringue est en son pouvoir. Mais, belle Origile, lui dis-je, quand votre père me verra, peut-être me soupçonnera-t-il de n'être pas Oringue. Soyez là-dessus sans inquiétude, répondit-elle, mon père ne connoît pas plus ce chevalier que vous ; et si par malheur quelqu'un venoit à le détromper, je trouverois assez de raisons pour vous sauver de sa fureur. Cependant nous pourrons toujours à bon compte passer ensemble d'heureux moments.

Après avoir achevé ces paroles, elle me pria de prendre patience, et me donna un baiser pour gage de son retour. Hélas ! que ce baiser étoit perfide ! Dans le même instant qu'elle m'accordoit une faveur qui me paroissoit la plus précieuse du monde, la scélérate se proposoit de ne me revoir jamais. Elle ferma très étroitement elle-même les portes de ma prison, et rendit les clefs à l'officier qui en avoit la garde, avec ordre de ne me point ouvrir pour quelque cause que ce pût être, et de ne me fournir les aliments nécessaires à la vie que par une petite fenêtre par où ma prison recevoit un foible jour.

Tandis que j'attendois impatiemment le retour d'Origile, le véritable Ariant songeoit à s'assurer la possession de cette dame par la défaite d'Oringue. Ces deux chevaliers s'étoient donné parole de se trouver dans un endroit hors de la ville pour se battre. Comme Ariant alloit au rendez-vous, il rencontra Locrin, qui s'en retournoit à la ville après m'avoir remis entre les mains d'Origile, et il ne fut pas peu surpris de voir un chevalier couvert d'armes pareilles aux siennes. Il le joignit, et lui demanda la raison de cette nouveauté. Locrin, qui le regardoit comme un rival d'autant plus dangereux qu'il étoit agréé du père de sa maîtresse, lui répondit qu'il n'avoit pas de compte à lui rendre, et qu'il étoit permis à chacun de prendre telles armes qu'il vouloit. Non, non, répliqua brusquement Ariant, il y a du mystère là-dessous; et si vous refusez de m'en instruire de gré, je vous y obligerai par la force. A ces mots, ils se chargèrent, et commencèrent un combat qui, dans la fureur qui les animoit, eût été sanglant s'il n'eût pas été interrompu par Oringue. Ce dernier venoit pour satisfaire à sa parole; il fut moins surpris de trouver son ennemi engagé dans un autre combat, que de voir deux Ariant. Cessez, seigneurs chevaliers, leur dit-il, cessez de combattre; et que celui de vous deux qui est le véritable Ariant me dise pourquoi il s'engage dans un nouveau différent, quand le défi qu'il m'a fait sur la mort de Corbin le met dans l'obligation de refuser tout autre combat avant que d'avoir fini le nôtre.

A ce discours d'Oringue, les deux combattants s'arrêtèrent; et Ariant alloit se justifier, lorsque Locrin, le prévenant, adressa lui-même la parole à Oringue, et lui dit: Vous qui faites des reproches aux autres, pensez-vous, chevalier, qu'il vous soit permis, à vous qui êtes mon prisonnier, de disposer de vous, et d'entrer dans de nouveaux combats sans mon aveu? Rien n'est égal à l'étonnement dont fut frappé Oringue à ces paroles : Quelle fable, s'écria-t-il, nous venez-vous débiter ici ? Locrin soutint que ce n'étoit point une fable, et qu'Origile, entre les mains de qui il venoit de laisser Oringue, en rendroit témoignage. Oringue voulut tirer raison de l'insulte qui lui étoit faite, et s'avança sur Locrin l'épée haute; mais Ariant s'y opposa, prétendant que c'étoit contre lui qu'Oringue devoit d'abord combattre. Les deux autres n'en demeurèrent pas d'accord, et leur contestation ne pouvoit avoir que de tristes suites, lorsqu'une troupe de chevaliers sortis de la ville, les voyant prêts à se battre, s'approchèrent d'eux. Ils voulurent prendre connoissance du différent; mais les faits leur parurent si singuliers, qu'ils jugèrent que la chose méritoit d'être portée devant le roi. Ils obligèrent les trois ennemis à venir au palais avec eux.

Ariant parla le premier devant notre monarque. Il se plaignit de ce que Locrin avoit pris ses armes et sa devise. Il représenta que ce ne pouvoit être que dans un très mauvais dessein, et qu'ainsi ce chevalier lui en devoit faire raison. Locrin répondit qu'il suffisoit d'assurer Ariant qu'il n'avoit point pris ses armes pour lui faire la moindre offense : il ajouta qu'il avoit un sujet plus juste de se plaindre d'Oringue, qu'il avoit vaincu en combat singulier. Oringue se souleva contre ce reproche, qu'il qualifia d'imposture.

Le roi ne pouvant sur-le-champ démêler la vérité des faits contestés, nomma des commissaires pour les examiner. Ils s'y appliquèrent avec exactitude le jour suivant; et, jugeant qu'Origile pouvoit plus qu'un autre les aider à parvenir à un éclaircissement, ils allèrent au château de cette dame pour l'interroger. Locrin et Oringue les accompagnèrent, dans l'intention de soutenir ce qu'ils avoient avancé. La surprise d'Origile fut extrême, lorsqu'elle vit arriver les commissaires avec tout l'appareil de la justice, qui a toujours quelque chose d'effrayant pour les personnes qui se sentent coupables. Elle ne s'étoit point attendue à rendre raison de sa conduite; et elle fut étourdie de la sommation que les commissaires lui firent de la part du roi, de leur remettre le prisonnier qu'elle avoit entre les mains. Elle nia d'abord qu'elle eût un prisonnier; mais elle se troubla quand elle vit paroître Locrin, qui n'avoit pas jugé à propos de se montrer d'abord. Madame, lui dit ce chevalier, le roi a voulu prendre connoissance de l'affaire d'Oringue, et je n'ai pu me dispenser de lui avouer qu'après l'avoir vaincu je vous l'ai livré; mais je vois avec étonnement qu'Oringue, dans le temps que je le crois en prison dans votre château, est en liberté. Il soutient même avec audace que je ne l'ai point fait prisonnier. Confondez cette imposture, Madame, et dites la vérité; Origile ne fut pas peu embarrassée à cette instance. Néanmoins, comme elle ne pouvoit se dispenser de répondre, elle dit que Locrin n'avoit rien avancé qui ne fût vrai; mais qu'elle n'avoit pu conserver Oringue dans son château; qu'il avoit corrompu l'officier qui avoit les clefs de sa prison, et s'étoit échappé la nuit. Alors, les commissaires firent avertir Oringue de se montrer. La confrontation de ce chevalier fut un nouveau sujet d'embarras pour Origile, qui ne laissa pas de lui soutenir que Locrin l'avoit amené prisonnier dans son château, où il avoit passé le jour précédent jusqu'à la nuit, qu'il s'étoit sauvé. Oringue s'offrit à justifier, par la déposition de plusieurs personnes dignes de foi, qu'il étoit ailleurs le jour précédent, et dans le temps qu'on le supposoit prisonnier d'Origile. J'ai sans doute été trompé dans cette affaire, ajouta-t-il, de même que Locrin; et, comme il a paru deux Ariant, il peut bien y avoir aussi deux Oringue, dont le faux aura été vaincu par Locrin. Je demande, pour l'honneur de ce chevalier, et pour le mien, que la chose soit approfondie.

Ce soupçon d'Oringue parut bien fondé à Locrin, qui dit alors que c'étoit à la persuasion d'Origile qu'il avoit pris des armes pareilles à celles d'Ariant pour combattre contre Oringue; et il demanda, comme ce chevalier, qu'on approfondît cette affaire. Les juges, sur leur réquisition, qui leur parut juste, firent ouvrir la prison où j'étois renfermé. On m'y trouva encore revêtu des mêmes armes sous lesquelles j'y étois entré, et cette découverte fut l'éclaircissement de tout le mystère. On prit ma déposition, qui contenoit tout ce qui s'étoit passé entre Origile et moi. Je n'eus garde d'en rien cacher; j'étois trop animé contre cette infidèle pour avoir encore quelque envie de la ménager. Ce ne fut pas tout : elle eut encore une plus grande mortification. On trouva dans un endroit caché de son appartement un jeune homme qu'elle aimoit, quoiqu'il fût sans naissance et sans mérite. Les commissaires l'interrogèrent aussi, et la crainte des châtiments l'obligeant à tout déclarer, il fit connoître par son rapport que la dame nous avoit trompés, Oringue, Ariant,

Locrin et moi ; que son but, en nous armant les uns contre les autres, avoit été de se défaire de nos importunités, et de nous mettre en défaut sur le commerce infâme qu'elle avoit avec ce jeune homme.

Les juges s'assurèrent de ce malheureux et d'Origile, jusqu'à ce qu'il plût au roi d'ordonner de leur sort. Quand ce monarque fut instruit de toutes les circonstances de cette affaire, il jugea que notre artificieuse maîtresse méritoit de souffrir un supplice qui ôtât aux personnes de son sexe l'envie de l'imiter; pour cet effet, il la condamna à être pendue par les cheveux aux branches du pin de ce pont, qu'on appelle communément le pont du Pin. Il fut de plus ordonné que nous nous tiendrions, Oringue, Ariant, Locrin et moi, armés de toutes pièces, à l'entrée du pont, pour combattre tous ceux qui voudroient entreprendre de détacher Origile. Depuis deux jours que nous nous acquittons de cet emploi, sept chevaliers ont déjà perdu la vie, et tu peux voir encore leurs écus aux branches de ce pin. Cesse donc de vouloir défendre la plus dangereuse de toutes les femmes, si tu ne veux mériter les reproches du ciel et des hommes.

Quoique le récit de Philax eût un caractère de vérité capable de persuader, le comte d'Angers avoit le cœur si noble, qu'il ne put croire qu'une si belle dame fût aussi coupable qu'on le disoit. D'ailleurs Origile, qui voyoit ces deux chevaliers s'entretenir ensemble, ne doutant pas que celui du pont ne racontât son histoire et ses artifices à l'autre, ne cessoit de crier à Roland qu'il n'ajoutât point foi aux discours du chevalier du pont, qui n'étoit qu'un imposteur et qu'un barbare. Le généreux paladin, touché de ses plaintes, résolut de la délivrer. Allez, dit-il à Philax, déliez cette dame, ou vous préparez à combattre contre moi. Philax avoit trop de valeur pour être effrayé de ses menaces. Sans rien répondre, il prit du champ, et vint fondre sur le comte la lance en arrêt; mais, malgré la justice du parti qu'il soutenoit, Roland le renversa du premier choc, et traita plus rudement encore Oringue, qui se présenta le second, car la forte lance du guerrier françois le perça d'outre en outre, et le jeta mort sur la poussière. Ariant et Locrin combattirent ensuite, et furent bientôt mis hors de combat.

Après cette victoire, le paladin alla détacher Origile, qui lui rendit mille actions de grâces dans les termes les plus touchants que l'innocence eût pu inspirer à une personne moins coupable qu'elle. Il admira sa beauté, qui ne cédoit qu'à celle d'Angélique. Il lui demanda où elle vouloit qu'il la conduisît. A cette demande, les yeux de la dame, déjà humides de pleurs, versèrent de nouvelles larmes. Madame, lui dit Roland, je croyois avoir tari la source de vos pleurs. Hélas! seigneur, lui répondit-elle, je n'ai que trop de raison de m'affliger. Telle est mon infortune, que mon propre pays ne peut m'offrir un asile assuré. Mes funestes appas avoient enflammé les chevaliers que vous venez de vaincre; et parce que je n'ai pas voulu satisfaire leur ardeur criminelle, leur amour s'est tourné en haine; et s'accordant tous trois pour se venger, il y a deux jours qu'ils entrèrent par surprise dans notre château; ils tuèrent mon père et tous nos domestiques; ensuite ils me traînèrent ici par les cheveux avec une inhumanité sans exemple, m'attachèrent à ce pin, où je serois encore sans votre généreux secours.

Voilà, seigneur, ajouta-t-elle, un récit succinct de ma triste destinée. Jugez si, mes persécuteurs étant les plus puissants de ce pays par leurs grands biens et par leur crédit, j'y puis être en sûreté. Après avoir dit ces paroles, Origile continua de pleurer, et pria son libérateur de l'emmener avec lui plutôt que de la laisser exposée à la cruauté de ses ennemis. Comme il parut à la demoiselle que sa prière embarrassoit le guerrier, qui, voulant aller au jardin de Falerine, ne pouvoit effectivement se charger de la conduite d'une dame, elle lui dit : Brave chevalier, pourvu que vous me meniez hors de ce royaume, il ne m'importe en quel endroit vous me laissiez. Cela étant, lui répondit le comte, je vais vous conduire jusqu'au pays d'Altin. Origile monta derrière lui sur Bridedor; et Roland, pour réparer le temps perdu, recommença d'aller bon train.

Ils étoient déjà près de l'endroit où le royaume de Bizuth confine à celui d'Altin, lorsque, passant auprès d'un grand perron de marbre fort élevé, où l'on montoit par cent degrés de même matière, la dame dit à son conducteur : Vous voyez peut-être, seigneur chevalier, le plus célèbre monument de l'antiquité : au haut de ce perron est une fontaine, qu'on appelle la fontaine du Secret, parce que tous les amants de l'un et de l'autre sexes qui regardent dedans y voient s'ils sont aimés ou haïs des personnes qu'ils aiment. Et à quoi le connoissent-ils? dit le paladin. Un chevalier, dit Origile, y voit sa maîtresse qui a un visage riant ou dédaigneux, et par-là il juge de sa fortune amoureuse. Ce que vous m'apprenez, reprit Roland avec agitation, me donne la curiosité de faire cette épreuve. Mettez-moi donc à terre, dit la demoiselle, et je garderai votre cheval pendant que vous monterez au perron.

L'amoureux comte d'Angers, impatient de voir l'adorable image d'Angélique, et de connoître les sentiments que cette princesse avoit pour lui, eut bientôt monté les cent degrés; mais comme il cherchoit la fontaine qui devoit montrer à ses yeux avides le cœur de sa chère Angélique, il s'entendit appeler par Origile, qui, montée sur Bridedor, lui cria : Seigneur chevalier, si vous n'avez pas coutume d'aller à pied, commencez à vous y accoutumer. Vous ne verrez plus votre bon coursier. Que cela vous serve de leçon. Une autre fois ne soyez pas si curieux. A ces mots elle poussa Bridedor à toute bride, et s'éloigna comme un trait de son libérateur, qui, trop plein de l'espoir curieux de s'éclaircir du sort de son amour, ne fit pas dans le moment grande attention aux paroles de la dame; mais lorsqu'après avoir parcouru tout le perron, il ne trouva aucune fontaine, il s'aperçut bien qu'il avoit eu tort de ne pas croire le chevalier du pont.

Le paladin sentit vivement la perte de Bridedor, qui lui étoit nécessaire pour achever l'entreprise qui l'avoit attiré du Cathay en Altin. En descendant les degrés, il remarqua une inscription gravée sur le marbre, par laquelle il apprit que cet édifice étoit le tombeau de Ninus, qui fut autrefois roi de toutes ces provinces. Cette découverte ne le consola pas d'avoir perdu son coursier. Il se mit sur les traces de cet animal, et marcha trois jours et trois nuits à pied, sans trouver aucune occasion de se pourvoir d'un autre cheval. Mais mon auteur laisse en cet endroit Roland, pour parler de Grifon, d'Aquilant et de Brandimart, qui sont restés à Albraque.

CHAPITRE IV.

Comment les fils d'Olivier partirent d'Albraque avec Brandimart, et de leur arrivée en Altin.

Quand les deux fils du marquis Olivier et Brandimart surent que Roland s'étoit éloigné d'Albraque, il ne leur fut pas possible d'y demeurer davantage; et, comme ils apprirent d'Angélique qu'il étoit allé détruire le jardin de Falerine, ils jugèrent qu'il auroit besoin de leurs secours dans une si grande entreprise, de quelque valeur qu'il fût doué. Ils se déterminèrent donc à l'aller trouver en Altin. Ils prirent congé du roi et de la princesse, qui louèrent fort leur résolution. Pour Fleur-de-Lys, elle ne vit qu'à regret partir Brandimart sans elle; mais sur l'assurance que ce chevalier lui donna de venir la retrouver avec Roland, qui ne pourroit vivre long-temps loin d'Albraque, elle demeura auprès d'Angélique, qui avoit pris beaucoup d'amitié pour elle.

L'envie que Brandimart et les deux frères avoient de rejoindre Roland, avant qu'il tentât l'aventure du jardin fatal, leur fit tant faire de diligence, qu'ils arrivèrent avant lui en Altin; il est vrai qu'ils avoient pris un chemin plus court, et qu'aucune chose ne les retarda sur la route. Ils se trouvèrent un soir à l'entrée d'un pont qui traversoit une rivière assez rapide. Ils la passèrent, et entrèrent dans une prairie, au milieu de laquelle il y avoit un palais magnifique, d'où il sortit une troupe de demoiselles qui se mirent à danser au son de plusieurs instruments. Les chevaliers demandèrent en passant à un homme qui avoit un faucon sur le poing et menoit des chiens en laisse, à qui ce palais appartenoit. Il est à notre roi, répondit-il. Le lieu où il est bâti étoit autrefois un bois de haute futaie; et ce pont, qui s'appeloit dans ce temps-là le pont Périlleux, se nomme à présent le pont de la Rose. Il étoit alors gardé par un cruel géant qui ravissoit l'honneur des demoiselles, et massacroit les chevaliers qui y passoient; mais Marquinor, vaillant guerrier de ce pays, tua ce monstre en combat singulier, et devint roi d'Altin par cet exploit. Pour monument de sa reconnoissance envers son peuple, qui l'avoit choisi pour souverain, il fit couper une partie du bois, et bâtir à sa place ce grand palais que vous voyez, où tous les chevaliers et les dames qui passent par ici sont très bien reçus.

Grifon proposa aussitôt à ses compagnons de s'arrêter dans ce palais. J'y consens, dit Brandimart; et moi aussi, dit Aquilant; et nous irons même, si vous le souhaitez, offrir nos services à ces belles dames qui dansent dans la prairie. Ils descendirent tous trois de cheval, et s'avancèrent vers les demoiselles, qui témoignèrent beaucoup de joie de leur arrivée. Les danses et les chansons se renouvelèrent avec plus de vivacité, ce qui dura jusqu'à ce qu'il survînt une dame à cheval. Les demoiselles la prièrent de mettre pied à terre, et d'embellir leur fête de sa présence. Les trois guerriers admirèrent sa beauté. Grifon surtout en fut frappé; mais imaginez-vous la surprise de ce chevalier, lorsque tenant la bride du cheval que la dame montoit, il reconnut Bridedor dans ce coursier. Il en frémit, et tout troublé, il pria la dame de lui apprendre comment elle avoit eu ce cheval. Cette question étonna la trompeuse Origile, car c'étoit elle; mais comme son esprit étoit fertile en ruses et en mensonges, elle se remit, et répondit à Grifon : J'ai trouvé ce coursier attaché à un arbre, près d'un pont sur lequel étoit étendu par terre un chevalier mort, et auprès de lui dans le même état un grand géant qui avoit la tête fendue jusqu'à l'estomac. Aquilant et Brandimart demandèrent quelles armes portoit le chevalier ? Origile leur désigna celles de Roland ; ce qui fit croire aux trois guerriers que le comte avoit perdu la vie.

On ne peut exprimer l'affliction dont ils furent saisis. O grand paladin ! s'écria Brandimart en gémissant, qui sont les lâches qui t'ont trahi? Je sais bien qu'il n'y a point de géant, ni de monstre au monde capable de t'avoir privé de la lumière. Aquilant et Grifon ne disoient rien; mais le silence qu'ils gardoient ne marquoit que trop leur douleur. Les demoiselles du palais s'empressèrent de les consoler, et comme la nuit approchoit, elles les entraînèrent dans le château, où elles essayèrent de bannir leur profonde tristesse par de nouveaux divertissements. Un repas splendide succéda aux danses et aux concerts. Les mets les plus délicats et les liqueurs exquises n'y manquèrent pas. Néanmoins tous les plaisirs qu'on imagina pour divertir les généreux amis de Roland ne purent exciter le moindre mouvement de joie dans leurs cœurs. Ils pensoient sans cesse à la mort du comte et aux moyens de la venger. Quand on s'aperçut que rien ne pouvoit vaincre leur affliction, les divertissements cessèrent, et l'on conduisit les chevaliers, de même qu'Origile, dans des appartements magnifiques, pour y goûter la douceur du repos.

Les trois amis, malgré la situation triste où ils étoient, ne laissoient pas d'admirer la magnificence de ce palais, et d'être surpris des honneurs qu'ils y avoient reçus; mais ils changèrent bien de pensée le lendemain, lorsqu'à la pointe du jour ils virent entrer dans leurs chambres une troupe de gens armés, qui se jetèrent brusquement sur eux, et leur lièrent très étroitement les mains, sans leur donner le temps de se défendre. Ils en firent autant à Origile. Puis, les menant tous quatre à un fort château situé dans une obscure forêt, ils les y enfermèrent dans un profond cachot. Les chevaliers demeurèrent là quelques jours, au bout desquels une autre troupe de gens de guerre beaucoup plus nombreuse que la première vint les retirer d'un si triste séjour. Le commandant de la troupe s'adressant aux chevaliers et à la dame, leur dit : Sortez, malheureux, voici le dernier de vos jours, nous allons vous conduire au supplice qui vous attend.

Origile ne put entendre cet arrêt sans frémir. La pâleur de la mort se répandit sur son visage. Pour les deux frères, qui croyoient Roland sans vie, ils écoutèrent le commandant sans pâlir; et Brandimart, s'il fut agité, ne sentit que le regret qu'auroit de son trépas sa chère Fleur-de-Lys. Les prisonniers furent conduits dans la cour du château, où, revêtus de leurs armes, on les fit monter sur leurs propres chevaux, les mains liées derrière le dos. Ils marchèrent en cet équipage, et gagnèrent une plaine, où ils ne furent pas sitôt entrés, qu'ils virent venir vers eux un chevalier à pied, quoiqu'il eût l'écu au bras, et fût armé de toutes pièces.

CHAPITRE V.

Comment le seigneur de Montauban secourut deux demoiselles, et combattit pour elles un géant.

LE seigneur de Montauban, accompagné d'Astolphe, son cousin, et des deux parfaits amis Irolde et Prasilde, avoit pris le chemin de France, croyant, sur le rapport du prince anglois, que le comte d'Angers y retournoit. Néanmoins comme ils passèrent par le royaume d'Eluth, qui étoit la route la plus commode et la plus belle, ils ne s'écartèrent pas beaucoup de celle que Roland avoit suivie. Ils évitèrent toutes les aventures pour faire plus de diligence. Cependant, après avoir traversé un grand nombre d'états, ils rencontrèrent un jour au pied d'un arbre une demoiselle qui pleuroit amèrement, et paroissoit avoir une vive douleur.

Le fils d'Othon, qui marchoit le premier, lui demanda pourquoi elle s'affligeoit ainsi. Hélas ! seigneurs chevaliers, répondit la demoiselle, si vous êtes capables de pitié, vous ne sauriez refuser de secourir ma sœur, et de la venger d'un géant qui l'a outragée et qui l'outrage encore en ce moment. Nous sommes sorties ce matin de notre château pour aller voir une de nos parentes; nous avons pris pour nous y rendre le chemin ordinaire, que nous connoissons parfaitement. Et toutefois, ce que je ne puis comprendre encore, c'est qu'à trois cents pas d'ici nous avons trouvé une rivière, un pont et une tour, dans un lieu où nous n'avons jamais vu qu'une plaine des plus unies. Le géant dont je viens de vous parler garde ce pont, et loge dans cette tour. Nous nous sommes approchées de lui, malgré son énorme figure, et nous lui avons demandé la raison de cette nouveauté. Une puissante fée, nous a-t-il dit, qu'on appelle Morgane, a produit par ses enchantements une île, qui se nomme l'île du Trésor, autrement l'île du Lac. Cette île, à proprement parler, n'est dans aucun endroit de la terre, et pourtant elle est partout où la fée veut qu'elle soit. Morgane ayant su qu'un chevalier fameux a eu assez de force pour vaincre les deux taureaux, le dragon et les guerriers armés, dont elle se servoit pour la garde de son île, et qu'il a dédaigné de la voir, lorsque ce haut fait d'armes lui en avoit donné le droit, elle a juré de se venger de ce mépris injurieux. En feuilletant ses livres dans ce dessein, elle a découvert que ce chevalier doit passer par ici pour mettre à fin une aventure qu'il s'est proposée; c'est pourquoi elle a fait sortir du sein de la terre, par le pouvoir de ses charmes, une rivière, une tour et un pont, où j'attends le guerrier par ordre de la fée, qui m'a choisi pour le combattre, et à qui j'ai promis de le livrer mort ou vif.

Lorsque le géant a cessé de parler, poursuivit la demoiselle, nous l'avons remercié de son récit, et prié, le plus civilement qu'il nous a été possible, de nous permettre de passer le pont pour continuer notre voyage. Mais le monstre nous a répondu d'un air à nous faire trembler, qu'il vouloit être payé de sa peine ; et, s'adressant à ma sœur, qui est plus belle que moi, il a eu l'insolence d'attenter sur son honneur. Ma sœur l'a repoussé de toutes ses forces, ce qui a mis le géant en fureur. Quoi donc! petite créature, a-t-il dit, vous parois-je un homme à rebuter? Je vais vous punir comme vous le méritez. Alors, changeant en haine sa brutale ardeur, il a pris ma sœur par les cheveux, l'a attachée toute nue à un arbre malgré nos cris et nos efforts, et l'a cruellement fouettée à mes yeux.

La demoiselle qui racontoit cette triste aventure redoubla ses larmes en cet endroit. Les chevaliers qui l'écoutoient furent touchés de compassion : ils lui promirent de délivrer sa sœur, et de la venger du géant. Le prince d'Angleterre la mit en croupe sur Rabican, et ils eurent à peine fait trois cents pas qu'ils aperçurent la rivière, la tour et le pont. En s'en approchant, ils entendirent de grands cris que poussoit la demoiselle que le géant fouettoit encore. A ce spectacle, les généreux guerriers piquèrent vers le monstre. Barbare, lui dit Renaud, l'ordre que tu as reçu t'oblige-t-il à faire de pareils traitements aux dames ? Si j'y suis obligé ou non, répondit le géant avec beaucoup de fierté, ce n'est point à toi que j'en dois rendre compte. Ne te mêle que de ce qui te regarde, et sans vouloir soustraire cette créature au châtiment qu'elle n'a que trop mérité, crains d'en attirer un plus rude sur toi-même.

Le seigneur de Montauban, sans faire attention aux menaces du monstre, sauta légèrement à terre, et courut délier la demoiselle. Le géant voulut l'en empêcher; mais Irolde poussa dans ce moment son cheval contre lui, l'attaqua, et le fit chanceler du choc. Le monstre, irrité de l'audace du chevalier persan, prit une grosse barre de fer dont il se servoit pour arme, et le frappa si rudement, qu'il le jeta à terre privé de sentiment. Ce ne fut pas tout encore : non content de l'avoir mis en cet état, il l'emporta dans ses bras, et courut sur le pont, d'où il le précipita dans la rivière, avant qu'il pût être secouru par ses compagnons. Prasilde, au désespoir de n'avoir pu prévenir ce malheur, s'avança tout furieux pour venger son ami, mais toute sa valeur ne l'empêcha point d'avoir le même sort. Renaud, qui venoit avec Astolphe de délier la demoiselle, et de la rendre à sa sœur, ressentit vivement la perte des deux amis. Il alla plein de colère au géant, qui étoit sur le pont, et, l'écu au bras, il lui allongea une estocade qui lui auroit percé le ventre de part en part, si les armes du monstre n'eussent point été enchantées. Malgré la force du coup, le géant n'en fut pas seulement ébranlé. Il leva sa barre pour se venger, et la fit descendre comme un tonnerre sur Renaud, qui en évita heureusement l'atteinte en sautant à quartier, et qui déchargea plusieurs coups de Flamberge; mais le tranchant de cette bonne épée ne fit pas plus d'effet que sa pointe. Le fils d'Aymon évita encore par sa légèreté deux ou trois fois la terrible barre; néanmoins il en fut atteint. Elle lui fracassa son bouclier, et le renversa par terre lui-même. L'intrépide paladin voulut se relever; le géant ne lui en donna pas le temps : il se jeta sur lui, le prit entre ses bras, et entreprit de le jeter dans la rivière comme les autres. Renaud, qui connut son dessein, le tint serré si étroitement, que le monstre, ne pouvant s'en débarrasser, se précipita dans le fleuve avec lui. Ils allèrent tous deux au fond, et ne parurent plus sur l'eau.

Le prince d'Angleterre passa de l'un et de l'autre côté de la rivière, pour tâcher de secourir le fils d'Aymon : il suivit le cours de l'eau, et les demoiselles, reconnoissantes du service reçu, cherchoient leur libérateur avec autant de zèle et d'inquiétude qu'Astolphe même. Cependant, quelque peine qu'ils se donnassent tous trois, ils ne purent découvrir aucun vestige de Renaud. Le prince anglois étoit si étourdi de ce tragique événement, qu'il ne se possédoit plus. Il gémissoit; il appeloit la mort à son secours; et, dans son désespoir, il fut tenté vingt fois de se jeter dans le fleuve pour rejoindre son cousin. Les demoiselles, touchées de son affliction, n'épargnèrent rien pour le consoler, et firent si bien, qu'elles l'obligèrent à s'éloigner de ce lieu. Elles lui proposèrent de le mener à leur château, où elles ne songeoient plus qu'à retourner; mais il s'en excusa civilement sur ce qu'il étoit peu en état de goûter les divertissements qu'elles n'auroient pas manqué de lui donner. Il les quitta même en pleurant amèrement, et reprit le chemin de France, monté sur Bayard. Il préféra ce cheval à Rabican, quoiqu'il commençât à connoître l'excellence de cet admirable coursier, qu'il fut obligé de laisser dans cet endroit. O bon cheval! disoit-il à Bayard, tu as donc perdu ton cher maître sans espoir de le retrouver? Bayard, qui ne l'entendoit que trop, exprimoit par des hennissements plaintifs la douleur que lui causoit la perte du fils d'Aymon.

CHAPITRE VI.

Par quel hasard Roland apprit qu'il étoit proche du jardin de Falerine.

Le paladin Roland étoit à pied, comme on l'a dit. Il se flattoit de l'espérance d'acquérir un nouveau cheval par la voie des armes, lorsqu'il vit venir vers lui une troupe de gens de guerre. C'étoit celle des satellites qui conduisoient au supplice Origile, les deux frères et Brandimart. Il reconnut ces trois personnes dès qu'il fut à portée de les démêler. Il dissimula le ressentiment qu'il avoit de les voir dans l'indigne état où ils étoient; et s'approchant d'un des soldats, il lui demanda où l'on menoit ces prisonniers.

A cette question, répondit le soldat, je juge que vous êtes étranger. Vous ne savez pas sans doute que vous êtes dans le royaume d'Altin, et, qui pis est, proche du jardin de Falerine. Fuyez promptement, continua-t-il, si vous êtes sage, ou bien vous aurez le sort de ces malheureux que nous menons à ce jardin fatal, pour y être dévorés par le grand dragon de la magicienne. Roland eut beaucoup de joie d'apprendre qu'il étoit si près du jardin de Falerine; et comme il demeura quelques moments à rêver sur cela, l'Altinien crut que ce chevalier, étourdi de la nouvelle qui venoit de lui être annoncée, n'avoit pas la force de prendre une résolution. Qui t'arrête, lui dit-il, insensé que tu es? Profite vite de l'avis que je t'ai donné. Si notre commandant t'aperçoit, tu es perdu. Ami, repartit Roland, je te remercie de la bonne volonté que tu me témoignes; pour t'en récompenser, profite toi-même du conseil que je te donne de te retirer à l'écart, de peur que je ne te confonde avec tes compagnons, dont l'injustice et la barbarie m'excitent à les punir.

L'Altinien, surpris de ces paroles, s'écarta effectivement de sa troupe par curiosité seulement, et pour voir quel sens l'événement alloit donner au discours de cet étranger. Cependant le commandant de la troupe aperçut le comte : Oh! oh! dit-il, que vient chercher ici ce nouveau venu? qu'il porte la peine de son arrivée en ce royaume. Assurez-vous de lui, cria-t-il à ses gens, qu'il ne vous échappe point. Sept à huit soldats, armés de corcelets et de hallebardes, s'approchèrent aussitôt du paladin pour se saisir de sa personne; mais le guerrier, qui méprisoit cette canaille, arracha la hallebarde de l'un de ces soldats, avec quoi, faisant la roue au milieu d'eux, il les estropia tous, et les renversa les uns sur les autres. Après cette expédition, qui fut brusque, il entra plus avant dans la troupe, où il fit un si terrible fracas, que tous les satellites se débandèrent, et prirent la fuite. Ils abandonnèrent les prisonniers, et même leurs propres armes pour fuir plus légèrement. Le commandant, qui auroit dû les retenir, et faire plus de résistance, plus effrayé encore que les autres, les encourageoit à se sauver. Fuyons, fuyons, camarades, leur crioit-il, c'est ce dangereux homme qui tua Rubican. En parlant de la sorte, il couroit de toute la vitesse de son cheval devant un chevalier à pied, et craignoit encore de ne lui pouvoir échapper.

Le comte dédaigna de poursuivre ces lâches, et se pressa de délier ses amis, qui furent transportés de joie de le revoir. Pour la dame, quoique ravie d'être délivrée, elle se troubla quand elle reconnut Roland, et baissa les yeux de confusion, lorsqu'il s'approcha d'elle pour la délier. Malgré sa hardiesse naturelle, et l'art de dissimuler qu'elle possédoit, elle dit d'une voix mal assurée à son libérateur : Que je suis justement punie, seigneur, de vous avoir offensé ! La honte que j'ai de vous devoir une seconde fois ma délivrance vous venge assez de mon crime. Mais s'il m'est permis de vous alléguer quelque foible excuse, pour diminuer du moins ma faute, je vous dirai que, sur le refus que vous fîtes de m'emmener avec vous, je me troublai, de manière que je crus ne pouvoir éviter de tomber entre les mains de mes ennemis, qu'en me servant de votre coursier pour m'éloigner d'eux. Punissez-moi, seigneur, par une prompte mort. J'avoue que je l'ai méritée. A ces mots, elle se jeta aux pieds du paladin, et les arrosa de tant de larmes, qu'il eut la foiblesse de se laisser tromper de nouveau. Il embrassa Origile pour l'assurer qu'il oublioit le passé. Il est vrai que le jeune

Grifon, qui étoit déjà devenu amoureux de cette dame, intercéda pour elle.

Le soldat altinien, que le comte avoit fait écarter de sa troupe, avoit été témoin du combat. Il ne pouvoit revenir de son étonnement. Il vint se jeter aux genoux de Roland, et il lui dit: Seigneur, je reconnois que je dois la vie à vos bontés. Ami, lui répondit le guerrier en souriant, apprends, par ce qui vient de se passer à tes yeux, que le ciel punit tôt ou tard les personnes qui s'engagent dans le crime, et qui autorisent les cruautés.

Le généreux fils de Milon, pour témoigner à Origile qu'il n'avoit aucun ressentiment contre elle, la mit en croupe derrière lui sur Bridedor, et il se remit en chemin avec ses deux neveux et Brandimart. En marchant, la dame de Bizuth avoit toujours l'œil sur le gentil Grifon, qui étoit encore dans son printemps, et dont le visage paroissoit vermeil comme une rose. Ce chevalier, de son côté, jetoit à tous moments sur elle des regards passionnés, qu'il accompagnoit d'ardents soupirs. Roland s'en aperçut avec chagrin; et, craignant que cette inclination pour une femme dont il connoissoit le mauvais caractère n'eût de mauvaises suites pour son neveu, il crut devoir la prévenir en séparant ces deux amants. Dans ce dessein, il dit aux deux frères et à Brandimart qu'il étoit obligé de les quitter pour une aventure qu'il avoit juré d'achever seul. Les trois chevaliers eurent beau lui représenter qu'ils n'étoient partis d'Albraque que pour partager les périls qu'il alloit courir, il leur parla de manière qu'ils furent obligés de se soumettre à ses volontés.

Grifon ne fut pas peu mortifié de voir que son oncle se disposoit à emmener Origile; et cette dame, de son côté, n'en étoit pas plus contente que Grifon; mais ils n'osèrent, ni l'un ni l'autre, témoigner leur déplaisir à Roland, qui quitta les trois guerriers après leur avoir dit de l'attendre quinze jours dans la ville de Bizuth, par où il les assura qu'il passeroit pour retourner au Cathay. Si vous ne me revoyez pas à Bizuth, ajouta-t-il, dans le terme prescrit, ne m'y attendez pas davantage, et vous en retournez à Albraque, où je ne manquerai pas de vous aller rejoindre le plus tôt qu'il me sera possible.

CHAPITRE VII.

Roland rencontre une demoiselle qui lui apprend plusieurs particularités touchant Falerine et son jardin.

QUELQUE obligation qu'Origile eût au comte d'Angers, comme il la séparoit de son cher Grifon, elle ne le suivoit qu'à regret. D'une autre part, Roland avoit de la douleur de s'être défait de ses amis pour une femme qu'il méprisoit, et dont il se trouvoit embarrassé. Dans cette disposition, ils alloient tous deux fort tristement et sans se parler, lorsqu'ils rencontrèrent une dame, montée sur une haquenée blanche. Le comte la salua; elle lui rendit le salut, et lui dit: Seigneur chevalier, quel malheureux destin vous a conduit en ce pays? Ne savez-vous pas qu'il n'y a que deux lieues d'ici au jardin de Falerine?

suivez promptement une autre route, et fuyez. Je vous rends grâces, belle dame, répondit en souriant le paladin, de vous intéresser à mon sort; mais je dois vous dire que, bien loin de retourner sur mes pas, je me suis proposé de détruire le jardin de l'inhumaine Falerine, et de délivrer du trépas tant d'infortunés qui doivent être la proie de son dragon. L'amour me donne l'assurance dont j'ai besoin pour tenter cette aventure, et me promet que je l'acheverai.

A ce discours de Roland, la dame altinienne regarda ce paladin avec surprise, et lui répliqua dans ces termes : Seigneur chevalier, le dessein que vous avez est si généreux, que je mériterois les reproches des personnes qui ont du courage et de la vertu, si je ne contribuois pas à son exécution! Heureusement pour vous, je puis vous instruire de la conduite que vous devez tenir dans votre entreprise. Une de mes amies, qui est dans la confidence de la magicienne, et qui, comme moi, gémit en secret de ne lui voir employer le grand art qu'elle possède qu'à la destruction des étrangers qui arrivent en Altin, m'a mise au fait sur tout ce qui concerne son jardin. J'ai écrit sur ces feuilles assemblées, poursuivit-elle, en tirant de dessous sa robe un petit livre, tout ce que mon amie m'a dit là-dessus, et je ne crois pas pouvoir faire un meilleur usage de ce livre que de vous le donner. Suivez les conseils que vous y trouverez; ils vous seront salutaires. Après ces mots, la demoiselle le salua civilement, et passa son chemin.

Le guerrier françois descendit de cheval, et s'assit au pied d'un arbre, avec Origile. Il satisfit l'impatience qu'il avoit de feuilleter le livre, et d'apprendre ce qu'il souhaitoit de savoir. Il y trouva d'abord une description du jardin ; il étoit écrit qu'il y avoit quatre principales entrées par où il faudroit qu'il passât ; que la première étoit gardée par un dragon, qui dévoroit tous les jours des malheureux qu'on lui livroit, et que le comte en seroit la victime, comme les autres, s'il ne s'abstenoit au moins pendant trois jours de la compagnie des femmes. Si je manque à surmonter le dragon, dit alors Roland en souriant, ce ne sera pas faute d'avoir rempli cette condition. Le paladin, poursuivant la lecture du livre, lut une chose qui lui fût plus utile que tout le reste : il étoit dit qu'après avoir passé la première entrée, il verroit un beau palais où Falerine faisoit son séjour ; que cette enchanteresse alors s'y occupoit à forger par ses charmes, et en y employant le suc de certaines racines, une épée qui auroit la vertu de couper toutes les armes et les autres choses enchantées ; qu'elle ne prenoit tant de peine à faire cette épée que parce qu'elle avoit connu par son art qu'un chevalier d'occident, nommé Roland, qui étoit féé de tout son corps, devoit détruire son jardin ; mais que, pour achever cette aventure, il faudroit qu'il s'emparât de cette épée, appelée Balisarde, sans laquelle il ne pourroit tuer la plupart des monstres qu'il auroit à combattre.

Lorsque le comte eut tout lu, il referma le livre ; et, fort satisfait d'avoir appris tout cela, il remonta sur Bridedor avec Origile, et se hâta d'arriver au jardin de la magicienne. Néanmoins, quelque impatience qu'il eût d'exécuter l'entreprise, il fut obligé d'en remettre au lendemain l'exécution, parce qu'il étoit marqué dans le livre qu'on ne pouvoit entrer dans le jardin que vers le point du jour. Comme le soleil étoit déjà couché, Roland mit pied à terre, et se coucha sous un arbre, où il s'assoupit. Pour la dame, au lieu d'en faire autant, elle livra son esprit à de noires pensées. Elle se représenta que le paladin ne l'avoit amenée avec lui que pour l'abandonner au monstre de Falerine; et cette réflexion la troubla de sorte, que, dépouillant tout sentiment de reconnoissance, elle résolut de tuer son libérateur pour se délivrer de tout danger.

La lune et les étoiles qui brilloient au ciel ne lui fournissoient que trop de clarté pour exécuter son perfide projet. Elle s'approcha de Roland, qui, la tête appuyée sur son bouclier, dormoit d'un profond sommeil; elle tira doucement Durandal de son fourreau; mais, comme elle se disposoit à la plonger dans le sein du comte, une réflexion l'arrêta. Elle craignit de ne pouvoir que le blesser seulement, et cette crainte l'empêcha de le frapper. Elle se contenta de se résoudre à fuir vers l'endroit où le paladin avoit quitté ses amis. Mais elle emporta Durandal, et vola une seconde fois Bridedor. Le guerrier, à qui ses ennuis et l'absence d'Angélique ne permettoient pas de jouir d'un long repos, se réveilla une heure avant le jour. La lune qui brilloit quand il s'étoit endormi venoit de se coucher, et il ne pouvoit discerner les objets qu'à la seule faveur des étoiles. Il s'aperçut pourtant qu'Origile n'étoit plus auprès de lui. Il crut d'abord que la pudeur, si naturelle au sexe, avoit obligé cette dame à s'éloigner de lui pour s'abandonner librement au sommeil. Il ne doutoit pas qu'elle ne fût endormie sous quelque arbre aux environs. Mais quelle surprise est égale à celle qu'il fit paroître, lorsque, le jour venu, il ne retrouva ni Origile, ni Bridedor, ni même Durandal!

Ah! perfide femme, s'écria-t-il, je mérite bien cette nouvelle trahison. Devois-tu me séduire une seconde fois, moi qui connoissois ton mauvais cœur? Le paladin sentit une vive affliction; il ne perdit pas toutefois courage; et, quoique sans cheval et sans épée, il conserva l'envie de tenter l'aventure du jardin. Pour suppléer au défaut de Durandal, il arracha par sa force prodigieuse une des plus grosses branches d'arbre, et s'en fit une espèce de massue, capable d'écraser par sa pesanteur les armes les plus fortes.

CHAPITRE VIII.

De l'accident qui arriva dans la forêt d'Albraque à la princesse du Cathay.

PENDANT que ces choses se passoient en Altin, Angélique, dans la ville d'Albraque, ne songeoit qu'à prendre le chemin de la France, où elle savoit que Renaud s'en retournoit; mais il lui falloit un prétexte pour entreprendre ce voyage avec bienséance : d'ailleurs, la reine Marphise étoit encore au Cathay, dont Galafron, tâchoit de lui rendre le séjour agréable par tous les honneurs qu'il lui rendoit.

Un jour, entre autres, la princesse Angélique, pour divertir la guerrière, fit préparer une chasse dans la forêt d'Albraque, au retour de laquelle il devoit y avoir un grand festin aux flambeaux, sous des cabinets de feuillages qu'on avoit fait faire dans le plus bel endroit du bois. Les chiens lancèrent un cerf, les chasseurs se mirent sur les voies, et la fille de Galafron comme les autres. Ils coururent pendant une partie du jour : mais l'ardeur de la chasse, et le défaut de quelques chiens qui prirent le change, dispersèrent les chasseurs. Angélique se trouva seule; la solitude réveilla son amour. Elle descendit de cheval, et s'assit auprès d'un arbre, où elle se mit à rappeler dans sa mémoire tout ce qui lui étoit arrivé depuis le jour fatal qu'elle rencontra le fils d'Aymon dans les Ardennes. Quelles cruelles réflexions ne fit-elle point! Hélas! disoit-elle en soupirant, ingrate que je suis, je donne la mort au fameux comte d'Angers, qui m'adore et qui m'a rendu de si grands services. Et pourquoi lui ai-je fait un si injuste traitement pour sauver la vie au cruel Renaud, qui me méprise, que dis-je, qui ne peut me voir sans horreur?

Tandis qu'elle s'abandonnoit aux différentes pensées qui s'offroient à son esprit, un nain contrefait, qui passoit dans la forêt, l'apercevant au pied de l'arbre, s'approcha respectueusement d'elle. Il avoit un habit de pèlerin avec un rochet de cuir sur ses épaules, et portoit en sa main un bourdon. Madame, lui dit-il, en se jetant à ses pieds, puisque vous avez l'éclat et la beauté des divinités qui règnent sur nos destinées, j'espère que vous en aurez aussi la bonté, et que vous voudrez bien accorder quelque assistance à un malheureux qui en a besoin. La princesse lui donna plusieurs pièces d'or qu'elle avoit sur elle; il les reçut avec de si grandes démonstrations de joie, que, ne paroissant pas maître des mouvements de sa reconnoissance, il prit la main qu'Angélique lui avoit tendue, et la pressa étroitement entre les siennes. Madame, s'écria-t-il, avec transport, veuillent les dieux vous récompenser pleinement du bien que m'ont fait vos mains libérales! En disant ces paroles, il salua la princesse d'un air soumis et respectueux, puis il s'éloigna d'elle, la joie peinte dans ses yeux et sur tout son visage.

Après son départ, la fille de Galafron se replongea dans sa rêverie; mais bientôt s'étant aperçue qu'elle n'avoit plus sa bague à son doigt, il n'est pas possible d'exprimer quelle fut son affliction. Elle se laissa tomber de foiblesse sur l'herbe, et ses beaux yeux répandirent abondamment des pleurs. Ensuite, faisant réflexion qu'elle perdoit à s'affliger un temps qu'elle devoit employer à recouvrer son anneau, elle fit un effort sur sa douleur, monta promptement à cheval, et se mit à courir du côté qu'elle avoit vu marcher le nain. Cependant elle ne put rencontrer ce voleur, quelque recherche qu'elle en pût faire, et quoiqu'à pied, comme il étoit, il ne dût pas être encore fort éloigné. Voyant qu'elle ne pouvoit le trouver, elle piqua vers la chasse, que le bruit du cor et des chiens lui fit bientôt rejoindre, dans le dessein d'envoyer après le nain un grand nombre de gens à cheval. Effectivement, dès que le roi Galafron et les principaux chevaliers de sa cour furent instruits de la perte de sa bague, ils abandonnèrent tous le soin de la chasse, et ne s'occupèrent plus que de la recherche du nain. Marphise et Torinde, touchés comme les autres des regrets d'Angélique, entreprirent aussi de le poursuivre. Ainsi tous les chasseurs, sur le portrait que la princesse leur fit du voleur, se dispersèrent dans la forêt pour le chercher. Le roi Sacripant n'étoit pas de ce nombre. Ce n'est pas qu'il ne s'intéressât toujours à tout ce qui regardoit la fille de Galafron, et qu'il ne fût de la chasse; mais une aventure l'en avoit séparé, comme on le verra dans le chapitre suivant.

CHAPITRE IX.

Aventure du roi Sacripant pendant la chasse, et qui étoit le nain qui vola l'anneau de la princesse Angélique.

LE roi de Circassie étoit monté sur le plus léger coursier du monde. Ce bon cheval s'appeloit Frontin. Le seul Rabican le surpassoit en vitesse. Il chassoit le cerf à vue, et l'auroit bientôt devancé, si Sacripant, qui préféroit le plaisir des autres au sien, n'eût ralenti sa course, pour remettre sur les voies les chiens qui étoient tombés en défaut. Ce monarque, après avoir par-là donné moyen aux piqueurs de rétablir la chasse, revenoit joindre Angélique et Marphise, lorsqu'un nain, qui se trouva sur son passage dans la forêt, se jeta à genoux au-devant de son cheval, et lui adressa ces paroles en pleurant : Ah! seigneur chevalier, si votre âme est sensible aux malheurs d'autrui, daignez en détourner un grand qui est sur le point d'arriver. Le roi demanda ce que c'étoit : Seigneur, reprit le nain, j'accompagnois une grande princesse, que je venois de retirer, par adresse, des prisons de Falerine, et qui s'en retournoit à la cour du roi son père, quand près des ruines d'un ancien palais, qui est à l'entrée de cette forêt, nous avons vu sortir du fond de cet édifice un chevalier armé de toutes pièces. Il s'est approché de nous, et, frappé de la beauté de ma maîtresse, il l'a fait entrer par force avec lui sous ces ruines.

Le nain voulut ajouter à ce récit de nouvelles instances pour engager Sacripant à donner un prompt secours à la princesse dont il parloit; mais ce généreux roi l'interrompit, en lui disant de le mener sans retardement au lieu où sa maîtresse étoit; et, pour s'y rendre plus tôt, il fit monter le nain en croupe derrière lui. Le léger Frontin les porta tous deux en peu de temps où ils vouloient aller. Lorsqu'ils y furent arrivés, le nain dit au monarque : Seigneur, voici le lieu où je me suis chargé de vous conduire. Si vous avez envie de délivrer ma maîtresse des mains de son ravisseur, entrez dans cet ancien palais; vous les y trouverez tous deux, et pendant ce temps-là je garderai votre cheval. Sacripant mit pied à terre, pour aller délivrer la princesse, et aussitôt le nain, se jetant en selle avec une extrême légèreté, dit au prince : Seigneur chevalier, la princesse vous rend grâces de votre générosité. Elle m'a chargé de vous dire qu'elle n'a plus besoin de votre secours. Ne craignez pas que votre cheval tombe en mauvaises mains; je vais le remettre au meilleur guerrier de l'univers.

En disant cela le perfide nain poussa le coursier dans le plus fort du bois, et s'éloigna comme un trait de Sacripant, qui demeura plus étonné qu'il ne l'avoit été de sa vie. Ce monarque ne pouvoit s'imaginer qu'une aussi vile créature eût pu former un dessein si hardi. Encore, disoit-il, si je savois à quel fameux guerrier ce voleur destine mon cheval, je pourrois me flatter de l'espérance de le retirer de ses mains par la force des armes. Agité de cette réflexion, ce roi rejoignit à pied les princesses, peu disposé à goûter les plaisirs de la fête.

Le nain qui vola l'anneau d'Angélique et le cheval de Sacripant étoit, comme on se l'imagine bien, le rusé Brunel. Ce fourbe, après avoir promis au roi d'Afrique qu'il s'acquitteroit avec succès de la commission dont il l'avoit chargé, s'étoit mis en chemin, comme on l'a dit, pour cet effet; et pendant le cours d'un si long voyage il avoit eu le temps de rêver à la manière dont il se conduiroit dans son entreprise. Étant arrivé à la ville d'Albraque, il s'y étoit tenu caché quelques jours, pour s'informer de la situation où se trouvoit la cour du Cathay, et se régler ensuite sur ce qu'il en apprendroit. Outre l'anneau d'Angélique, il avoit résolu de voler le cheval du roi Sacripant, dont il avoit ouï dire des merveilles, pour en faire présent au jeune Roger, et il avoit choisi le jour de la partie de chasse pour exécuter son projet. Après s'être rendu maître du coursier, il s'étoit habillé en pèlerin; et d'abord que sous ce déguisement il avoit eu l'adresse de s'emparer de la bague, il avoit vite été reprendre son premier habit, et rejoindre son bon cheval Frontin, qui étoit attaché à un arbre, assez près de la princesse. Tout cela étant fait, il piqua sur le chemin de Bizerte, fort satisfait de son voyage, et persuadé qu'il alloit en recueillir le fruit à son retour, c'est-à-dire gagner le royaume de Tingitane, qu'Agramant lui avoit promis.

CHAPITRE X.

De la rencontre que Marphise fit de Brunel.

La reine Marphise, touchée de l'affliction qu'Angélique témoignoit de la perte de son anneau, poursuivoit ardemment le nain. Elle le rencontra par hasard, et trouvant sa figure assez conforme au portrait que la princesse du Cathay en avoit fait, elle s'arrêta pour le considérer. Cependant, comme il étoit monté sur un beau coursier, et couvert d'un habit différent de celui sous lequel il avoit volé la bague, elle ne savoit qu'en penser; elle s'approcha de lui pour s'en éclaircir. Le fourbe, qui la reconnut pour l'avoir vue à Albraque, et qui se douta bien de son dessein, ne fit pas semblant de se défier d'elle, et résolut de lui jouer aussi d'un tour. Pour y réussir, il s'avança vers la guerrière, et lui dit : Seigneur chevalier, oserai-je vous demander si vous n'avez point rencontré dans cette forêt une petite figure d'homme à peu près faite comme moi, et qui est à pied, vêtu en pèlerin, avec un bourdon à la main.

Non, répondit Marphise, tout étonnée de cette question. Il faut l'avouer, reprit Brunel, c'est le plus adroit et le plus dangereux fourbe qu'il y ait dans ces contrées. Je vais vous conter, seigneur chevalier, la tromperie qu'il m'a faite. La fée Morgane, ma maîtresse, ayant entendu parler du mérite de la reine Marphise, qui est à présent à Albraque, a conçu pour elle une estime qui est au-dessus de tout ce qu'on en peut penser; et, pour lui en donner un témoignage convenable à la profession des armes que cette grande princesse a embrassée, elle a forgé par son art une épée d'une trempe et d'une richesse inestimable. Elle m'avoit choisi pour la porter de sa part à cette reine, et j'étois heureusement parvenu jusqu'à ce royaume, lorsqu'hier je rencontrai ce nain dont je vous ai parlé. Je fus surpris de le voir si semblable à moi, et, en faveur de cette ressemblance, je liai conversation avec lui. Il me dit le sujet de son voyage, et j'eus l'indiscrétion de lui apprendre la cause du mien. Notre entretien dura jusqu'à la nuit; et nous trouvant alors à l'entrée de cette forêt, nous nous y arrêtâmes pour y passer la nuit sous un arbre. Avant que de m'endormir, je mis l'épée de la fée sous mon corps, et me livrai sans crainte au sommeil, qui commençoit à disposer de moi, ne doutant pas que mon compagnon n'en fît autant; mais ce matin à mon réveil, au lieu de la précieuse épée, j'ai trouvé une épée de bois que le traître a eu l'adresse de mettre à sa place, sans me réveiller.

A ces paroles de Brunel, la reine Marphise ne put retenir un grand éclat de rire que la nouveauté de l'événement lui arracha. L'Africain en parut piqué : Quoi donc, dit-il à la guerrière d'un air chagrin, vous riez de mon malheur? On voit bien, seigneur chevalier, que la riche épée que je portois n'étoit pas destinée pour vous, puisque sa perte excite vos ris. Mais moi, malheureux, continua-t-il en pleurant, quels reproches n'auront point à me faire la fée et la reine Marphise?

Ne t'afflige pas, nain, mon ami, lui répondit la princesse. Ton malheur emporte avec lui ton excuse. Je ne sais ce que ta maîtresse en pensera ; mais pour Marphise elle a la réputation d'être généreuse; je suis persuadée qu'elle estimera plus la bonne volonté de la fée que la richesse de son présent. Regarde cette épée, ajouta la guerrière, en tirant du fourreau la sienne et la donnant à Brunel, les pierreries dont elle est enrichie valent plus d'un royaume ; cependant je l'estime bien davantage pour la trempe de la lame, qui est d'une bonté parfaite.

Brunel prit l'épée qu'on lui tendoit, et, après l'avoir considérée en faisant toutes les démonstrations d'un homme qui est en admiration, il prit son temps, poussa Frontin dans la forêt, et s'éloigna de Marphise avec la bonne épée qu'elle lui avoit mise entre les mains. Le fourbe avoit parlé d'un air si naturel, que la reine jusque-là ne s'étoit nullement défiée de lui ; mais quand elle lui vit emporter son épée, qu'elle avoit eu l'imprudence de lui donner elle-même, elle demeura si étourdie de ce qui venoit de se passer, qu'elle laissoit courir Brunel, comme si elle n'eût eu aucun intérêt à le poursuivre.

Quand cet artificieux Africain fut à certaine distance d'elle, il se retourna pour voir si elle le suivoit, et, voyant qu'elle étoit restée immobile d'étonnement, il arrêta son cheval, et cria de toute sa force à la guerrière : Seigneur chevalier, si la reine Marphise est de vos amies, faites-lui savoir que je vais porter cette épée avec celle que la fée ma maîtresse lui destinoit, et que nous verrons, par l'épreuve qui en sera faite, laquelle des deux est la meilleure. Ces paroles insultantes tirèrent la reine de sa léthargie : elle poussa, pleine de fureur, son cheval vers le voleur; et, dans la colère où elle étoit, il est à croire, si elle eût pu le joindre, qu'elle lui auroit écrasé la cervelle d'un coup de poing; mais, quoiqu'elle eût un des plus vigoureux coursiers de l'Asie, il n'égaloit pas Frontin en légèreté. La guerrière toutefois poursuivit long-temps Brunel, sans pouvoir s'en approcher qu'autant qu'il plaisoit à cet Africain pour s'en divertir. Elle crioit, en courant après lui : Attends, perfide, attends, que je m'acquitte envers toi de la juste récompense qui t'est due. Je serois bien imprudent, répondit-il, de vous attendre. Dans la fureur qui vous possède, vous n'êtes pas traitable. Il ne faisoit, par de pareils discours, qu'enflammer encore davantage la fière Marphise, qui, dans son ressentiment, jura de n'avoir point de repos qu'elle n'eût puni cet insolent voleur, et de le poursuivre jusqu'au bout de la terre. Elle étoit libre alors, et pouvoit exécuter son dessein, puisqu'elle avoit renvoyé son armée en Perse. D'ailleurs, elle avoit promis à la fille de Galafron de ne point retourner à Albraque sans son anneau.

CHAPITRE XI.

De l'entrée de Roland dans le jardin de Falerine, et des monstres qu'il y trouva.

A peine les premiers rayons du soleil paroissoient sur l'horizon, que Roland marcha vers le jardin de Falerine, avec la nouvelle arme qu'il s'étoit faite. Le jardin venoit de s'ouvrir quand il en approcha. Ce n'étoit point une porte, c'étoit le mur qui s'ouvroit de lui-même le matin, et se refermoit le soir. L'enclos avoit dix lieues de tour, et les murailles étoient élevées de trois cents pieds. La pierre en étoit luisante et plus dure que le marbre. A n'y voir ni ciment, ni mortier qui fît la liaison des pierres, on eût dit que tout ce vaste mur n'étoit composé que d'une seule.

L'indomptable guerrier entra dans la première enceinte. Il y trouva le monstrueux dragon, qui vint à lui les aîles étendues et la gueule béante. Roland, de peur d'être englouti, lui lança dedans une fort grosse pierre qu'il ramassa. Cette pierre passa jusque dans le gosier du monstre, et pensa le suffoquer. Il fit de grands efforts pour la rejeter, et pendant qu'il se débattoit avec violence pour en venir à bout, le comte eut le temps de lui décharger sur la tête plusieurs coups de sa massue; et il les appliqua avec tant de force, qu'à la fin il lui écrasa la cervelle, quelque dur que fût l'os qui la couvroit.

Aussitôt que le dragon fut privé de vie, le mur, qui d'ordinaire étoit ouvert le jour, se rejoignit, de sorte que le chevalier se vit enfermé; mais il n'en prit que plus d'assurance, et marcha vers la seconde enceinte, qui s'ouvrit à son approche. Il se trouva dans un agréable verger, rempli de beaux arbres chargés de fruits. En jetant les yeux de tous côtés, il vit à main droite une statue, du pied de laquelle sortoit une source, dont se formoit un ruisseau qui couloit dans la prairie, et lavoit le pied des arbres. Sur le piédestal de la statue, il lut ces mots écrits en gros caractères : *C'est en marchant le long de ce ruisseau que l'on arrive au palais du beau jardin.*

Roland résolut d'aller à ce palais pour y surprendre la magicienne. Il suivit donc le ruisseau, et, quoique occupé de son entreprise, il ne pouvoit s'empêcher d'admirer ce beau lieu. On y respiroit un air doux; les oiseaux y voloient de branche en branche, et joignoient leurs agréables chants au murmure du ruisseau. Les chevreuils et les daims couroient dans la prairie toute parsemée de fleurs. Enfin le paladin découvrit le palais de Falerine; il s'en approcha, et, trouvant la porte ouverte, il y entra librement.

La magicienne étoit alors dans un grand salon qui donnoit sur le vestibule. Elle tenoit une épée dans laquelle elle se miroit. Surprise et troublée de voir un guerrier si près d'elle dans ce lieu solitaire, elle voulut s'enfuir. Elle passa dans le vestibule, descendit dans la plaine, où elle se mit à courir; mais le comte, quoiqu'armé, l'eut bientôt atteinte. Il lui ôta l'épée qui tranchoit toutes sortes d'armes enchantées, et qui n'a-

voit été forgée que pour le faire mourir. Ensuite il
voulut l'obliger à lui enseigner les entrées et les sorties
de son jardin ; néanmoins, quelque menace qu'il pût
lui faire, il lui fut impossible d'en tirer une seule réponse : Mauvaise femme, lui dit le chevalier, je devrois
par ta mort te punir de tous les maux que tu as faits ;
mais je ne puis me résoudre à tremper mes mains dans
ton sang. Ne crois pas pourtant que je te laisse en état
de t'opposer au dessein que j'ai de détruire ton jardin
et tes prisons. Alors Roland fit des bandes des propres
vêtements de Falerine, avec quoi il la lia très étroitement à un arbre. Elle étoit si bien attachée, qu'une
personne libre de ses mains auroit eu de la peine à la
détacher.

Après avoir pris cette précaution, il quitta la magicienne. Il ouvrit le petit livre pour y chercher l'instruction que Falerine lui avoit refusée. Il trouva qu'il
lui falloit marcher vers un grand étang sur sa gauche,
et que, pour éviter un péril auquel il seroit exposé sur
ses bords, il devoit se boucher les oreilles jusqu'à s'ôter
la faculté d'entendre. Le guerrier, profitant de cet avertissement, les remplit d'une grande quantité de roses,
et lorsqu'il crut pouvoir marcher sans crainte vers
l'étang, il en prit le chemin. Dès qu'il y fut arrivé, une
sirène parut sur la surface de l'eau : elle se regardoit
dans un petit miroir qu'elle tenoit d'une main, et peignoit de l'autre ses longs cheveux, en chantant d'un
ton de voix si puissant sur les cœurs, que les oiseaux
et les bêtes sauvages mêmes accouroient de tous côtés
pour l'entendre ; mais à peine en avoient-ils ressenti la
douceur quelques moments, qu'enivrés d'un si doux

plaisir, ils tomboient sur l'herbe, privés de l'usage de leurs sens. Roland, de qui les oreilles n'étoient pas frappées de ces sons enchanteurs, n'avoit point à craindre l'effet qu'ils produisoient. Néanmoins, suivant ce que marquoit son livre, il fit semblant de s'y laisser surprendre, et tomba sur les bords de l'étang, comme s'il eût été enseveli dans une profonde léthargie. La sirène y fut trompée; elle s'approcha du chevalier, dans le dessein de le tirer dans l'étang, et de l'y noyer. Mais le guerrier, se relevant soudain, se jeta sur elle, la saisit par les cheveux ; et pendant qu'elle continuoit de chanter, pour charmer ses sens, il lui coupa la tête avec Balisarde; ensuite il frotta son casque et le reste de ses armes du sang de la sirène, parce que cette précaution lui étoit prescrite dans le livre.

Le paladin, se voyant hors de péril, se déboucha les oreilles, et marcha le long de l'étang. Il traversa une vaste plaine, au bout de laquelle une haute muraille s'ouvrit à son approche. Il parut un taureau qui avoit des cornes de feu; mais le comte en coupa une avec Balisarde. Cependant l'animal le renversa du choc de l'autre corne, qui, composée d'un feu plus subtil que celui de l'éclair de la foudre, l'auroit consumé par sa seule atteinte, lui et ses armes, s'il ne les eût pas arrosées du sang de la sirène. A peine s'étoit-il relevé et remis en défense, que le taureau revint sur lui en mugissant d'une manière effroyable de la douleur qu'il avoit sentie de sa corne coupée ; mais le chevalier prit si bien son temps pour décharger Balisarde sur la corne qui restoit, qu'il eut le bonheur de la couper aussi. Alors le taureau fut englouti par la terre, qui s'ouvrit pour le recevoir, et il laissa libre au guerrier françois l'entrée de l'enceinte qu'il gardoit.

Le comte la passa, et suivit une grande allée qui le conduisit à un grand rond d'arbres, au milieu desquels on en voyoit un beaucoup plus touffu que les autres. Roland s'en approcha en se couvrant soigneusement la tête de son écu, et baissant les yeux. Lorsqu'il en fut près, il en partit un oiseau monstrueux qui s'éleva dans les nues. Ses ailes avoient plus de vingt pieds d'étendue; sa tête et son bec de griffon étoient surmontés d'une couronne composée de plumes incarnates; le plumage de son cou paroissoit d'une couleur mêlée de pourpre et d'or; celui de sa queue étoit vert et jaune, et ses ailes, comme le reste de son corps, égaloient la noirceur du jais. Ses pates, armées de griffes longues et tranchantes, déchiroient les matières les plus dures; mais ce qu'il y avoit de plus dangereux, c'est qu'il jetoit de son gosier une liqueur qui privoit soudain de la vue les yeux sur lesquels elle tomboit.

L'oiseau fondit du haut des airs comme une tempête sur le chevalier, en faisant un si grand bruit, qu'il s'en fallut peu que le paladin ne portât sa vue vers le ciel; mais le livre lui en avoit appris la conséquence. Il s'en donna bien de garde, et se resserra tout entier sous son écu. Le monstre tomba sur lui avec tant de rapidité, qu'il pensa le renverser; et saisissant de ses griffes l'écu dont il se couvroit, il le tiroit avec tant de force, qu'il l'enlevoit avec le chevalier, qui étoit déjà à dix pieds de terre. Roland fut obligé de se laisser tomber, et de lâcher son écu, que l'oiseau mit en pièces; et ce monstre, descendant de nouveau sur le paladin, qui se relevoit, lui lança de son eau qui brûloit comme de l'huile bouillante. Heureusement pour le guerrier, elle ne toucha que son casque et sa cuirasse, qui, arrosés du sang de la sirène, résistèrent à la malignité de l'eau. Son visage en fut préservé; il n'avoit donc plus de bouclier, et par conséquent il mettoit toute son attention à se tourner de manière que l'animal ne pût l'attaquer par-devant. L'oiseau se précipita sur lui, et s'efforça de le traîner vers l'arbre pour le déchirer et le dévorer; mais Roland, les yeux toujours fermés, saisit le monstre par une de ses aîles, et lui coupa la tête avec son épée.

Après s'être délivré d'un si dangereux ennemi, il ouvrit les yeux, et ce fut alors qu'il eut tout le temps de considérer l'oiseau, et la grandeur du péril qu'il avoit couru. Il falloit achever l'aventure. Il se remit en chemin le long d'un ruisseau qui le mena jusqu'à un superbe portail de marbre, enrichi tout autour de figures bien travaillées. La porte en étoit ouverte; mais une mule plus redoutable que tous les monstres du jardin en gardoit l'entrée. Cette terrible mule avoit les pieds d'airain et la queue tranchante comme une épée; tout son corps étoit couvert d'écailles semblables à des lames d'or, et plus dures qu'aucune arme : mais ce qu'il y avoit de plus étonnant, c'est que ses oreilles étoient si longues, et en même temps si pliantes, qu'elles lioient, de même qu'une queue de serpent, les personnes qui auroient voulu s'approcher d'elle. Cet animal s'opposa au passage du paladin quand il se présenta pour entrer. Le guerrier lui déchargea Balisarde sur l'épaule, et y fit une profonde blessure. La mule en fureur tourna la croupe vers le comte, et lui lança une si terrible ruade de son pied d'airain, qu'elle le jeta tout étourdi à quelques pas de là; puis, sans lui donner le temps de se relever, elle l'entortilla de ses deux oreilles si fortement, qu'elle auroit étouffé Roland, si le sang qui sortoit en abondance de la plaie de l'animal n'eût diminué une partie de ses forces. Le chevalier ne fut jamais dans un plus grand péril. Il se dégagea pourtant par ses efforts; et, dans le temps que le monstre se rejetoit sur lui pour le saisir de nouveau, il lui coupa de Balisarde les deux oreilles. Aussitôt la mule se mit à braire d'une manière à causer de l'épouvante; puis, d'un coup de sa queue, elle coupa les armes du paladin, qui lui trancha la queue, et en même temps un de ses pieds d'airain, qu'elle lançoit une seconde fois au guerrier pour l'écraser.

Dans le moment la mule disparut, et Roland entra sans obstacle dans la troisième enceinte. Il consulta son livre pour savoir de quel côté il devoit porter ses pas. Il lut qu'il n'avoit qu'à marcher vers le septentrion, jusqu'à ce qu'il trouvât une porte d'argent, et qu'il entreroit par-là dans la quatrième enceinte, qui étoit la dernière. Suivant cette instruction, il prit le chemin d'un petit bois, au delà duquel il rencontra un agréable vallon. Un ruisseau y couloit en serpentant sur les fleurs, et ce ruisseau venoit d'une source autour de laquelle on avoit dressé plusieurs tables couvertes de viandes bien apprêtées, et de riches coupes d'or pleines de vins excellents. Il ne paroissoit personne qui les gardât, et cependant ces viandes fumoient, et les vins pétilloient dans les vases d'or.

A la vue de ces mets, le comte d'Angers se sentit

pressé du désir de manger, mais il n'osa se satisfaire, sans avoir auparavant appris dans son livre ce qui en pouvoit arriver; et certes, il fit sagement. Il étoit marqué dans le livre qu'il devoit s'abstenir de ces viandes, s'il vouloit éviter le piége qui lui étoit tendu sous leur appât; qu'elles lui causeroient des vapeurs qui le plongeroient dans un profond sommeil, et que pendant ce temps-là un ogre, caché derrière un buisson de roses près de là, ne manqueroit pas de l'enchaîner. Le guerrier, instruit de ces choses, prit la résolution d'attirer l'ogre lui-même dans le piége qu'il tendoit aux autres. Pour y réussir, il s'assit à une des tables, et fit semblant de manger des viandes qui étoient dessus. Après cela, comme si les mets eussent commencé à produire leur effet, il se laissa tomber sur l'herbe, et feignit de s'endormir. L'ogre accourut aussitôt, traînant après lui la chaîne dont il prétendoit bien charger le chevalier; et, se flattant de pouvoir bientôt assouvir la soif qu'il avoit du sang humain, il s'approcha du paladin avec toute la confiance que lui donnoit la force du charme; mais Roland, se relevant brusquement, le saisit par le bras, et le coupa de son épée par le milieu du ventre, bien qu'il fût d'une grosseur monstrueuse.

Ce cruel anthropophage puni, le fils de Milon se remit en marche. Au sortir du vallon, il lui fallut monter un côteau par où l'on descendoit dans la plaine où étoit la dernière enceinte. Il ne tarda guère à découvrir la porte d'argent; mais, avant que de s'en approcher, il ouvrit le livre, où il trouva des choses qui l'embarrassèrent. La porte d'argent, disoit le livre, est celle de la dernière enceinte : elle est gardée par un grand géant armé de toutes pièces; et s'il arrive que le chevalier Roland prive de vie ce monstre, il verra naître de son sang deux autres géants, et de ces deux-là quatre, de ces quatre huit, de ces huit seize, et ainsi jusqu'à l'infini. Si le chevalier est assez heureux pour surmonter cet obstacle, il aura la sortie du jardin libre; mais qu'il ne s'imagine pas pour cela que l'enchantement du jardin sera détruit. Pour mettre cette aventure à fin, il faut arracher de l'arbre une branche qui est féée. Il est aisé de reconnoître cet arbre à sa hauteur excessive, et aux vives couleurs de ses fruits. Le plus fort archer ne sauroit pousser une flèche jusqu'à son sommet. Le tronc en est si gros, si élevé et si glissant, qu'aucun mortel n'y peut monter pour cueillir de ses fruits, ni par conséquent en arracher la branche féée.

Comme le livre n'enseignoit pas la conduite que Roland devoit tenir pour voir finir la reproduction des géants, et pour avoir la branche féée de l'arbre, le paladin se trouvoit embarrassé. Il y rêva long-temps, puis, s'abandonnant à ce que le ciel ordonneroit de lui, il marcha vers la porte d'argent, qui étoit fermée, et qui ne devoit s'ouvrir qu'après que le chevalier auroit vaincu le géant qui la gardoit. Ce monstre s'avança vers Roland le cimeterre levé. Ils commencèrent un horrible combat. Le bouclier du géant, quoique enchanté ainsi que le reste de ses armes, ne put résister à la fatale Balisarde, qui le fendit en deux; et cette bonne épée, descendant de là sur la cuisse du monstre, y fit une profonde blessure. Pour s'en venger, le géant prit son cimeterre à deux mains, et le déchargea rapidement sur la tête du chevalier; mais celui-ci, en parant le coup du tranchant de Balisarde, coupa le cimeterre qui tomboit sur lui. Par cet événement le coup porta à faux, et le géant ne put s'empêcher de tomber sur ses mains. Le guerrier, profitant de ce temps-là, fit voler le casque et la tête de son ennemi, avant qu'il pût se relever.

Le vaste tronc de ce colosse fit retentir la plaine du bruit de sa chute; mais à peine le sang qui couloit à grands flots de ce vaste corps eut-il touché la terre, qu'il en sortit une flamme qui laissa voir en se dissipant deux géants armés de même que celui dont le sang venoit de les produire. Ils se jetèrent tous deux en même temps sur le comte, qui n'eut pas peu d'affaires à se défendre de ces deux adversaires. Il les frappa du tranchant de Balisarde; il les avoit déjà blessés en plusieurs endroits, lorsque considérant que s'il continuoit ce genre de combat, il ne feroit que voir renaître une fois plus d'ennemis qu'il n'en détruiroit, il ne s'attacha plus qu'à les mettre hors de combat, en leur donnant du plat de son épée. Il espéroit par là les étourdir et leur faire perdre haleine. Cependant le combat se maintint long-temps de cette sorte; et Roland, ennuyé d'avoir toujours sur les bras l'un ou l'autre de ces géants, changea de dessein. Il tâcha de les attirer auprès de la fontaine, se flattant que la vue et l'odeur des viandes exciteroient en eux le même désir qu'il avoit eu, et que, par l'artifice de l'ogre, il les auroit en son pouvoir, sans répandre leur sang. Il feignit donc de s'enfuir; mais les géants, sans se soucier de sa fuite, restèrent auprès de la porte d'argent.

Le chevalier eut recours à un autre expédient. Il prit les chaînes dont l'ogre vouloit le lier, et les traîna jusqu'à ces deux monstres, qui revinrent sur lui, et le chargèrent furieusement. Le guerrier se glissa sous l'un des deux, l'embrassa par la cuisse, et le secoua si rudement, qu'il le renversa tout de son long. Il courut à l'autre dans le moment, le saisit par le bras, et l'ayant culbuté sur son compagnon il jeta sur eux les chaînes, et les lia tous deux ensemble si fortement, qu'ils ne pouvoient se remuer. Alors la porte d'argent s'ouvrit d'elle-même, et rien n'empêchoit plus le paladin de sortir de ce lieu dangereux.

CHAPITRE XII.

Comment Roland détruisit l'enchantement du jardin de Falerine.

Le fils de Milon, après avoir enchaîné les deux géants, pouvoit sortir avec gloire du jardin de Falerine. Mais, faisant réflexion qu'il ne rempliroit pas l'attente de sa princesse, ni celle de l'univers, s'il abandonnoit l'entreprise avant que d'avoir détruit le jardin, et obligé la magicienne à mettre en liberté tous ses prisonniers, il chercha l'arbre dont il falloit arracher la fatale branche, et il eut peu de peine à le démêler. Il s'élevoit au-dessus des autres, et se faisoit assez reconnoître par la grosseur des pommes d'or dont il étoit chargé.

A l'approche du guerrier, les rameaux de l'arbre commencèrent à s'agiter, et cette agitation fit tomber plusieurs pommes, dont quelques-unes roulèrent jusqu'aux pieds du paladin. Il en ramassa une, et la trouva si pesante, qu'il jugea bien que pour s'approcher de l'arbre sans danger, il falloit user de précaution. Il coupa plusieurs branches d'arbrisseaux qu'il entrelaça. Il en fit une espèce de hotte, dont le fond se terminoit en pointe, et qu'il couvrit par dehors d'une terre grasse. Il la mit ensuite sur sa tête, la pointe en haut, de sorte que les pommes en tombant ne pouvoient lui être funestes. Ce qui faisoit le plus grand embarras du comte, c'est que le livre ne lui apprenoit point à quoi il pourroit reconnoître la branche féée parmi les autres. Il se couvrit de sa hotte à tout hasard, et s'approcha de l'arbre. Lorsqu'il fut sous son feuillage, les rameaux commencèrent à s'agiter de nouveau, mais plus violemment que la première fois, et les pommes d'or tombèrent en plus grande abondance que la grêle. Néanmoins, comme celles qui tomboient sur lui ne faisoient que glisser en rencontrant la pointe de la hotte, il n'en étoit presque point incommodé. Il s'avança jusqu'au tronc, qu'il frappa de plusieurs coups de Balisarde. L'arbre tomba; et par ce moyen Roland, s'étant dispensé d'y monter, acheva ce qui lui restoit à faire. Il ôta de dessus sa tête la hotte, dont il n'avoit plus besoin, et se mit à couper toutes les branches l'une après l'autre avec une patience admirable.

Lorsque son épée eut rencontré et tranché la branche féée qui renfermoit l'enchantement, la terre aussitôt trembla, le soleil perdit sa lumière, une épaisse fumée couvrit tout le jardin; et du milieu de cette fumée, il sortit un tourbillon de feu qui consuma toutes les choses enchantées du jardin en un moment, et disparut. C'étoit sans doute quelque esprit infernal; car un instant après le flambeau du jour reprit sa clarté, et le ciel redevint serein. Le comte ne vit plus de murailles, plus de palais, plus de verger; il ne retrouva que la magicienne dans l'état où il l'avoit mise, c'est-à-dire attachée au tronc d'un arbre. Elle gémissoit quand il l'aborda. Elle pleuroit amèrement la perte de son jardin, qu'elle venoit de voir détruire à ses yeux. Noble chevalier, dit-elle au paladin, fleur des plus vaillants guerriers, tu me vois réduite à subir le sort que tu voudras me faire éprouver. Je confesse que j'ai mérité la mort; mais sache que, si tu me la donnes, tu feras périr en même temps les dames et les chevaliers qui sont dans mes prisons, au lieu que je les mettrai tous en liberté, si tu me laisses la vie.

Le guerrier françois étoit trop généreux pour balancer sur le parti qu'il avoit à prendre. Tu n'as rien à craindre, dit-il à la magicienne, pourvu que tu tiennes ta promesse. Mène-moi donc tout à l'heure à tes prisons. Je suis prête à vous y conduire, Seigneur, répliqua Falerine; mais je dois vous avertir auparavant que nous n'y pouvons aller d'ici sans nous exposer au plus grand péril que vous ayez jamais couru. En quoi consiste ce danger, dit Roland. C'est, repartit-elle, qu'il nous faudra traverser un fleuve sur un pont qui est gardé par le plus terrible géant de l'univers. Vous me direz peut-être qu'il ne vous est pas nouveau de combattre de pareils monstres, et qu'après avoir vaincu les deux qui défendoient la quatrième enceinte de mon jardin, il n'en est point qui puisse vous résister; mais apprenez qu'Haridan, qui est le géant dont il s'agit, a des armes enchantées, comme tout son corps; qu'il a de plus obtenu de Morgane, sa maîtresse, par don de féerie, l'avantage d'être six fois plus fort que tous ceux qui oseront le combattre. Ainsi la valeur et la force ne servent de rien contre lui. Ce n'est pas tout encore : il nage tout armé dans le fleuve, ce qu'il a coutume de faire quand il s'y est précipité avec ceux qu'il combat; il s'y abîme avec eux, et l'on est tout surpris de le revoir le lendemain à la garde du pont.

La magicienne lui dit aussi pourquoi Morgane avoit établi l'aventure du pont. Le comte fut étonné d'apprendre que c'étoit pour se venger de lui, que la fée faisoit garder ce passage par Haridan; ce qui ne servit qu'à l'animer davantage à poursuivre cette entreprise. Enfin, après quelques jours de marche Roland et Falerine arrivèrent au pont. Le paladin y vit avec une extrême surprise un arbre aux branches duquel étoient pendues les armes de Renaud avec celles de plusieurs autres chevaliers, qui avoient tous succombé sous l'effort du fier Haridan.

A ce spectacle, ne doutant point que Renaud n'eût perdu la vie: Hélas! s'écria-t-il les larmes aux yeux, cher cousin, tu as donc été la victime du ressentiment de la fée Morgane contre moi! C'est moi qui suis cause de ta mort. Ah! brave chevalier, écoute du haut de l'empirée, où tu fais sans doute ta demeure, les plaintes que ton sort m'arrache et le regret que j'ai de ta perte. Aveuglé d'une injuste jalousie, je t'ai offensé, j'ai cherché moi-même à trancher tes jours : j'ai reconnu ma faute, et j'espérois t'en demander pardon ; mais un barbare monstre, suscité par une fée encore plus cruelle que lui, t'a donné la mort avant que nous pussions nous réconcilier. Si je ne puis jouir de cette satisfaction, j'aurai du moins celle de te venger. En prononçant ces dernières paroles, il tira Balisarde du fourreau, prit un des boucliers qui étoient pendus aux branches de l'arbre, et marcha vers le géant, qui paroissoit l'attendre d'un air tranquille.

Le paladin avoit tant d'impatience de combattre, qu'il sauta par-dessus la barrière qui fermoit l'entrée du pont. Alors Harıdan se mit en état de recevoir ce nouvel ennemi, et s'imaginant le traiter comme il avoit fait des autres : Malheureux, lui dit-il, si le prophète et le ciel même avoient entrepris de t'arracher de mes mains, je les défierois de te sauver la vie. Le chevalier, au lieu de s'arrêter à lui répondre, lui déchargea Balisarde sur la cuisse. Cette redoutable épée trancha les armes, pénétra dans la chair, et en fit couler beaucoup de sang. Le monstre, étonné de se voir blessé, malgré le don qu'il avoit reçu de la fée d'être invulnérable, se lança plein de fureur sur le comte, et le frappa sur l'épaule de sa barre de fer, avec tant de force, qu'il le jeta loin de lui. Le guerrier se relève, et se remet ; il donne un second coup, et fait une nouvelle blessure à son ennemi, qui, pratiquant ce qu'il faisoit d'ordinaire, quand un chevalier lui résistoit, vint à Roland, les bras ouverts, le saisit et l'emporta sur les bords du pont, d'où il se précipita dans le fleuve avec lui. La pesanteur de leurs armes les entraîna au fond de l'eau ;

mais ils furent quelque temps à y descendre, puisque le fleuve avoit près de trois cents pas de profondeur.

Ce qu'il y a de merveilleux, c'est qu'ils se trouvèrent dans un grand pré, dont l'herbe verdoyante n'étoit nullement mouillée. Les eaux, suspendues en l'air par art de féerie, couloient au-dessus. Comme Roland avoit perdu connoissance, le géant crut qu'il avoit été étouffé par les ondes; et, dans cette pensée, il voulut lui ôter ses armes pour les aller attacher aux branches de l'arbre où étoient celles des autres chevaliers vaincus. Pendant qu'il le tournoit et le retournoit en le désarmant, cette agitation faisoit rendre au comte la plus grande partie de l'eau qu'il avoit bue, et le rappeloit à la vie. Cependant le monstre l'ayant dépouillé de ses armes s'éloigna de lui de quelques pas pour les mettre en un monceau. Le guerrier reprit dans ce moment ses esprits; et, profitant de l'éloignement de son ennemi, il se releva, et ramassa Balisarde, qu'il retrouva auprès de lui.

Haridan fut extrêmement surpris de voir revenir sur lui tout à coup un homme qu'il avoit cru mort. Il se jeta lui-même tout furieux sur le chevalier, qui, dans l'état où il étoit, ne lui paroissoit pas pouvoir faire une longue résistance. Néanmoins il en reçut au côté une estocade qui lui tira beaucoup de sang; mais il n'en pouvoit devenir plus foible, puisqu'il étoit toujours six fois plus fort que celui qui le combattoit. Aussi Roland ne chercha plus qu'à le frapper sur le jarret, et il fut assez heureux pour lui couper une jambe. Dès ce moment, le monstre ne pouvant plus se soutenir, se laissa tomber à terre; et dans cette situation, n'étant plus redoutable, malgré toute sa force, il ne fut pas difficile à Roland de lui couper la tête. Ce chevalier rendit grâces au ciel d'une si grande victoire, puis il rêva à ce qu'il feroit.

Comme il ne savoit dans quel lieu il étoit, ni de quelle façon il pourroit réjoindre Falerine, dont il avoit besoin pour délivrer les prisonniers, il appréhendoit qu'il ne fût sorti de ce dernier péril que pour retomber dans un autre. Tantôt il considéroit le fleuve qu'il voyoit couler au-dessus de sa tête, tantôt il portoit la vue dans la prairie pour chercher une issue à sortir de ce beau séjour, qu'il ne laissoit pas d'admirer, et qui lui sembloit tel que les païens nous ont peint les Champs-Élysées. Effectivement, cette prairie délicieuse avoit toutes les beautés que la fable donne à la tranquille demeure des ombres heureuses, et il ne paroissoit pas moins difficile d'en sortir. Elle avoit quatre lieues de tour; et ce qui en faisoit l'enceinte n'étoit qu'une toile de fin lin, qui sembloit tendue d'elle-même tout autour sans être attachée à rien. Néanmoins elle étoit si dure, que Durandal, déchargée dessus par le bras de Roland, n'auroit pu la percer. Avec cela elle étoit si déliée, qu'on voyoit à travers les objets extérieurs, qui consistoient en des déserts arides et des rochers couverts de neige. Climat bien différent de celui dont on sentoit en dedans la température. Le soleil éclairoit la charmante prairie; mais ses rayons passant au travers du fleuve, étoient tempérés par la fraîcheur de l'eau, et en même temps réfléchis de mille manières différentes, qui prêtoient aux objets les plus riantes couleurs.

Vers le milieu de la prairie, il s'élevoit une montagne jusqu'aux nues. Le comte fut d'abord tenté d'y porter ses pas. Cependant, comme il jugea que si la prairie avoit quelque issue, elle devoit être aux extrémités, il marcha jusqu'à ce que, parvenu à l'enceinte, la toile de fin lin lui causât un nouvel étonnement. Il crut que, pour sortir de ce lieu, il n'avoit qu'à rompre la toile; il la frappa de la main : il donna même dedans un coup de pied de toute sa force, et sentant qu'elle étoit plus dure qu'un mur d'airain, quoique si déliée, il tira Balisarde, et en perça la toile enchantée fort facilement. Mais il s'aperçut bientôt que cette ouverture ne lui serviroit de rien, puisqu'un grand fleuve, avec des rochers escarpés et couverts de neige, lui fermoient le passage de toutes parts. Il fut obligé de rentrer dans la prairie, et il s'avança vers la montagne où il avoit eu d'abord envie d'aller.

Il la trouva environnée d'un large et profond fossé d'eau vive, sur lequel il n'y avoit ni pont ni bateau pour le traverser. Le paladin, tout armé qu'il étoit, entreprit de le sauter. Dans ce dessein, il s'en éloigna de quelques pas, puis, revenant en courant, il le franchit avec une vigueur étonnante, ensuite il monta sans peine la montagne; le penchant en étoit aisé et le chemin très agréable, bordé de plusieurs beaux arbres, et tout parsemé de fleurs. Quand il eut fait environ trois cents pas, il arriva à un grand portail de marbre blanc, enrichi de bas-reliefs d'or qui représentoient des histoires de l'antiquité. On entroit par ce portail sous une longue voûte qui paroissoit conduire fort avant sous la terre. L'intrépide guerrier jugeant que ce souterrain devoit contenir des choses merveilleuses, ou peut-être une sortie de ce beau lieu, il y descendit sans balancer.

CHAPITRE XIII.

Des merveilles que vit le comte d'Angers dans la caverne de la fée Morgane.

Roland marcha plus d'une heure le long de la voûte, en descendant toujours, et dans une obscurité affreuse. Enfin il commença d'apercevoir une foible lueur qui s'augmentoit à mesure qu'il avançoit. Cette lueur provenoit d'un grand verger auquel la voûte aboutissoit, et qui étoit peut-être le lieu de l'univers le plus merveilleux. On y voyoit des arbres nains qui portoient pour fruits des rubis, des émeraudes, des topases, et d'autres pierres précieuses. Mais ce que ce riche verger avoit de plus singulier, c'est qu'il tiroit sa lumière d'un ciel formé pour lui. Le soleil ni les astres de la nuit n'y paroissoient point. Des escarboucles, dont le nombre étoit infini, avec mille et mille diamants, éclairoient ce séjour charmant. Ils avoient été cloués par art de féerie au sein fluide du firmament de ce ciel. Les bénignes influences de ces beaux astres donnoient aux buissons du verger la vertu de pousser des fruits si précieux.

Le jour que formoient ces pierreries étoit si brillant, que les plus beaux jours de l'année ne lui sont pas comparables. Toute l'inquiétude qu'avoit Roland de se voir renfermé dans ce lieu souterrain ne pouvoit l'empêcher de le regarder avec admiration. Il traversa le verger, et trouva au bout une voûte que quelques escarboucles incrustées dans le roc de distance en distance rendoient aussi lumineuse que la première étoit obscure. Le comte s'étoit trop engagé pour en demeurer là. Il passa la voûte qui le conduisit à un grand lac, au milieu duquel il y avoit un superbe salon de marbre couleurs de feu, dont les pilastres, corniches et autres ornements étoient du lapis le plus éclatant. On alloit à l'île par un pont qui n'avoit qu'un pied de large, et l'on apercevoit à l'entrée de ce pont deux statues d'or, chacune armée d'une massue de même métal. L'eau qui passoit sous le pont paroissoit brûlante : on la voyoit bouillir à gros bouillons, et de temps en temps des flammes s'élevoient sur sa surface.

A la vue du salon, le guerrier françois pensa que la fée y pourroit être, et il résolut de l'aller surprendre, comme il avoit surpris Falerine. Mais à peine eut-il mis le pied sur le pont, que les deux statues d'or lui déchargèrent leur massue sur le casque si rudement qu'elles le renversèrent. Peu s'en fallut qu'il ne tombât dans l'eau bouillante. Il se traîna sans se relever vers le salon, jusqu'à ce qu'il n'eût plus à craindre la massue des statues. Alors se relevant, il acheva de passer le pont, et entra dans le salon, dont la porte étoit ouverte. Quelles richesses n'y vit-il point? C'étoit le trésor de la fée; les murs étoient couverts de perles, de diamants et de rubis enchâssés dans l'or, et une grosse escarboucle attachée au plafond y répandoit une grande lumière. Une figure d'or massif, qui, par son manteau royal et par une couronne de pierreries qu'elle avoit sur la tête, représentoit un roi, étoit assise à une table composée d'une seule agate onix. On eût dit que ce prince, tout occupé d'une infinité de choses précieuses qu'il y avoit devant lui sur la table, craignoit de les perdre, tandis qu'au-dessus de sa tête une autre figure, suspendue en l'air pour marquer ce qu'il falloit penser de ces richesses, tenoit une petite table de marbre noir, sur laquelle ces paroles étoient écrites en caractères d'or : *Les grandeurs, les richesses et les empires ne sont que des choses frivoles, qu'on possède avec crainte; et ce qu'on possède de cette façon ne sauroit faire le parfait bonheur.*

Le généreux comte d'Angers n'étoit que trop persuadé de la vérité de cette inscription, et le mépris des richesses n'étoit pas une de ses moindres vertus. Il sortit du salon par une porte opposée à celle par où il étoit venu, et qui donnoit sur un pont semblable au premier qu'il avoit passé, à la réserve que les deux statues d'or qui défendoient la sortie de celui-ci avoient chacune un arc et une flèche dont la pointe étoit d'acier. Lorsque le chevalier fut au milieu du pont, les figures tirèrent sur lui leurs flèches, qui percèrent ses armes, mais qui ne purent blesser sa chair invulnérable. Après avoir passé le pont, il entra dans un vallon plus charmant mille fois que la fameuse vallée de Tempé. Une agréable rivière y rouloit en serpentant son onde pure sur un sable d'or. Ici s'offroient aux yeux du fils de Milon des cascades admirables, des grottes de cristal de roche, garnies de nacre de perles et de coquillages de figures et de couleurs différentes. Là c'étoient des fontaines jaillissantes, qui poussoient dans les airs de l'argent liquide.

Mais ce qu'il y avoit encore de plus capable de charmer la vue, c'étoit de voir Morgane endormie sur les bords d'une de ces fontaines. Ce valon délicieux étoit son séjour favori. Elle y passoit tout le temps qu'elle ne pouvoit être avec un jeune prince qu'elle aimoit éperdument. Elle avoit le visage tourné vers Roland quand il passa près d'elle. Il falloit être autant épris d'Angélique qu'il l'étoit pour résister à cette fée. Ses cheveux, plus beaux que ceux du blond Phébus, flottoient en boucles sur ses épaules au gré d'un doux zéphir, qui sembloit ne les agiter que pour prêter à la fée de nouvelles grâces. Sa robe couleur de rose brodée d'argent étoit ouverte par-devant, et laissoit voir toute la beauté de sa taille. Le fidèle amant de la princesse du Cataÿ ne put s'empêcher de s'arrêter pour considérer tant d'attraits. Il se ressouvint alors de ce qu'il avoit entendu dire à la demoiselle du cor enchanté, et dans son cœur il pardonnoit à Morgane le désir qu'elle avoit de se venger de lui.

Il fut tenté de la réveiller pour l'obliger à le faire sortir de ce lieu souterrain, qui, tout délicieux qu'il lui paroissoit, étoit toujours une prison pour lui; mais, se sentant ému de sa vue, et craignant de se laisser séduire aux charmes de ses discours, malgré tout l'amour dont il brûloit pour Angélique, il continua son chemin le long du vallon. Ce n'est pas sans raison, disoit-il en lui-même, que la demoiselle du cor enchanté appeloit Morgane la source de toute beauté. Le chevalier s'applaudissoit de ne s'être pas exposé au péril de parler à la fée, lorsqu'au bout du vallon il rencontra une autre merveille. C'étoit un palais de cristal, au travers duquel on voyoit clairement les objets; et ce qui ne causa pas moins de joie que d'étonnement au comte, c'est qu'il reconnut parmi plus de soixante chevaliers qui y étoient prisonniers, son cousin Renaud, le paladin Dudon, fils d'Ogier le Danois; Irolde et Prasilde; ses deux neveux, Aquilant et Grifon, et son cher Brandimart.

Il auroit bien voulu les embrasser; mais il ne le pouvoit, quoiqu'il ne fût éloigné d'eux que de deux ou trois pieds. Il leur demanda par quelle aventure ils avoient été enfermés dans ce lieu. L'amant de Fleur-de-Lys prit la parole : il lui conta tout ce qui leur étoit arrivé jusqu'à leur combat contre Haridan, et il finit en disant que ce monstre les avoit jetés dans le fleuve l'un après l'autre, qu'ils avoient tous perdu connoissance, et qu'en reprenant le sentiment, ils s'étoient trouvés désarmés dans ce palais de cristal, sans savoir comment ils y avoient été transportés. J'ai, comme vous, été entraîné dans le fleuve par le fort Haridan, dit le comte; mais je m'en suis vengé par sa mort, et rien ne m'empêchera de vous délivrer tous. Je vais briser en mille pièces ce mur de cristal qui nous sépare. Fût-il composé de diamants, il ne résistera point à mes coups.

Alors levant Balisarde, il alloit la décharger sur le mur de cristal, quand un jeune prince, beau comme le jour, lui cria de s'arrêter : Noble guerrier, lui dit-il, ce que tu projettes en notre faveur ne peut réussir. Si tu brisois le cristal qui est entre nous, la terre qui nous soutient s'ouvriroit dans le moment pour nous engloutir, sans que l'art même de la fée nous en pût garantir. Il n'y a qu'un seul moyen de nous délivrer. Regarde cette éméraude qui est comme enchâssée dans le cristal : c'est la porte de ce palais. Morgane seule en a la clef; mais ne crois pas pouvoir l'obliger ni par prières ni par menaces à te l'accorder. Il faut pour l'obtenir que tu coures après cette fée par où elle portera ses pas, et que tu la joignes. Si les buissons et les rochers qu'elle te fera traverser ne te rebutent point, et que tu puisses l'atteindre en courant, saisis-la par ses longs cheveux, et tu te couvriras d'une gloire immortelle. Tu as déjà surmonté de grands obstacles, et de tous ceux qui ont été précipités par Haridan au fond du fleuve nul autre avant toi ne se peut vanter d'être venu jusqu'ici tout armé. Cela me fait bien augurer de ton entreprise, et je crois que la gloire de notre délivrance t'est réservée.

Je viens de rencontrer Morgane, répondit Roland au beau chevalier; elle dormoit au bord d'une fontaine; et, je vous l'avouerai, je l'ai trouvée si belle, que je n'ai osé la réveiller de peur de m'en laisser séduire. Vous avez fait une grande faute, répliqua le jeune prince Ziliant, c'est ainsi que se nommoit le beau chevalier. Retournez au bord de cette fontaine; et si vous retrouvez la fée endormie, ne laissez plus échapper une occasion si favorable. Ziliant n'étoit que trop instruit de toutes ces choses; il les tenoit de la propre bouche de Morgane, qui l'aimoit avec ardeur. Quoiqu'il ne fût pas insensible à la possession d'une beauté si parfaite, tout le bonheur dont il jouissait ne pouvoit le consoler d'avoir perdu sa liberté.

CHAPITRE XIV.

Roland poursuit la fée Morgane.

Le paladin Roland, qui brûloit d'envie de délivrer ses compagnons, et de sortir avec eux de l'empire de Morgane, retourna vers la fontaine, résolu de défendre son cœur des attraits de la fée. Il la trouva au même endroit, mais elle n'y dormoit plus ; elle dansoit autour de la fontaine en chantant ces paroles : *Quiconque veut acquérir des richesses, des honneurs, des empires et des plaisirs, qu'il s'efforce de me saisir par ces beaux cheveux que je laisse flotter dans les airs ; mais s'il me laisse échapper, il ne me rattrapera plus, et il ne lui restera que le regret de n'avoir pu me conserver.*

C'est ce que contenoit en substance la chanson de Morgane. Cette belle fée, en dansant, faisoit paroître tant de grâce et de légèreté, qu'on l'auroit prise pour une dryade du temps des anciens. Aussitôt qu'elle aperçut Roland, elle cessa de danser, et se mit à fuir par le vallon avec plus de vitesse qu'une biche qui se voit poursuivie par un léopard affamé. Elle prit le chemin d'une montagne qui, d'un côté, bornoit le vallon délicieux. Le paladin la poursuit, bien résolu de la joindre, quelques obstacles qu'il y rencontre. Il courut après elle assez long-temps, sans rien trouver qui rallentît l'ardeur de sa course ; mais quand il fut au pied de la montagne, il s'éleva un vent furieux accompagné de grêle et de pluie. Le tonnerre gronda, les foudres éclatèrent. Un déluge d'eau couvre la campagne en peu de moments, et entraîne tout ce qui se trouve sur son passage. Des rochers et des arbres en sont emportés : Roland pensa l'être plus d'une fois. Cependant, sans s'étonner de ces obstacles, il suivoit toujours la fée à travers les roches et les précipices. Tantôt un sable mouvant fondoit sous ses pieds, et tantôt il avoit à traverser des lieux embarrassés de ronces et d'épines. Outre cela la tempête ne cessoit point, et elle répandoit sur la terre une obscurité semblable à celle de la nuit. A peine pouvoit-on distinguer les objets les plus proches. Ce n'étoit qu'à la faveur des éclairs que le chevalier revoyoit la fée, qu'il perdoit souvent de vue.

Un nouvel obstacle vint encore traverser la poursuite du guerrier. Un spectre, dont la chair livide, les cheveux hérissés et les vêtements déchirés par lambeaux étoient couverts de cendres, sortit d'une caverne; il tenoit à la main un fouet plein de nœuds et de pointes de fers, avec lequel il se frappoit sur les épaules. Il joignit le comte, qui lui demanda ce qu'il étoit. On me nomme le Repentir, répondit le spectre; je suis privé de tout contentement, et je ne m'occupe qu'à poursuivre ceux qui, comme toi, ont laissé échapper l'occasion. Ainsi je ne cesserai point de te frapper, ni de t'accabler d'injures, que tu n'aies recouvré l'avantage que tu as perdu; ta force et ton courage te seront inutiles, si tu n'es armé de patience. En disant ces paroles, le spectre suivoit le chevalier, et lui appliquoit sans relâche sur les épaules des coups de son fouet, qu'il accompagnoit de termes injurieux.

Quoique le fils de Milon fût armé de toutes pièces, par une merveille qu'il ne concevoit pas, il sentoit aussi vivement les coups que s'ils eussent porté sur sa chair nue. Il souffrit patiemment tous ces outrages pendant un assez long temps, parce qu'il craignoit de perdre à s'en venger des moments qui lui étoient précieux. Néanmoins un mouvement de colère qu'il ne put retenir, l'obligea de se retourner vers le spectre, et de lui donner sur sa joue décharnée un furieux coup de poing; mais le coup ne fit aucune impression sur le spectre, et ne trouva pas plus de résistance que s'il eût frappé un nuage. Le paladin, qui connut par cette épreuve qu'il ne pourroit tirer aucune vengeance d'un pareil ennemi, lui dit: Vain fantôme, si l'indigne traitement que tu me fais m'a causé un mouvement d'impatience, assure-toi que désormais rien ne lassera ma persévérance ni ne m'empêchera de poursuivre Morgane.

Ce n'est point ce que je me propose, lui repartit le spectre. Au contraire, si tu es assez heureux pour l'atteindre, je prétends que tu m'en aies toute l'obligation. En parlant de cette sorte, le fantôme redoubla ses coups, et le chevalier fit de si violents efforts pour joindre la fée, qu'il en vint enfin à bout. Il la saisit par ses cheveux, que le vent et sa course faisoient voltiger. Dès cet instant le spectre cessa de frapper, et disparut; la tempête et l'obscurité cessèrent, le ciel reprit toute sa clarté, les précipices redevinrent un chemin uni, et le comte, au lieu d'épines et de buissons, ne vit plus que des fleurs et des fruits.

Morgane fut inconsolable de se voir ainsi arrêtée en

dépit d'elle; car, malgré son grand art de féerie, elle demeuroit sans force et sans pouvoir dès qu'elle étoit saisie par ses cheveux. Elle n'épargna rien pour engager le paladin à se dessaisir d'elle. Prières, promesses, airs engageants, tout y fut employé. Elle lui offrit toutes les richesses et les grandeurs du monde, et lui fit même espérer sa possession; mais le fidèle amant d'Angélique se mit si bien en garde contre les attraits de la fée, qu'elle ne put le séduire. Il lui déclara qu'il ne la quitteroit point qu'elle ne lui eût donné la clef du palais de cristal, pour délivrer les prisonniers qu'elle y retenoit, et qu'il falloit encore qu'elle lui enseignât le moyen de sortir de ces lieux inconnus aux mortels.

La fée, voyant qu'il persistoit fortement dans cette résolution, lui répondit : Il faut bien que je te satisfasse, puisque le ciel a voulu que tu achevasses cette aventure. Je ne te demande qu'une grâce que tu peux m'accorder, c'est de me laisser le fils du roi Monodant; emmène avec toi tous les autres : j'aime ce jeune prince, je ne puis vivre sans lui : ne l'arrache donc point à ma tendresse, je t'en conjure par le dieu vivant et par la dame que tu aimes. Je te l'abandonne, dit Roland; mais je crains que tu ne me trompes, et je ne veux pas m'exposer encore à la nécessité de te poursuivre. Non, non, répliqua Morgane : la foi des fées est sacrée, et je jure par le roi Salomon, ce qui est notre plus fort serment, que je tiendrai parole. En prononçant ces derniers mots, elle tira de dessous sa robe une clef d'argent, qu'elle donna au paladin, en lui disant : Tenez, chevalier, voici la clef que vous demandez. Allez délivrer vos compagnons; mais en ouvrant la porte du palais, prenez garde de rompre la clef ou la serrure ; car si ce malheur arrivoit, comptez que vous et tous les prisonniers, vous tomberiez dans des abîmes dont tout mon pouvoir ne pourroit vous retirer. Roland remercia la fée, et dans l'impatience où il étoit de délivrer les prisonniers, il courut au palais de cristal.

CHAPITRE XV.

Comment le fils de Milon, après avoir délivré les prisonniers de Morgane, sortit de l'île du Lac.

Aussitôt que les prisonniers aperçurent Roland, et qu'ils virent que ce généreux chevalier mettoit la clef d'argent dans la serrure d'émeraude, leurs cœurs tressaillirent de joie. Et quand leur illustre libérateur, sans avoir rien rompu, eut heureusement ouvert la porte, ils vinrent tous à l'envi le remercier. Mais ceux qui firent le plus éclater leur reconnoissance furent ses deux neveux, son cousin Renaud, Brandimart et Dudon.

Ils paroissoient charmés de le revoir ; Renaud surtout l'embrassa plus de cent fois, et Roland se prêtoit à ses caresses avec autant d'ardeur que lui. Ces deux fameux guerriers n'avoient plus de ressentiment l'un contre l'autre. Le comte d'Angers fit des excuses à son cousin de tout ce que la jalousie lui avoit fait entreprendre contre lui ; et le seigneur de Montauban de son côté lui protesta qu'il ne le troubleroit jamais dans la recherche d'Angélique, dont il l'assura que son cœur étoit entièrement détaché. Après cela, Roland demanda aux autres chevaliers qui d'entre eux étoit le jeune prince que Morgane aimoit, leur déclarant à quelle condition il avoit obtenu de la fée la clef du palais de cristal. Le fils du roi Monodant, qui s'étoit attendu à recouvrer sa liberté comme ses compagnons, fut vivement touché d'apprendre qu'il lui faudroit demeurer encore au pouvoir de Morgane. Ce n'est pas qu'il n'aimât cette fée; mais il souffroit impatiemment que son courage languît dans l'oisiveté. Le comte fut d'autant plus sensible à la douleur du jeune Ziliant, que c'étoit ce prince qui lui avoit conseillé de poursuivre Morgane. Il lui témoigna combien il étoit mortifié d'avoir promis de le laisser à la fée. Il fit plus : il le prit en particulier, et l'assura qu'il reviendroit le délivrer.

Après cette assurance, Ziliant modéra son affliction. Sur ces entrefaites, Morgane arriva. Elle dit au comte de la suivre avec tous les autres chevaliers, excepté le fils du roi Monodant. Elle leur fit passer un grand parterre coupé de plusieurs canaux, et garni tout autour de statues d'or massif. Elle les conduisit de là à un magnifique portail de même matière que le palais. La porte étoit alors ouverte, mais le passage n'en étoit pas plus libre, et personne, sans le consentement de la fée, ne pouvoit passer. D'ailleurs un large fleuve qui tournoit tout autour de l'île, et qui la faisoit nommer l'île du Lac, lavoit le seuil du portail, et s'opposoit au désir de tous ceux qui auroient voulu sortir du jardin malgré Morgane. Là, cette fée dit au fils de Milon : Seigneur chevalier, il n'est pas nécessaire que j'aille plus loin; je vous accorde le pouvoir de passer cette porte avec vos compagnons, et de traverser le fleuve, dont vous verrez les flots se durcir sous vos pieds. A ces mots, elle quitta ses prisonniers sans donner même au comte le temps de la remercier.

Après son départ, les chevaliers, qui n'avoient rien vu de toutes les richesses de l'île que le palais de cristal, parce qu'ils y avoient été transportés pendant leur évanouissement, ne pouvoient se lasser d'admirer la beauté du parterre et des statues dont il étoit orné. Renaud même ne se contenta pas d'une infructueuse admiration : il prit une des statues qui représentoient Morgane, et dit à ses compagnons : Je veux emporter ceci en France ; je n'ai jamais fait un si riche butin. Cette action déplut à Roland, qui représenta au fils d'Aymon qu'un guerrier comme lui, qui avoit porté la gloire des armes à son plus haut point, devoit mépriser ces richesses frivoles ; qu'il ne répondoit pas que les Mayençois, le voyant revenir chargé comme un animal de voiture, ne prissent de là occasion de l'accuser d'avarice. Seigneur comte, lui répondit Renaud, vous pouvez sans peine mépriser les richesses, vous qui possédez tant de terres, et qui disposez à votre gré des trésors de Charlemagne ; mais moi, qui n'ai pour tout bien qu'un seul château, je crois qu'il m'est permis de prendre ce que la fortune semble me présenter. Outre cela, Morgane en sera-t-elle moins riche et moins puissante, elle qui est la source de toutes les richesses de la terre. A l'égard des Mayençois, on sait assez de quoi ils sont capables, et ils ne peuvent donner atteinte à ma gloire. Ne vous opposez donc plus à mon dessein. Je ne prétends point porter en France cette statue ; je la porterai seulement au premier lieu habité, d'où je la ferai conduire au port de mer le plus proche, et de là, sur un vaisseau, elle sera transportée à Montauban, et posée dans la grande place de cette forteresse, comme un monument de votre gloire et de votre valeur.

Le comte d'Angers sourit à ce discours, et n'y répliqua point. Il marcha vers le fleuve, le traversa, et l'onde, ainsi que la fée le lui avoit dit, devint dure sous ses pas. La plus grande partie des chevaliers passèrent de même; mais lorsque le seigneur de Montauban, chargé de la statue, mit le pied sur le fleuve, l'eau s'agita, et si le paladin ne se fût retiré légèrement en arrière, il se seroit noyé. Il voulut tenter la chose une seconde fois, mais elle ne lui réussit pas mieux que la première. Alors Roland lui cria de laisser la statue; Renaud, qui vouloit l'emporter, la lança d'une force inconcevable de l'autre côté du fleuve; ce qui ne tourna pourtant encore qu'à sa confusion : car un vent impétueux, qui s'éleva tout à coup, repoussa la statue avec tant de violence contre Renaud même, qu'elle le renversa tout étourdi sur le gazon. Tous les chevaliers craignirent pour sa vie. Ils repassèrent en diligence le fleuve pour l'aller secourir. Ils le firent revenir de son étourdissement, et ils eurent peu de peine alors à lui faire renoncer à la statue d'or. Il ne songea plus qu'à sortir avec eux de l'île du Lac. L'eau cessa d'être fluide, et devint pour lui, comme pour les autres, un terrain solide. Ils entrèrent tous dans une plaine, au bout de laquelle ils trouvèrent le pont de Haridan, et leurs armes encore suspendues à l'arbre, ainsi que la fée le leur avoit dit.

CHAPITRE XVI.

De l'entreprise du roi d'Alger, et de la descente qu'il fit en Italie.

Le sujet de mon histoire m'oblige de retourner au superbe Rodomont. Il étoit parti de la cour de Bizerte, dans la résolution de porter la guerre en France avant le passage du roi Agramant. Dès qu'il fut de retour dans ses états, il apporta tant de diligence à faire faire ses levées, et pressa de telle sorte les princes ses amis de se joindre à lui, qu'en peu de temps il forma une grosse armée aux environs d'Alger. Des vaisseaux préparés par ses soins, et munis de toutes les choses nécessaires, n'attendoient qu'un vent favorable pour mettre à la voile avec ses troupes.

Une tempête qui duroit déjà depuis plusieurs jours retardoit l'embarquement. Rodomont, plein de fureur, maudissoit les vents, et blasphémoit contre le ciel. Son impatience ne lui permit pas d'attendre la fin de la tempête; il voulut partir : la flotte leva l'ancre par son ordre. Elle étoit composée de deux cent soixante voiles de diverses grandeurs.

Tandis que cette flotte étoit en mer, il y avoit beaucoup d'agitation dans la France. L'empereur Charles, informé du grand armement que faisoit le roi d'Afrique pour venir attaquer l'empire romain, songeoit à la sûreté de ses frontières et de ses places. Il commit au duc Aymon, en l'absence de Renaud, le soin de veiller avec ses autres fils à la garde du Languedoc, d'y faire fortifier Agde et Beziers, de répandre des troupes et des milices le long des côtes, depuis Narbonne jusqu'à Montpellier, et d'envoyer en mer des barques d'avis pour être averti de tout ce qui s'y découvriroit. De plus, il lui donna Yvon, son cousin, et Angelier, avec un gros corps de troupes pour agir sous ses ordres. Il chargea Anichard de Perpignan et le comte de Roussillon, de veiller sur la côte d'Espagne et du côté des Pyrénées. Il se reposa sur le sage duc de Bavière et sur ses quatre fils, du soin de garder la Provence depuis la grande ville d'Arles jusqu'à Antibes; de pourvoir Marseille, Toulon et Fréjus de tout ce qui pourroit empêcher les Africains d'y faire la descente; et comme cette province, à cause du nombre de ses ports, étoit la plus exposée, l'empereur choisit pour le soulager et se charger de l'exécution de ses ordres, Guy de Bourgogne, et la guerrière Bradamante, digne sœur de Renaud. Le roi Didier de Lombardie, les comtes de Lorraine et de Savoie eurent pour partage la défense de toute la côte de Ligurie et de Toscane. Enfin, Charles n'oublioit rien de tout ce qui pouvoit contribuer à la sûreté de l'empire et de ses peuples.

Cependant la flotte africaine luttoit contre les flots et les vents. Malgré l'expérience des matelots, la tempête qui, comme il a été dit, duroit encore, tantôt dispersoit les vaisseaux, et tantôt les poussant les uns sur les autres, les faisoit briser par leur choc. Ils furent obligés de jeter dans la mer la plus grande partie de leurs chevaux, et même de leurs provisions, pour éviter un entier naufrage. Que dirai-je ? l'indomptable Rodomont et son armée essuyèrent, pendant huit jours de navigation, tout ce que le vent et l'orage peuvent avoir de plus rigoureux. Enfin ils aperçurent les côtes de l'Italie, et leurs vaisseaux fort endommagés vinrent surgir à celles de Gênes. Les peuples de cette côte, dès qu'ils reconnurent les Sarrasins, descendirent des montagnes, en criant : Amis, donnons sur ces barbares, sur ces mécréants. En même temps ils lançoient sur eux pierres, flèches, dards et pots à feu pour les empêcher de prendre terre.

L'orgueilleux Rodomont, opposant son corps à leurs traits comme un bouclier impénétrable, donnoit ses ordres fièrement de la proue de son vaisseau, où il étoit. Bientôt les chaloupes et les autres bâtiments plats faits pour la descente furent remplis de soldats qui s'approchèrent de la terre; et ce prince se mettant à leur tête se jeta le premier dans l'eau jusqu'à la ceinture. Il gagna le rivage avec eux, malgré les pierres et les flèches qu'on leur lançoit; aussitôt il rangea son armée, et dès ce moment les Italiens qui défendoient la côte ne songèrent plus qu'à se mettre en sûreté. Les uns se réfugièrent dans Gênes, dont ils fermèrent les portes; d'autres s'enfuirent vers les montagnes, et la plus grande partie se retira du côté de Savone, où ils semèrent l'épouvante.

Le comte Archambault, qui y commandoit avec un corps de troupes que le roi Didier, son père, lui avoit confié, accourut au secours des Génois; mais en partant il n'oublia pas de faire donner avis à Didier de la descente des Sarrasins : il lui mandoit qu'il alloit les harceler, en attendant qu'il pût s'avancer avec son armée, pour achever de les chasser du pays, et dégager la ville de Gênes. Archambault étoit comte de Crémone, et passoit pour un capitaine aussi vaillant que sage. Il s'approcha donc de Gênes du côté opposé à celui où les Africains avoient pris leurs quartiers. Il fit entrer une partie de ses gens dans la place, pour la munir d'une forte garnison, et encourager les habitants à la bien défendre, en cas que les ennemis en formassent le siége; et il se posta avec le reste de sa petite armée dans des lieux coupés, où il étoit difficile de le forcer. De ce camp, il faisoit des courses sur les Algériens. Tantôt il leur enlevoit leurs convois, et tantôt il les surprenoit au fourrage, où ils n'alloient pourtant que rarement, à cause du peu de chevaux qu'ils avoient.

Le violent roi d'Alger étoit dans une colère inconcevable de se voir ainsi harceler impunément par un si petit nombre d'ennemis. Il résolut de les aller attaquer dans leur camp, quelque inaccessible qu'il fût, et il auroit exécuté sa résolution, si le roi Didier avec son armée n'eût joint son fils; mais ces deux princes, enseignes déployées, marchèrent aux Africains. Le comte de Crémone, qui étoit à l'avant-garde, baissa sa lance, et fondit sur Rodomont, qui s'élevoit autant au-dessus des autres Sarrasins que le donjon d'une tour s'élève au-dessus de ses créneaux. Archambault l'atteignit au milieu de l'écu, qu'il perça sans ébranler le roi d'Alger, qui le frappa de son côté avec tant de force, qu'il lui fendit son bouclier; et, tranchant mailles et plastrons, lui fit une profonde plaie au côté. Le prince lombard tomba de ce coup, et fut emporté demi-mort à Gênes.

Après son départ, Rodomont se jeta sur les Crémonois, qui ne firent qu'une foible résistance. Des premiers coups qu'il déchargea sur eux, il renversa les premiers rangs. Les autres plièrent bientôt, et par leur prompte fuite évitèrent une mort qui auroit été inévitable pour eux, s'ils eussent osé soutenir l'effort du terrible roi d'Alger. Ils allèrent se réfugier dans l'armée du roi Didier, qui marchoit à leur secours, comme s'il eût fallu une armée entière pour les mettre à couvert de la furie d'un seul homme. Le prince de Piémont, Robert d'Ast et le fort Parmesan Rigozon venoient à la tête des Lombards. Ils firent une irruption si vive sur les Algériens qui leur étoient opposés, qu'ils les enfoncèrent du premier choc. Ils poussèrent leur avantage, et si quelques princes amis de Rodomont n'eussent arrêté leurs progrès, ils assuroient la victoire à leur parti. Le combat se renouvela de ce côté-là pendant que de l'autre le roi d'Alger faisoit un horrible carnage de ceux qu'il avoit en tête. Il enfonçoit les escadrons les plus épais, fendoit les casques et les cuirasses, et faisoit voler des têtes et des bras. Tout fuyoit devant lui : en vain les comtes de Lorraine et de Savoie, et le roi Didier même avec ses principaux barons, entreprirent d'opposer une digue à ce torrent. Il fit perdre les arçons à la plupart d'entre eux; et les autres, pour éviter le même sort, allèrent combattre ailleurs.

Ils se vengèrent sur les sujets de Rodomont du mal qu'il faisoit aux chrétiens. Ils mirent en fuite tous les Sarrasins qui voulurent leur résister; mais le roi d'Alger, ne trouvant plus d'ennemis qui osassent attendre ses coups, revint sur eux couvert de sang et de sueur. Il étoit suivi d'un grand corps d'Algériens, qui s'efforçoient de le seconder; il mit d'abord hors de combat trois des principaux chefs de Didier; ensuite, se faisant jour jusqu'à ce roi, il le porta par terre; il blessa aussi Robert d'Ast, et fendit la tête au Parmesan Rigozon. Les comtes de Savoie et de Lorraine, jugeant bien qu'en voulant s'opposer à ce furieux, c'étoit livrer à sa rage une infinité de chrétiens, remontèrent le roi lombard, rassemblèrent le reste de leurs soldats, et se retirèrent vers les montagnes de Gênes en assez bon ordre.

Les Sarrasins les poursuivirent quelque temps, et Rodomont en massacra un grand nombre dans leur retraite; mais comme les Africains avoient perdu presque tous leurs chevaux sur mer, ils ne purent empêcher les chrétiens de regagner les montagnes, et de se réfugier dans leurs bois. L'armée du roi d'Alger revint sur le champ de bataille, et tenta de s'emparer de la ville de Gênes. Heureusement les habitants y étoient sur leurs gardes, et le comte Archambault, tout blessé qu'il étoit, n'avoit rien négligé pour la mettre en état de faire une longue résistance. Rodomont voyoit bien qu'il étoit important pour lui d'avoir une place d'armes, pour assurer la subsistance de ses troupes dans un pays ennemi; cependant, comme toutes les choses nécessaires pour faire un siége lui manquoient, il n'entreprit pas celui de Gênes, qu'il savoit être forte, bien munie, et défendue par de braves gens. Il appréhenda même que ses soldats ne se rebutassent; et pour les encourager: Mes amis, leur dit-il, ne regrettez point votre patrie; la gloire vous en offre une plus heureuse. C'est des belles campagnes de la France et de ses riches villes qu'il faut faire la conquête. Rodomont, vous n'avez qu'à le suivre, vous en ouvrira le chemin.

~~~~~~

CHAPITRE XVII.

Renaud et ses compagnons prennent le chemin de France. Ils arrivent au pont de Varillard.

Les prisonniers de Morgane ayant repris leurs armes songèrent à ce qu'ils avoient à faire. Les chevaliers païens, parmi lesquels il y avoit plus d'un prince, s'en retournèrent chacun dans sa patrie, après avoir rendu de nouvelles grâces à Roland de leur délivrance. A l'égard des paladins françois, Dudon fit savoir au comte les grands préparatifs que faisoit le roi Agramant, pour porter la guerre en France, et l'ordre qu'il avoit reçu de Charles d'aller chercher ses paladins, pour les rappeler à la défense de l'empire, dont ils étoient les plus fermes colonnes.

Renaud et les autres paladins parurent disposés à satisfaire leur empereur; mais Roland, partagé entre son devoir et son amour, ne savoit quel parti prendre. D'un côté, s'il sentoit vivement ce qu'il devoit à son prince et à sa religion, de l'autre il souhaitoit de rendre compte à sa belle Angélique de la commission dont elle l'avoit chargé, ou, pour mieux dire, il vouloit revoir sa princesse avant que de s'en retourner en France. Il se flatta qu'il auroit assez de temps pour arriver au secours de sa patrie, avant que le roi d'Afrique y eût fait des progrès considérables. Prévenu de cette pensée, il dit à ses compagnons qu'ils n'avoient qu'à partir, et qu'il iroit les rejoindre dès qu'il auroit mis à fin certaine aventure à quoi il s'étoit engagé par serment, et qu'il ne vouloit avec lui que son cher Brandimart. Le seigneur de Montauban et les autres paladins l'embrassèrent, et le laissèrent marcher vers le Cathay. Pour eux, ils prirent le chemin de France, se proposant, comme ils étoient à pied, de se pourvoir de chevaux à la première occasion qu'ils en trouveroient.

Ils tâchoient, en marchant, d'adoucir la rigueur du chemin par des discours réjouissants ; mais Renaud et le jeune Grifon n'étoient guère disposés à fournir de leur part à un entretien plein de gaieté. L'un soupiroit sans cesse pour Origile, qu'il ne pouvoit oublier, quoiqu'il se fût bien aperçu que le comte d'Angers, son oncle, désapprouvoit son attachement ; et l'autre ne pouvoit se consoler de la perte de son fidèle Bayard, qu'il désespéroit de revoir jamais. Tous ces chevaliers marchèrent cinq jours sans trouver d'aventure ; mais le sixième ils entendirent retentir le son d'un cor du haut d'un château qu'ils voyoient situé sur la cime d'un rocher. On voyoit tout autour de ce rocher une vaste prairie, au travers de laquelle il passoit un fleuve dont l'eau étoit très claire, et si rapide qu'on ne pouvoit le passer à gué. Les paladins en approchèrent ; et, quand ils furent sur la rive, une demoiselle, qui étoit dans un bateau de l'autre côté, leur dit : Chevaliers, si vous voulez traverser ce fleuve, je vais vous prendre dans mon bateau. Les guerriers, qui crurent que c'étoit leur chemin, acceptèrent l'offre avec joie, et remercièrent la demoiselle, qui leur dit, lorsqu'elle les eut passés : Vous êtes dans une île, et vous n'en pouvez sortir que par un pont qui est au delà de ce château ; mais on ne vous laissera point passer le pont si vous ne promettez de rendre un service au roi Monodant, à qui ce château appartient.

A peine la demoiselle eut-elle achevé ces paroles, que les paladins aperçurent le châtelain, qui descendoit de la roche pour venir à eux. C'étoit un vieillard sans armes ; mais une troupe de gens de guerre le suivoit. Seigneurs chevaliers, leur dit-il en les abordant, nous sommes portés à vous faire plaisir, et nous vous conduirons, si vous le souhaitez, au pont qui est de l'autre côté de ce rocher ; mais je vous avertis que vous ne pourrez le passer sans être obligés de combattre un géant qui en garde le passage. Si vous le pouviez vaincre, vous rendriez un grand service à notre roi, qui gémit de tous les meurtres que ce monstre commet impunément dans ce pays.

Quand le vieillard eut cessé de parler, le seigneur de Montauban lui répondit : Quoique nous ayons sujet de nous plaindre de votre demoiselle, qui nous a fait entrer dans cette île, ce que nous pouvions nous dispenser de faire, nous n'avons jamais refusé d'arrêter une injustice, ni de punir la cruauté ; menez-nous donc à ce géant, nous le combattrons, et il ne tiendra pas à nous que nous ne rendions ce pont libre à vos peuples. Le châtelain le remercia de sa bonne volonté ; puis il conduisit les paladins jusqu'au pont, qui n'étoit éloigné que d'une lieue du château. Varillard, ainsi se nommoit le géant, étoit alors au milieu de ce pont : on eût dit que c'étoit une grosse tour qui y avoit été posée. Ce colosse, armé de toutes pièces, portoit une longue barbe, et avoit le regard furieux. Son arme offensive étoit une massue, sa voix un tonnerre, et ses coups une tempête.

Irolde obtint de Renaud la permission de combattre le premier. Il s'avança vers le géant avec beaucoup de courage; mais il ne put lui résister long-temps : il fut pris. Prasilde courut au secours de son ami, et fit plus de peine au monstre qu'Irolde; néanmoins, après un long combat, il tomba sur le pont d'un coup de massue. Varillard le saisissant aussitôt de ses bras nerveux, pendant qu'il étoit encore tout étourdi, l'emporta dans une tour située sur la rive au delà du pont, et le livra à ses satellites, qui le mirent dans la même prison qu'Irolde. Le jeune paladin Dudon, vaillant fils d'Ogier le Danois, vouloit se présenter pour combattre, quand le fils d'Aymon, que la prise des deux amis avoit animé de colère, le prévint. Il attaqua le géant avec la dernière vigueur : Varillard se défendit de même. Le fleuve et la campagne retentissoient des coups pesants qu'ils se portoient. Le casque de Membrin sauva plus d'une fois la vie à Renaud, en résistant à la terrible massue; si cette massue faisoit chanceler quelquefois le guerrier, Flamberge en récompense brisoit les armes du géant, qui, déjà blessé en plusieurs endroits, prit tout à coup l'épouvante, et s'enfuit vers la tour, pour y chercher sa sûreté. Le paladin, qui n'avoit pas envie de le laisser échapper, le suivit en courant, entra dans la tour après lui, en traversa la cour, monta jusque sur le perron du bâtiment. Varillard, sur les pas duquel il marchoit, entra dans un petit vestibule, tira une corde qui pendoit du plafond ; et dans le moment des chaînes de fer très pesantes tombèrent sur le seigneur de Montauban, qui en fut enveloppé et lié si fortement par le corps, qu'il demeura privé de l'usage de ses jambes et de ses bras. Le géant, hors de péril par cette trahison, fit prendre et enfermer par ses gens le fils d'Aymon dans la prison de la tour avec les deux chevaliers de Balc, et plusieurs autres qu'il avoit faits prisonniers avant l'arrivée des paladins. Ensuite il revint sur le pont.

Le fils d'Ogier voyant ce monstre revenir seul, lui demanda tout surpris ce que Renaud étoit devenu. Je l'épargnois, répondit Varillard ; mais son imprudence et son obstination m'ont obligé de me servir de toutes mes forces contre lui. Je l'ai vaincu, et je le tiens à présent dans mes prisons. Ah ! je vais le venger, s'écria Dudon en colère. En disant cela, il attaqua le monstre et le chargea si vivement, que Varillard, affoibli d'ailleurs par le sang qu'il avoit perdu, fut obligé de recourir au même artifice qu'il venoit d'employer ; et, par ce moyen, il s'en rendit maître comme de Renaud. Les deux fils du marquis de Vienne eurent aussi le même sort. Ainsi tous ces paladins, que la valeur de Roland avoit sauvés de l'île enchantée de Morgane, ne sortirent du palais de cristal que pour tomber dans les prisons de Varillard, qui les envoya au roi Monodant, pour la raison que l'on dira dans la suite.

CHAPITRE XVIII.

De la rencontre que fit Roland après s'être séparé des autres paladins.

Le comte d'Angers, accompagné de son ami, marchoit vers la tour du vieillard, dont Falerine lui avoit appris le chemin ; il espéroit y trouver cette magicienne, ou qu'en tout cas il pourroit s'y introduire par sa valeur, et en délivrer les prisonniers. Effectivement, il y rencontra Falerine, qui fut surprise de le revoir, après l'avoir cru suffoqué par les eaux du fleuve où Haridant l'avoit entraîné avec lui. Falerine avoit continué son chemin, et elle s'étoit arrêtée dans la tour du vieillard.

Elle ne manqua pas de demander à Roland de quelle manière il avoit pu sortir de l'île du Lac. Le comte satisfit sa curiosité ; après quoi il pria cette magicienne de mettre en liberté les prisonniers de la tour, comme elle s'y étoit engagée par serment. Elle y consentit, et sur-le-champ, par son ordre, le vieillard fit sortir des prisons les dames et les chevaliers qui les remplissoient. Dès que ces infortunés furent libres, ils vinrent rendre grâces à leur libérateur, qui s'informa d'eux si, parmi les dames, il n'y en avoit pas quelqu'une qui fût parente de la princesse du Cathay. On lui répondit que non, et il en parut consterné. Il craignit que la dame qu'il cherchoit n'eût déjà servi de pâture avec son amant au dragon de Falerine; mais cette magicienne l'assura qu'elle n'avoit jamais eu dans ses prisons de princes ni de princesses qui fussent du sang de Galafron. Cependant, lui dit le paladin, Angélique, à mon départ d'Albraque, m'a dit qu'elle avoit appris qu'une de ses parentes étoit en votre pouvoir. Seigneur chevalier, répliqua Falerine, je vous jure que je n'ai jamais eu dessein de nuire à la maison royale du Cathay. Au contraire, Marquinor, roi d'Altin, et mon parent, a marché avec une grosse armée au secours d'Angélique contre les Tartares; par conséquent vous devez être persuadé qu'on a fait un faux rapport à cette princesse. Roland, satisfait de cette assurance, quitta la magicienne, et se remit en chemin avec Brandimart, qui n'avoit pas moins d'envie que lui de retourner à Albraque.

Comme ils étoient à pied, et que cela secondoit mal leur impatience, ils se munirent de chevaux au premier lieu habité. Un jour qu'ils étoient tous deux dans une grande plaine, au lever du soleil, ils aperçurent deux personnes, dont l'une poursuivoit l'autre. Celle qui poursuivoit étoit un grand guerrier à pied, armé de toutes pièces, et l'homme qui fuyoit paroissoit être un nain. Il avoit un habit fort propre, et il montoit un des meilleurs chevaux du monde. Le chevalier à pied faisoit des efforts étonnants pour le joindre, et le menaçoit, en courant, de le pendre à un arbre, s'il pouvoit l'atteindre; mais le petit homme avoit la malice de le laisser approcher; puis tout à coup il s'en éloignoit, en lâchant la bride à son coursier, et trompoit l'espérance que le guerrier avoit de se venger de lui.

C'étoit la reine Marphise, qui poursuivoit Brunel depuis trois mois; elle avoit crevé plusieurs chevaux dans sa poursuite, et le dernier qu'elle montoit venoit de tomber sous elle de lassitude.

Le comte d'Angers et Brandimart étoient si éloignés de penser que cette princesse fût dans ces provinces d'Éluth et d'Altin, qu'ils ne la reconnurent pas. Brunel passa près d'eux; et, en passant, il regarda fort attentivement le paladin françois. Ce n'étoit pas sans raison qu'il le considéroit. Dans tous les lieux de ce royaume où il s'étoit arrêté pour prendre de la nourriture, il avoit ouï raconter avec surprise qu'un chevalier étranger, nommé Roland, avoit détruit par sa valeur les monstres et les jardins de Falerine, et avoit acquis dans cette entreprise une épée qui coupoit toutes choses enchantées. L'Africain avoit résolu de voler cette arme merveilleuse, pour en faire don au jeune Roger, s'il pouvoit rencontrer sur sa route le chevalier qui l'avoit conquise; et, sur le portrait qu'on lui avoit fait de Roland, il jugea que c'étoit lui qu'il voyoit. Prévenu de cette opinion, il s'arrêta, et dit au guerrier françois : Seigneur chevalier, vous êtes étonné sans doute de me voir ainsi poursuivi par un homme à pied; mais, votre surprise sera bien plus grande encore, lorsque vous saurez que ce n'est pas un chevalier, c'est la reine de Perse, la guerrière Marphise elle-même. J'emporte son épée, pour la donner au meilleur chevalier de l'univers, et elle court après moi pour me forcer de la lui rendre.

Ce que vous faites est si criminel, répondit le paladin, que j'en suis indigné. Au lieu de vous vanter d'une pareille action, craignez que je ne vous ôte l'épée dont vous me parlez, et que je ne vous livre même au juste courroux de cette princesse. Comme il achevoit ces paroles, le nain s'éloigna de lui, et levant en l'air Balisarde qu'il avoit eu l'adresse de lui voler : Seigneur chevalier, s'écria-t-il, songez plutôt à conserver ce que vous avez qu'à vouloir faire des restitutions qui ne vous regardent point. Adieu, souvenez-vous de Brunel, c'est mon nom, et faites savoir à la reine Marphise quel succès a eu le zèle que vous témoignez pour ses intérêts. Alors l'Africain lâcha la bride à son coursier, et disparut comme un éclair.

Rien n'est égal à la surprise où se trouva Roland, qui ne pouvoit concevoir comment Balisarde avoit passé dans les mains de Brunel. Il poussa son cheval après ce nain; mais il s'aperçut bientôt qu'il le poursuivroit vainement. C'est pourquoi il cessa de le suivre, et reprit avec son ami le chemin d'Albraque.

CHAPITRE XIX.

Combat de Roland contre le géant Varillard.

ROLAND eut tant de chagrin de cette aventure, que Brandimart ne pouvoit le consoler. Ils marchèrent le reste du jour, et le lendemain ils se trouvèrent au bord du fleuve que Renaud et ses compagnons avoient passé. Ils donnèrent dans le même piége; ils entrèrent dans le bateau de la perfide demoiselle ; mais imaginez-vous quelle fut leur surprise d'y rencontrer Origile, qui vouloit aussi traverser le fleuve. Elle ne fut pas moins étonnée qu'eux de cette rencontre ; et la vue d'un chevalier qu'elle avoit tant offensé la remplit de frayeur ; elle avoit encore Bridedor et Durandal, ce qui ne causa pas peu de joie au comte. L'artificieuse Origile baissa les yeux de confusion dès qu'elle le reconnut ; et, ne pouvant prendre la fuite, elle eut recours aux larmes : Seigneur, lui dit-elle, jugez par mes pleurs du regret que j'ai de vous avoir donné lieu de me soupçonner de trahison. Je n'ignore pas que la reconnoissance et le devoir m'obligeoient à ne vous point abandonner ; mais c'est une faute que vous devez pardonner à la foiblesse d'une fille, qui n'a pu se résoudre à soutenir la vue des périls où vous alliez l'engager avec vous dans les jardins de Falerine. J'ai cherché, je l'avoue, à m'en garantir, et, pour vous ôter les moyens de m'en punir, j'emmenai votre cheval et vous pris votre épée.

Généreux guerrier, ajouta-t-elle, voilà mon crime, je le confesse. J'avois cru en éviter le châtiment par ma fuite ; cependant le ciel, le juste ciel a voulu vous venger, puisqu'il me livre à votre ressentiment. Ordonnez de mon sort, et punissez une infortunée qui n'ose plus espérer de pardon, après vous avoir outragé tant de fois. A ces mots, Origile, pour mieux toucher le paladin, fondit en pleurs ; elle parut saisie de douleur, et marqua un si grand repentir de sa faute, que tout autre qu'un homme qu'elle avoit déjà trompé s'y seroit laissé surprendre. Perfide femme, lui dit Roland, je connois la fausseté de ton cœur ; ne te flatte pas que je tombe de nouveau dans tes piéges. Si je ne te fais pas subir le châtiment que mériteroient tes trahisons, c'est que je ne puis me résoudre à déshonorer mes armes et ma main en répandant ton sang.

Comme le comte d'Angers achevoit de parler, ils arrivèrent à l'autre bord du fleuve. A peine eut-il mis pied à terre, qu'il se vit aborder par le châtelain de la forteresse, qui lui tint le même discours qu'il avoit tenu à Renaud. Roland et Brandimart étoient trop accoutumés aux grandes entreprises pour n'oser tenter celle-ci. Ils pressèrent eux-mêmes le châtelain de leur enseigner le chemin du pont. Le vieillard les y mena. Ils aperçurent le géant qui avoit pris tant de braves chevaliers par sa force ou par son artifice. Le comte marcha droit à lui, et, après l'avoir défié, l'attaqua sans lui tenir un long discours. Le combat fut dangereux; mais Varillard, remarquant bientôt qu'il ne résisteroit plus long-temps aux coups terribles d'un ennemi dont l'épée tranchoit ses armes facilement et lui faisoit de profondes blessures, eut recours à son artifice. Jamais, à la vérité, il n'en avoit eu plus grand besoin. Il fuit vers la tour; et Roland l'ayant poursuivi jusque sous le vestibule, le paladin y fut enveloppé, comme le fils d'Aymon, par les filets d'acier qui tombèrent du plafond. Les gens du géant se jetèrent promptement sur lui, lièrent ses mains et ses pieds avec des cordes, et trois de ses satellites se préparoient à le dépouiller de ses armes, pour le porter ensuite dans un cachot, lorsque Brandimart, qui avoit suivi son ami jusque dans la tour, arriva dans cet endroit. Il se jeta plein de fureur sur ces traîtres; il en fendit un jusqu'à la ceinture, coupa l'autre par le milieu du corps, et mit en fuite tout le reste. Varillard même tomba sous ses coups.

Brandimart ayant ensuite débarrassé Roland des filets qui l'enveloppoient, ces deux chevaliers cherchèrent les prisons, et obligèrent le geôlier à les ouvrir. Il y avoit dedans si peu de prisonniers, que le comte ne put s'empêcher d'en demander la raison. N'en soyez pas surpris, seigneur, lui dit le geôlier; quand ces prisons étoient remplies, Varillard avoit coutume d'envoyer les prisonniers au roi Monodant. Ainsi, vous ne voyez que ceux qui sont ici depuis trois jours. Si vous exigez de moi, continua le geôlier, un plus grand éclaircissement, je vous dirai que Monodant est un des plus puissants princes de l'Asie. La fortune toutefois n'a pas voulu le rendre entièrement heureux. Elle lui a fait perdre ses deux fils, dont l'un fut ravi dès l'enfance par des voleurs tartares, qui vinrent faire des courses jusque dans sa capitale; et l'autre est au pouvoir de la fée Morgane, qui l'aime et le retient dans l'île du Lac. Le roi met tout en usage pour le ravoir; il a consulté un magicien, qui lui a répondu que le seul Roland, chevalier chrétien, pouvoit lui rendre Ziliant; que ce fameux guerrier étoit présentement en Asie, et devoit passer par le pont de cette île. Monodant, sur cette réponse, a résolu de faire arrêter ce Roland; et, comme Varillard s'étoit un jour vanté, en présence de toute la cour, de livrer au roi ce paladin, le monarque commit ce géant à la garde du pont. Cependant ce chevalier n'a point encore passé par ici; une infinité d'autres y ont été arrêtés. On a pris le prince Astolphe, et quelques jours après le célèbre Renaud de Montauban, avec deux braves frères, nommés Aquilant et Grifon, et le vaillant Dudon. Tous ces guerriers et un très grand nombre d'autres sont actuellement dans les prisons du roi Monodant, à qui Varillard les a envoyés.

Pendant que le geôlier parloit de cette sorte, le comte d'Angers l'écoutoit attentivement. Le paladin, touché du malheur de ses plus chers amis, forma le dessein de les délivrer. Il demanda au geôlier le chemin d'Eluth, où le roi Monodant faisoit son séjour, et partit sur-le-champ pour s'y rendre avec Brandimart, qui aimoit trop l'honneur et la satisfaction de son ami, pour ne pas l'accompagner dans cette expédition, malgré l'impatience qu'il avoit de retourner à Albraque.

CHAPITRE XX.

De la nouvelle trahison d'Origile, et de ce qui s'ensuivit.

Origile, qui, par la fuite des satellites de Varillard, avoit jugé de ce qui s'étoit passé dans la tour, y entra, et arriva dans le temps que Roland et Brandimart faisoient mettre les prisonniers en liberté. Elle avoit été présente à tout le récit du geôlier, et agréablement surprise d'avoir entendu parler de Grifon, qu'elle aimoit toujours éperdument. Après le vol de Bridedor, elle avoit couru à toute bride sur le chemin de Bizuth, croyant y rencontrer encore ce jeune chevalier. Comme elle n'osoit paroître dans cette ville, elle y fit faire une exacte perquisition des deux fils d'Olivier, par une femme chez qui elle se tint cachée, et qui l'avoit servie dans ses amours; mais elle eut beau demeurer à Bizuth pendant les quinze jours que Roland avoit prescrits à ses amis, elle n'apprit aucune nouvelle de Grifon. Elle perdit toute espérance de le revoir; et, sortant de Bizuth, où elle avoit tout à craindre si elle y étoit reconnue, elle prit par hasard la route de l'île où le comte d'Angers et Brandimart la rencontrèrent. Sur le récit du geôlier, l'espérance étoit rentrée dans son cœur, et changeant le dessein qu'elle avoit pris de s'éloigner de Roland en celui de le suivre à la cour d'Éluth, elle monta sur le cheval de ce paladin, qui reprit Bridedor, et l'accompagna de même que Brandimart.

Après quelques jours de marche, ils arrivèrent tous trois à Éluth. Les deux chevaliers ne jugèrent point à propos de se présenter d'abord devant le roi Monodant. Ils voulurent auparavant concerter ensemble de quelle manière ils se conduiroient dans leur entreprise. Ils allèrent loger à la première hôtellerie, où ils se gardèrent bien de dire leurs noms, de peur que le roi ne sût leur arrivée; mais la perfide Origile les trahit. Elle se déroba d'eux le lendemain, et se rendit au palais, où elle fit tant d'instance pour parler au roi, qu'elle fut introduite dans la salle où ce monarque tenoit ses audiences. Elle s'approcha de son trône, et se mettant à genoux : Seigneur, dit-elle, comme je m'intéresse au bonheur de votre règne et à la satisfaction de votre majesté, je crois devoir vous donner un avis important : Je suis venue à Éluth avec deux chevaliers qui ont privé de la vie le géant Varillard, que vous aviez commis à la garde du pont de l'île; mais, grand roi, pour récompenser mon zèle, ayez la bonté d'ordonner qu'on me rende deux chevaliers qui sont dans vos prisons. Ils n'ont jamais eu le malheur de vous offenser, et vous ferez une action de justice, si vous les accordez à mes prières. D'ailleurs vous acquerrez deux vaillants guerriers pour fidèles serviteurs. Commandez donc, seigneur, poursuivit-elle, qu'on remette en liberté le jeune Grifon et son frère Aquilant. J'aime un de ces deux chevaliers. Ayez compassion d'une amante infortunée qui se voit séparée de l'objet de son amour. Origile accompagna ces dernières paroles d'un déluge de larmes, et fit paroître tant d'affliction, que le roi Monodant en fut attendri. Il lui promit la liberté des deux frères, si l'avis qu'elle venoit de lui donner se trouvoit véritable.

Cette perfide femme avoit un moyen plus sûr d'obtenir la délivrance de Grifon : c'étoit d'apprendre au roi d'Éluth qu'un des chevaliers qui venoient d'arriver dans sa capitale étoit le fameux Roland ; mais elle n'auroit pu se servir de cet expédient, sans donner connoissance aux deux frères de l'arrivée de leur oncle à Éluth : c'est ce qu'elle ne vouloit pas qu'ils sussent, de peur qu'ils n'accompagnassent le comte, dont elle avoit dessein de les séparer.

Elle étoit encore en présence du roi, lorsqu'un courrier, dépêché par le châtelain de la forteresse de l'île, vint confirmer à ce prince le rapport d'Origile. Monodant fut affligé de la mort de Varillard, parce qu'il avoit espéré que ce géant lui remettroit entre les mains le chevalier qui seul pouvoit retirer le prince Ziliant de l'île du Lac. Dans son ressentiment il voulut d'abord faire mourir les meurtriers de Varillard ; mais, faisant réflexion que leur trépas ne lui feroit pas recouvrer son fils, il changea de dessein. Il résolut d'obliger ces deux guerriers à garder le pont de l'île à la place du géant. Dans cette vue, il envoya le capitaine de ses gardes à l'hôtellerie où Roland et Brandimart étoient logés, avec ordre de se saisir d'eux. Le capitaine s'acquitta de sa commission avec tant d'adresse et de prudence, qu'il les surprit tous deux désarmés, avant qu'ils eussent le temps de se mettre en défense ; il leur fit lier les mains, et les conduisit dans une prison particulière, où ils furent étroitement resserrés.

Le capitaine des gardes alla rendre compte au roi du succès de sa commission; ce prince en eut de la joie, et, par reconnoissance, fit rendre à la traîtresse Origile les deux chevaliers qu'elle réclamoit. Aussitôt qu'elle les vit, elle leur témoigna par de vives expressions de tendresse jusqu'à quel point elle étoit sensible au plaisir de les retrouver. Elle leur proposa de partir au plus tôt, dans la crainte qu'elle avoit qu'ils n'apprissent la prison de leur oncle; néanmoins ils ne lui parurent pas disposés à faire ce qu'elle souhaitoit. Ils ne pouvoient se résoudre à sortir d'Éluth, sans avoir fait du moins tous leurs efforts pour délivrer le prince Astolphe, Renaud et Dudon, avec lesquels ils avoient été pris. Elle leur représenta vainement qu'il étoit impossible de faire ce qu'ils se proposoient, et que ce seroit s'exposer sans fruit au péril de retomber dans les fers, s'ils entreprenoient de délivrer par force leurs amis : elle n'auroit pu les détourner de leur résolution, si elle ne leur eût dit que ce qu'ils pouvoient faire de mieux étoit d'aller apprendre à leur oncle Roland le besoin que leurs compagnons avoient de son secours, et de prendre avec lui des mesures pour leur délivrance. Par cet artifice, qu'elle imagina sur-le-champ, elle les persuada. Mais le moyen, lui dit Grifon, d'aller trouver Roland au Cathay, lorsque notre devoir nous rappelle en France? Il est vrai, répondit Origile, que le comte avoit envie de retourner à Albraque; mais l'idée du péril où l'entreprise d'Agramant, roi d'Afrique, met votre patrie et votre empereur, l'a fait changer de sentiment. Enfin, continua-t-elle, il est parti pour la France, et moi je suis revenue ici pour implorer l'appui du roi Monodant, et tâcher d'obtenir par son entremise mon retour à Bizuth, dont je ne suis éloignée que par les artifices de mes ennemis. En arrivant à Éluth, j'ai appris qu'on vous y retenoit prisonniers. Cette nouvelle m'a touchée, et dès ce moment j'ai borné tout mon crédit en cette cour à vous procurer la liberté. J'en suis venue à bout, et je bénis le ciel de cet heureux événement.

La dame n'avoit pas achevé ce discours, que les deux frères, à l'envi, lui rendirent grâces de nouveau de ce service important. Après cela, le chevalier Aquilant lui dit : Belle Origile, puisque le comte d'Angers a repris, comme vous le dites, le chemin de France, il ne sauroit encore être fort éloigné. Hâtons-nous de marcher sur ses traces, et tâchons de le rejoindre. Volontiers, répondit la dame. Alors ils se mirent en marche, et allèrent le plus vite qu'il leur fut possible le reste du jour; mais Origile avoit en cela un but bien différent du leur. Les deux frères ne pensoient qu'à rejoindre leur oncle, au lieu que la dame songeoit à les éloigner de lui. Ils avancèrent beaucoup ; néanmoins quelques momens avant la nuit, il survint tout à coup un orage qui les obligea de s'arrêter dans un village pour faire sécher leurs habits que la pluie avoit mouillés. Tandis que, pour garder les bienséances, Origile se chauffoit dans une chambre séparée, elle s'avisa d'écrire au roi Monodant qu'elle venoit d'apprendre qu'un des deux chevaliers qu'il avoit fait arrêter étoit Roland. Elle ne doutoit pas que cet avertissement n'obligeât ce monarque à faire garder soigneusement ce paladin; et par-là elle achevoit de se mettre l'esprit en repos sur ce guerrier. Après avoir écrit sa lettre, elle la cacheta et la donna au maître de la maison, à l'insu des deux frères, en le chargeant de la faire tenir en diligence au roi, comme une chose où le service du prince étoit intéressé ; puis elle alla retrouver les chevaliers. Ils mangèrent ensemble un morceau; ils se reposèrent ensuite quelques heures, et, l'orage ayant cessé, ils se remirent en chemin le lendemain dès la pointe du jour.

CHAPITRE XXI.

Des suites qu'eut à la cour de Monodant l'emprisonnement du comte d'Angers et de Brandimart.

Tandis que les fils d'Olivier, conduits par la trompeuse Origile, s'éloignoient de leur oncle, en cherchant à le rejoindre, le roi d'Éluth étoit sans cesse occupé du soin de recouvrer son cher Ziliant. Ce monarque s'entretint avec le capitaine de ses gardes des deux chevaliers qui avoient été emprisonnés ; et comme l'officier lui vantoit leur haute apparence : Mon cher Thiamis, lui dit Monodant, il me vient un soupçon que je veux te communiquer. Je m'imagine que l'un de ces deux guerriers est ce fameux Roland qui seul peut retirer mon fils des mains de Morgane. En effet quel autre que ce paladin eût pu vaincre le géant Varillard ? Tu vois l'intérêt que j'ai d'éclaircir cela ; et, comme je crains que ces chevaliers ne cachent soigneusement leurs noms, je charge ton adresse du soin de découvrir lequel des deux est Roland. N'oublie donc rien pour me donner cette satisfaction ; et, si tu peux y réussir, il n'est rien que tu n'obtiennes de ma reconnoissance.

Thiamis, fin et adroit courtisan, ne manqua pas d'entrer dans les sentiments de son maître ; il le confirma dans sa conjecture, qu'il appuya même de raisons assez solides, et lui promit de faire tous ses efforts pour arracher ce secret des deux chevaliers. Il alla donc trouver Roland et Brandimart. Il commença par leur témoigner son déplaisir de n'avoir pu se dispenser d'exécuter l'ordre de leur emprisonnement ; ensuite il leur dit, comme en confidence, que le roi étoit fort en colère contre eux de ce qu'ils avoient tué le géant Varillard, qu'il avoit commis lui-même à la garde du pont de l'île. Je m'étonne de ce que vous nous dites, lui répondit Roland ; mon compagnon et moi nous n'avons combattu Varillard que sur l'assurance que le châtelain de la forteresse nous a donnée, que nous rendrions un grand service au roi Monodant et à ses sujets d'affranchir le pont de la servitude que le géant avoit établie, et d'arrêter le cours des désordres qu'il causoit dans tout le pays. L'officier parut satisfait de cette réponse, et promit aux chevaliers de faire valoir au roi les raisons qu'ils alléguoient pour leur justification.

Après quelques discours, Thiamis tira Roland à part, et, sous prétexte d'avoir conçu de l'affection pour lui particulièrement, il l'assura qu'il alloit s'employer à lui procurer la liberté, préférablement à son compagnon. Le paladin le remercia de la bonne volonté qu'il lui marquoit; mais il lui fit connoître en même-temps qu'il ne pouvoit en profiter; que, devant la vie et la liberté à son compagnon, l'honneur et la reconnoissance ne lui permettroient pas de sortir sans lui de prison. J'ai combattu le premier contre Varillard, ajouta-t-il; et j'allois être son prisonnier, si mon ami ne fût venu à mon secours, et ne m'eût délivré en tuant le géant. Le capitaine des gardes, après ce discours, se tourna vers Brandimart, et, le prenant aussi en particulier pour gagner sa confiance, il lui dit : Brave chevalier, je sais bien que c'est vous qui avez ôté la vie à Varillard; mais soyez persuadé que, par estime pour vous, je ne le dirai point au roi. Je vous avouerai même confidemment que je ne suis point fâché de la mort de ce géant, qui, depuis qu'il garde ce pont, m'a privé d'un chevalier à qui le sang me lioit, et que j'aimois tendrement.

L'officier s'attendoit à un compliment de la part de Brandimart. Il s'imaginoit que ce chevalier le remercieroit du ménagement qu'il témoignoit avoir pour lui dans une conjoncture si délicate; mais il fut fort surpris quand Brandimart lui répondit en ces termes : Seigneur chevalier, je ne souhaite point que vous cachiez au roi votre maître que c'est moi qui ai tué Varillard. Apprenez lui même une chose qu'il lui est bien plus important de savoir : dites-lui que je suis Roland ; et je vous demande, pour gage de l'amitié que vous faites paroître pour moi, que vous me fassiez parler à ce monarque ; je voudrois l'assurer moi-même que, malgré le traitement injurieux qu'il nous a fait, je n'aspire qu'à lui rendre service. Le capitaine fut bien aise d'avoir fait si facilement cette découverte. Il s'étoit attendu qu'elle lui coûteroit beaucoup plus de peine et de temps. Il en eut tant de joie, qu'il fit mille caresses au guerrier qui venoit de lui faire cet aveu, en lui protestant qu'il alloit travailler à lui faire obtenir du roi la satisfaction qu'il demandoit.

Il courut en effet porter à Monodant cette importante nouvelle, et il se promettoit bien d'exciter par son rapport, dans l'âme de son maître, les mêmes mouvements dont la sienne étoit agitée ; mais il se trompa dans son attente : le roi avoit déjà reçu la lettre d'Origile, et, venant au-devant de lui les bras ouverts : Mon cher Thiamis, lui dit-il, vous venez sans doute me confirmer ce que la belle Origile me mande. Le comte Roland est un des deux chevaliers que vous avez arrêtés par mon ordre. Oui, seigneur, répondit l'officier fort mortifié d'avoir été prévenu, ce paladin est dans vos prisons ; mais ce que je puis vous dire de plus, et ce que la dame n'a pu vous mander, c'est que Roland a tué Varillard, et qu'il est tout disposé à vous rendre service. Cela seroit-il possible ? répliqua le roi, tout transporté de joie. Vous n'en devez pas douter, seigneur, repartit Thiamis, et, pour vous le persuader, il demande avec instance l'honneur de vous en assurer lui-même. Ah! faites-le venir, s'écria Monodant, et si ma satisfaction vous est chère, ne retardez pas d'un moment ce plaisir.

Cet ordre n'eut pas sitôt été donné que le capitaine des gardes retourna dans les prisons, d'où il tira Brandimart avec empressement, pour le mener au palais, sans lui laisser le temps de rien dire au comte, qui demeura fort agité sur le sort qu'on préparoit à son ami. Dès que l'amant de Fleur-de-Lys parut devant le roi d'Éluth, ce monarque lui dit d'un air ouvert et plein de douceur : C'est donc vous qui êtes ce grand guerrier, dont tout l'univers vante les hauts faits. Seigneur, lui répondit Brandimart, je suis Roland, et je viens témoigner à votre majesté que nous n'avons jamais eu, mon compagnon ni moi, dessein de vous offenser. Fameux comte, reprit Monodant, je suis fâché d'avoir été obligé d'user de sévérité à ton égard, mais j'ignorois ton nom; pardonne à cette ignorance le traitement que tu as reçu. Tout chrétien que tu es, ta vertu mérite d'être honorée des plus grands princes de la terre. Est-il vrai, poursuivit-il, que, malgré le juste sujet que tu as de te plaindre de moi, tu es prêt à me rendre service? Thiamis m'auroit-il fait un fidèle rapport? Il ne vous en a point imposé, seigneur, repartit le feint Roland ; et je suis disposé à tenir tout ce qu'il vous aura promis de ma part.

Noble chevalier, dit alors le roi d'Éluth, vous ne savez pas à quoi vous vous engagez : il est un service que vous pouvez me rendre, pour me procurer le repos que j'ai perdu; mais telle est la nature de ce service, que je n'ose l'attendre de vous ; quelque prévenu que je sois de la grandeur de vos forces et de votre courage, je crains que la difficulté de l'entreprise ne vous rebute. Seigneur, lui répondit Brandimart, augurez mieux du zèle qui me porte à vous servir. Si vous m'accordez une grâce que j'attends de votre générosité et de votre justice, il n'est rien de si difficile, rien de si dangereux que je n'entreprenne pour vous satisfaire. Vous êtes en droit de me tout demander, répliqua Monodant : mais vous, Roland, ajouta-t-il, s'il vous faut pénétrer pour moi jusque dans les entrailles de la terre, affronter les puissances qui y dominent, détruire les charmes des fées, en un mot, retirer le prince Ziliant, mon fils, des mains de Morgane, votre zèle ne se ralentira-t-il point?

Non, seigneur, répondit le guerrier. Hé bien, reprit le monarque, demandez-moi donc ce que vous voudrez, généreux et charmant chevalier ; quelque prix que vous mettiez à ce grand service, soyez sûr de l'obtenir, fût-ce ma propre couronne. Alors Brandimart déclara que ce qu'il souhaitoit étoit la liberté de son compagnon. Monodant la lui accorda, et donna ordre qu'on amenât en sa présence le chevalier qui étoit en prison. Les gardes allèrent vite chercher Roland, qui leur demanda d'abord avec agitation ce que son compagnon étoit devenu. Ne soyez point en peine de lui, répondirent-ils. Il est en ce moment avec le roi, qui lui fait mille caresses, et c'est pour vous en rendre vous-même le témoin que nous avons ordre de vous mener au palais. Le comte s'y laissa conduire ; il s'approcha respectueusement du roi, qui vint à lui d'un air affable, et qui lui dit : Chevalier, le comte

Roland, votre ami, me promet son secours et sa valeur pour retirer le prince mon fils de l'île du Lac; et il ne veut (voyez jusqu'à quel point il vous aime) que votre liberté pour prix d'un si grand service.

A ce discours, le paladin comprit que Brandimart avoit feint d'être Roland, pour le rendre libre, et pour avoir l'honneur de délivrer le prince Ziliant; c'est pourquoi il répondit de cette sorte au roi d'Éluth : Seigneur, je ne dois point abuser de votre erreur, ni de la générosité de mon ami. Je suis le vrai Roland, et je m'engage à vous ramener ici le prince Ziliant. J'ai pour y réussir des facilités que mon cher Brandimart n'a pas l'avantage d'avoir. Il périroit dans cette entreprise, malgré toute sa valeur. D'ailleurs je dois vous dire qu'indépendamment des intérêts de votre majesté, que je n'avois pas l'honneur de connoître, je me suis engagé à retirer le prince Ziliant d'un lieu où son courage languit dans l'oisiveté.

Rien n'égale la surprise où ces paroles du comte jetèrent Monodant, qui jugea bien, à l'embarras de Brandimart, lequel des deux chevaliers étoit Roland. Il fit à ce paladin le même accueil qu'il avoit fait à son compagnon. Il lui demanda comment il étoit possible qu'il eût vu le prince Ziliant, et se fût engagé à le délivrer. Le fils de Milon satisfit pleinement sa curiosité par un récit qui l'étonna. Mais, grand roi, lui dit ensuite le guerrier, je vous supplie très humblement de m'accorder la liberté de Brandimart pour récompense de ce que je vais faire pour vous. C'est à regret, répondit le roi, que je vous refuse ce que vous me demandez. Excusez un père qui ne veut rien oublier de tout ce qui peut vous engager à lui rendre son fils. Permettez que je garde ici votre ami comme un gage de votre retour. Je me persuade que l'envie de le revoir animera votre courage et vous fera exécuter des choses impossibles, non-seulement à tous les mortels, mais au grand Roland lui-même. Si je vous laissois partir tous deux, et que pour mon malheur vous ne pussiez venir à bout de votre entreprise, je ne vous reverrois ni l'un ni l'autre. Laissez-moi donc, de grâce, Brandimart; aussi bien je sens pour lui certains mouvements d'affection dont j'ignore la cause. Partez, comte, avec l'assurance que je vous donne qu'il sera ici chéri et honoré, de même que tous les autres paladins françois, que je promets de vous rendre à votre retour. Je vous dirai plus : si j'ai le malheur de ne pouvoir recouvrer le prince Ziliant, mon dessein est d'assurer mes états après ma mort au généreux Brandimart, en l'adoptant pour fils.

Les deux guerriers furent fort touchés du discours et des sentiments de ce bon roi ; mais ils employèrent des expressions différentes à lui en marquer leur reconnoissance. Le comte se contenta d'assurer ce monarque qu'il alloit faire tous ses efforts pour mériter ses bontés; et Brandimart se jeta aux pieds du roi, et les lui embrassa avec un saisissement qui venoit moins de l'espérance d'être un jour héritier de ce prince que d'une tendre affection qu'il se sentoit pour lui, sans savoir pourquoi.

CHAPITRE XXII.

Roland retourne à l'île du Lac.

Le paladin Roland prit sur-le-champ congé du roi d'Éluth et de son ami Brandimart, et ne tarda guère à se rendre au pont que le géant Haridant avoit long-temps gardé. Il attacha son cheval à un arbre, et se précipita dans le fleuve sans balancer. C'étoit effectivement le seul moyen d'entrer dans l'île du Lac. Il ménagea si bien sa respiration qu'il se trouva dans la prairie délicieuse qui étoit au fond de l'eau sans avoir perdu le sentiment. Aussitôt qu'il se vit sur l'herbe fleurie, il marcha vers la montagne, d'où il entra sous la première voûte; il passa le pont du Lac brûlant, malgré les statues enchantées qui en gardoient le passage; et, après avoir traversé le salon du trésor, il arriva dans le vallon si chéri de Morgane : il prit le chemin de la fontaine où il avoit vu cette fée la première fois. Il se flattoit qu'il la rencontreroit encore.

Mais s'il fut trompé dans cette espérance, du moins il eut la satisfaction d'y trouver le beau Ziliant. Ce jeune prince, enseveli dans une profonde rêverie, avoit les yeux couverts de larmes. Quelle joie ne succéda point à ses tristes pensées, lorsqu'il aperçut le paladin ! Il se leva brusquement, et courut à lui avec transport. Prince, lui dit Roland, je viens dégager ma parole. Fameux guerrier, lui répondit le fils de Monodant en l'embrassant, que ne vous dois-je point? Il s'agit de votre liberté, reprit le comte, ne perdons point un temps qui nous est cher. Je suis bien aise de vous avoir rencontré seul, pour concerter ensemble les moyens de vous retirer de cette île : car vous savez qu'on n'en peut sortir qu'avec le consentement de la fée. Par quel expédient pourrons-nous l'obtenir? Depuis quelques jours, repartit Ziliant, j'ai fait une découverte qui pourra nous le fournir. J'ai remarqué plus d'une fois que Morgane, quelque empressement qu'elle ait pour moi, a grand soin de me quitter à certaine heure le dernier jour de la semaine, et je ne la revois qu'à certaine autre heure le jour suivant.

Cette remarque, continua-t-il, excita un jour ma curiosité : je demandai à la fée la raison de cette conduite; elle rougit à cette question; et, comme il falloit qu'elle répondît, elle me fit une réponse qui me persuada qu'elle n'avoit pas envie de satisfaire mon désir curieux. Je feignis pourtant de prendre pour bonnes les mauvaises raisons qu'elle m'allégua; mais je n'en eus que plus d'envie d'éclaircir ce mystère. Dès que le premier jour où elle devoit me quitter fut venu, et qu'elle en eut rejeté la cause sur quelques cérémonies magiques qu'exigeoient d'elle son art et sa nature de fée, je la suivis de loin avec toutes les précautions possibles pour qu'elle ne s'aperçût point que je l'épiois. Elle s'enfonça dans un petit bois qui est à l'un des coins de ce vallon, et gagna un bocage, où j'arrivai sans être vu. Je me cachai soigneusement derrière quelques arbrisseaux qui me donnoient moyen de l'entrevoir en écartant quelques branches touffues qui me couvroient.

Il y a dans le fond de ce bocage une fontaine d'une eau très claire. Aussitôt que la fée fut sur ses bords, elle se déshabilla, et se jeta dedans; mais à peine son beau corps en eut touché l'eau, que je vis avec étonnement ses jambes se transformer en une queue de serpent, avec laquelle fendant l'onde, elle se mit à nager tout autour de la fontaine. Je demeurai quelque temps dans l'endroit où j'étois fort attentif, comme vous pouvez penser, à ce spectacle. Néanmoins, de peur d'être aperçu, et croyant avoir assez contenté ma curiosité, je me retirai fort occupé de ce prodigieux événement. Je jugeai qu'une nécessité fatale forçoit la fée à cette transformation le dernier jour de la semaine, et c'est pourquoi vous m'avez trouvé seul aujourd'hui: car les autres jours Morgane n'a guère coutume de me quitter pour si long-temps. Ce que je m'imagine de tout ceci, c'est que cette connoissance peut vous faciliter le moyen de surprendre la fée. Elle restera tout ce jour dans sa transformation, et demain dès que l'aurore paroîtra, je la verrai revenir à moi avec tout l'empressement que l'amour inspire aux tendres amants. Mon dessein est de me trouver alors sur le bord d'une autre fontaine qui joint un petit bois où vous serez caché. Je me placerai de sorte que Morgane sera obligée d'avoir le dos tourné vers le bois. Vous profiterez de cette situation, pour vous jeter à l'improviste sur la fée, que vous saisirez par les cheveux avant qu'elle ait le temps de s'échapper.

Rien n'est mieux pensé, s'écria Roland, et je suis résolu à m'arrêter à cet expédient. Alors le prince d'Éluth conduisit le paladin dans un petit verger dont les arbres portoient des fruits délicieux. Les deux princes mangèrent de ces fruits, et s'entretinrent dans ce lieu jusqu'à la nuit; puis, sortant du verger, ils prirent le chemin du bois et de la fontaine, où leur entreprise devoit s'exécuter. Quand ils y furent arrivés, Ziliant se mit sur le bord de la fontaine, et le comte entra dans le bois, où il se cacha, résolu de ne se montrer que bien à propos. Ils dormirent peu toute cette nuit. L'inquiétude qu'ils avoient l'un et l'autre écartoit de leurs yeux le sommeil.

A peine le jour commençoit à dissiper les ténèbres, que le fils de Monodant aperçut Morgane qui venoit à lui avec plus d'empressement qu'il ne lui en avoit jamais vu. Il affecta une joie extrême de la revoir, et répondit aux marques de tendresse qu'elle lui donna par des expressions aussi vives que les siennes. La fée, charmée de ce jeune prince, admiroit sa bonne grâce et sa beauté. Dans les transports qui l'agitoient, elle entrelaçoit ses doigts délicats avec les beaux cheveux de son amant, et l'embrassoit avec une ardeur qui faisoit voir l'excès de sa passion. Jamais le plus habile pinceau n'a offert aux yeux deux amants si parfaits. Morgane, trop occupée de ses plaisirs, fournit à Roland un moyen aisé de la surprendre. Il la tenoit déjà par les cheveux, qu'elle ne s'en apercevoit point encore; elle croyoit que c'étoit la main de Ziliant qui cherchoit dans ses cheveux le même plaisir qu'elle trouvoit dans les siens.

Mais lorsque s'étant retournée elle eut reconnu le paladin, elle comprit toute l'étendue de son malheur. Elle ne douta pas un moment que le comte ne fût venu pour lui arracher l'objet de son amour. De quelle affliction ne fut-elle pas saisie! Un trouble affreux parut dans tous ses mouvements; les pleurs inondèrent son beau visage; et, dans cet état touchant, elle se jeta aux genoux du fils de Milon pour le fléchir; mais ce guerrier s'étoit préparé à tout. Quoiqu'il fût ému des larmes et de la tendresse de cette belle fée, il avoit pris son parti. Charmante nymphe, dit-il à Morgane, cessez de vous désespérer : je viens moins ici pour vous faire de la peine, que pour vous procurer plus de repos et de satisfaction que vous n'en avez.

Ah! cela ne peut être, s'écria la fée; car enfin vous venez m'enlever mon cher prince; et me le ravir, c'est m'ôter le repos, c'est m'arracher la vie. Je vous l'avoue, répondit le comte, la liberté du prince d'Éluth est le but que je me suis proposé. Mon dessein toutefois n'est pas de vous priver pour jamais de la vue de Ziliant. Quand vous lui permettrez de revoir son père et sa patrie, vous ne le perdrez point pour cela. N'avez-vous pas le pouvoir de vous offrir à ses yeux quand il vous plaira? D'ailleurs, je m'étonne que vous trouviez de la satisfaction à le tenir renfermé dans ce lieu souterrain. En voulez-vous faire un esclave plutôt qu'un amant? Et votre délicatesse n'est-elle pas blessée de la violence que vous lui faites? Songez que la liberté est naturelle à tous les hommes, et que ce n'est point par force qu'on doit se faire aimer. Il m'a juré lui-même que la contrainte où vous le retenez corrompt la douceur de ses plaisirs. Croyez-moi, ne devez son cœur qu'à son inclination; laissez-le libre, et vous verrez qu'il vous en aimera davantage.

Dans cet endroit de son discours, Roland remarqua que Morgane paroissoit entendre raison, ce qui encouragea le paladin à poursuivre. Il continua donc de parler avec tant de force, qu'il vint à bout de persuader la fée. Il est vrai que le beau Ziliant acheva de la déterminer par les serments qu'il lui fit de l'aimer toujours, et de la venir souvent retrouver dans son île. Il la pria même de se transporter à la cour d'Éluth toutes les fois qu'elle daigneroit lui accorder le bonheur de sa vue, puisque son art de féerie lui donnoit le pouvoir de se rendre en un instant dans tous les lieux du monde. Enfin Morgane consentit au départ de son amant. Ils se séparèrent en bonne intelligence, et les deux princes sortirent de l'île du Lac par le même endroit, et de la même manière que Roland en étoit sorti la première fois avec les chevaliers qu'il avoit délivrés.

CHAPITRE XXIII.

De l'aventure qui arriva à ces deux princes en sortant de l'île du Lac, et de leur retour à la cour d'Éluth.

Lorsque le comte d'Angers, accompagné du prince d'Éluth, fut au pont du géant Haridan, il n'y trouva plus Bridedor qu'il avoit attaché à un arbre avant que de se jeter dans le fleuve. La perte de ce bon cheval obligea les deux princes de marcher à pied le reste de ce jour. Ils passèrent la nuit dans un petit bois qu'ils trouvèrent sur leur route; et le lendemain, s'étant remis en marche, ils rencontrèrent à l'entrée d'un petit vallon deux chevaliers qui combattoient à pied l'un contre l'autre avec beaucoup d'animosité, pendant que leurs chevaux, dont Roland reconnut l'un pour Bridedor, étoient attachés à un arbre.

Le paladin eut de la joie de cette rencontre; il s'approcha des combattants, et leur dit : Seigneurs chevaliers, suspendez, de grâce, votre combat pour m'en apprendre le sujet. Peut-être y aura-t-il lieu de finir votre différent et de vous rendre amis. Les combattants s'arrêtèrent à ces paroles, et le moins emporté des deux répondit : Qui vous porte à interrompre notre combat? Il y a bien de l'imprudence à vous de vouloir entrer dans des choses où vous n'êtes point appelé; vous pourriez bien vous en repentir. Sachez que ce beau cheval si richement enharnaché, que vous voyez attaché à cet arbre, est la cause de notre démêlé. Mon ennemi m'ayant vu monté dessus en a souhaité la possession. Il m'a sommé de le lui céder; et sur mon refus il m'a défié. Nous en sommes venus aux mains. Je suis plus digne que vous de monter ce beau coursier, interrompit impatiemment l'autre combattant; et sans vous amuser plus long-temps à satisfaire la curiosité de cet importun songez à vous défendre; c'est ce que je vais faire, repartit le premier, et j'espère que vous perdrez bientôt la folle espérance d'avoir mon cheval.

Alors ces deux chevaliers alloient se jeter l'un sur l'autre avec plus de fureur qu'auparavant, si le comte ne se fût lancé entre eux deux, en opposant son bouclier à l'épée de l'un, et Durandal à celle de l'autre. Arrêtez, chevaliers, leur cria-t-il, je puis terminer votre différent, en vous apprenant que le cheval pour lequel vous combattez est à moi. Je vous prie donc de me le rendre, et de cesser de vous disputer un bien qui ne vous appartient pas. Ah! ah! s'écria l'un des deux combattants, cet incident est merveilleux. Cet homme-ci n'étoit tout à l'heure qu'un faiseur de questions, c'est à présent un jurisconsulte. Dites plutôt un extravagant, reprit brusquement son ennemi, et nous serions aussi fous que lui, si nous nous arrêtions plus long-temps à ses sots discours. Vous n'êtes qu'un extravagant vous-même, dit Roland avec hauteur au chevalier qui venoit de parler : fuyez, dérobez-vous à ma colère, gens vils et méprisables qui déshonorez la noble profession des armes par vos procédés. Je vais reprendre mon cheval, et malheur à celui qui osera s'y opposer.

Il prononça ces derniers mots d'un air si terrible, que les deux chevaliers en frémirent. Néanmoins le plus orgueilleux des deux ne laissa pas de s'avancer pour troubler le comte dans son dessein; mais le fier paladin, choqué de son action, lui fit voler le bras et la tête d'un seul revers de Durandal. L'autre chevalier, épouvanté de ce châtiment, et craignant d'avoir le même sort, se jeta aux pieds du comte, et lui demanda pardon dans les termes les plus respectueux. Roland, moins touché de son repentir que de sa lâcheté, ne lui pardonna qu'à condition qu'il céderoit son propre cheval et ses armes au prince Ziliant. Le chevalier y consentit, trop heureux de conserver sa vie à ce prix.

Les deux princes s'étant mis en état par cette aventure de faire plus de diligence arrivèrent en peu de jours à Éluth. Lorsqu'ils y entrèrent, le beau Ziliant, qui avoit la visière de son casque levée à cause de la chaleur de la saison, fut reconnu des habitants. Ils poussèrent dans les airs mille cris de joie, dont le bruit se fit entendre au palais. Monodant, averti du retour de son fils, courut tout transporté au-devant de ce jeune prince; et, dans les mouvements tumultueux qui l'agitoient, il l'embrassa sans pouvoir prononcer une parole. Ziliant, sensible à la tendresse d'un si bon père, répondit à ses caressses avec tout le ressentiment possible. Après que le sang eut rempli ses devoirs, le roi d'Éluth se reprochant tout le temps qu'il demeuroit sans rendre grâce à Roland, lui en fit des excuses; et ce monarque lui témoigna tant de reconnoissance du service qu'il en avoit reçu, que le comte eut sujet d'en être content.

Les paladins qui étoient restés à la cour d'Éluth sur leur parole, et qui, pendant l'absence de Roland, avoient été traités avec distinction, prirent part à la joie qu'y causoit le retour de ce fameux guerrier. Brandimart surtout ne pouvoit modérer la sienne. On fit des festins et des réjouissances durant trois jours; mais tous ces plaisirs ne pouvoient toucher l'amoureux Roland: le souvenir de sa princesse ne lui laissoit pas l'esprit tranquille; et, si la bienséance le lui eût permis, il seroit parti d'Éluth dès le même soir qu'il y arriva. Il accorda trois jours aux instances que Monodant et le prince son fils lui firent pour demeurer quelque temps à la cour; ensuite il prit le chemin d'Albraque avec Brandimart. Les autres paladins, de leur côté, partirent pour s'en retourner en France, après en avoir obtenu la permission du roi d'Éluth, qui fit présent d'un des meilleurs chevaux de ses écuries au prince d'Angleterre.

CHAPITRE XXIV.

Aventure de Renaud et de Dudon, et de quelle manière ils furent séparés du prince Astolphe.

Les paladins Renaud, Astolphe et Dudon s'étant mis en chemin avec Irolde et Prasilde, le seigneur de Montauban représenta aux deux chevaliers de Balc qu'il ne pouvoit souffrir, sans abuser de leur amitié, qu'ils l'accompagnassent plus long-temps; qu'ils laissoient, par leur absence, la belle Thisbine en proie aux ennuis les plus cuisants; et qu'enfin, puisqu'il étoit avec les paladins Astolphe et Dudon, il n'avoit plus besoin de leur secours. Irolde et Prasilde persistoient à vouloir aller avec lui jusqu'à la cour de Charles; mais il s'y opposa. L'Anglois et Dudon se joignirent à Renaud, et firent si bien, que les chevaliers persans s'en retournèrent à Balc.

Après cette séparation, les paladins suivirent la grande route d'Astracan. Le troisième jour de leur marche, ils virent venir vers eux un chevalier armé de toutes pièces. A mesure qu'il s'approchoit, le fils d'Aymon, qui le considéroit attentivement, crut reconnoître Rabican dans le cheval qu'il montoit. Astolphe s'imagina la même chose ; et, lorsqu'ils virent de plus près le coursier, ils s'aperçurent qu'ils ne s'étoient pas trompés. Qu'avez-vous résolu de faire, dit Renaud au prince anglois? Je veux réclamer Rabican, répondit

Astolphe, puisque vous m'en avez fait présent; et, si le chevalier qui le monte refuse de l'accorder à ma prière, je l'obligerai par force à me le céder. Allez donc exécuter votre résolution, reprit en riant Renaud: car ce seroit dommage de perdre une seconde fois cet excellent cheval, puisque nous trouvons une occasion si favorable de le recouvrer.

Le fils d'Othon avoit trop bonne opinion de sa valeur, pour se le faire dire deux fois. Il s'adressa au chevalier qui passoit alors auprès d'eux, et lui dit: Seigneur chevalier, l'honneur m'engage à vous apprendre que le coursier sur lequel vous êtes m'appartient. Je vous prie de me le rendre, et par cette action de justice vous nous épargnerez un combat que je serois fâché d'avoir contre vous. Je pourrois vous satisfaire, répondit le chevalier, si quelque autre que vous m'assuroit ce que vous me dites; mais que sur votre seul témoignage j'aie la facilité de vous céder le meilleur cheval de l'univers, je n'en ferai rien. Ce seroit une crédulité qu'on pourroit me reprocher. Voyons donc par les armes, répliqua l'Anglois, à qui de nous deux ce bon cheval restera; car je ne suis pas d'humeur à vous le laisser tranquillement, après vous avoir fait connoître qu'il est à moi.

Les deux chevaliers s'éloignèrent pour prendre du champ, et revinrent l'un sur l'autre les lances baissées. L'inconnu qui montoit Rabican étoit un des plus redoutables guerriers de l'Asie; mais ni son extrême force ni la vitesse du coursier ne purent le garantir du sort qu'avoient tous ceux que touchoit la lance d'or. Elle le jeta par terre, et Rabican fournit sa carrière à selle vide. Comme le fils d'Aymon craignit que ce merveilleux animal ne prît la fuite, il courut après; et, l'ayant rejoint, il le ramena à son cousin, qui sauta légèrement dessus. Cependant le chevalier démonté se releva, et d'autant plus honteux de sa chute, que ce malheur ne lui étoit jamais arrivé ; il s'avança vers Astolphe, et lui adressa ce discours : Brave chevalier, si vous m'avez abattu à la lance, ne vous imaginez pas pour cela que je me tienne pour vaincu, ni que je souffre paisiblement que vous possédiez le cheval que vous venez de m'ôter. Je veux le regagner par mon épée, et laver dans votre sang l'affront que vous m'avez fait.

Le prince d'Angleterre alloit lui répondre sur le même ton, si Renaud ne l'eût prévenu. Ce dernier se mit entre eux deux, et dit à l'inconnu : Seigneur chevalier, le cheval qui fait le sujet de votre querelle m'appartenoit, et j'en ai fait présent à mon compagnon : ainsi, tournez vos armes contre moi, car je ne permettrai point que vous le troubliez dans la possession de ce coursier. Dans le ressentiment que j'ai, repartit le chevalier inconnu, je tournerois mes armes contre tous les guerriers de l'Asie qui voudroient s'opposer à ma vengeance. En parlant de cette sorte, il s'avança le fer à la main sur le fils d'Aymon, qui, le voyant à pied, descendit de Bayard pour le recevoir. Astolphe voulut interrompre leur combat, prétendant que c'étoit à lui de punir ce téméraire, que le châtiment même ne pouvoit corriger ; mais Renaud le pria de s'écarter, et l'Anglois, le voyant déjà aux mains avec l'inconnu, n'osa se mettre de la partie de peur d'offenser son cousin.

Ce fut un bonheur pour le fils d'Othon, car ses forces n'étoient pas comparables à celles du chevalier qu'il venoit d'abattre à la lance; et le seigneur de Montauban trouva dans cet inconnu un ennemi digne de sa valeur. Il eut besoin de toutes ses forces pour le vaincre. Cependant il l'affoiblit par un grand nombre de blessures qu'il lui fit, et il le vit tomber à ses pieds de foiblesse et de lassitude. Dès ce moment le fils d'Aymon cessa de le frapper; il s'approcha de lui pour le secourir, et les deux paladins firent la même chose. Ils bandèrent ses plaies avec quelques linges; et, comme l'abondance du sang qu'il avoit perdu l'avoit privé de sentiment, ils le transportèrent sur le cheval du roi d'Éluth au premier lieu habité, où ils le laissèrent entre les mains de quelques personnes charitables qui se chargèrent d'en avoir soin.

Ils reprirent ensuite leur chemin; et, après avoir été plus de deux mois à traverser le vaste pays des Calmoucks, ils parvinrent enfin au bord de la mer Caspienne. Ils rencontrèrent une nymphe d'une éclatante beauté, qui, par la seule puissance de sa voix, attiroit autour d'elle les plus beaux poissons de toute cette mer. Ils virent des thons, des dauphins, des thiburons, et entre autres une baleine d'une grandeur si prodigieuse, que l'on n'y distinguoit aucune forme de corps animé. Comme cette baleine étoit alors immobile par le pouvoir de la nymphe, et qu'elle touchoit le rivage, elle ne paroissoit que comme une langue de terre qui s'avançoit dans la mer. La nymphe étoit la fée Alcine, sœur de Morgane, et elle n'avoit pas moins d'habileté qu'elle dans l'art de féerie. Aussitôt qu'elle aperçut les paladins, elle les considéra fort attentivement. La beauté du prince Astolphe la charma. Elle se sentit enflammée d'amour pour lui, et forma le dessein d'en faire son amant. Seigneurs chevaliers, leur dit-elle, si vous voulez vous donner le divertissement de ma pêche, avancez-vous avec moi jusqu'à cette pointe qui entre plus avant dans la mer qu'aucun autre endroit de ce rivage, vous y verrez des poissons admirables.

En disant cela, la fée passa sur le dos de la baleine. Astolphe, qui étoit le plus curieux de tous les hommes, et qui peut-être se sentoit autant épris de la nymphe qu'elle l'étoit de lui, la suivit, malgré tout ce que ses compagnons lui purent dire pour l'en détourner. D'abord que le prince anglois fut sur la baleine, ce monstre, dont le mouvement naturel avoit été suspendu jusque-là par le charme magique, s'éloigna du rivage avec rapidité. Dans le moment la fée disparut; Astolphe alors se crut perdu. Le seigneur de Montauban poussa Bayard dans la mer pour tâcher de tirer son cousin du péril où il le voyoit; et Dudon en fit autant. Le cheval de ce dernier paladin, déjà fatigué d'une longue traite, perdit bientôt ses forces dans l'eau ; et il se seroit noyé avec son maître, si Renaud n'eût tourné les yeux par hasard vers Dudon, et ne fût venu à son secours. Heureusement le fils d'Aymon arriva dans le temps que le coursier de son compagnon s'abîmoit. Il saisit Dudon d'une main vigoureuse, et le mettant sur le cou de Bayard il le porta sur le rivage. Après cela, Renaud eut quelque envie de se rejeter dans l'eau, pour continuer son premier dessein, mais il ne vit plus la baleine ; et d'ailleurs il s'éleva subitement un orage, mêlé de grêle et de pluie; des vents impétueux commencèrent à souffler, et la mer à pousser ses flots jusqu'aux nues. Cette tempête, qui sembloit vouloir détruire le monde entier, étoit un enchantement qu'Alcine formoit pour ôter toute espérance au fils d'Aymon de pouvoir secourir le prince Astolphe.

Effectivement Renaud, arrêté par cet obstacle invincible, demeura consterné sur le rivage. Il pleura son cousin, comme un prince qu'il croyoit au fond de la mer, près de devenir la proie des poissons. Lorsque le paladin Dudon eut repris ses forces, ils montèrent tous deux sur Bayard, car il ne leur restoit plus que ce cheval, et se remirent en chemin, malgré la pluie et la grêle qui tomboient sur leurs armes.

FIN DU LIVRE QUATRIÈME ET DU TOME PREMIER.

TABLE DES CHAPITRES

CONTENUS DANS CE VOLUME.

Pag.

Préface du traducteur................................ j

LIVRE PREMIER.

Chapitre I. De l'entreprise du roi Gradasse, du tournoi de l'empereur Charles, et de l'aventure surprenante qui arriva dans sa cour............................ 5

Chap. II. Qui étoit cette dangereuse beauté qui produisoit des effets si surprenants. Du projet que forma Maugis d'Aigremont, et quel en fut le succès................ 11

Chap. III. Du combat d'Astolphe et d'Argail......... 18

Chap. IV. De ce qui se passa entre Argail et l'orgueilleux Ferragus, second assaillant...................... 21

Chap. V. Combat de Ferragus et d'Argail............ 26

Chap. VI. Des différens partis que prirent Astolphe et Ferragus après la mort d'Argail. Renaud et Roland quittent la cour................................. 33

Chap. VII. Commencement des joûtes................ 36

Chap. VIII. Continuation des joûtes, et de quelle manière elles finirent.................................... 42

Chap. IX. De la rencontre qu'Angélique fait de Renaud dans la forêt des Ardennes, et de ce qui en arriva... 51

Chap. X. De l'arrivée de Roland aux Ardennes, et de la joie qu'il eut de trouver Angélique endormie............ 58

Chap. XI. Combat de Ferragus et de Roland; et pourquoi ils furent obligés de suspendre leurs coups......... 61

Chap. XII. De ce que fit l'empereur Charles lorsqu'il apprit le dessein du roi Gradasse, et de l'état où l'Espagne se trouvoit alors..................................

Chap. XIII. Bataille entre les rois Gradasse et Marsille.. 69

	Pag.
Chapitre XIV. De ce que fit Angélique, après s'être éloignée de Roland et de Ferragus..................	73
Chap. XV. De la négociation de Maugis, et quel en fut le succès...	78
Chap. XVI. Quelle fut la suite du déguisement de Falsette.	82
Chap. XVII. Aventure merveilleuse du comte d'Angers..	86
Chap. XVIII. Combat de Roland contre le géant du Pont de la Mort, et du grand péril où ce chevalier se trouva.	92
Chap. XIX. Roland apprend des nouvelles d'Angélique, et perd la mémoire..	100
Chap. XX. De l'accord des rois Gradasse et Marsille....	105
Chap. XXI. Comment Charlemagne et ses paladins furent délivrés...	111

LIVRE SECOND.

Chapitre I. Des agitations de Renaud, et du grand péril qu'il courut...	123
Chap. II. Histoire de Marquin...............................	129
Chap. III. Quelle fut la fin d'une aventure si périlleuse pour Renaud.....................................	142
Chap. IV. De l'arrivée du prince Astolphe en Circassie, et de la rencontre qu'il y fit..........................	150
Chap. V. Le prince Astolphe arrive au Cathay; comment il s'introduisit dans le château d'Albraque, et de quelle manière il y fut reçu par la belle Angélique...........	159
Chap. VI. Témérité d'Astolphe. Bataille des Tartares et des Circassiens...	165
Chap. VII. Suite de la bataille. Courage de Sacripant..	171
Chap. VIII. Rencontre de Renaud. Histoire de Prasilde et d'Irolde...	179
Chap. IX. Quelle aventure obligea la belle Fleur-de-Lys d'interrompre son récit. Continuation de l'histoire de Prasilde et d'Irolde..	194

TABLE DES CHAPITRES.

LIVRE TROISIÈME.

Pag.

CHAPITRE I. Du bruit que Renaud et Fleur-de-Lys entendirent à leur réveil. Combat dangereux de ce paladin. Comment il perdit le cheval qu'il avoit gagné, et de quelle façon il en regagna un meilleur. Histoire de Polinde et d'Albarose.................................. 218

CHAP. II. Enlèvement de la belle Fleur-de-Lys. Prise de la ville d'Albraque, et comment Angélique en sortit pour aller chercher du secours...................... 227

CHAP. III. Retour d'Angélique à Albraque, et quel changement elle y trouva.................................. 233

CHAP. IV. Arrivée de Galafron au secours d'Albraque, et de la bataille qu'il livra à l'empereur Agrican....... 243

CHAP. V. Arrivée de Renaud dans le royaume d'Altin, et de la rencontre qu'il y fit d'un chevalier affligé...... 247

CHAP. VI. Renaud et Fleur-de-Lys apprennent des nouvelles d'Albraque.................................. 255

CHAP. VII. Suite de la bataille entre les rois Agrican et Galafron.. 259

CHAP. VIII. combat de Marphise et de Renaud, et comment il fut interrompu............................... 264

CHAP. IX. De quelle manière Fleur-de-Lys fut séparée de Brandimart. Combat d'Agrican et du comte d'Angers, et quel en fut l'événement.............................. 270

CHAP. X. Roland rencontre Brandimart, et le tire de péril...

CHAP. XI. Histoire de Leodile............................ 279

CHAP. XII. De l'aventure du cor enchanté, et des exploits inouïs du comte Roland............................. 285

CHAP. XIII. Suite de l'aventure du cor enchanté.......... 291

CHAP. XIV. La reine Marphise met le siége devant la ville d'Albraque, et Renaud défie Trufaldin sur la mort d'Albarose... 295

CHAP. XV. Combat de Renaud contre les défenseurs de Trufaldin, et de quelle manière il fut interrompu... 301

TABLE DES CHAPITRES.

Pag.

CHAPITRE XVI. Retour de Roland à Albraque, et des mouvements qui l'agitèrent quand il apprit que Renaud étoit au Cathay... 307
CHAP. XVII. Second combat au sujet de Trufaldin...... 311
CHAP. XVIII. Suite du combat précédent, et comment Renaud punit Trufaldin............................. 315
CHAP. XIX. Fin du combat. Départ de Renaud......... 322

LIVRE QUATRIÈME.

CHAP. I. Du projet ambitieux d'Agramant, et pourquoi il assembla à Bizerte tous les rois d'Afrique, ses vassaux. 328
CHAP. II. Du voyage que Roland fit en Altin, et des aventures qui lui arrivèrent en chemin................ 341
CHAP. III. Histoire d'Origile........................ 344
CHAP. IV. Comment les fils d'Olivier partirent d'Albraque avec Brandimart, et de leur arrivée en Altin......... 356
CHAP. V. Comment le seigneur de Montauban secourut deux demoiselles, et combattit pour elles un géant.... 360
CHAP. VI. Par quel hasard Roland apprit qu'il étoit proche du jardin de Falerine............................ 365
CHAP. VII. Roland rencontre une demoiselle qui lui apprend plusieurs particularités touchant Falerine et son jardin... 369
CHAP. VIII. De l'accident qui arriva dans la forêt d'Albraque à la princesse du Cathay.................. 373
CHAP. IX. Aventure du roi Sacripant pendant la chasse, et qui étoit le nain qui vola l'anneau de la princesse Angélique...................................... 376
CHAP. X. De la rencontre que Marphise fit de Brunel... 379
CHAP. XI. De l'entrée de Roland dans le jardin de Falerine, et des monstres qu'il y trouva.................. 383
CHAP. XII. Comment Roland détruisit l'enchantement du jardin de Falerine............................. 393
CHAP. XIII. Des merveilles que vit le comte d'Angers dans la caverne de la fée Morgane................. 401
CHAP. XIV. Roland poursuit la fée Morgane........... 407

TABLE DES CHAPITRES.

Pag.

Chapitre XV. Comment le fils de Milon, après avoir délivré les prisonniers de Morgane, sortit de l'île du Lac. 411
Chap. XVI. De l'entreprise du roi d'Alger, et de la descente qu'il fit en Italie............................. 415
Chap. XVII. Renaud et ses compagnons prennent le chemin de France. Ils arrivent au pont de Varillard..... 421
Chap. XVIII. De la rencontre que fit Roland après s'être séparé des autres paladins........................ 426
Chap. XIX. Combat de Roland contre le géant Varillard. 429
Chap. XX. De la nouvelle trahison d'Origile, et de ce qui s'ensuivit.. 433
Chap. XXI. Des suites qu'eut à la cour de Monodant l'emprisonnement du comte d'Angers et de Brandimart.... 438
Chap. XXII. Roland retourne à l'île du Lac.......... 446
Chap. XXIII. De l'aventure qui arriva à ces deux princes en sortant de l'île du Lac, et de leur retour à la cour d'Éluth.. 451
Chap. XXIV. Aventure de Renaud et de Dudon, et de quelle manière ils furent séparés du prince Astolphe.... 455

FIN DE LA TABLE
DE LA PREMIÈRE PARTIE DE ROLAND L'AMOUREUX.

www.ingramcontent.com/pod-product-compliance
Lightning Source LLC
Chambersburg PA
CBHW050244230426
43664CB00012B/1820